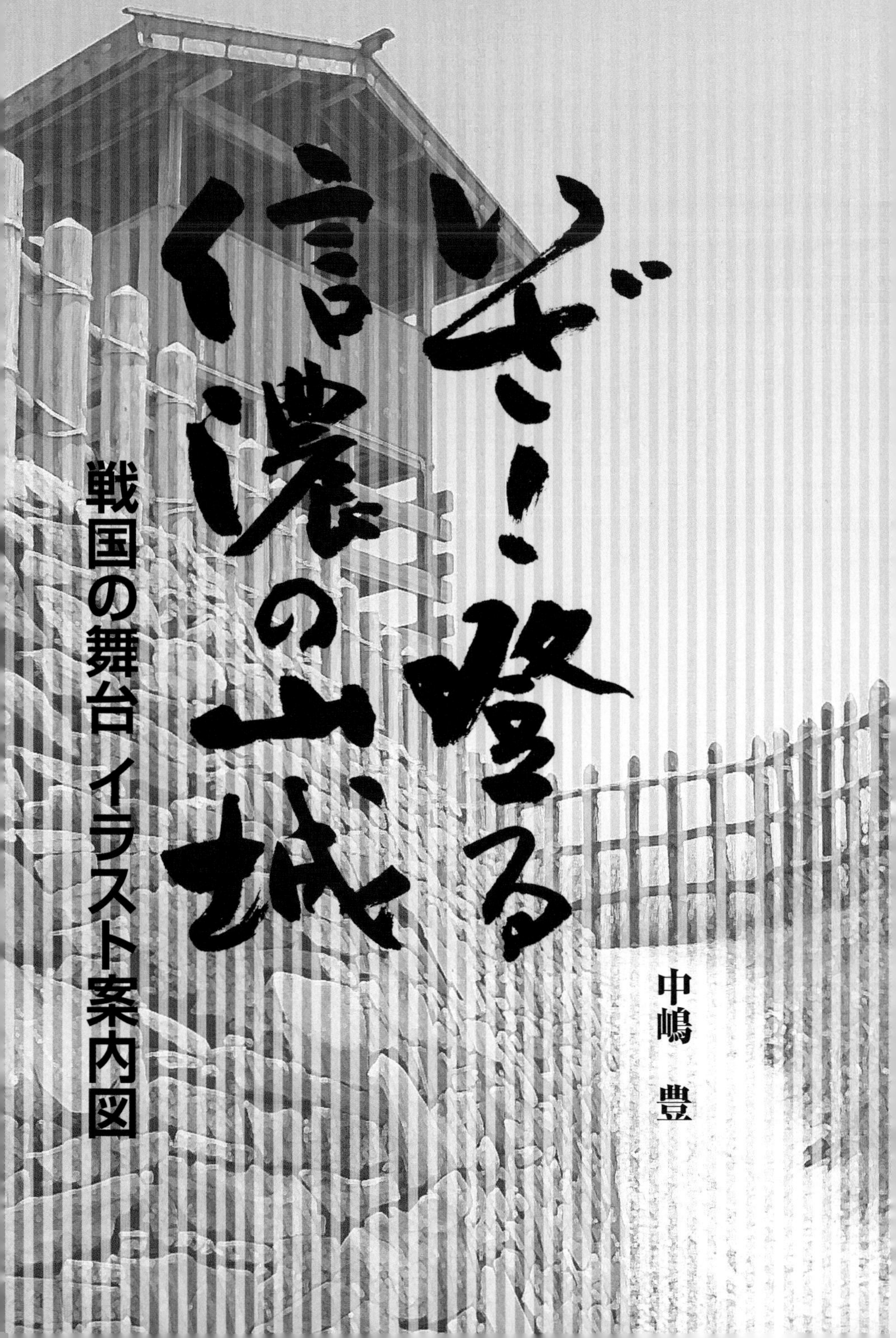

いざ！登る信濃の山城

戦国の舞台 イラスト案内図

中嶋 豊

信濃の山城へのご案内

日本アルプスなど名だたる山岳のほかに里山を歩くようになって、私が暮らす長野県内には中世の山城や烽火場《のろしば》（狼煙場）の跡がとても多いことを知りました。全県的には１０００を優に超える山城が存在したと言われますが、訪ねてみると戸倉上山田温泉を見下ろす荒砥《あらと》城跡のように観光目的に復元されている場所もあれば、大倉城（長野市）や替佐《かえさ》城（中野市）、砥石《といし》城（上田市）のように行政や地元住民によって整備されて守り継がれている所、ヤブ化して存在すら知られず埋もれゆくような所、あるいは田畑や宅地と化している所もありました。これまで特段山城や歴史に関心があったわけではありませんが、地域に残された城跡を訪ねるたびに、城郭の縄張りや堀切、石積み、土塁、烽火場などの遺構に興味を持つようになりました。といっても私はこれまで縄張り図など見たこともなく、山城マニアでもありません。また中世の歴史は諸説もろもろ、研究者によっても考えが異なりますし文献も多様で、調べれば調べるほど真実の探求は難しく、浅学の私には到底理解できるものではない奥深さを実感しました。

そのような事情から本書は史実の考証には踏み込まず、里山歩きの延長といった位置づけで、主にイラスト地図によって登城コースや地形、地物、案内板、石祠（碑）の所在を紹介するという案内役を担当させていただきました。まずは山城を見に訪れ、探検し、興味を持ってほしいと、そんなつもりで紹介するものです。したがって城主

や城歴、縄張りなどについては各専門家の資料を参考となる範囲で記載するにとどめ、詳しい解説などはその筋の研究者やマニアの方々にお任せいたします。

✻

戦国時代、わが信濃の国には、坂城の村上氏、上田の真田氏、松本の小笠原氏、諏訪の諏訪氏など各地に武将が存在しましたが、それらを統一する有力武将が存在しなかったことから、特に領土拡大を目指す甲州の武田氏によって諏訪・松本・佐久・上小・善光寺平などに散在した小豪族の城が侵攻を受け、信濃のほぼ全域が支配下におかれました。この間に多くの武士や民衆が服従や討死、逃避を余儀なくされましたが、その後の武田氏滅亡、信長の死によって歴史は大きく変貌しました。

本書は主に長野県の千曲川流域に沿った北信、東信地域の山城からほんの一部を掲載しました。皆さんのお住まいの地域にも意外と近くに山城があるはずですが、時間もあまりかかりませんので好天日を見計らって散歩がてら出掛けてみてはいかがでしょうか。そして、できましたら山城の保全整備にご理解、ご協力をいただければ幸いです。

城歴などの解説については、さまざまな先生方の文献を活用、引用させていただきました。深く敬意と感謝を申し上げます。内容に不備も多くあろうかと思いますが、その点はご指導いただければと思います。

2020年11月　　中嶋　豊

本書を読んでいただく前に

状況変化にご理解を

イラスト地図については、全て筆者が実際に歩いて作成したものですが、登城後何年も経過しますと、城跡の整備や木々の成長、斜面の崩落、登山道の新設、荒廃、標識の付け替えなどにより状況が変化してきます。最新情報は、市町村役場や近くの住民の方にお尋ねいただくのがいいと思います。また、たまには藪漕ぎなども試されてはいかがでしょうか。

遺構等の呼称について

城跡の縄張り関係については、宮坂武男氏（岡谷市の研究家）の資料を参考にさせていただきましたが、案内の中で、曲輪と郭、主郭、本郭、本丸とか、二の郭、二の曲輪、腰曲輪、帯曲輪などの区別が分かりにくいこともあって、マップそれぞれで違った呼び名を使っていますが、ご承知おきのうえご覧ください。正確には宮坂氏の縄張図（長野県立歴史館ホームページで公開）などでご確認ください。

山城探訪時の配意事項

山城の多くは里山にあって、個人所有の山林や農地となっているものがほとんどですので、次の点に留意するなどマナーを守って迷惑がかからないように配意してください。

- 不要な田畑への侵入や、栽培している果樹、草木、農作物、山菜（ワラビ、タケノコ、タラの芽、コシアブラ、コゴミなど）の不法採取はしないでください。特にマツタケの止め山では、現地の張り紙やテープなどの指示に従ってください。土地の所有者がいたり、姿が見えましたら一声かけていただきたいと思います。

たき火やタバコなど、火の取り扱いに十分注意し山火事の防止に配意してください。空き缶やゴミは持ち帰りましょう。

最近、里山でも熊、イノシシ等が頻繁に出没しています。鈴やラジオなど音の出るものを携行するほか、病原菌の拡散防止のため靴の泥を落とすなどに配意するとともに、うがいや手洗いを励行しましょう。

交通手段は、自家用車の使用が前提です。多くの山城の登り口には駐車場がありません。狭い道路や、断り無く私有地に駐車しないよう配意しましょう。近所の家で駐車場などを教えてもらうのも一案です。

山城歩きは、四季を通していつでもできますが、夏などは、暑さや虫、草藪が支障になりますので、適期は、落葉の秋から春先がベストシーズンと思います。山城は急峻な地形を利用し石垣や堀切で防備していました。探訪の際は、落ち葉や崖での転倒、滑落、落石などでの事故が無いよう注意してください。また、マダニや蜂、マムシなどに遭遇することがあります。歩きやすい服装、靴はもとより、長袖、長ズボン、手袋などのほか、雨衣や水・食料、携帯電話などは必携です。

コースタイムについて

コースタイムは、筆者が実際に歩いた時間を参考に掲載しました。休憩は含みません。城跡の探訪はそう時間はかかりませんが、参考程度にして、余裕を持った探検にご配意ください。

山城の保全活動にご協力を

地域では、地区住民やボランティアの皆さんが山城の保全に取り組んでいます。各地域で行われる草刈りや支障木の撤去、登山道の整備、案内板設置などにご理解とご協力をお願いします。

縄張り

「縄張り」は城全体の領域のみならず、中心的な区画となる曲輪《くるわ》といった構造物の配置の有り様など全体的な設計のことで、それを調査などに基づいて図にしたものが縄張り図である。

縄張りは曲輪の配置によって、輪郭式、梯郭式、連郭式の三種類に分類されるが、実際にはこれらの組み合わせや地形に対応したバリエーションに富んだ形態がみられる。

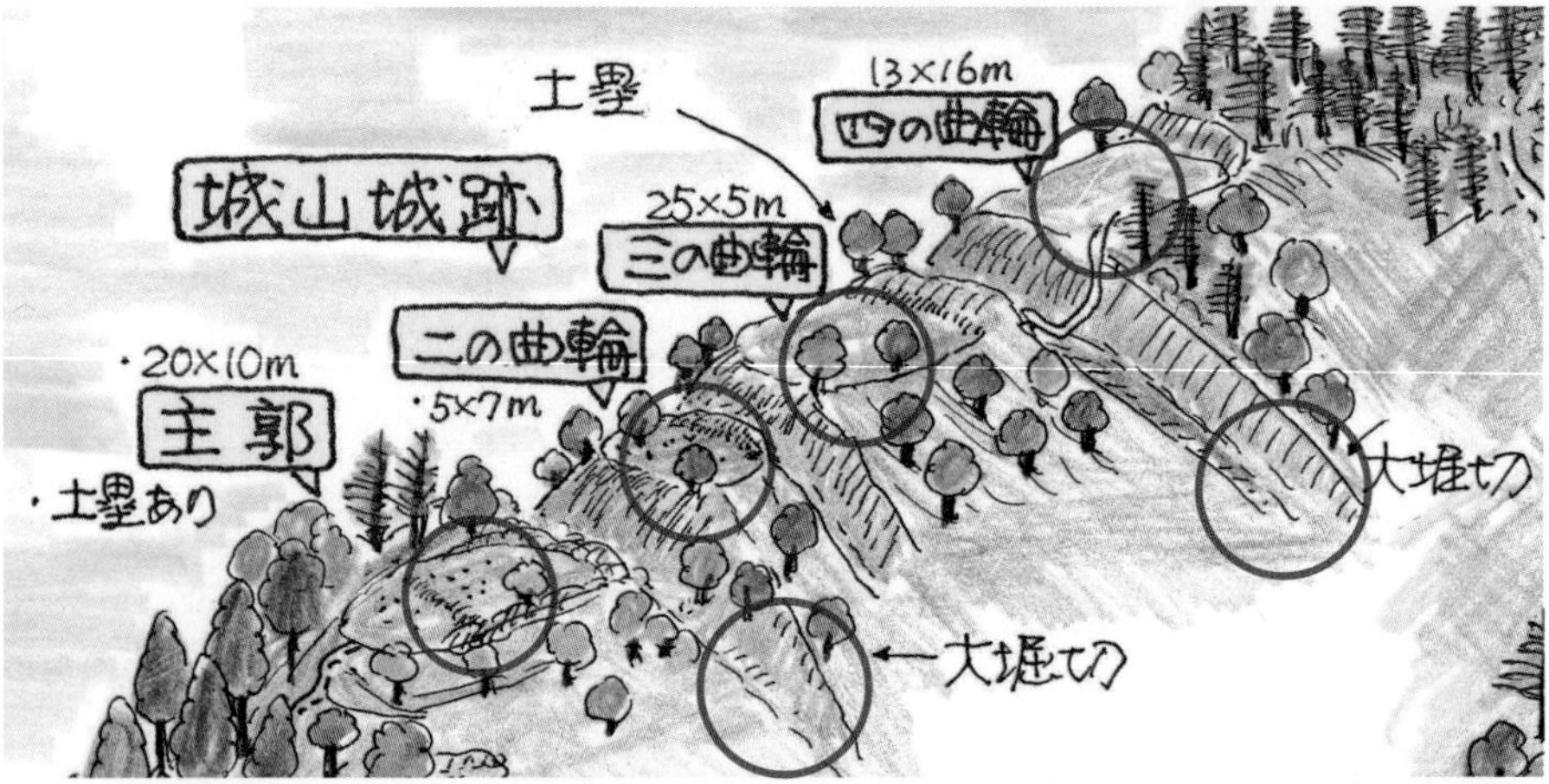

郭《くるわ》・曲輪《くるわ》

城の縄張りの中核部分として、山の頂上などにある程度の広さに平坦に造成された区画のこと。「削平地」などとも呼ばれる。周囲は土または石を盛った堤防状の「土塁」や「石塁」、堀などで囲まれている。

中心が「主郭」（「本丸」という場合もある）で、階段状に「二の郭（曲輪）」「三の郭（曲輪）」などと続き、さらに「帯曲輪」「腰曲輪」といった小曲輪が展開することもある。主要な曲輪以外にも、山の斜面に郭（曲輪）が連続的に広がる段郭がいたる所に見られる。主郭が奪われると落城となる。曲輪への入口を「虎口」という。

堀切《ほりきり》／竪堀《たてぼり》／切岸《きりぎし》

「堀切」は曲輪の防御などを目的に尾根を断ち切るように溝状に掘った部分。山の斜面を縦に掘ったものは「竪堀」という。堀切を左右に長く掘り伸ばして山腹部を「竪堀」とする例もみられる。山城では、斜面を削って人工的な急崖とした「切岸」もみられる。

大手（口）・搦手《からめて》（口）

大手（口）は城域や曲輪への表口や表ルート。搦手（口）は裏口や裏手のことで、山城の場合は尾根の反対側や別尾根などからのルートがある。

信州
上田

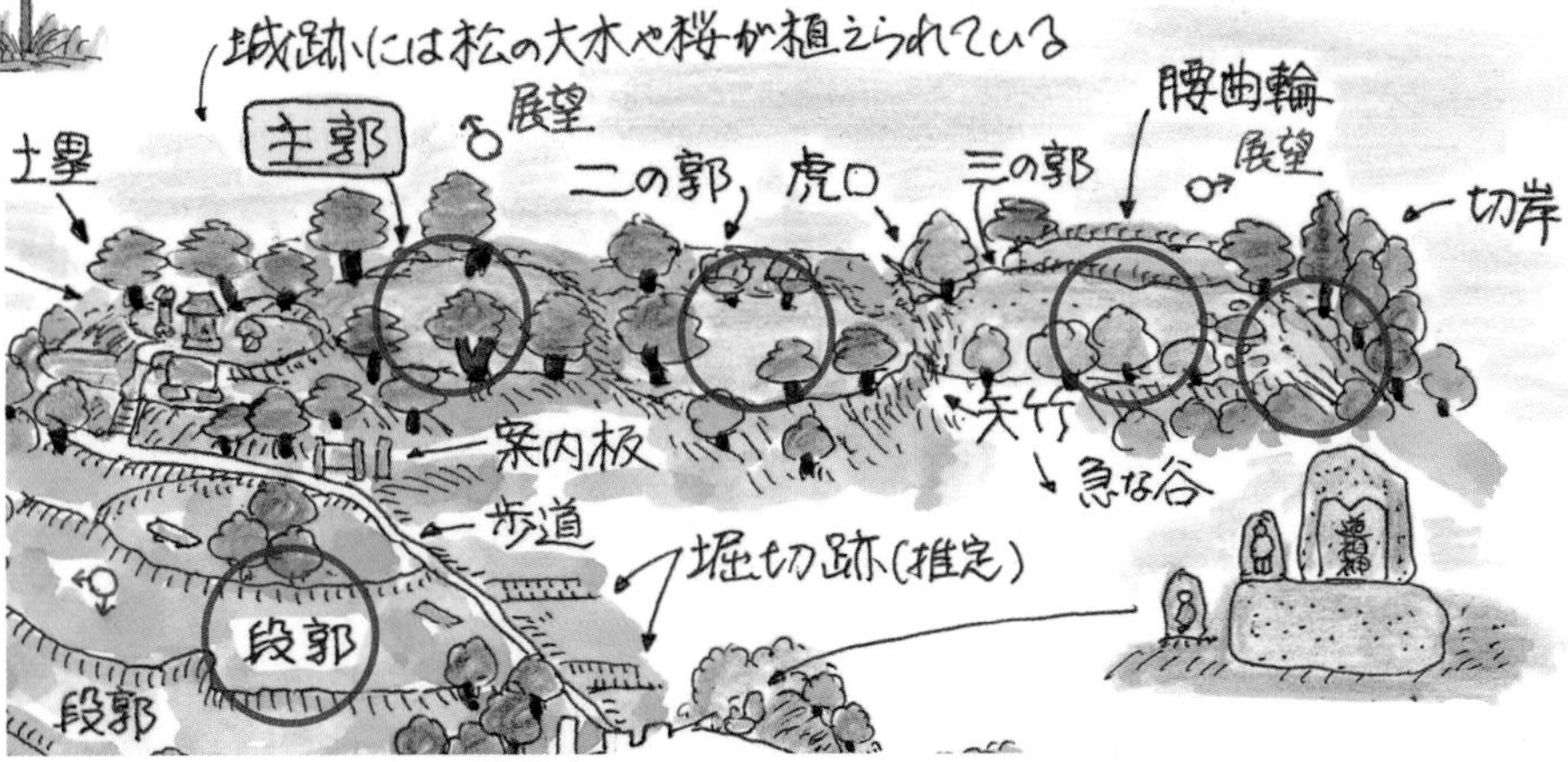
城跡には松の大木や桜が植えられている
主郭
展望
土塁
二の郭
虎口
三の郭
腰曲輪
展望
切岸
案内板
矢竹
急な谷
歩道
堀切跡（推定）
段郭
段郭

※千人枡という隠れ枡形
千人枡形
土塁
稲荷社
土塁
空堀
空堀
案内板
木橋
丸馬出し
※駐車場
桜
土塁
柿の木
三日月堀
※三日月形の堀の地形がきれいに残っている。

馬出し／桝形《ますがた》

「馬出し」は虎口の前に防御目的で設けた土塁や堀。虎口の外または内には防御の「桝形」を設ける場合もある。この本に収録した山城には少ないが、丘陵や平地につくられた高低差の小さな城（平城・平山城）などに設ける例が多い。

本郭

もくじ

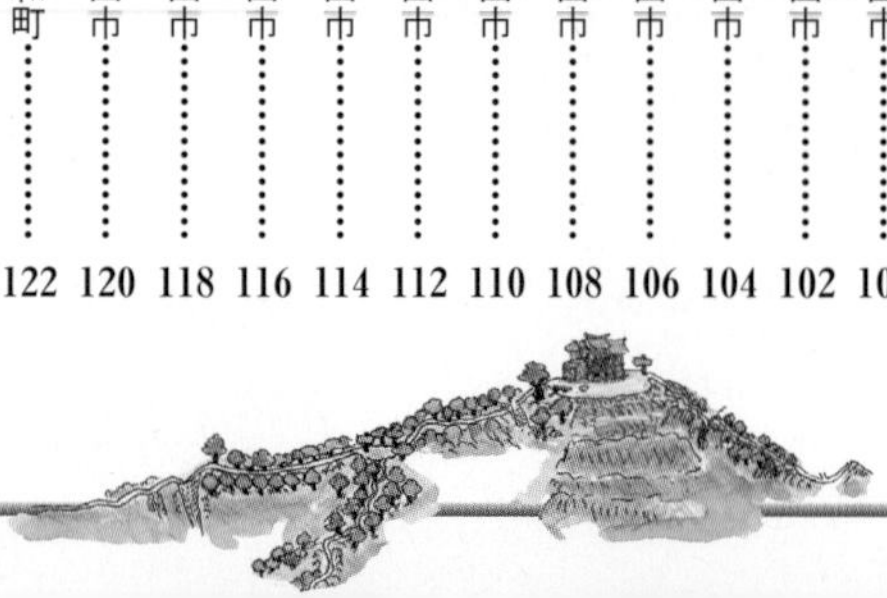

主郭
腰曲輪
天水溜
腰曲輪

◇信濃の山城分布図

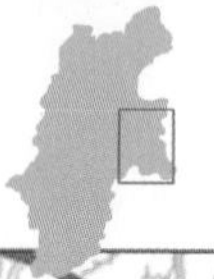
1〜20

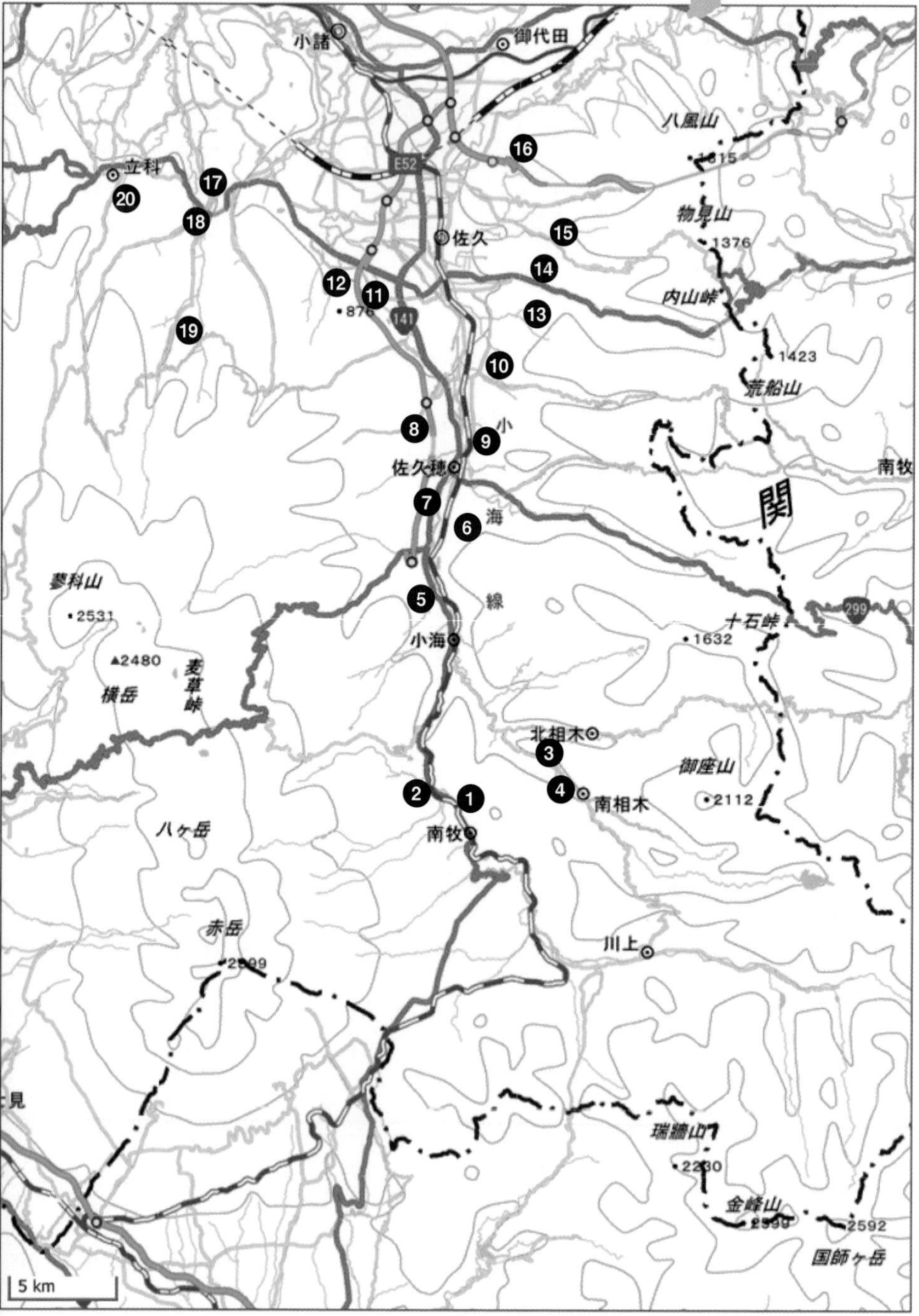
小諸
御代田
立科
E52
佐久
八風山
1315
物見山
1376
内山峠
876
141
1423
荒船山
小
佐久穂
南牧
海
関
線
蓼科山
2531
十石峠
299
1632
小海
2480
麦草峠
横岳
北相木
御座山
南相木
2112
八ヶ岳
南牧
赤岳
川上
瑞牆山
2230
金峰山
2592
国師ヶ岳
5 km
1
2
3
4
5
6
7
8
9
10
11
12
13
14
15
16
17
18
19
20

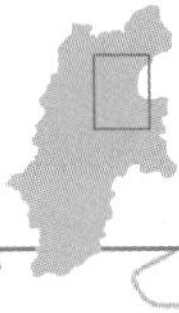

21〜66

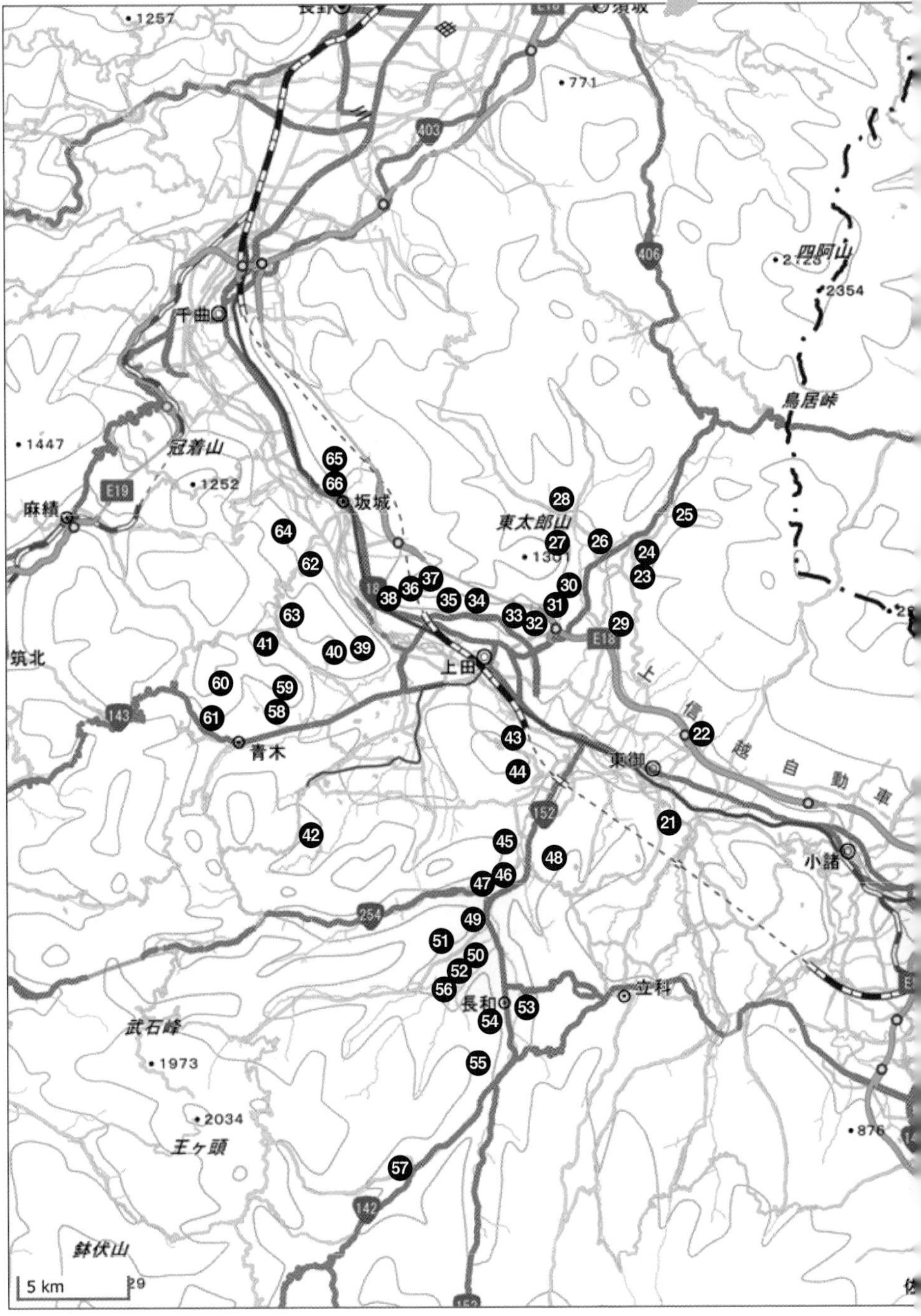
1257
771
403
406
四阿山
2354
千曲
鳥居峠
1447
冠着山
1252
E19
麻績
坂城
東太郎山
1301
18
上田
E18
筑北
143
青木
上
信
越
自
動
車
東御
152
小諸
254
立科
長和
武石峰
1973
2034
王ヶ頭
876
142
鉢伏山
5 km
21
22
23
24
25
26
27
28
29
30
31
32
33
34
35
36
37
38
39
40
41
42
43
44
45
46
47
48
49
50
51
52
53
54
55
56
57
58
59
60
61
62
63
64
65
66

◇信濃の山城分布図

67～112

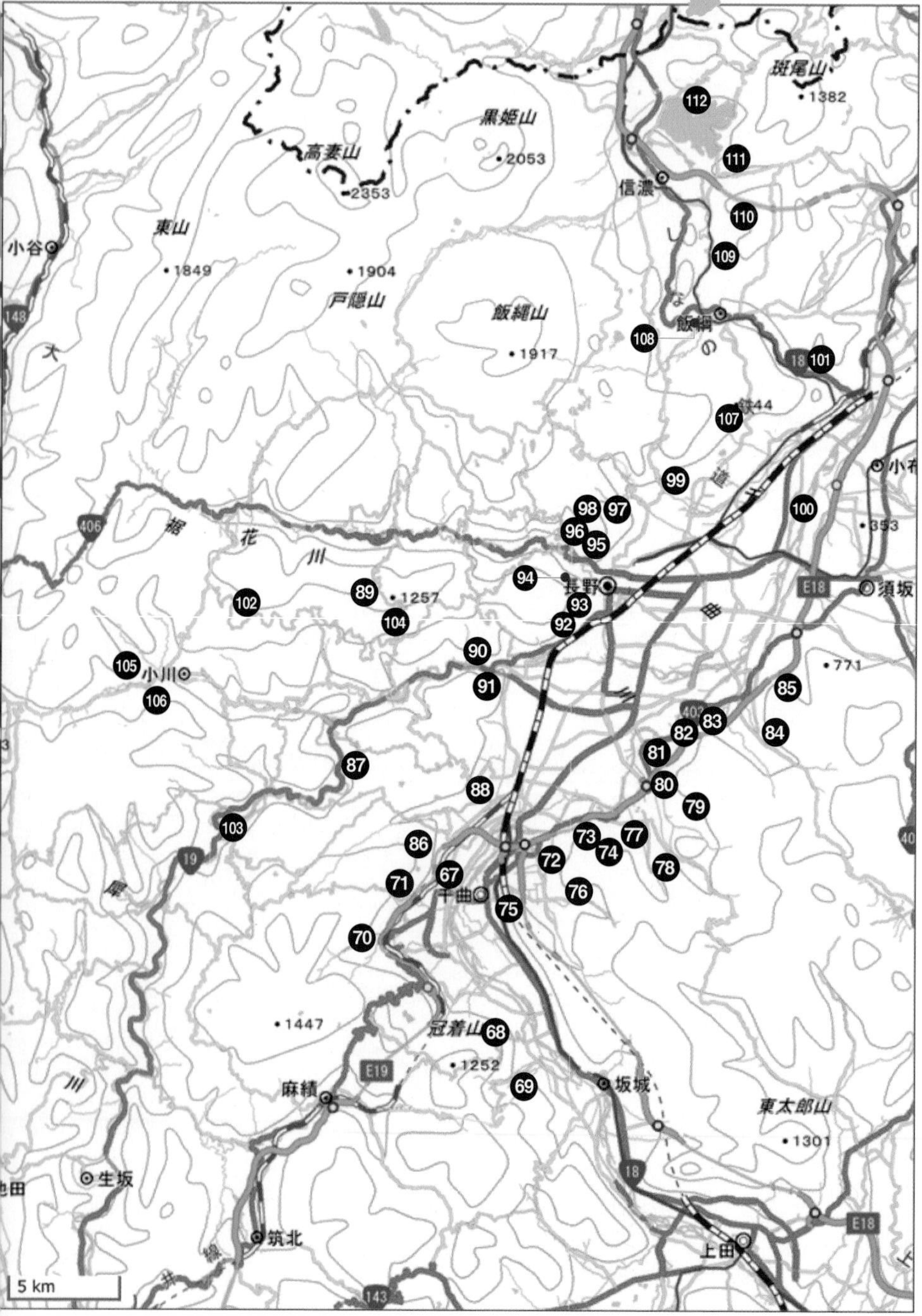

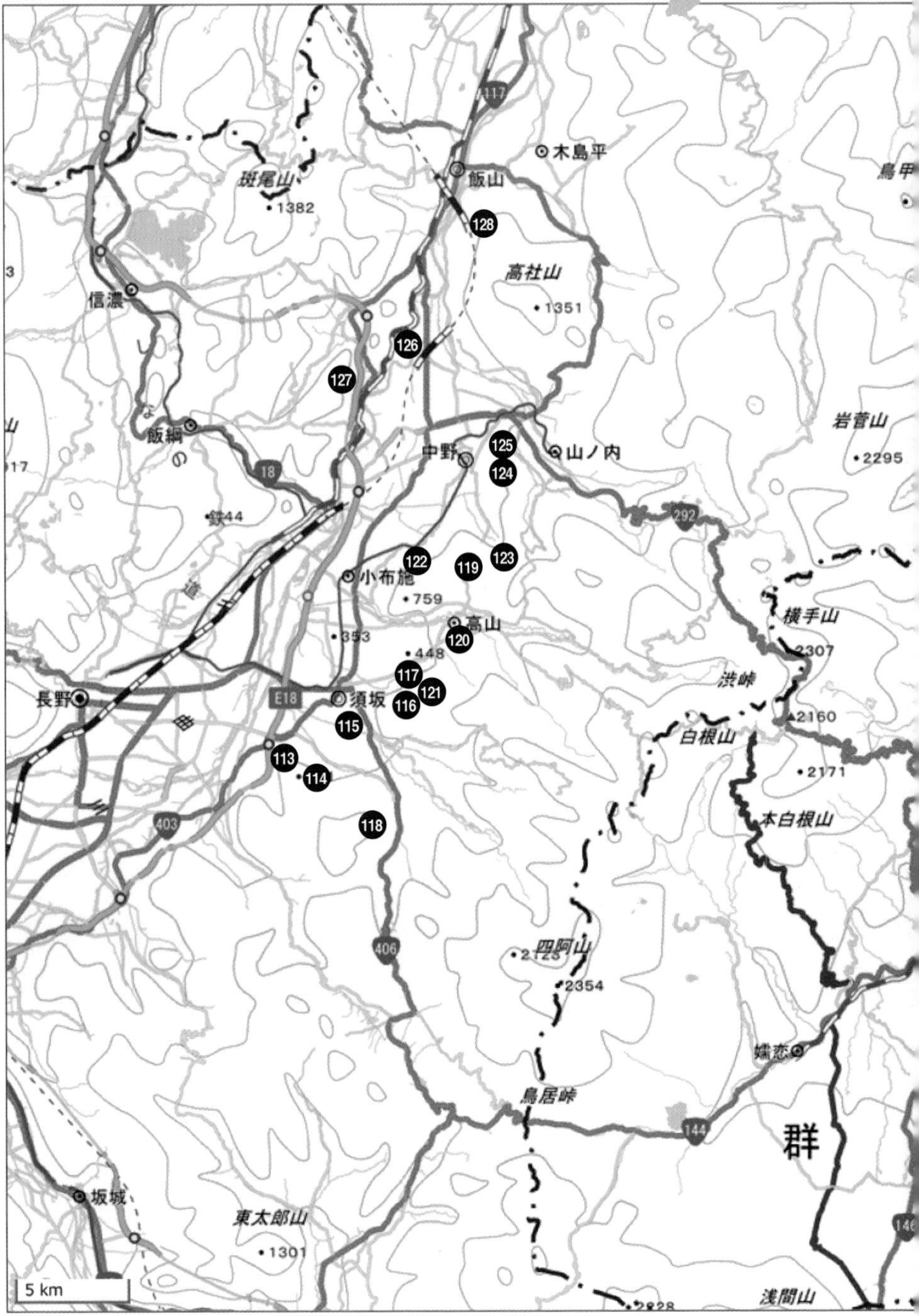
木島平
飯山
斑尾山
1382
128
高社山
1351
信濃
126
127
飯綱
中野
山ノ内
125
124
18
鉄44
292
122
119
123
小布施
759
高山
353
120
448
117
121
長野
E18
須坂
116
115
113
114
118
403
岩菅山
2295
横手山
2307
渋峠
2160
白根山
2171
本白根山
406
四阿山
2354
嬬恋
鳥居峠
144
群
坂城
東太郎山
1301
5 km
浅間山

1

信玄の初陣勝利と伝えられる

海ノ口城

別名【鳥井城】

南佐久郡南牧村

うみのくちじょう

◇築城（使用）時期
戦国時代前期
◇主な城主（勢力）
平賀氏
◇本郭（頂上）まで
約30分

標高1255m

大堀切の様子

主郭（大きな岩が特徴的）

千曲川河畔から望む海ノ口城（右から２つ目のピーク）
左奥から大遠火、遠見

岩上の東屋

武田晴信（信玄）の初陣勝利の地で知られる海ノ口城は、甲斐と境を接する佐久地方南端の山城で、佐久の平賀城を本拠とする平賀源心の出城であったという。

甲斐の武田と何度か兵火を交える中、天文5年（1536）に信濃侵攻をたくらむ武田信虎が兵八千を率いて海ノ口城を攻めた。源心は兵三千でこれを死守し落城の気配が見られなかったため信虎は甲斐に帰陣した。しかし、これが初陣の晴信は兵300を引き連れて引き返し、海ノ口城を奇襲して落城させた。時は12月28日、平賀源心は武田軍の帰陣を知って城の守りを解き、兵を年取りのために家に帰し油断していた。晴信16歳、以後武田軍の信濃侵攻に大きな一歩となる初陣勝利だったというのが「甲陽軍鑑」の筋書きだが、どうも真偽のほどは不明のようである。

海ノ口城は佐久方面から国道141号を進み南牧村役場手前を左折、千曲川に架かる大芝橋を渡る。突き当たりを左折、道なりに右折し三角屋根の建物の所で左折する（小さい標識あり）。道なりに作業道を進むと城跡駐車場に着く。徒歩30分、カラマツ林の道を直登し稜線鞍部に上がって右尾根を直進、小堀切を二つ越え、三の曲輪を過ぎると本郭跡に出る。本郭脇にはこの城の特徴と言える巨岩があり、岩前に城跡案内の石碑、奥の岩上に東屋がある。南側には二の曲輪や小曲輪の削平《さくへい》地があり、東尾根には段郭や堀切が見られる。街道から離れた山中の山城だが、大勢の兵士が籠もるのに兵糧はどう調達していたのだろうか。

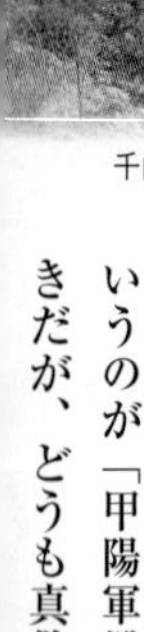

ある城跡案内碑

南牧村 海ノ口城跡

信玄の急襲により落城した平賀源心の城（甲陽軍鑑より）

標高 1255M

コースタイム 30分

主郭のホーイ
※松と大岩（屏風岩）に囲まれた主郭
海ノ口城跡 1.255M
・主郭 20×13m
至城山
東尾根
城域外れの堀切
岩上に建つあずまや
幅広い尾根
屏風岩
尾根筋を守る堀切
あずまや東側の大堀切
主郭
2段の曲輪
二の曲輪
※土塁がある
三の曲輪
腰曲輪
鳥井峠
堀切
岩場
堀切
岩場
小曲輪
作業道終点
まっすぐ急登する
作業道は左へ
道はよく、馬でも越えられる。
案内標識
幅広い作業道を歩く
海ノ口城跡
P
これより徒歩30分
駐車スペース
P
大岩
登り口
沢
至R141
※主郭にある石碑
至小海
R141
有坂モータース
JR小海線
大芝橋
220m
手曲川
佐久海ノ口駅
海ノ口
南牧村役場
至野辺山
海ノ口城跡
P
登り口
小さい標識と三角屋根の建物
ナビ検索
長野県南牧村348

海ノ口城跡

海ノ口城跡に関する歴史と伝説。平賀源心（成頼）の出城で別名鳥井城とも言う。平賀氏は現在の佐久市平賀の平賀城城主であった。永正、大永年間の頃から甲斐の武田氏としばしば兵火を交えた。文安、宝徳ごろからこの城によっていた。天文五年武田信虎は兵七、八千人を率いてこの城を攻めた。平賀氏は兵三千にて城を固く守り落城の気配はなくまた大雪降りしきり歳末ともなったのでやむを得ず一旦甲斐に帰陣することにした。この時父信虎とともに海ノ口城攻略に加わっていた武田晴信（信玄）は、しんがりにいて父の許しを得て兵三百人を率って途中より引き返しこの城を奇襲した。一方平賀源心は、武田氏の帰陣するを知り城の守りを解き、兵を年取りに家に帰して寛ろいでいた。そこへ武田氏の奇襲にあい剛胆七十人力という流石の源心も虚をつかれ、あえなく戦死し、海ノ口城は落ちたのである。武田晴信は、この時若冠十六歳で初陣の手柄をたてた。時天文五年十二月二十六日であった。

平成元年四月　南牧村村制百周年記念

2 甲信勢双方が死守したかった城 海尻城

別名【鳥井城】

南佐久郡南牧村

うみじりじょう

◇築城（使用）時期
不明
◇主な城主（勢力）
薬師寺氏、小山田氏
◇本郭（頂上）まで
約10分

標高1080m

国道141号側の城跡（医王院）入口

主郭にある城址碑と石祠

八ヶ岳から東に延びる尾根の先端部、千曲川と大月川の合流点に築かれた海尻城跡は、本郭までの比高約40mと平山城に近い。二の郭は東側下の集落の辺り、三の郭は医王院と諏訪神社の辺りにあったとも言われている。医王院から左に上がると、東屋の立つ三の曲輪、広い二の曲輪、城跡碑や石祠がある本郭と続く。

当時は川や崖、湿地を天然の要害として利用した厳重な防備の城だったようである。東は千曲川、北は大石川の浸食した崖、南側は人馬が近寄れない湿地の自然堀を利用し、西側には堀切を築いて防御したという。しかし、現在では千曲川本流は遠く、すぐ山裾を南北に国道１４１号が通っていて、ちょっと見だと難所には感じられない。

海尻城は佐久甲州道の咽喉部に当たる関門として甲信双方が最も死守したい場所であった。この城は村上氏が家臣の薬師寺右近《うこん》に命じて武田軍侵攻に備えていたが、天文９年（１５４０）、武田方の板垣信方が薬師寺氏を謀略により和睦開城させた。村上氏は城奪還を図ったものの、本郭を守る小山田備中の抵抗に遭い、さらには武田信虎率いる大軍に攻められ退散した。海尻城の戦は信濃侵略を狙う信虎にとって重要な一戦となり、以降、この城を前線基地として佐久地方の統一を進めていった。

登城するには国道１４１号沿いの天台宗医王院から。境内より左斜面を上がると10分ほどで城跡の碑がある本郭跡に至る。左右急斜面の狭い尾根を上部へ進み、右に下ると大月川右岸に出る。駐車場は南の城下にある海尻基幹集落センターへ。城主や城の記録は、信濃史学会編の「信州の山城」に詳しい。

東屋のある三の曲輪

北東側から城跡を望む（中央）

南牧村

対武田防衛線の最前線に築かれた城

海尻《うみじり》城跡

城山

標高 1080m

※現地案内板の説明を抜すい。

海尻城址

山の尾根の突端で大月川の深い沢を控えた険要の地を選んで構築した本丸、二の丸、三の丸が並び背面は大堀切で険をなしている。

海尻城址の歴史及び伝説

前山城主伴野氏の幕下 井出長門守の築いたものと云う。村上氏の臣薬師寺右近らがこの城を守っていたが天文九年正月十八日に武田の将板垣信方の知略をもってこの城を陥れ本城を小山田備中守昌行に守らせた。（一説には昌行の父昌辰ともいわれていた。）二の郭は日向大和守昌時に、三の郭は長坂左衛門（釣閑）清が守った。けれども同年十二月、海尻の地士らの一揆が村上氏に意を通じ、声援を得てこの城を囲み攻めた。村上氏の将領岩寺光中らが二の丸まで陥れたが、本城は昌行固く守り降らず既に十二月晦日、甲州より武田の将軍の到着により村上勢は敗退した。世に言う海尻城の合戦である。

南牧村教育委員会

3 谷筋や峠道を見張った相木氏の城
見張城
南佐久郡南相木村

みはりじょう

◇築城（使用）時期　天文年間か
◇主な城主（勢力）　相木氏
◇本郭（頂上）まで　約30分

標高1148m

主郭にある松の枯木と石祠

三の曲輪から二の曲輪への斜面

四の曲輪にある文化4年の石祠

千曲川本流から相木川を遡ること約6㎞、狭い谷間にある日向集落の背後の尾根上に見張城がある。城のある尾根は北相木の谷との境界になり、山上からは南・北相木の谷筋が見渡せるため、相木谷の防衛上は欠かせない砦といえる。見張城は南相木中島の相木城代・相木常栄が本家中倉の相木氏から独立するために、火燈城とともに築いたものだ。ここからは甲州へつながる大芝峠や合羽坂峠筋が見えるという。道端で草取りしていた80歳過ぎという女性に尋ねると、山を見ながら「昔登ったことがある。大きな松の木があったが枯れて切られた」などと話してくれたが、「道は知らない」という。日向バス停から山側の作業小屋脇で取り付いて稜線を目指すと、急斜面は松茸山で、整備がされていたおかげで藪漕《こ》ぎも無く稜線上に出られた。北相木との村境として張られた錆びた有刺鉄線に沿って左（西）に進むと、斜面の上に石祠のある曲輪が現れ、さらに西進した先が主郭であった。狭い主郭の周囲を取り巻く腰曲輪が特徴的で、見張場と思しき規模と縄張りであった。松の枯れ木の根元には石祠がある。

　築城したのは相木宗家の分家で相木城の城代であった相木市兵衛《ひょうえ》（常栄）。常栄は天文9年（1540）の武田晴信による佐久侵略戦の時点で既に武田に内通しつつ、本家に対してはあくまで武田に抵抗すべしと唱え、見張城と火燈城の築城を進言した。後に常栄は武田氏の助勢で相木一円を治めることに成功する。武田軍団の信濃先方衆として比類なき活躍を見せ、その功績は真田幸隆に勝るとも劣らぬものであったとされる。

見張城跡
みはり
見張城跡
谷筋や峠道を見張った相木氏の城
標高1148M
登り口から30分
南相木村
見張城跡 13×5m
(現在は木々で展望はない)
主郭
大きな松の枯木の根元に小石祠(文政10年)1827年
一段下主郭の周りを腰曲輪が囲う。
堀切
幅6〜7mの稜線上の削平地
岩石が露出
こちら
北相木村
三等三角点ピーク 1178.6m
江戸後期 文化4年(1807)の
記名がある石祠
稜線に有刺鉄線
直下は急斜面
※秋には松茸の止め山になるので、シーズンの登城は控えた方が無難。
こちら
南相木村
(注)稜線に出たら左へ
斜面は松茸止の山
※急な上り、踏道の筋が多数あるが、只々稜線をめざす。
※下ると、マレットゴルフ場への道路に出る
これより上部道なし。
行止まり、右斜面に上がる
小屋2棟
車幅の道
(藪)
至マレットゴルフ場
P ここに1台
登り口
至小海駅
小海大橋
小海大橋
小海トンネル
小海トンネル西
小海町交番
千曲川
上野・北相木
124
川上
南相木
2
日向新海神社
農業ハウス
マレットゴルフ場600mの標
至北相木
1.8km
(県)川上佐久
日向バス停
R141
JR小海線
小海大橋から4.4km
マレットゴルフ場1.2kmの標識
至南牧村
南牧村R141へ5km
至村役場

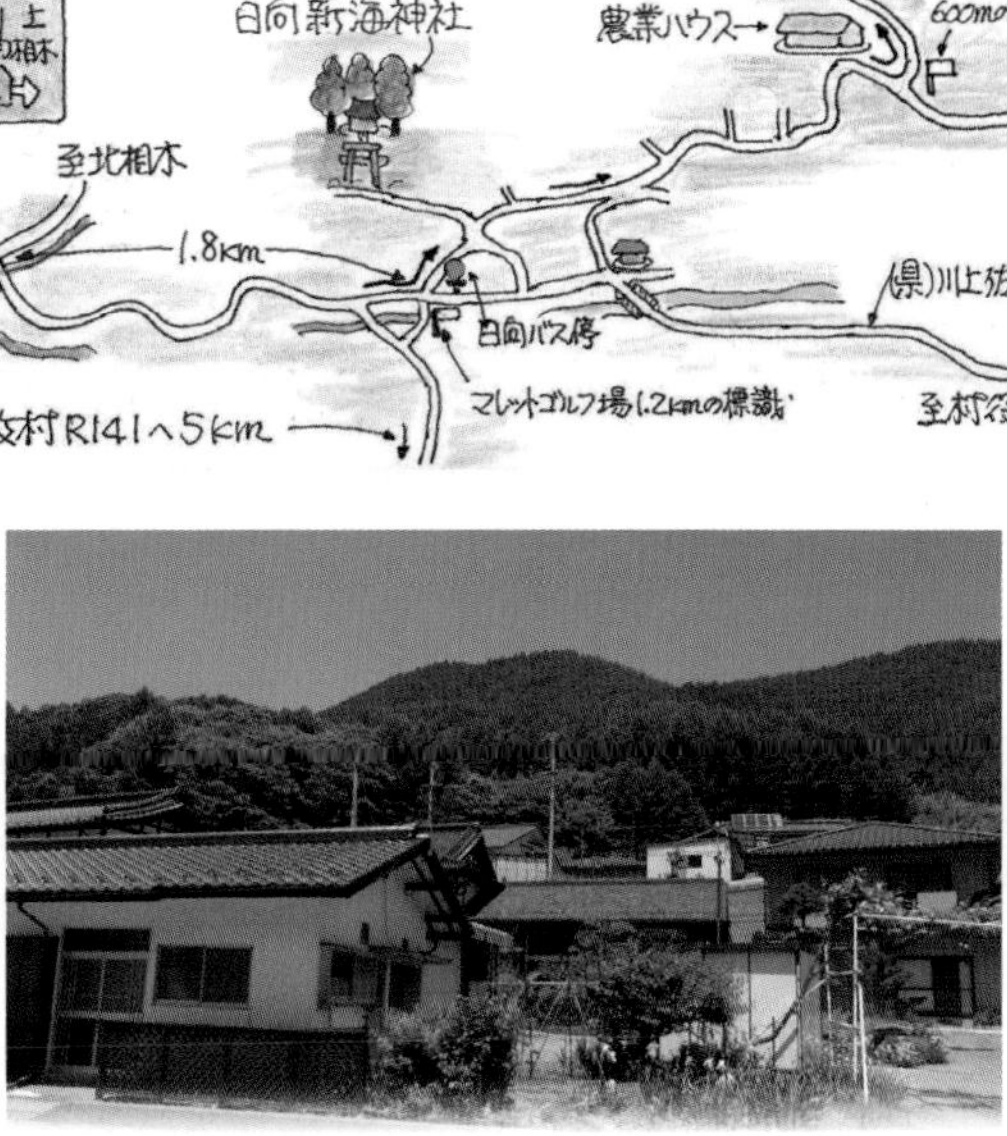

麓から城跡を望む（比高215m）

4 名の通り狼煙台として築かれた

火燈城

南佐久郡南相木村

ひともしじょう

◇築城（使用）時期
天文年間～元正10年
◇主な城主（勢力）
相木氏
◇本郭（頂上）まで
15分

標高1023m

山城だと大概はまず登り口で上るのだが、ここでは一旦谷底に下ってから上り返す。下り口は、南相木村の祝平地《ほうりたいら》区東端の県道沿いにある諏訪神社（正一位諏方大明神）の裏側となる。神社裏にある胸高直径1・98mの欅の大木（御神木）がすごい。その脇から御三甕《おみか》の滝に歩道を下る。南相木川が長い年月をかけてつくり上げた見事な滝と滝壺は長野県名勝に指定されている。上部の様子はドローンでも飛ばさない限り見れないが、華麗に流れ落ちる滝と深い滝壺の景観はすばらしい。さらにトンネルを進むと中間の滝見穴からも滝がよく見える。

城跡までは、トンネルに続く架け橋を渡って反対側斜面の遊歩道に取り付くと10分ほど。狭い尾根上に展望櫓《やぐら》があるが、木々でほとんど展望はない。南西の山側に2条の堀切があり、南と東、北側は深い南相木川の谷が堀の代わりをなしている。

火燈城と見張城は、相木城代の相木常栄が相木本家から独立するため、「武田勢の侵攻をいち早く知らせるための城」との口実で築いたとされる。その常栄は武田勢による佐久侵攻の早い時機から武田に通じ先方衆として活躍した。二代常喜は転戦での留守を案じて相木城を築いたが、実際に住んだのは三代頼房、四代信房であり、信房は遠州高天神城で戦死、頼房は上州へ去り、天正10年（1582）に相木城、相木氏は終わりを迎えている。

城下にある御三甕の滝

小屋掛けしたと思われる場所

主郭に造られた物見櫓

トンネルと橋を渡って対岸へ

長野県指定
名勝　御三甕《おみか》の滝
平成三年三月二十日指定

おみかの滝は上ん渕・中ん渕・下ん渕と呼び甕状を呈し、三つの滝壺からなっている。中ん渕は最も大きいもので高さ十六米、幅西米、長さ二十七米、水深七米である。(他の二つの滝と合わせて三甕の滝と呼ばれ、春の新緑、秋の紅葉とすばらしい景観を誇らしげにみせている。

※滝入口の案内板抜すい

相木氏について

火燈城と見張城を築いた相木常栄は武田信虎が佐久へ侵入するころから武田氏に通じ、本家より独立して武田氏の先方衆として活躍した。二代常喜は、転戦で留守がちの平安のために北相木に新城を築くが、実際に住んだのは三代頼房と四代信房とされる。信房は高天神城の戦（静岡県掛川市）で戦死。頼房は、田城に移ったが天正十年、依田信蕃の攻撃により追われ相木城主相木氏は終わる。

・コースタイム

諏訪神社 ― 5分 ― おみかの滝 ― 10分 ― 主郭

ゆ

麓から城跡を望む（中央左小ピーク）

主郭の石祠

北側崖下の本間十二社

5

武田の軍道警備に当たった砦か

本間城

小海町千代里

ほんまじょう

◇築城（使用）時期
戦国時代
◇主な城主（勢力）
不明　在地土豪か（武田方）
◇本郭（頂上）まで
20分

標高898m

名のごとく千回も曲がって流れきた千曲川の峡谷が、小海町内を下って幅が広がる辺り、左岸の尾根上に本間城があった。八ヶ岳から東に続く丘陵の端に当たるこの尾根は、千曲川と平行して南から北へ延び、三沢川に落ち込んでいる。城跡と麓の本間地区との比高は85mほどしかないが、西側は三沢川に削られ、東側も千曲川の河岸段丘などで急峻な地形になっている。千曲川の対岸（右岸）には高岩の岩壁が聳えている。本間城の尾根続きには、南側に信玄出陣時の重要な宿営地だったとされる宮の上（現小海高校辺り）や、北側には物見や狼煙台に使われたらしい本間下の城などがある。

本間城のすぐ東には佐久甲州道（現在は国道141号）が通っていて、信玄が上州進出時には本間辺りで千曲川を右岸に渡り、余地峠を越えたようである。本間城については記録がなく詳細は不明だが、細い尾根上の小さな砦であることから、当初は在地土豪の要害城としてつくられていたものに手を加え、軍道警備の見張りと狼煙の繋ぎ場として活用したものと推測される。

城跡へは尾根の北側先端から尾根伝いに登るしかない。登り口は本間十二社から右へ尾根の先端方向に進むと左の藪の中に鉄製の階段がある。すぐ右には会社の家屋がある。岩場を越えて尾根に上がると、すぐ左下には十二社が見える。

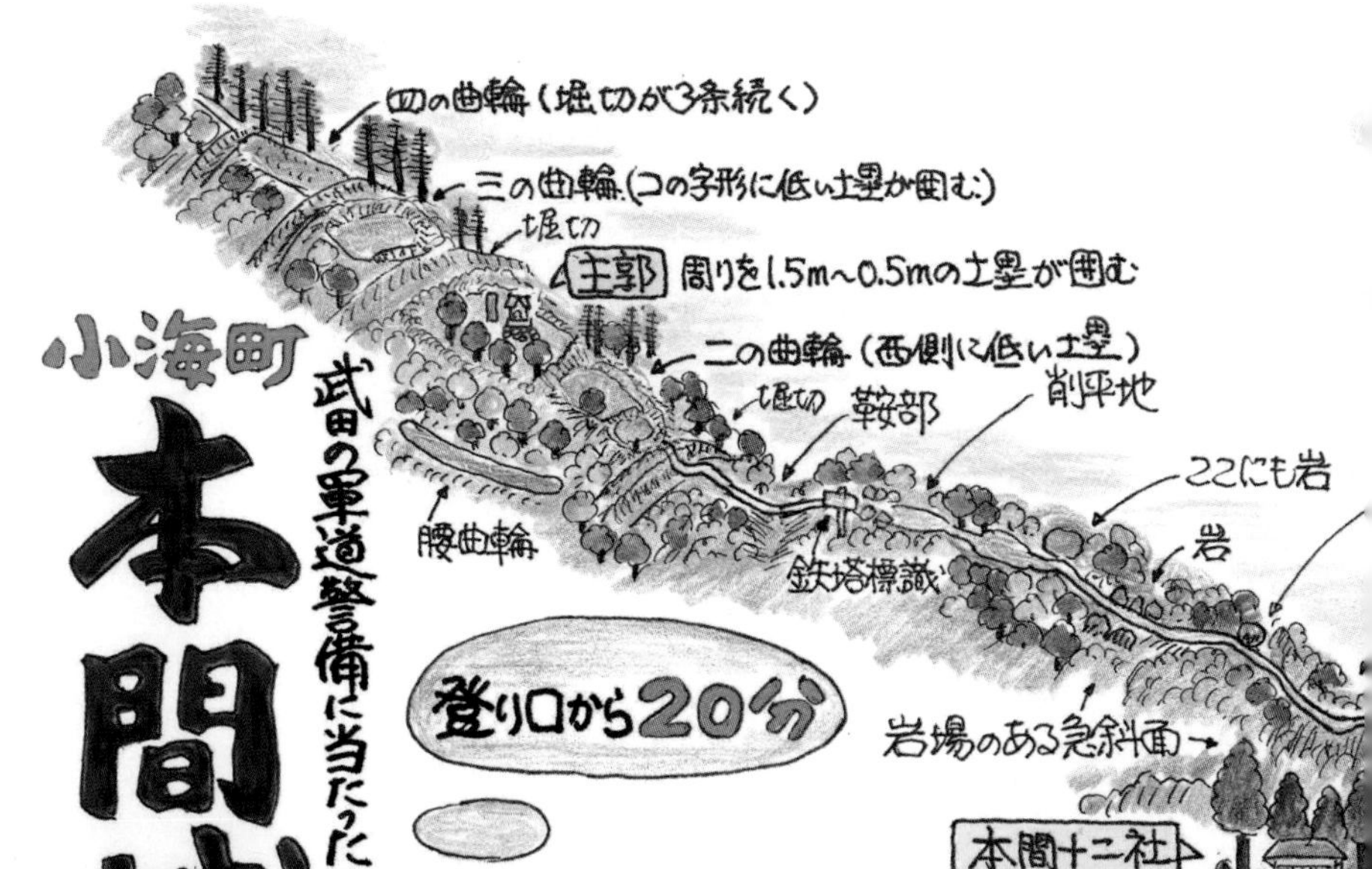
小海町
本間城跡
898m
武田の軍道警備に当たった砦
四の曲輪（堀切が3条続く）
三の曲輪（コの字形に低い土塁が囲む）
堀切
主郭 周りを1.5m～0.5mの土塁が囲む
二の曲輪（西側に低い土塁）
堀切
鞍部
削平地
腰曲輪
鉄塔標識
ここにも岩
岩
岩場のある急斜面
登り口から20分
本間十二社
・天之御中主神以下天神七代地神五代を祭神として祀る。
本間城跡
（民家）
至小海高校
（本間上地区）
（民家）
千代里
至小海
千曲川
高岩橋
高岩
JR小海線
至小海

二の曲輪から見た主郭の土塁

忠実に細い尾根筋をたどると3条の堀切があり、二の曲輪を経て、周囲を高さ50㎝～1.5mほどの土塁に囲まれた主郭に着く。中央部には新しい石祠があり、さらに尾根の上部には堀切を隔てて三の曲輪、四の曲輪の地形が見て取れる。さほど大きな規模で無いことから大勢が籠もるには不向きだったと思われるが、番手が詰めて見張り番や烽火番に当たるには適当な大きさかと思われた。雑木で周囲の展望は全く望めないが、木々さえ無ければ格好の見張場、狼煙場に思えた。

6 烽火台が発掘調査で隠れ家？に

花岡城

南佐久郡佐久穂町花岡

尾根の堀切の様子

頂上の物見櫓

はなおかじょう

◇築城（使用）時期
戦国時代
◇主な城主（勢力）
友野氏、花岡氏
◇本郭（頂上）まで
数分

標高880m

私の出身地の佐久穂町に花岡地区があり、家の水田が花岡城の北側、城腰《じょうのこし》という所にあった。いつも眺めていた城山に城跡があるとは知らず、当時は登ったことも無かった。その後、花岡遺跡公園がつくられ、城山の頂上には展望櫓《やぐら》も建てられた。さほど規模は大きくないが整備されると段郭や腰曲輪、堀切といった地形がよくわかる。

城跡までは、国道141号を南下し佐久穂町役場先で東へ、千曲川の南佐久大橋を渡り、旧佐久中央小学校を過ぎた先で右折して1.7㎞ほど進んだ左側に公園入口がある。茂来山から西に延びた小尾根の先端部につくられた城跡の展望櫓からは、かなり遠方まで望むことができる。

宮坂武男氏の『信濃の山城と館』によると、築城者は友野十郎とのことで、友野氏はその後、余地に勝見城も築いたとされている。

花岡城（烽火台）は明治11年発刊の「長野県町村誌」には花岡城とあるが、昭和10年発刊の「南佐久郡の古城址調査」以後は烽火台とされた。しかし平成6年に行われた佐久町（現佐久穂町）の発掘調査では、烽火台の痕跡が見あたらず、代わって礎石や柱穴、土器や小皿、陶磁器、砥石、釘、秤の錘など生活用品が出土し、さらには地下式抗（縦坑から3m程地下に六畳ほどの部屋が造られていた）が突然発見されるなど、隠れ穴的機能を持った場所と判明したが、結論付けはされなかったようだ。現地には烽火台としての案内板が設置されている。

位置や見晴らし状況から大石川烽火台、根子屋烽火台へとつなぐ烽火台と考えても不思議はないと思われる。周辺は子供のころ駆け回った懐かしい風景だが、距離感が縮まって見えるのは歳のせいだろうか。

頂上下の帯曲輪の様子

物見櫓から花岡地区を望む

登山口下に整備されている公園

戦国時代 武田氏の戦況を甲府まで伝えたのろし台か？

花岡城（烽火台）

所在地 長野県南佐久郡佐久穂町大字海瀬字城地・城腰

花岡遺跡公園

花岡烽火台は昔は松明山と呼ばれていましたが現在地元では城山と呼んでいます。構造は主郭を中心に、周囲に帯郭・段郭が設けられ、北側と東側には、尾根を切って堀切が築かれています。項上の主郭は、約六〇㎡ほどの単郭ですが道路からの高さは七〇mほどあり、小さな砦ですが、防戦にすぐれた機能を果したと思われます。

山項に焼土の散布が認められたことから、戦国時代の烽火台と考えられていましたが、平成六年に主郭の発掘調査を行ったところ、五m×一〇mほどの建物跡が確認され、戦国時代の生活用品と思われるものが数多く出土しました。主郭には砦の拠点ともいうべき建物が築かれていたと思われます。

武田信玄は、天文十二年（一五四三）九月十五日に小海町宮下の宮の上に宿陣していることが「高白斎記」に記録されています。また、高岩に信玄道が残っていることなどから上州進攻の折には、宮下から千曲川を渡り、崎田～花岡～館～余地峠のコースをとったものと考えられます。信玄の上州進攻の道筋において最も重要な位置にあるため、この砦は大きな役割を果たしたものと思われます。

また、道向かいには、常に戦闘への準備のため兵具の隠匿、食料の貯蔵、急襲の際の避難などとして利用した地下式坑が点在する中山遺跡があります。

戦前までは、山項に作神様を祭り、八十八夜の例祭の宵には提灯をつけてお祭をしていました。

（現地入口の案内板の説明を抜すい）

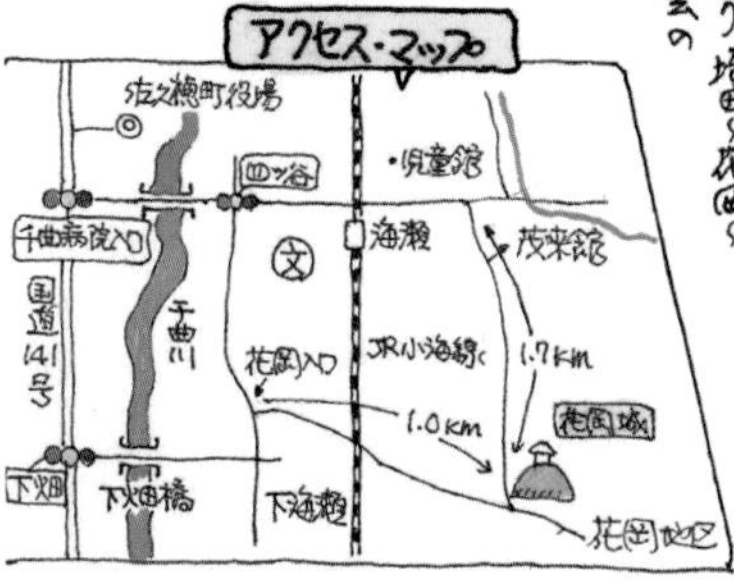

アクセス・マップ
佐久穂町役場
四ツ谷
児童館
千曲病院入口
海瀬
茂来館
国道141号
千曲川
花岡入口
JR小海線
1.7km
1.0km
花岡城
下畑
下畑橋
下海瀬
花岡地区

主郭（展望やぐら）
880m
祠が3つ
道路からの高さ約70m
アズキナシの木
尾根
帯曲輪
烽火台主郭をとりまく帯曲輪
ベンチ
ベンチ
太いケヤキ
堀切
ホーイ
N
!!
岩石の説明板
岩場
ケヤキ
堀切
段郭
松
桜
イロハモミジ
舗装道路
舗装道路終点（駐車可）
桜
至茂来館
あずまや
トイレ
登り口
（展望やぐらまで10分）
案内板
下海瀬《したかいぜ》
至下海瀬
公園
P
花岡地区
花岡入口
ゆたか

深い堀切の土手

主郭の様子

城跡入口の様子

西側から城跡を望む

7

長い段丘崖の縁に築かれた

下畑城

南佐久郡佐久穂町下畑

しもはたじょう

◇築城（使用）時期
戦国時代
◇主な城主（勢力）
小林宮内助
◇本郭（頂上）まで
数分

標高846m

千曲川左岸の河岸段丘の崖上（縁）につくられた城で、山城というより平山城に近い。東側から見ると成長した木々のせいで南北に伸びる尾根のようにも見えるが、麓の下畑地区からの比高は65mほど、さらに段丘に上がると主郭との比高は20mほどしかない。深い堀切を間に南から主郭、二の曲輪、三の曲輪を配している。城のつくりとしては単純な連郭式で、西側からの攻撃はあまり想定していないようにも思える。

地域的に見ると、西側の段丘上部の大久保地区は台状地形で水田や高原野菜畑が広がり、最近、南北に中部横断道が建設された。東側の段丘下部には国道１４１号（佐久甲州街道）が南北に通り、千曲川が平行して流れている。位置的には花岡城が真東に見える。

天文9年（１５４０）、武田信虎が佐久へ大軍で侵入した際、配下の小山田信有の重臣・小林宮内助が築城し、以降も佐久地方への足場となった城と見られている。これについては、城跡入口にある説明書きにも、「天文9年5月、武田信虎が大挙佐久郡に侵攻したとき妙法寺記に『小山田殿の代として小林宮内助殿も一城を構え』とあるのがこの城で、東の低地と西の台地上の交通路を扼し佐久平を抑える番手城として重要であった」旨記されている。佐久市小宮山から出て武田氏に仕えた小宮山丹後守の居城であったとする伝説もあるようだが、いずれにしろ武田方によって軍道の道筋に築かれた城という点で共通している。

道路脇にある城跡入口を入ると、右に小曲輪、その先に2条の小さな堀切があり、右に幅8mほどの腰曲輪がある。主郭部には廃屋化した農作業小屋があり、低い段差で二段になっていて、深い堀切を挟んで二の曲輪、三の曲輪が続いている。曲輪は以前は耕作地だったようだが、現在は深い笹薮に覆われて立ち入るのは厳しい。腰曲輪の先にある送電線鉄塔の巡視路をたどって三の曲輪から先へ向かったが、本来なら段丘続きで下畑下の城につながるはずなのに薮に阻まれて進むことができなかった。城跡南端にあった堀切は現在、下畑から大久保に通じる道路になっているというが、当時の情景を思い浮かべるのは難しい。

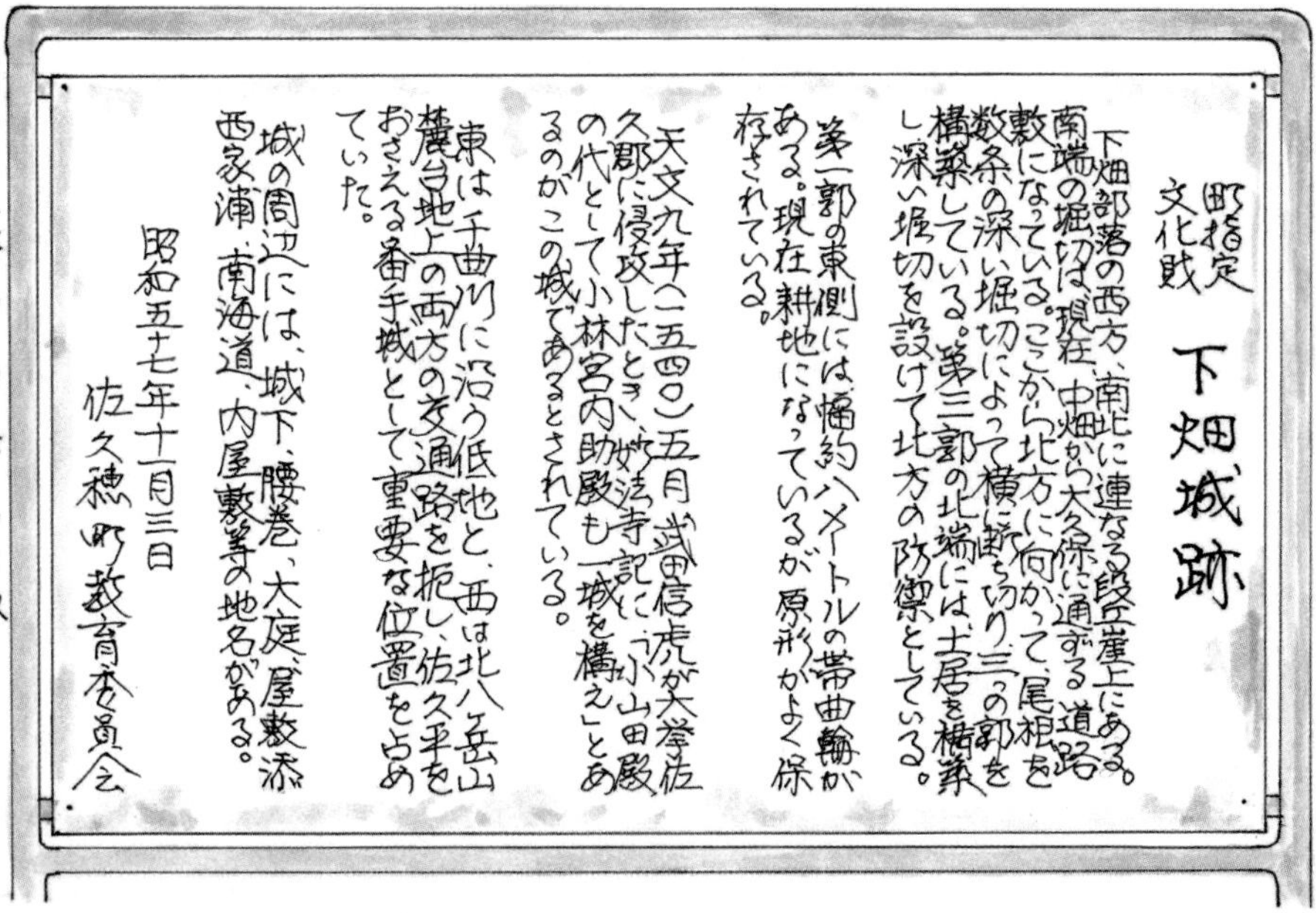
町指定文化財
下畑城跡
下畑部落の西方、南北に連なる段丘崖上にある。
南端の堀切は、現在、中畑から大久保に通ずる道路
敷になっている。ここから北方に向かって、尾根を
数条の深い堀切によって横断ち切り、三つの郭を
構築している。第三郭の北端には土居を構築
し深い堀切を設けて北方の防禦としている。
第一郭の東側には幅約八メートルの帯曲輪が
ある。現在耕地になっているが原形がよく保
存されている。
天文九年（一五四〇）五月武田信虎が大挙佐
久郡に侵攻したとき、「妙法寺記」に「小山田殿
の代として小林宮内助殿も一城を構え」とあ
るのがこの城であるとされている。
東は千曲川に沿う低地と、西は北八ヶ岳山
麓台地上の西方の交通路を扼し、佐久平を
おさえる番手城として重要な位置を占め
ていた。
城の周辺には、城下、腰巻、大庭、屋敷添
西家浦、南海道、内屋敷等の地名がある。
昭和五十七年十一月三日
佐久穂町教育委員会

→登り口にある町の案内板

武田氏が佐久地方侵攻の足場とした城

佐久穂町 下《しも》畑《はた》城跡

846m

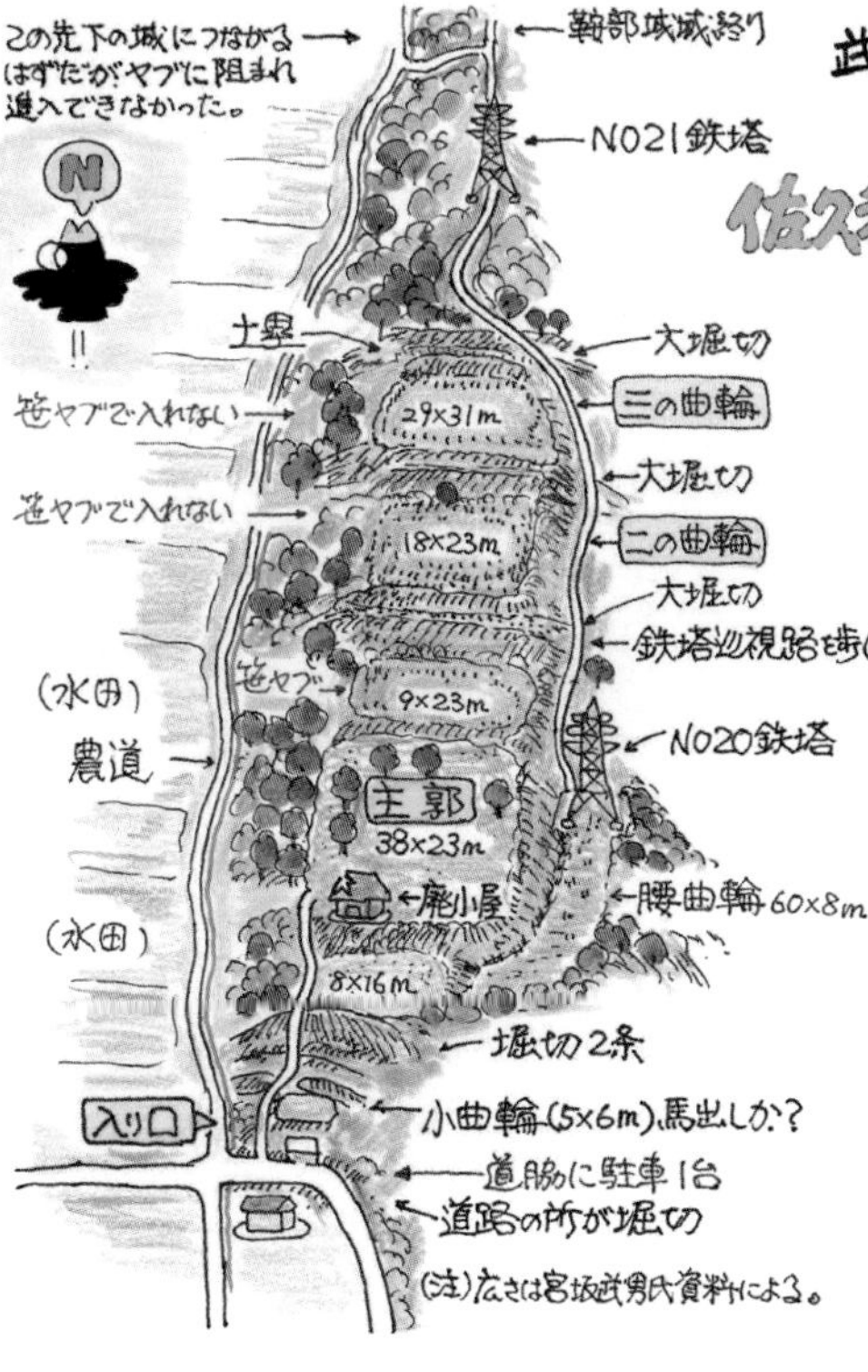
この先下の城につながるはずだが、ヤブに阻まれ進入できなかった。
鞍部城域終り
NO21鉄塔
土塁
大堀切
三の曲輪
29×31m
笹ヤブで入れない
大堀切
笹ヤブで入れない
二の曲輪
18×23m
大堀切
鉄塔巡視路を歩く
（水田）
笹ヤブ
9×23m
NO20鉄塔
農道
主郭
38×23m
廃小屋
腰曲輪 60×8m
（水田）
8×16m
堀切2条
入り口
小曲輪（5×6m）、馬出しか？
道脇に駐車1台
道路の所が堀切

（注）広さは宮坂武男氏資料による。

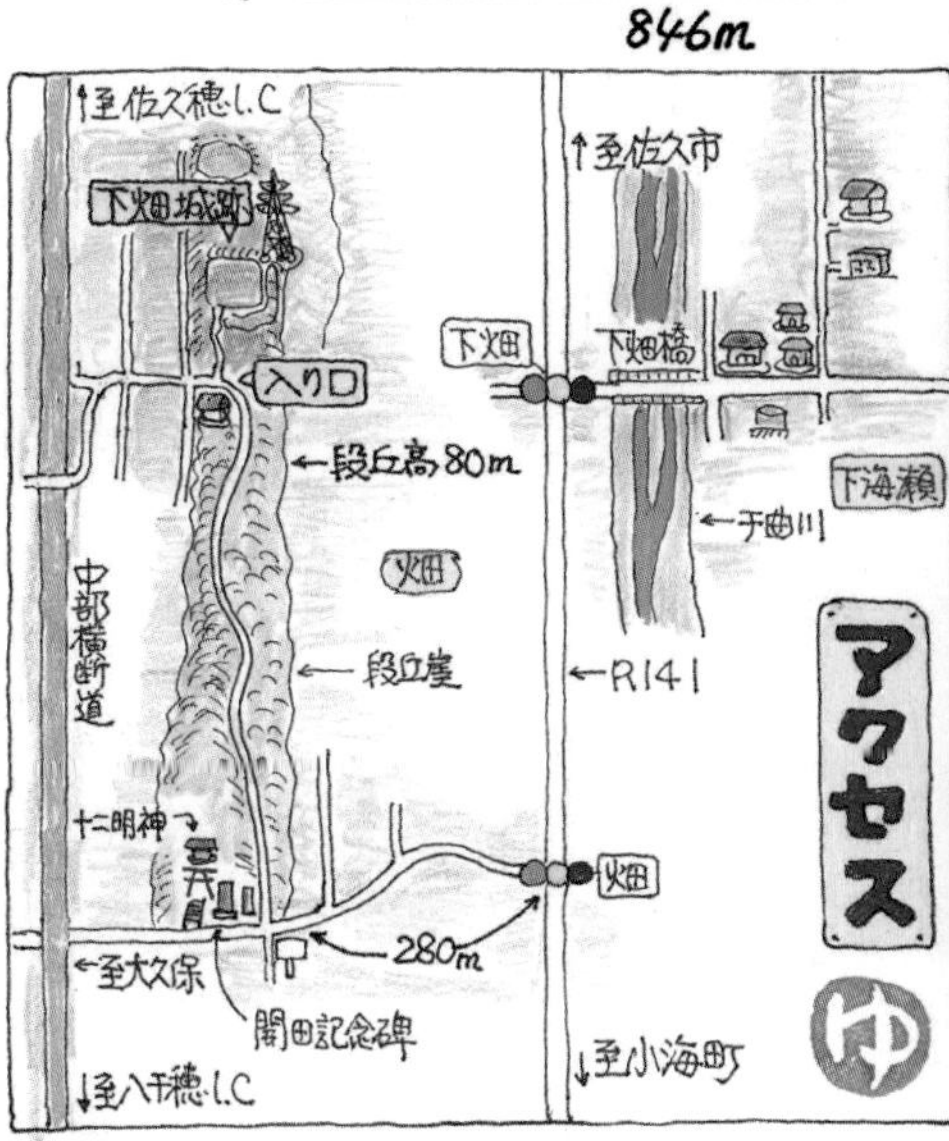
至佐久穂I.C
下畑城跡
至佐久市
下畑
下畑橋
入り口
段丘高80m
下海瀬
千曲川
畑
中部横断道
段丘崖
R141
十二明神
畑
280m
至大久保
関田記念碑
至八千穂I.C
至小海町
アクセス
ゆ

8 雁峰城

草間城とも呼ばれる低山の山城

別名【草間城】【小田切城】【ガンダレ城】

佐久市中小田切

がんぽうじょう

◇築城（使用）時期
不明
◇主な城主（勢力）
小田切氏、草間氏
◇本郭（頂上）まで
15分

標高801m

二の郭の堀切の様子

本郭下の曲輪

主郭に建つ皇大神宮祠

西側から城跡のある尾根を望む（中央）

隣の佐久穂町出身なのに雁峰城の名も知らなかった。佐久穂町にある山城だってほとんど知らないのだから無理もない。とにかく山城を訪ね歩いているうちに次から次へと新たな山城が出てくるのだから。さて小田切氏の支配していた雁峰城の名は、尾根の様子が、雁が羽を広げた姿を連想させるというのが由来のようである。また小田切氏の後の城主が草間氏だったことから、草間城とも呼ばれている。

甲斐の武田信虎や坂城の村上義清は佐久地方の支配をめぐって覇権争いを繰り返していたが、小田切氏の雁峰城は武田氏の侵攻によって落城、小田切氏は村上氏を頼って佐久から撤退し、その後は草間氏が城主となったが、草間氏も武田の侵攻を受けこれに降ったという。佐久地方には、大井、伴野などの豪族がいたが、争いが絶えず武田、村上の侵攻を許した。甲斐から信濃征服を目指す信虎率いる精強な武田勢にとって、佐久の小豪族を攻め落とすくらいのことはさほど難しくはなかったと思われる。

陽雲寺横から山側に入り、斜面をジグザグに上がって尾根に出たら右へ、右側の曲輪後には江戸時代の記名がある墓地や石碑がある。登山口から15分程で皇大神宮の祠のある本郭跡に着く。途中は草薮で主郭は雑木が覆っているが、尾根筋には段郭が連なる地形が見られる。

本郭下にある石祠や墓石

がんぽう

雁峰城跡

中小田切集落、陽雲寺の裏山に残る
草間城とも呼ばれる低山の山城

戦国時代の初期、甲斐の武田信虎が佐久方面に侵入し、小田切氏の雁峰城が侵攻を受けて落城した。敗れた小田切氏は、村上義清を頼り佐久から北信濃に根拠を置いたと言われる。

戦国時代の当主は、小田切駿河守幸長で小田切から、長野の吉窪城主となった幸長は弘治3年(1557年)葛山城において武田軍と戦い討死してしまった。その後雁峰城は草間氏が城主となった。そのため、ここを草間城と呼ぶ人もいる。

9 入沢城

縦堀や連続の堀切で要害堅固

佐久市入沢

いりさわじょう

◇築城（使用）時期
不明
◇主な城主（勢力）
入沢氏、大井氏
◇本郭（頂上）まで
20分

標高853m

小さな石祠が立つ主郭（奥は二の曲輪）

土塁と堀切が続く東尾根

西方から入沢城跡（中央）を望む

二の曲輪の天水溜跡

入沢《いりさわ》地区の真ん中を流れる谷川《やがわ》。普段は水深1m余りの静かな川だが、令和元年の19号台風で氾濫し、かつて無い大きな被害をもたらした。この谷川左岸（南側）の尾根筋に入沢城がある。入沢の谷の入口には、左岸に十二山城、右岸に磯部城があり、入沢城の前衛として配置されていたという。

入沢城は田口氏と縁戚に当たる入沢氏が長く治めていたが、天文7年頃には城主が大井氏に代わり、天文9年（1540）には武田信虎の命を受けた板垣信方に攻められて武田の手に落ちた。その後天正年間には水石和泉守が在城したと言われている。

登り口が分からず仕方なく吉祥寺を一周した後、茅葺き屋根の庫裏にいた若い住職に道を尋ねると、しばらく上っていないと言いつつ、快く登り口の墓地脇まで案内してくれた。

大手口の西尾根を上がると、岩場の下方に、この城の特徴でもある3条の竪堀のうちの一つが見られる。ロープ伝いに上がった大岩の脇には五の曲輪があり、岩を越えた反対側には四の曲輪があるが、岩や傾斜で平らではないため地形がよく分からない。細い岩稜を越えた先が主郭で、中央に石祠がある。広さは二の曲輪の方が広く、土塁や、雨水を溜めておく天水溜も見られる。

主郭の一段下には三の曲輪のある北尾根が伸び、先端の岩場は物見らしく、足下は急崖になっている。二の曲輪の先に続く東尾根には大小8条の堀切があって、東方からの侵入を阻止する構えとなっている。

佐久市
入沢城跡
巨大な堅堀や連続の堀切を備えた要害堅固な城
標高853m
入沢城跡 853m
東尾根
天水溜（岩と凹地がある）
東尾根を防御するため大小8条の堀切がある
長い竪堀がある
※急斜面の岩上の曲輪は北方の物見と西方からの敵に備えた。
※主郭中央に小石祠
※最も広い
主郭
二の曲輪
三の曲輪
岩が露出
北側の展望開ける
土塁
矢竹に覆われて立入れない。
北尾根
腰曲輪
こちらかなりの急斜面
小堀切
削平地あり。
西尾根
・大手
岩稜
削平地
ローブあり
岩場
矢竹密生
※北西斜面には3条の竪堀がある。
岩場の下を上がる
斜面に竪堀が見られる
四角の建物
100m程ある広い墓地
墓地
吉祥寺
登り口
（大手口）
鐘楼
寺には珍しいかや葺き屋根
P 吉祥寺駐車場
検索
・佐久市入沢3303
・0267-82-3317
アクセス
至臼田
至田口
あおぬま
県道2号線
青沼小
青沼小入口
JR小海線
600m
550m
950m
入沢城跡
吉祥寺
登り口
羽黒山トンネル
至羽黒下
コースタイム
20分くらい
ゆ

南側から田口城跡を望む

依田信蕃の菩提寺蕃松院

段郭の様子

春の龍岡城五稜郭

展望台から五稜郭を望む

10 土豪が築城、村上氏の没落で滅亡

田口城

別名【龍岡城】

佐久市田口

たぐちじょう

◇築城（使用）時期
室町中期〜戦国時代
◇主な城主（勢力）
田口氏、依田氏
◇本郭（頂上）まで
30分

標高881m

室町時代末期に土豪田口氏によって築かれた城で、戦国時代には村上氏の配下にあったが、武田氏の佐久侵攻により落城、村上氏の没落とともに田口氏も滅亡した。その後北条氏系の依田能登守、徳川方の依田信蕃《のぶしげ》と支配が変わるが、信蕃が天正11年、岩尾城攻めで討ち死にしたため、以後長男の康国が徳川から松平姓と小諸城5万石をあてがわれ支配した。しかし戦国時代の終わりとともに田口城は廃城となった。

田口城跡への登山口である蕃松院は、依田信蕃の菩提を弔うため長男の松平康国が建立した寺だが、入口の石幢《せきとう》や御殿松、多行松、信蕃と弟源八郎の墓の五輪塔など見どころも多い。

蕃松院裏の大きなカヤの木の脇から急斜面を上がり、墓地側からの道に合流する。右上に大きな板状節理の岩場を見て稜線に上がり、清川からの林道に出たら、右に折れ展望台への案内板を右に入る。周囲は段郭や曲輪の平らな地形が見られ、右下の展望台からは五稜郭や佐久地域、八ヶ岳などを一望できる。主郭は東に上がった石祠のある平地だが、ヒノキ等が植林されている。段郭の脇には今も石積みが残っている。

田口藩最後の藩主松平乗謨《のりかた》が築いた「龍岡城五稜郭」は、明治維新で建物が取り壊された。当時の遺構としては御台所とお堀、石垣などが残されている。このほか近隣には、源頼朝が社殿修理し、武田信玄が戦勝祈願した「新海三社神社」の三重塔（重要文化財）など名所旧跡がある。であいの館でウオーキングマップをもらって歩いてみてはいかがだろう。

佐久市
依田信蕃の菩提寺
蕃松院裏の山城
田口城跡
標高881m
田口城跡
室町時代末期に地元の土豪田口氏が築城したが戦国時代に武田氏の佐久侵攻により落城し、天文十七年（一五四八）田口氏は滅亡した。後に北条方の依田能登守や徳川方の依田信蕃に支配されるが、戦国時代の終焉とともに廃城となった。依田信蕃の菩提寺でもある蕃松院の背後に尾根のように続く山頂には、今も段郭や曲輪跡が見られます。
室町末期、地元の土豪田口氏が築いた山城
田口城主郭跡
石垣が残っている
林道行止
家屋がある
段郭の地形が残っている
石垣
ヒノキ植林
四等三角点 881.5m
石祠
曲輪の地形
五稜郭展望台
100m
平たん地
展望台入口
五稜郭展望台
↑至清川
林道
展望台駐車場 約10台
※清川地区から林道約2.1km
林道出口（下り口）
小岩場
大きな岩場
ケヤキ
ホーイ
N
杉林
高さ15m程の大きな岩場
岩場の左の方を上がる
七合目標識
蕃松院への標識
蕃松院分岐
岩場
40m程斜面を横切る
ヒノキ林
五合目標識
田口城跡登路
落ち葉が滑るので注意！
壊れた炭焼き釜の跡
左の岩上に石祠
ケヤキの大木がある
丸木で土留めした歩道
落ち葉が滑るので注意！
整備された明るい斜面を歩く
株立ちの大きなケヤキ
林内の墓地
※文化元年（1804）天保四年（1833）などの年記の墓石がある
依田信蕃と弟源八郎の墓 五輪塔
寺の裏に回る
登り口
大きなカヤの木
磨崖青面金剛
蕃松院
竹林
多行松
柿の木
寺の駐車場
P
松の下の石幢（文明14年、1482年）
この間約150m
至JR小海線龍岡城駅
登り口 大手道
至新海神社
アドバイスミラーと板塀のある小路
松平来譲《のりかた》が築城
龍岡城五稜郭
であいの館
城郭から五稜郭が見える
大手門
桜の花がすばらしい
御台所
田口小学校
城跡まで30分
ゆかた

11 何度もの激戦を経験した山城 前山城

佐久市前山

まえやまじょう

◇築城（使用）時期
鎌倉〜戦国時代
◇主な城主（勢力）
伴野氏
◇本郭（頂上）まで
10分

標高727m

本郭の様子

前山城跡登り口

城跡から佐久平を望む

東屋が建つ物見郭

西側の段郭の様子

佐久市の西、前山地区の小高い尾根に、鎌倉時代から佐久地方で勢力があった伴野氏の本城前山城跡がある。鎌倉の頃から北佐久一円を支配していた大井氏との抗争が絶えなかったというが、豪族同士の争いを続ける間に武田の侵攻を許し、ついに落城してしまった。後に村上勢が盛り返したが、前山城を守っていた城兵数百が討たれ、再び武田勢に奪い返されてしまった。武田氏滅亡後は、徳川方の依田信蕃に攻略され、伴野氏は滅びたという。

前山城は何度も戦場となり激戦を経験した山城だった。だが、物見郭からの展望の良さはあるものの、集落との比高が小さい上、崖などの自然の要害も無く戦いには向かない山城であったようだ。『山城紀行』の清水長久氏によると、山城は通常「守るに易く、攻めるに難し」が築城の条件だが、前山城は守りに欠陥があったのではないかとのことだ。小豪族同士の攻防ならば問題なかったが、武田の軍勢には歯が立たなかったということだろう。

以前訪ねてから12年、久々に城跡に上がってみたが、様子は当時とほとんど変わらず、登山道などは地元の人たちによって手入れされていた。今回は伴野氏を祀った麓の伴野神社と、近くの紅葉が見事な貞祥寺にも立ち寄ってみた。

佐久市
前山城跡
726.5m
今も旧態をとどめる伴野氏の山城
佐久市史跡 前山城跡
前山城跡は、蓼科山の一支脈突端に位置し、本丸、二の丸、三の丸がほぼ一線に連なり、北方は断崖の下を中沢川が流れ、東南の二方は急斜面で尾根筋は堀切によって防御線を構成している。
鎌倉・室町を通じて、佐久の西部に威をふるった伴野氏は、伴野庄の地頭として前山城を構築した。
天正十年（一五八二年）前山城は芦田信蕃に攻められて落城した。城跡は今もほぼ旧態を完全にとどめている。
佐久市教育委員会
（※登り口にある案内板）
※本丸に祀られている石祠
豊受大神宮
佐久市史跡 前山城堀切跡
土塁を備えた堀切2条
武者溜
藪で見えないが斜面に腰曲輪
90×13m
二の丸
(墓地)
腰曲輪
堀切
米倉と呼ばれる土塁のある曲輪（15×15m）
土塁
(湧き水)
隠し水 化粧水
豊受大神宮、石祠が並ぶ
急斜面
岩場下に墓地
比高40m程
本丸 44×20m
・泉福寺跡
桜の古木
カヤ
石祠（大正九年）
文化・文政の石灯籠
伴野神社
横町登り口
(通用口)
物見台
四等三角点
東側登り口
・本丸まで5分
民家
中沢川
三の丸
笹ヤブ
・居屋敷
ホーイ
削平地（曲輪）があるが、笹ヤブで、地形はわからない。
東側斜面には7段程の曲輪が見られるが耕作されたり、放置されて当時の曲輪か不明。
竹ヤブの中、左右に削平地
踏み跡
太いケヤキ
民家の間に標識がある
佐久市指定文化財
史跡 前山城登り口
佐久市教育委員会
民家の間を通る
(中央) 登り口 (大手口)
・本丸まで10分
ゆうた
アクセス
○ナビ 検索
佐久市前山714
加藤醤油店
至岩村田・小諸
R141
R142
三塚・泉野
跡部
前山城
グランド
P
佐久合同庁舎
泉小
泉小
野沢北高
大手登り口
90m
JA
前山橋
野沢西
片貝川
泉小入口
野沢中
至佐久穂

12

信玄によるとされる烽火台の一つ

虚空蔵山烽火台

佐久市根岸

こくぞうさんほうかだい

◇築城（使用）時期
不明
◇主な城主（勢力）
不明
◇本郭（頂上）まで
約10〜20分

標高774m

東に佐久平の大半を望める虚空蔵山。現地の案内板には「標高773.6m。蓼科山から東北に伸びる長い尾根の先端に位置するこの場所は、佐久平を一望できる展望の良好な場所」とある。武田氏が佐久に侵攻した頃、すでに山頂に虚空蔵堂があり、展望の良さも知られていたという。地元の伝承によると「武田方の家臣が虚空蔵山の前を通ると落馬事故が続いたため、山頂に祀られていた虚空蔵菩薩像を麓の多福寺本堂に遷座し、頂上を烽火台にした」という。武田氏の烽火台は、甲府を起点に佐久を経て松代の海津城へ、また佐久から碓氷峠越えで上州箕輪城まで地形を選んで一線に構築された。火が焚かれると、各地の烽火台で次々に焚き継がれ短時間で甲府へつながったという。

佐久市根岸の多福寺の裏山、墓地の脇からわずか上がると大師堂（太子堂）とその奥に不動堂がある。登り道は左右二本あり、どちらからも10〜20分で物見櫓や慰霊碑のある頂上に着く。土塁と、山側には堀切が一つあり、その先は林道に通じている。浅間山と佐久の市街地を隔てて正面に見える、群馬県境の荒船山が印象的だ。

佐久平と浅間山を望む

頂上の物見櫓

正面に荒船山を望む

太子堂前の曲輪（建物は不動堂）

上り口にある多福寺日向堂

浅間連峰と佐久平を一望する
武田信玄が築いた烽火台
虚空蔵山 774m
烽火台
虚空蔵山頂上 774m
信玄が頂上を烽火台にした。
物見櫓
(浅間山、佐久平の展望良好)
四等三角点がある
虚空蔵山の名前の由来は、昔、頂上に虚空蔵堂があり、本尊 虚空蔵菩薩像が祀られていたから
林道ここまで
堀切
右方向に緩く上がる
階段あり
切り株
弘法大師
大きい石が出現
踏み跡が左右に分かれる
大石
ケヤキ
林の中に石仏がある
山の斜面にいくつも観音がある
石仏いくつも
だんだん傾斜が急になる
テープが巻いてある。
旧太子堂跡、石仏
ケヤキ
カラマツの斜面
ホーイ
コースタイム
10~20分
不動堂
大師堂
トイレ
武田信玄の佐久侵攻の際「武田方の家臣が虚空蔵山の前を通ると落馬する事故が続いたため、山頂の虚空蔵堂に祀られていた虚空蔵菩薩像を麓の多福寺の本堂に遷座し頂上を烽火台にした。—地元の伝承による—
佐久三十三番観音 28番札所
多福寺日向堂
墓地
太いケヤキ
石仏
遠くからも見える大きい看板
虚空山多福寺
登山口
P
お寺の駐車場を借用する。

13
平賀氏による謎多き城
平賀城
佐久市平賀

ひらかじょう
◇築城（使用）時期
元暦元年
◇主な城主（勢力）
平賀氏
◇本郭（頂上）まで
30分
標高849m

三の丸から二の丸方向を見る

城跡に残る石垣

三の丸の案内板と石碑

段郭の石積み

東屋のある本丸跡

平賀城と言えば、天文5年（1536）に海ノ口城で甲斐の武田信虎軍の兵八千と戦った平賀源心（一説に七十人力の豪傑と言われた）の本城である。源心は結局、大雪で撤退した信虎軍に油断し、急きょ引き返した初陣の武田晴信に急襲され、あえなく戦死。海ノ口城は落城したという史話が残されている。

佐久市史によると、平賀城は鎌倉時代以前の元暦元年（1184）に平賀義信が築城した佐久地方で最古の城跡とある。また、『山城紀行』（清水長久著）では、平安時代末期に甲斐武田氏の祖となった源義信が平賀に居を構えて平賀氏を称し、平賀城を築いたとする。また、これが平賀義信だという書物もあるようだ。さらに定本『佐久の城』（郷土出版）によれば「城主の特定ができない謎の大規模山城」で、平賀源心についても架空の人物とする説もあるなど謎の多い城とのことである。

平賀城を訪ねたとき、麓の大林寺から歩いたが、実は大林寺山の南側にある新興住宅地アヴェニュー佐久平の中を通って尾根筋まで車で入ることができる。登城口からは幅広い道が本郭まで続いている。腰曲輪や石垣を見て上がった所が三の丸で、平賀城跡の案内板と石碑がある。案内板には「この城は、佐久郡南部に勢力をふるった平賀氏が代々にわたって要害にした山城である……山腹全体に数十に及ぶ段曲輪を互い違いに構築し防備している」旨の説明がある。二の丸の曲輪を上がると東屋のある本丸に着く。段郭などの地形がよく見える山城である。

元暦元年（一一八四年）に平賀《ひらが》義信が築城したと伝えられる。
麓をコスモス街道が通る佐久地方最古の山城跡
信州佐久
平賀《ひらか》城跡
849m
長野県史跡 平賀氏城跡
指定 昭和四十六年五月二十七日
所在 佐久市大字平賀城平
この城跡は、佐久郡南部に勢力をふるった平賀氏が代々にわたって要害とした山城である。構築の年代は明らかではないが、この城跡は、本城、城平、搦手西曲輪から成っている。本城は天然の険阻な山頂にあって、本郭、二之郭、三之郭に分れ、本郭は最高所にある。
山腹全体に数十に及ぶ段曲輪を互い違いに構築し、厳重な防備が施されているほか、搦手にも搦手西曲輪があって特異な構築を持った山城である。
昭和五十一年三月三十一日
長野県教育委員会
佐久市教育委員会
※日山神社からの道も良く整備されて歩き易い。
平賀城跡 標高849m
あずまや
搦手口に下る（至白山神社、大島寺）
樹林で展望はない
主郭
北東斜面に曲輪がある
廃小屋
三の丸
二の丸
太い松と段郭が見られる
案内板と平賀城跡の石碑
石段跡
左に回り込む
石垣が見られる
（南西斜面大きな平地が段階に）
杉の木
腰曲輪跡の標柱
平らな地形が見られる（腰曲輪）
この先石垣や石ごろが見られる
ホーイ
滝不動分岐
幅広い道を緩く上がる
至不動尊
（滝不動尊へ5分）
配水池
杉林
茶色のログハウス
白かべの家
（※アベニュー佐久平団地）
20分の標識
登り口
こちら新興住宅団地
車・路肩に2～3台
約50m
※車はこの辺りまで入れる
分岐、舗装路のカーブに合流
大岩の上に天保8年4月18日の馬頭観世音
1837年
林内を緩く上がる、幅広の道
墓石が点在する
（1790年）
寛政年間の馬頭観世音が小さくかわいいお姿
左下の林内に古い石祠がある
大林寺山砦
大手口
山道は頂上まで
石垣
段部
墓地
崩れそうな大きな岩場
墓地
観音像
拡大図
約120m
寺の駐車場
大林寺
鐘楼
大林寺から城跡まで30分
住宅地の狭い道、大林寺入口
至田口
めずらしい鬼の面がついている
民家
平賀
至内山コスモス街道
R254旧道
至中込
ゆなた

北側に浅間山を望む

南側から城跡を望む

14 武田と村上が攻防　断崖上の城
内山城

佐久市内山

登山口から内山集落を望む

本郭の様子

うちやまじょう

- 築城（使用）時期　永正年間
- 主な城主（勢力）　大井氏
- 本郭（頂上）まで　20分

標高913m

長野県内各地の山城を訪ねるにあたっては、清水長久氏の『山城紀行』などを参考にしているが、それにもまして助かるのが現地に設置された案内板だ。市町村教育委員会や観光課、地元有志などによる「○○を守る会」などが設置しているものだが、その多くは簡潔明瞭で分かりやすい。中には小さな文字で蕩々《とうとう》と書かれているものや、逆に省略し過ぎのもの、説明し切れずコピーを置いてある所もある。戦国時代の城主や城歴はズバリこうだというのは難しいらしく、「○○説もある」といった解説も多い。

内山城の案内板によれば、「内山城は、永正年間（1504〜21）に大井美作入道が築城したと思われる。その後天文15年（1546）に武田信玄は佐久の諸城を奪って上原伊賀守昌辰を配した。天文17年佐久に侵入した村上義清の軍としばらく攻防戦が続いたが、信玄が出馬しこれを退けた。天正10年（1582）武田が滅亡した後は、内山城も徳川家康によって攻略された。比高80mに及ぶ断崖の上にある城の縄張りは比較的よく保存され、石塁も残っている。本丸の北に一段ずつ下がって二の丸、三の丸、さらに小さい郭を経て堀切、水の手がある」。築城については戦国時代、跡部の伴野左衛門介長朝によるとの説もある。

登山口は佐久市の国道256号北側の園城寺入り口から。寺の駐車場から右手側の衣笠神社前を通って突き当たりを左へ。大きな岩場の下を上がって右方向に進み、太い松を見て上がった先に広い本丸、東側に二の丸、三の丸などの地形が見られる。

内山城跡
標高
913m
本丸(主郭)に立つ標柱
内山城
内山城は、永正年間(一五〇四〜二一)に大井美作入道が築城したと思われる。その後天文十五年(一五四六)に武田信玄は佐久の諸城を奪って上原伊賀守昌辰を配した。
天文十七年、佐久に侵入した村上義清の軍としばらく攻防戦が続いたが信玄が出馬しこれを退けた。
天正十年(一五八二)武田氏が滅亡した後は、内山城も徳川家康の手によって攻略された。
比高八〇mに及ぶ断崖上にある城の縄張りは、比較的よく保存され石塁も残っている。本丸の北に一段ずつ下って二の丸・三の丸、さらに小さい郭を経て堀切、水の手がある。
佐久市観光協会
・東・西・南側は急峻な崖の地形
・三の丸から続く東尾根に曲輪と堀切がある。
内山城本丸跡
二の丸跡
三の丸跡
アンテナ
樹間に僅かに家並がみえる
折れた松の大木
四・五の曲輪
太い松
本丸の宗吾神社
明治13年に建立
わずか展望あり
西尾根
(堀切2か所ある岩の尾根)
岩
内山城趾
内山城 三ノ丸跡
斜めに
岩上に根を張った太いケヤキ
岩場
大石が露出
左10m上に高さ8mの岩場
株立ちの大きいケヤキ
→馬場への道はない。
モミの大木
平地にベンチ
N
ホーイ
(10程の曲輪がある)
南西尾根
丸い石のステップあり
萩の花で知られている
園城寺
衣笠神社鳥居
道迷い注意 テープの確認 左へ!
所々にこんな標識があるよ
内山城趾
石階段3段
矢竹
急坂
大きい岩場
岩場
タケヤブ・笹ヤブ 放置のまま
アジサイ
桜
萩の花 9月
登り口
墓地
大手口
ソーラーパネル
尾崎さんの廃屋
P
百体地蔵
(根小屋があったと思われる所)
寺の駐車場をお借りする
P
長福寺
200m程
至R254
P
〒内山郵便局
アクセス・マップ
内山城跡
園城寺
至岩村田
登城口
長福寺
北耕地
スタンド
〒
駐在所
R254
コスモス街道
至中込駅
平賀
至内山峠(富岡)

15

武田の猛攻受け壮絶な最期
志賀城

佐久市志賀

しがじょう

◇築城（使用）時期
戦国時代
◇主な城主（勢力）
笠原氏
◇本郭（頂上）まで
往復1時間

標高880m

頂上の石垣

雲興寺

頂上の石祠

斜面にある板状摂理の岩場

笠原新三郎の首塚

志賀城は佐久市志賀の駒込に位置する笠原山山頂にある。城郭は南北約５４０ｍ、東西１８０ｍに及ぶ。大井氏の衰退に乗じてこの地に来た笠原氏が築き、戦国期は笠原氏の居城であった。天文15年（一五四六）、信玄は額岩寺光氏の拠る小諸市布引の額岩寺砦を攻略した後、佐久郡を完全に制圧するため、志賀城主である笠原新三郎清繁に対し武田に与《くみ》するよう誘った。笠原氏が拒否したため、翌天文16年7月、志賀城を攻めた。笠原氏は上州平井城の関東管領上杉憲政に援軍を要請し、これを受けた上杉軍二万余は碓氷峠を越えて小田井原に布陣した。信玄は志賀城を包囲したまま、板垣信方、甘利虎泰らの別動隊を小田井原に派遣し上杉軍を攻撃、兜首十四、五と雑兵三千を討ち取った（小田井原合戦）。信玄は討ち取った夜のうちに兜首は槍にかざし、平首は柵に並べさせて志賀城を囲んだ。籠城兵はこれを見て戦意を喪失し、さらに火攻めにされ志賀城は陥落。清繁父子は惨殺され、城兵三百余が戦死した。城主の妻女は捕らえられて小山田羽州に与えられ、甲斐に連れて行かれた。籠城していた多くの男女は生け捕りにされ、その多くは黒川金山の炭鉱作業員や娼婦、奴隷として人身売買されたという。

志賀城の落城が天文17年（１５４８）2月14日、武田信玄と村上義清が対決した上田原の戦いのきっかけとなり、さらに川中島の戦いへと展開することになる。（別に笠原氏は志賀城から詰め城である笠原城に籠もって決戦が行われたとの説がある）

志賀城へは佐久市志賀の雲興寺を目指す。寺前の駐車場から、向かって右側の墓地の間を抜けて山に取り付く。右左と斜面を横切り高さ10ｍほどの岩場の下を通って稜線に出る。右方向に石積みの段郭が2つほどあり、最上部の主郭に至る。笹藪の中に石祠と四等三角点があるだけだが、武田の猛攻を受けて落城した壮絶な戦いの歴史があるというので、何か複雑な気がした。寺から東方にわずか進んだ田んぼの真ん中には笠原清繁の首塚がポツンと残っている。

自然の要塞、笠原氏の山城 志賀城跡 佐久市

880m

16

平尾城

五代140年、戦火を逃れた城

佐久市上平尾

ひらおじょう

◇築城（使用）時期
永正年間〜後140年間
◇主な城主（勢力）
平尾氏
◇本郭（頂上）まで
30〜40分
標高952m

麓から平尾山を望む左の尾根筋が城跡

大きな堀切

登山口からは浅間山が見える

土塁と秋葉様の石祠がある主郭の様子

佐久地方に有力な豪族が出現したのは鎌倉時代のころ。岩村田の大井城を拠点に大井氏が佐久や北佐久地方を、野沢の前山城を拠点に伴野氏が南佐久地方をそれぞれ支配した。ちなみに同じ甲斐の小笠原氏の出身でありながら両氏は絶えず反目し合っていたという。

室町時代に丸子地方を支配していた依田氏が大井氏の配下になって佐久の平尾に移住し、依田姓を改めて平尾氏の始まりとなった。平尾城は戦国期の永正年間（１５００年代初期）に三代目の平尾信守が築城したという。平尾氏は大井氏の配下で重きをなしたが、大井氏が落ちぶれた後は村上、武田、北条、織田、徳川などの戦国大名の草刈り場と化した佐久地方において、戦国末期まで巧妙に世渡りして生き残った。平尾の地は一度も災禍に見舞われることなく、五代守芳が群馬の藤岡に移るまで約１４０年間この地域を領有した。

平尾城は平尾山の北西側山腹の尾根上にある。主郭は秋葉山と呼ばれ、25×18ｍほどの広さ。隅に秋葉大権現の石祠が祀られ、土塁跡も見られる。登り口は上信越自動車道佐久平ＰＡ併設のパラダに向かい、最初の右回りのヘアピンカーブから左の軽井沢方面に約４５０ｍ進み、右カーブ手前の側道を斜めに上がった墓地の脇にある。堀切や曲輪の地形を見ながら踏み跡をたどり、石段を上がると城跡に至る。

右にある墓地脇に登り口がある

秋葉山
平尾城跡
秋葉大権現を祀る戦国の山城
五代一四〇年にわたり平尾氏が支配
標高 952m
（秋には樹間に浅間山が見える）
本郭にある秋葉大権現の石祠
岩村田L4 平尾富士30 目印
至佐久平PA
至パラダ、スキー場
ガードレール
道路
小尾根を歩く
広い段部の地形
急坂注意
堀切の地形
こちら側も急斜面
高さ6m程の堀切
年代不詳(元文6年?) 秋葉大権現の石祠
こちら側の斜面も急峻で登れない。
小鳥の巣箱 99箱あり
平尾城跡 952m
高さ1～1.5mの土塁
土塁 25m
18m
急斜面
13段の石段
大岩が露出、敵が侵入しにくい急斜面。
4mの大岩
大岩の下の石祠。文化10年 1813年の記入がある。
大岩の露出した斜面を横切る
寛政7年 1795年の石祠
杉の木2本
不動明王像
享和元年1802年6月28日の記入がある。
平地、曲輪跡
踏み跡確認、左へ
大岩に立てかけられた不動明王の石像だが廃仏毀釈によるものか二つに割られている。
段々の曲輪の地形が残る
S字で堀切の上に上がる
大きい堀切跡
断面図
7～8m
2m
堀切
こちらカラマツ林
幹の色がきれいな赤松林
丸い尾根の赤松林とカラマツ林の境目を歩く
広い尾根の上を歩く感じ
N
ホーイ
急坂を尾根まで
少し掘れた所が道
根元に丸い石
小屋
城跡まで30～40分
登り口(大手口)
木の下に小さい石祀
松林の中の墓地の間が上り口
変則の道を墓地の方に上がる
至パラダ
アクセスマップ
平尾城跡
守芳院
至北パラダ
至アンテナ
登り口
ゲレンデ
ゲート
ゲートあり。一般車通行止
登り口
平根小
平根地区
パラダ
パラダスキー場
佐久平PA 上り
至練馬
一本松信号
上信越自動車道
PA下り

17 町を見下ろす台上の広大な城跡 望月城

佐久市望月

三の丸からの展望（後方は蓼科山）

二段になった本丸の様子

主郭にある標識

曲輪にある石造龕

もちづきじょう

◇築城（使用）時期
室町中期以降
◇主な城主（勢力）
望月氏
◇本郭（頂上）まで南丸横から5分、城光院側から20分

標高773m

中山晋平が作詞した望月小唄の二番に「南蓼科ヤレ 北では浅間 間《あい》の望月駒の里」と謡われる望月の地。望月氏は御牧原を中心とした望月牧経営にかかわり数百年にわたって栄えた豪族とされる。古代から一帯に勢力をもった滋野氏三家（海野、望月、祢津）の一つでもある。木曽義仲軍に加わったり鎌倉幕府に仕えたりしたが、建武2年（1335）の中先代の乱で足利尊氏や信濃守護に反抗し当時の望月城（下の城館）は破却された。室町中期以降に再び勢力を拡大して所領を広げ、居館の要害城として現在地に望月城を築いたと考えられる。

天文12年に武田軍に攻められ古代より栄えた本流の望月一族は滅亡するが、その支流が武田氏に属して城主となり、現在の形に城を改修したと考えられている。武田氏滅亡後は滝川一益が支配した。

宮坂武男氏によると「城跡は、大きく五つの曲輪からなり、各曲輪の間に堀を入れ北側には水堀を備えた。主郭部分には土塁跡があり、西側は急崖、北斜面には4段の長大な曲輪がある。二の丸は西から東に主郭を囲み…」などと説明されている。登り口は旧中山道の瓜生坂を上がると左手に望月城跡の標識がある。狭い農道を西方に入ると広い畑が現れる。城跡は広大で、三の丸、南丸は農地として耕作され野菜畑になっていて、さらに道路を挟んだ台上には番所があったとされるが、現在は老人ホーム望月悠玄荘が建てられている。

広い三の丸の耕作地

望月城跡
ここから南方約二千Mの間が望月城跡であり望月氏の居城である。城は、主郭から三の郭まで構築され南方の支城には五の郭までが確認できる。雄大にして堅固な山城で腰曲輪や帯曲輪、空堀り等整然と構築され保存状態も良好である。望月氏は鎌倉時代に眼下に見下ろす天神城を築城し、落城後室町時代に望月城を築城したとされており、戦国時代（天正十年）に落城している。
望月町教育委員会
望月小唄
作詞 甘利英男
作曲 中山晋平
一、私しゃ信州ヤレ望月の生まれ 山家育ちでも実がある
二、南蓼科ヤレ北では浅間 間の望月駒の里
三、御牧野に咲くヤレ あの鈴蘭は 過ぎし月毛の 語りぐさ ヤレスッチョコショガイナ ヤレコレスッチョコショガイナ
古代から戦国時代にかけて繁栄した望月氏の城
望月城址
※本丸にある標柱
望月氏の家紋（七曜紋）が入った石造龕の台石の部分 龕（がん）とは、神仏を安置する小さい箱をいう。
石造龕
望月城跡
776m
本丸から続く北側斜面には、横長に4段の長大な曲輪（幅10m×45〜70m）があり、最下部は川への断崖。現在ヤブで立入できない。
城代杉と石造龕《がん》
本丸
2段に分かれた本丸の敷地
主郭を囲む二の丸の曲輪
土塁
養蚕の繁栄を祈願した石碑
（二の丸）
堀切（二の丸と三の丸の間）
堀切
展望台（休憩舎）
※二の丸や展望台からは町内や八ヶ岳が見えます。
笹ヤブ
（三の丸）耕作地・畑
堀切
畑
堀切（三の丸と南丸の間）（林）
（南丸）標識
桜が植樹されている
道路部が堀の跡
登り口
P
あき地
急斜面をジグザグに
望月悠玄荘
至瓜生坂
（・郭があり番所があったところ）
標高776M
・寺建立以前、ここに望月氏の居館があった。
城光寺
畑
小屋
登り口
至望月橋
鹿曲川
旧中山道
佐久市役所望月支所
望月高校
望月城跡
ナビ（佐久市望月1432）
城光院
登り口
望月悠玄荘（ナビ、佐久市望月1730−1）
登り口
鹿曲川
瓜生坂
支所
旧中山道
望月トンネル
競馬場
望月橋
至R142
R142
至佐久市内
新望月トンネル

至立科町
協和
八丁地川
望月
至望月トンネル
佐久市街地

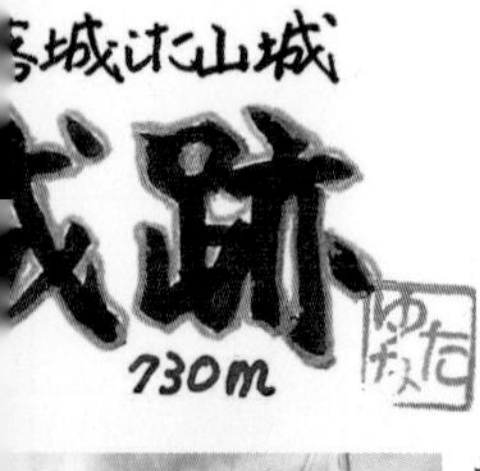
城した山城
城跡
730m

18

鎌倉時代に望月氏が築城した城
天神城

佐久市望月

別名【高呂城】【天神林城】【望月旧城】

てんじんじょう

◇築城（使用）時期
鎌倉時代〜
◇主な城主（勢力）
望月氏、依田氏
◇本郭（頂上）まで
10分

標高730m

主郭に残る土塁と石祠など

　芦田城を訪ねた後、東に直線で7㎞ほどの所に位置する天神城を訪ねた。蓼科山から北東に延びる尾根は、旧望月町の中心部近くまで達するが、この尾根の先端部近くに天神城がある。ここを切り通して国道142号も通っているのだが、車で走っていると城跡を貫いていることなど知る由もない。登り口の天神地区から主郭までは10分足らず。周囲は笹藪や雑木に囲まれているが、主郭と二の郭は平坦な広い地形が確認できる。主郭の入口には清和天皇祠が祀られた小さな土塁が残り城跡の雰囲気が感じられる。土塁前には浩宮徳仁親王殿下御見学記念の石祠もある。主郭の南西側の土塁や堀切が確認できるほかは、城域の全体像が把握しにくいが、墓地や一部は果樹園など農地にも使われている。

　主郭の案内板には「角間川と八丁地川に挟まれ、その合流地点から共和小学校までの南北1500mの尾根が天神城跡である。北東に位置する望月城の前代に望月氏の居城であったといわれ、鎌倉時代の望月三郎左近《さこん》将監重隆の全盛期に築城されたと推定される。主郭に残る高さ5mもの土塁や十数本の空堀、腰曲輪や帯曲輪など、構造や規模が極めて雄大である。建武2年（1335）8月1日に信濃守護小笠原貞宗が天神城を攻撃し落城した」旨の説明があるが、永禄年間の城主については、芦田信蕃の従兄弟依田小隼人が居住していたと伝えられる。天神城は伴野氏、依田氏の支配地域で、天正18年（1590）依田氏の上州藤岡移封とともに城の命脈も終わったとみられている。

天神城入り口

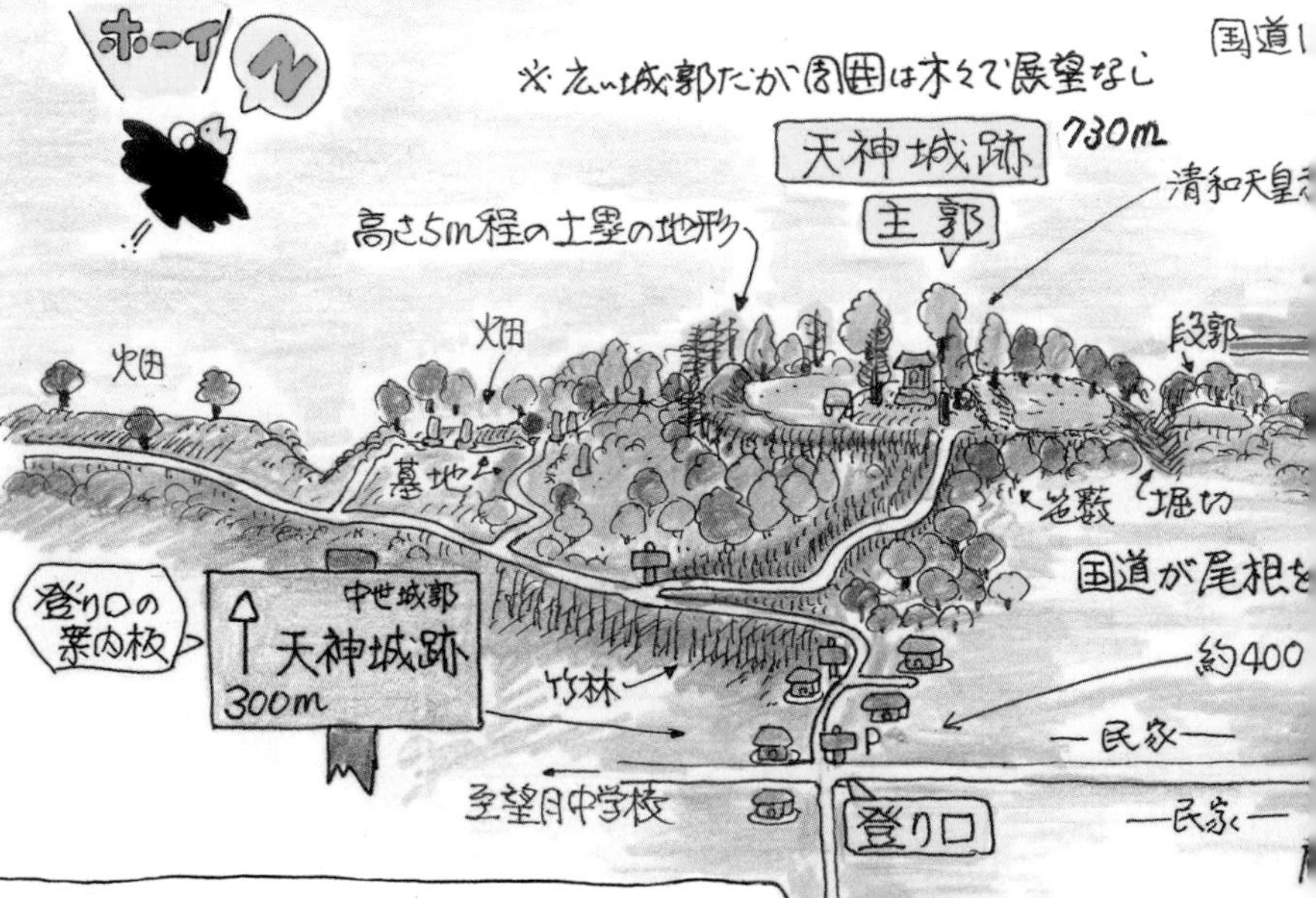
ホーイ
N
※広い城郭だが周囲は木々で展望なし
国道1
天神城跡
730m
主郭
清和天皇
高さ5m程の土塁の地形
畑
畑
墓地
段郭
笹薮
堀切
国道が尾根を
約400
民家
民家
登り口の案内板
中世城郭
天神城跡
300m
竹林
至望月中学校
P
登り口

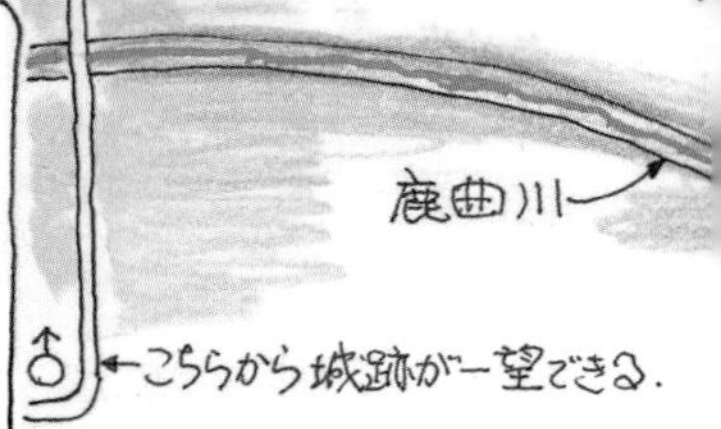
鹿曲川
こちらから城跡が一望できる。

天神城跡（望月旧城）

鹿曲川と八丁地川に挟まれ、その合流地点から、協和小学校まで続く南北一五八Mの尾根が天神城跡である。

北東に位置する望月城跡の前代に望月氏の居城であったといわれ鎌倉時代の望月三郎左近将監重隆の全盛期に築城されたと推定される。主郭に残る高さ五Mもの土塁や十数本もの空堀り腰曲輪や帯曲輪など構造や規模が極めて雄大である。

建武二年（一三三五）八月一日に信濃守護小笠原貞宗が経氏に命じて望月城（天神城）を攻撃し、合戦の末に落城したとあり、南北朝時代には、落城したことを伝える。

望月町教育委員会

※現地案内板（文どおり）

鎌倉時代に築城され南北

佐久市
望月

天神

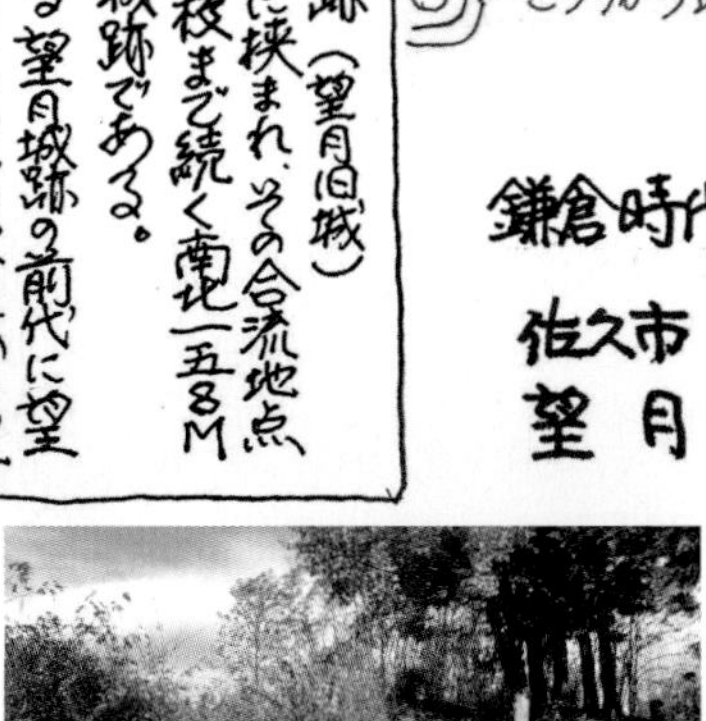
尾根を横断する堀切

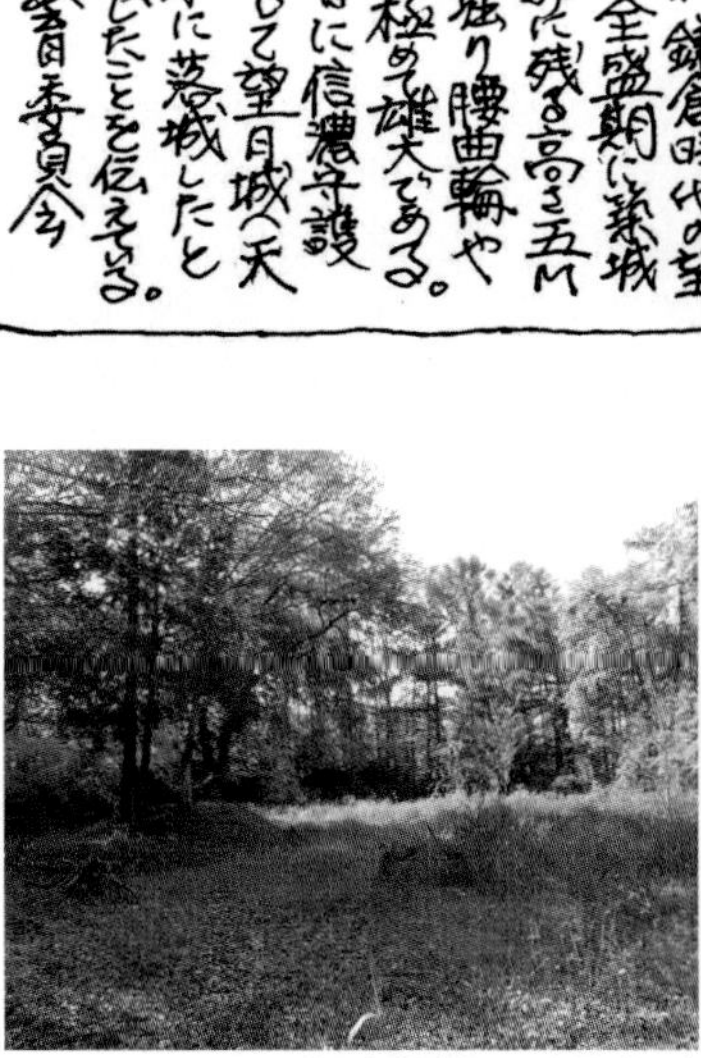
広い主郭（奥には土塁がある）

南側から城跡のある尾根を望む

19
鎌倉・室町に栄えた春日氏の城

春日城

佐久市春日

別名【穴小屋城】

かすがじょう

◇築城（使用）時期
不明
◇主な城主（勢力）
春日氏
◇本郭（頂上）まで
30分

標高892.7m

　春日城は、鹿曲川と細小路川の合流点にあたる春日本郷地区の中心部に向かって、南側から張り出した尾根上にある。尾根の北東の山麓には芦田信蕃の子康国の菩提寺である康国寺がある。登り口は康国寺からと、北側の金井地区の県道脇からのコースがあり、両コースは古い舞台の建物がある尾根の上（三の曲輪）で合わさる。三の曲輪から北東尾根を上がると、秋葉神社のある二の曲輪がある。さらに小堀切と、小曲輪のある南尾根をたどった先に主郭（23×26mほど）がある。主郭の南側には高さ3mの大土塁があり、その上に四等三角点がある。主郭からは東と南に尾根が派生し、双方に小曲輪、堀切を設けて防御している。

　春日城は、春日計部少輔貞親から始まる祢津氏系春日氏が春日本郷に居館を構えて城を築いたのが由来。春日氏は永生13年（1515）に望月氏に滅ぼされ、望月氏系春日氏として存続したものの、続く武田氏の侵入で退転した。その後、依田氏系の芦田信守、信蕃が2代にわたって居城し武田氏に従った。武田氏滅亡後、信蕃は徳川氏に属して春日城に帰ったが、北条氏の大軍に攻められた際、岩村城攻撃中に戦死。信繁の長子康国は家康から松平姓をもらい受け小諸6万石を継いだが、小田原の役で謀殺された。信繁の次男康真が跡を継ぎ、康国の菩提を弔うため康国寺を開創したという。

　春先、城跡の温かい斜面には春一番のフキノトウが顔を出す。少しいただいて蕗味噌と天ぷらに。ほろ苦い味がたまらない。

麓の康国寺

春先、里山の楽しみの一つフキノトウ

三の曲輪先の堀切土塁

二の曲輪の秋葉神社

佐久市望月 春日城跡
鎌倉から室町に栄えた春日氏の城跡
みち順
城跡
登り口
康国寺
春日小学校前信号
春日城跡
鎌倉時代初期より室町時代にかけての春日氏の城跡。春日氏は望月氏の同族である小県の祢津氏から出ている。
保元の乱で活躍した祢津神平の子貞幸は承久の乱(一二二一)に宇治川の戦いで大功を立てて全盛時代をむかえた。
永世十三年(一五一五)には望月氏により滅ぼされ、その後は、望月氏系春日氏の居城となった。
戦国時代には、甲州の武田氏に従った芦田氏の居城となり天正十年(一五八二)城主依田信蕃は、小田原の北条氏の攻撃を受けたが、身をもって逃れ、後に佐久を平定した。
望月町教育委員会
土塁の上に三角点がある
主郭 892m
南尾根
四の曲輪
※秋葉神社
二の曲輪
秋葉社のある平地 東側に虎口がある。
展望はない
の地形が残る
堀切
上幅25m 堀切
東尾根
小堀切
壊れた拡声器
ヒノキの幼木林
ゆっくりで
コースタイム
上り 30分
下り 20分
丸く広い尾根をまっすぐ上がる
北東尾根
小さい堀切
三の曲輪
古い舞台の建物がある広く平らな広場
石
明治39年5月の石祠
康国寺からの道
太い赤松の木が並ぶ
四等三角点標高 892.7m
康国寺へ5分
ツツジ
モミジ
ケヤキ2本
車道の終点
ヒノキ
墓地
墓
寺の裏に大きいシダレサクラの木
畑
左へ
畑地
八幡宮
竹ヤブ
墓地
荒地の斜面
ふきのとう
竹ヤブ
康国寺
芦田信蕃の子康国(松平康国)の菩提寺
望月春日氏の墓だと地元の人が案内してくれた。
金井地区
登り口
案内板
県道湯沢望月線
ゆかた

20 戦国の山城を伝える地元の熱意
芦田城

立科町

別名【木ノ宮城】【倉見山高井城】

あしだじょう

◇築城（使用）時期
文安２年〜
◇主な城主（勢力）
依田氏、芦田氏
◇本郭（頂上）まで
5分

標高806m

城跡から北側の展望

集落から芦田城跡を望む

芦田城跡の探索後にイラストマップを作成したら、間もなく新聞に芦田城の記事が掲載された。「戦国の山城伝え残す熱意」との見出しで、次のような要旨だった。

…立科町を南北に走る県道諏訪白樺湖小諸線から木々が鬱蒼と茂る小山が見える。そこに佐久地方を代表する戦国武将・依田信蕃が誕生したとされる芦田城がある。信蕃は北条氏らが侵攻してくる中、徳川方について活躍したとされる。城は文安2年（1445）に依田（その後芦田に改姓）光徳が築城したと伝えられる。江戸時代前に取り壊され、その後は畑になった。現在は立科町指定文化財に登録されているが、管理の手が足りず斜面に生える竹が悩み。そんな中、2016年に住民有志が芦田城址保存会を立ち上げ、竹の伐採に取り組んでいる。保存会会長は「先人が山を切り開いて築いた城。伝え残すために守っていかないといけない」と話している……

城跡へは県道から山側へ向かう細道を聖観音堂の下まで車で入り、急坂を上がると5分ほどで主郭にたどり着く。中央部に依田氏の子孫が先祖を祀るために建てた木宮神社がある。城跡には段郭や帯曲輪の地形が見られるが、密生した竹藪で立ち入りできない場所もある。記事の通り、管理は大変だと思うが地元の方には頑張ってほしい。

城跡に残る土塁と木宮神社

木宮神社の社殿

竹藪に覆われた城跡

石灯籠と石垣、鳥居跡

立科町
芦田城跡

芦田光四郎文徳が文安二年(一四四五)に築いたとされる段郭・土塁・堀切・石積みが残る平山城

主郭標高806m

立科町文化財 芦田城

芦田城は鎌倉期に滋野系芦田氏により築城された山城と推測されている。坂城の村上氏が小県・佐久地方に侵入するに伴ない、村上氏の配下である小県の依田氏と高井の米村氏は連合して芦田城主滋野重房を急襲、ついに落城、平安以来続いた滋野系芦田氏は滅亡した。(文明十八年一四八六)

新たに領主となった依田又三郎光徳は姓を芦田に改め城を再建整備し居館を芦田川を挟んで城と相対して構えた。光徳より五代目芦田信守の代には戦国時代となり、要害の地を求めて春日城を兵有(天文十三年一五四三)武田氏の配下となり川中島や東海地方に戦功をあげた。芦田氏の中で天下に名声を博したのは六代信蕃で武田氏滅亡後徳川家康の佐久統一の命を受け、ほぼその任を果たし、弟と共に岩尾城攻めで戦死した(行年三十六歳)。信蕃の戦功により七代目の長男は十四才にして姓を松平、名を康国と主君より康の字を与えられ、六万石の小諸城主となった。(天正二年一五七四)

天正十八年秀吉の小田原攻めに康国出陣、名倉城攻撃、落城に際し敵の計略にかかり死亡。時に康国二十才であった。弟康貞がその跡を継ぎ藤岡城主三万石に転封された。(天正九年一五九一)佐久の武士や領民など、主君を慕い、多く藤岡に移住し、城下町を築いた。

立科町教育委員会
立科町文化財保護委員会

※現地案内板による。

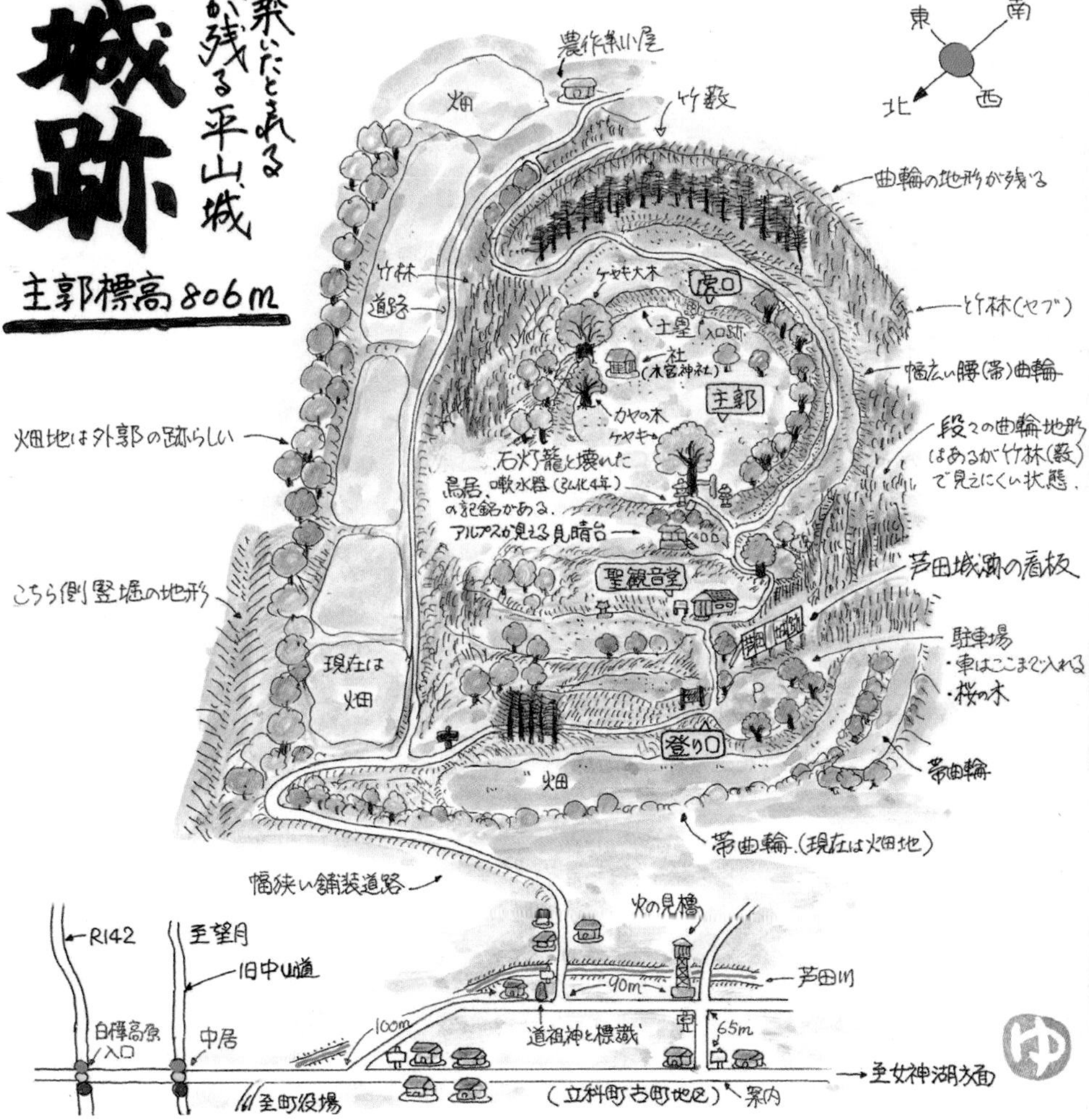

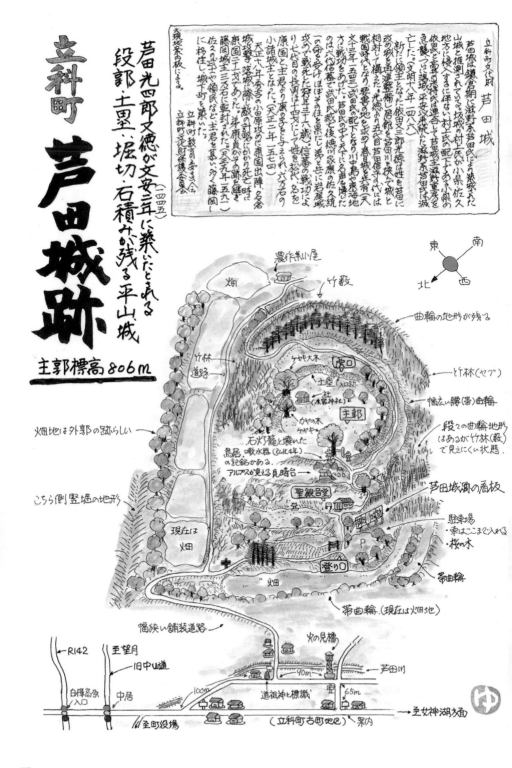

21

千曲川の断崖の上に築かれた

外山城

東御市

とやまじょう

◇築城（使用）時期
文明年間？～
◇主な城主（勢力）
村上氏、依田氏
◇本郭（頂上）まで
数分

標高683m

河岸段丘の先端が城跡

本郭周辺の地形

城跡の案内板

烽火場から東御市方面を望む

木戸口の駐車場から浅間山を望む

東御市の祢津城山に登った際に烽火リレーの解説に記載されているのを目にしたことから、５㎞ほど南方の外山城を訪ねた。東御市街から千曲川に架かる羽毛山橋を渡り台上に上がる。下八重原集落に「史跡外山城跡」の石碑があり、左折すると４００ｍほど先に駐車場がある。ここからは白い雪の筋を残す浅間山が絶景だ。城跡は２００ｍほど切り立った千曲川の河岸段丘の上にあって、佐久から東御・上田方面が一望できる。木戸口に当たる入口から斜面を下った先に本郭などがあるつくりは筑北村の青柳城と同じだが、上部から攻められやすい立地にあり、あまり一般的とは言えないように思われる。案内には「城跡は、烽火台を中心に本郭、二の郭、大堀切からなる」とあるが、外山城は居城だったという説と烽火場だったとの説があるようで、本郭脇の小高い地形が大土塁なのか烽火場なのかは、研究者の間で議論が分かれているらしい。本郭、二の郭などの広い地形を見ると、居城説あるいは烽火場を兼ねた居城ということも考えられる。築城時期は武田上杉の争い以前、文明年間に村上氏が佐久方面に進出したころと見るのが妥当のようだ。

　天文10年（１５４１）に武田、諏訪、村上の連合軍が海野氏を攻めた「海野平の合戦」、天文17年（１５４８）と19年の二度にわたった武田氏の村上攻めなど、佐久、上田、小県の地域は戦国史に残る戦の舞台であったが、この城も軍事的な情報・連絡の重要拠点として活用された地とのことである。武田氏滅亡後は依田信蕃の家臣依田十良左衛門が守ったとされている。

東御市 外山《とやま》城跡

八重原台地の突端に築かれた絶景の城

標高 683M

城跡案内板原文のまま

史跡 外《と》山《やま》城跡

この城跡は烽火台を中心に本郭と二の郭・大堀切からなっている。

烽火台は、高さ七m、周囲約二〇m、本郭は東西一八m、南北約九十mの規模である。

伝承によれば天文年間（一五三二〜一五五五）武田信玄・上杉謙信戦争の際築いたといわれているが、あるいはそれより早く文明年間（一四六九〜一四八六）村上氏の佐久進出の頃に築かれたと見るのが妥当であろう。

天文一〇年（一五四三）、武田・諏訪・村上三氏の連合軍によって海野氏の攻略を図った海野平の合戦、天文十七年（一五四八）、天文十九年（一五五〇）の二回にわたった武田氏の村上攻め等、本城跡から一望できる佐久・上田・小県の地域は戦国期の歴史に残る戦乱の舞台であった。

本城跡は、当時、これらの軍事的な情報連絡の重要な拠点として活用された地であった。

武田氏滅亡後は、依田信蕃の臣依田十良左衛門がここを守ったと言われている。

東御市教育委員会

史跡 外山城跡
至県道
（ワイン用ブドウ畑）
農道
駐車場から浅間山の展望すばらしい
入り口・駐車場・案内板（上記）
トイレ
※木戸口と言われる。（防備のための門）
斜面を下って本郭に至る。
フェンス
急斜面
桜植樹
千曲川から比高200m程
崖や急斜面で上り・下り困難
広い空き地。昔は馬場だった？
佐久・小諸・東御・上田方面の展望が開ける。
あずまや
太い切り株（ざっと56年輪の太さ）
切り株
※烽火台
（※主郭部を隠す大土塁ともいわれる）
大堀切（橋がある）
主郭
桜植樹
二の郭
城跡の方位盤
北御牧村
（絶壁注意）
こちら
下方へ続く（道）

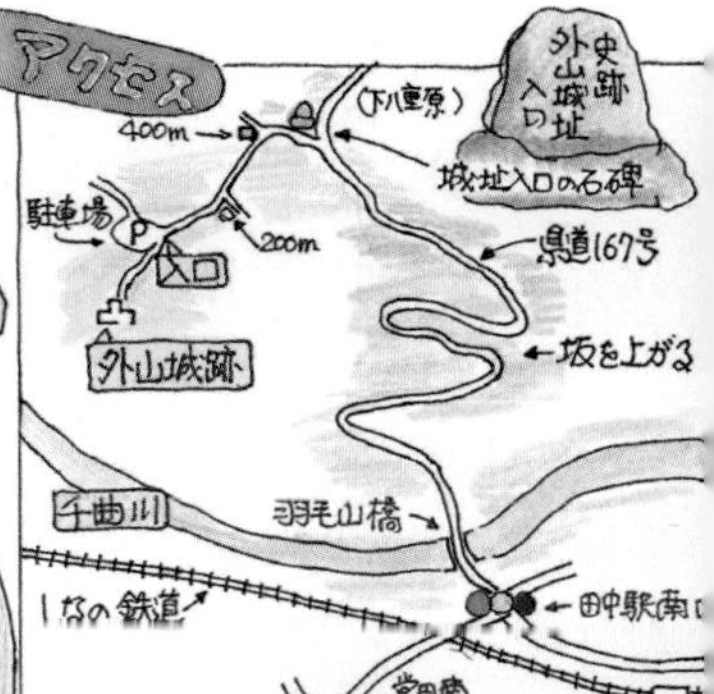

アクセス
史跡 外山城址 入口
城址入口の石碑
（下八重原）
400m
200m
駐車場
P
入口
外山城跡
県道167号
坂を上がる
千曲川
羽毛山橋
しなの鉄道
田中駅南口
常田南
常田
ゆうふるtanaka
国道18号
至小諸
至上田
1.5km
東部湯の丸I.C南
あさまサンライン
至東部湯の丸I.C

22

展望が素晴らしい旧旗本領
祢津城（下の城）

東御市祢津

主郭の方位盤と東部湯の丸IC（後方は八ヶ岳）

■宮ノ入のカヤ（榧）の巨木
（長野県天然記念物）
幹周り6.5m、樹齢400年以上で県内最大、国内有数の巨樹、祢津氏居館の庭木で「弘法大師から授かった鈴から芽生えた」との言い伝えがある。

■祢津お姫様岩（御姫尊）
高さ6m、幅16m、奥行15mの巨石で「祢津御姫尊」のご神体で釈迦如来と多宝如来等が線彫されている。

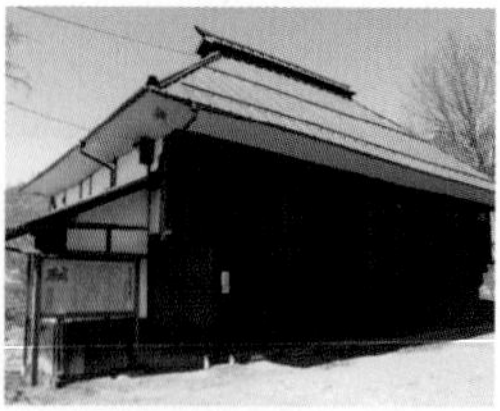

■西宮の歌舞伎舞台（まわし舞台）
（長野県有形民俗文化財）
文化13年（1816）に造られた「まわし舞台」で、使用可能なものでは日本最古。

ねつじょう

◇築城（使用）時期
中世～
◇主な城主（勢力）
祢津氏
◇本郭（頂上）まで
20分

標高826m

上信越自動車道の東部湯の丸ＩＣの近く、東御市東部の祢津集落北側にこんもりとした祢津城山がある。登山口の案内板には「祢津城山は、中世この山の東側に館を構え、一帯に勢力を持っていた豪族祢津氏の山城である。「上の城」「下の城」「戌亥の馬場跡」から成る。土地の人達は本城と考えられる「下の城」を城山と呼んでいる」とある。祢津城は中世に祢津氏により築かれた本拠地であったが、武田、諏訪、村上の連合軍の攻撃を受け海野氏とともにその軍門に下った。近世に入ってから祢津地方は旗本松平家の領地となり代官が置かれた。祢津の歴史は古く、特に日本最古の回り舞台、代官陣屋、祢津氏居館跡にカヤの巨木、お姫様岩など多くの見どころがある。

登山口の駐車場から上部は、南斜面に桜が植樹され、春には見事な桜色の城跡が出現する。階段が設けられた斜面を大きくジグザグに上がり、頂上直下の帯曲輪を左方向に歩いて右に登れば、本郭跡には20分ほどで登れる。城山からの展望は素晴らしく、穂高から白馬までの北アルプス、八ヶ岳を望み、佐久、小諸、上田方面が一望でき、山城としては最高の立地にあると言える。本郭跡の周りに土塁が残り、北側の上の城に続く尾根上には深い堀切、段郭、帯曲輪がつくられ、北側からの攻撃に備えている。

土塁や段郭が残る

祢津城山（後方は烏帽子岳）

祢津城跡
ねっ
下の城
826m
鎌倉時代以前から栄えた祢津の里
桜と展望の城跡は住民憩いの場所に！
アルプスまで展望が開ける
方位盤下にノート
祢津城と八重原外山城は、のろしの交信をしている
祢津城跡(下の城)
826m
石垣上には畑がある
ベンチにかけて展望を楽しむ
約5分
階段とロープがある
切り開き
登山口
林道
帯曲輪を左ろに
帯曲輪がとり巻く
堀切が見られる
岩がある
凹地に水たまり
カシワ
すぐ西側を高速道が通る
南側の展望あり
階段の設けられた道、よく整備されている
ホーイ
N
カシワの木、冬でも枯葉が残る
花の季節は、すばらしい
桜の木には植樹者のプレートがある。
植樹の桜の木の他、カシワやナラの木がある
赤松が残っている
石
こちら側の斜面に桜が植樹されている
祢津城山
下の城
登山口左側に数台駐車可能
祢津城跡
山頂の本郭を取り巻いて回字形に「帯くるわ」があり
南の虎の口社は城の正面を示す。北側に三条の堀切を
巡らし「上の城」との連絡を計る　沢から引水し
ろう城に備えた。戦国中期　祢津氏が今の形に築き上げた。
登山口
林道
登山口～城跡まで：上り20分、下り10分
幅員の狭い道路を上がる
登山口まで150m
西宮公園
ゲートボール場
狭い道
数台の駐車スペース
狭い道
坂道
水田・畑
住宅地
案内標識
住宅地
西宮信号
城山
西宮公園
登山口
西宮
上信越道
左へ
右へ
つき当たり
東部・湯の丸IC
この信号を曲がる
料金所ゲート
祢津小下
アサマサンライン
新屋
IC入口
T字路
ゆたか

23

真田本城を望む好展望の城
天白城
上田市真田町

本郭から真田山城（中央）を望む

岩を削った大堀切

てんぱくじょう

◇築城（使用）時期
戦国時代
◇主な城主（勢力）
真田氏
◇本郭（頂上）まで
20〜25分

標高970m

　上田市真田町で村上義清や真田氏に関わる多くの城跡を訪ね歩き、最後に残ったのが天白城。砥石城などと比べ馴染みがなかったが、眼下に真田本城を一望できるこの山城も見逃せない。現在、北麓から本郭までの斜面は木々がきれいに伐採されて広く展望が開けている。地形的に見ると真田本城と天白城は熊窪集落を挟んで馬蹄形の尾根続きになっているが、天白城は西麓にある真田氏館の防備のための城だったそうだ。

　城跡へは、真田歴史館から県道を横切ってすぐ左へ。赤井地区内を通り北赤井神社から取り付く。鳥居をくぐって古い拝殿の右側から動物除けのゲートを開けて左方向に上がる。右手には畑跡だろうか段々の石垣が見える。斜面を１００ｍ近く左方向に横切ると、岩場の下に石祠が祀られている。岩をくり抜き、祠を組み込んだものもある。案内板には「斜面の岩壁、「磐座《いわくら》」（神の鎮座する所。山中の大岩や崖）は北赤井神社の御神体といわれ、周辺の赤松の木は霊気が宿るといわれている」とある。

天白城を望む

高土塁から本郭を見る

登山口の北赤井神社拝殿

　祠の先から北側に回り込んで斜めに真っ直ぐ上がると、左下に真田本城が見える。右方向に80ｍほど進み、矢竹のヤブの間を登っていくと主郭に着く。南側には土塁が残り、岩場をくり抜いたという大堀切が竪堀となって北斜面にのびている。西にあるという七つの曲輪の様子は矢竹のヤブでよく分からなかった。本郭の脇にあったサイカチの木が印象的だった。

真田氏本城と尾根伝いに続く

天白《てんぱく》城跡

上田市真田町

標高970M

ホーイ
天白城本郭
斜面が広く切り開かれて四阿山や真田本城が一望できる
高土塁
大堀切 岩を削った高さ4～5m、幅3～4mの堀切
さいかちの木
曲輪
石垣が残っている
展望の良い岩
大岩
北側に竪堀
ヤブで見えないが、西側に7段程の曲輪がある
ケヤキ
矢竹が群生
右に曲がる
岩が露出
樹間に真田本城が見える
丸木の土留め
3m程の大岩
80m程トラバースする
落ち葉が積って滑るので注意！
100m程斜めに上がる
丸木の階段（ステップ）連続
斜面の岩壁（磐座《いわくら》）は、北赤井神社のご神体といわれる。
裏側を巻く感じ
点在する赤松には霊気が宿っている
北赤井神社奥社
文化三年（1806年）奉寄進の石灯ろう
コースタイム 20～25分
きっちりした石垣
畑跡の石垣
100m程、斜面を斜めに上がる
※赤井地区の鎮守
北赤井神社拝殿
白い土蔵
天白城入口
ホース
ゲートを入る
※登り口入口の様子
登り口
石造物が並ぶ
（民家）
ビニールハウス
（株）松栄製作所
そば店
すぐ左へ
至菅平
至東御市
駐車場
真田歴史館 0268 72-4344

本郭案内板の説明

上田市指定史跡

天白城跡

この山城は真田氏館跡の背後に位置します。本郭の平坦部は狭いですが背後は岩塊を切り落とした大堀切と高土塁等で前面には石積の帯曲輪をおいて防備し帯曲輪から南の急斜面には、本郭の土塁下に大走りを配置しています。

西に下る斜面には七段ほどの曲輪を設けていますが、急な南斜面に接する部分には尾根筋の巨岩を巧みに利用し傾斜がややゆるい北斜面に接する部分には堅堀と土塁を組み合わせた備えが見られます。

大堀切を北に下ると水場があり熊窪の集落を経て、真田本城につながります。

ゆた

24

上田城築城以前の真田氏の本拠

真田山城

別名【真田本城】【松尾城】【十林寺の城】

上田市真田町長

さなだやまじょう

◇築城（使用）時期
天文年間
◇主な城主（勢力）
真田氏
◇本郭（頂上）まで
5分

標高894m

東太郎山の尾根先端にある砥石城を望む

城跡入口から本郭方面を望む

尾根上の段郭の様子

本郭と土塁跡

近くの長谷寺にある幸隆、昌幸の墓

真田町周辺には数多くの山城が存在するが、真田山城は単なる山城ではなく真田盆地を取り囲む山城群の司令部的な存在と考えられ、天文年間（１５３２－55）に、武田家臣の真田幸隆《ゆきたか》が築城したと伝えられる。天文10年（１５４１）武田、諏訪、村上連合軍の侵攻（海野平の戦い）を受けて、幸隆は本領を奪われ上野国へ亡命した。天文20年、信玄の命を受けた幸隆は、村上義清が拠点としていた砥石城を奪取して本領を回復し、上田城に移るまでの間、真田本城およびその支城群を整備した。

真田を見下ろす高台にあって城跡は公園として整備されている。段郭や土塁の地形が残り、数十本の老松が城跡の情緒を醸し出している。

大河ドラマ「真田丸」で一躍脚光を浴びた真田一族、真田を本拠にした真田三代は、真田幸隆、昌幸、幸村をさしている。

◉真田幸隆　真田氏中興の祖。一時、真田の地を追われたが砥石城攻略の功績で旧領を取り戻す。武田二十四将の一人で、武田軍の先方衆として信濃、上野方面の戦いで活躍した。

◉真田昌幸《まさゆき》　幸隆の三男。信玄の側近として仕え、兄（信綱・昌輝）が長篠の合戦で戦死したため真田家を継ぎ、武田家滅亡後も織田、上杉、北条、徳川らの大勢力の中を生き抜いた。特に二度徳川軍を打ち破った上田合戦で武名を天下に轟かせた。

◉真田幸村（信繁）　昌幸の次男。第二次上田合戦の後、昌幸とともに九度山へ流される。大坂夏の陣では赤備えの軍団を率いて家康の本陣を突き崩したことから「真田日本一《さなだひのもといち》の兵《つわもの》」と称賛された。

上田城築城以前の真田氏の本城

上田 真田山城

真田本城は松尾新城、住連寺城、十林寺城、十林寺の城山とも呼ばれる。

894m

ホーイ
信州真田

上田市指定文化財
史跡 真田氏本城跡（松尾城・真田山城）
この城跡は、天白城とともに馬蹄形状に構築され南西面に広がる緩斜面には、真田氏館跡や原の郷があり、さらに砥石城・矢沢城を望むことができる
本郭は、東西八・六m、南北三十七mの広さで、南側に高さ二mの土塁を築き、北方〈二の郭、三の郭〉と段差を設けながら延びし、その北側は、急崖となって厳重に防備している。
規模も大きく水利もあり、周辺城跡群等の関係から見て、上田城築城以前の真田氏本城であったと推定される。
平成二十七年十月 上田市教育委員会

城跡の北東側には、上州国境の山々を望む。
根子岳
四阿山

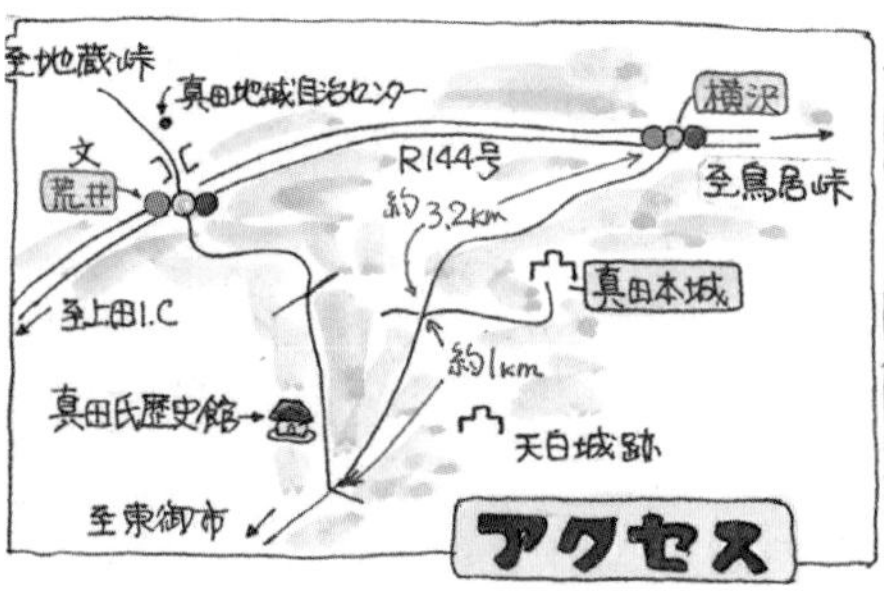

至地蔵峠
真田地域自治センター
文
荒井
横沢
R144号
至鳥居峠
約3.2km
真田本城
至上田I.C
約1km
真田氏歴史館
天白城跡
至東御市
アクセス

城跡には松の大木や桜が植えられている
主郭
展望
二の郭
虎口
三の郭
腰曲輪
展望
切岸
菅平・鳥居峠へ
こんもりとした高さ2m程の土塁
石祠などのある土塁上
案内板
矢竹
急な谷
歩道
堀切跡（推定）
段郭
段郭
畑
P
城跡入り口
トイレ
※文政13年・安永8年の記銘のある石仏、馬頭観音や道祖神が祀られている。
県道 真田東部線
幅狭い車道
諏訪神社
〈熊久保地区〉
〈十林寺地区〉
案内板
墓地
真田町内へ
東御市へ

25

松尾城

500年の時を超えて残る石垣

別名【松尾古城】【住連寺城】 上田市真田町長

本郭の様子

本郭の周囲は石塁で囲まれている

まつおじょう

◇築城（使用）時期
不明
◇主な城主（勢力）
不明
◇本郭（頂上）まで
30分

標高970m

松尾城は、真田氏本城が松尾城とも呼ばれていることから松尾古城とも呼ばれる。築城時期は不明だが、地元では真田幸隆が築いたとも言われている。城は真田町の東の外れ、角間渓谷入口の増尾山の尾根上にあって、角間峠や鳥居峠など上州路を押さえる重要な役割を持っていた。松尾城の南麓の日向畑遺跡は中世の墳墓群で、発掘調査により五輪塔や宝篋印塔などが出土した。また日向畑遺跡の隣には真田幸隆の少年の頃の木像と伝わる安智羅《あんちら》様を祀った安智羅明神がある。発掘資料や付近の時代考証から、この一帯の本原に居館や真田山城が移る前の真田氏居館や山城があったとされている。

登り口は角間地区入口から左に入った日向畑遺跡の入口にある。右に遺跡の五輪塔を見て山の斜面を左方に200mほど横切る。墓地のある尾根に出たら岩稜を右方向に上がる。途中には秋葉社の石灯籠と祠が祀られ、その上部には尾根を削って石積みを施した曲輪が四カ所ほどある。急な岩稜を詰め平虎口を入ると、周りを小さな石で積み上げた石塁で囲まれた本郭に着く。500年の時を超えて今も残る見事な石垣（石塁）を見に来るだけでも登城価値はあると思う。

日向畑遺跡の五輪塔

本郭の三峯神社と石塁

駐車場から松尾城跡を望む（中央）

尾根上の曲輪にも石積みがある

上田市真田町

松尾城跡

松尾古城・角間城とも

上州路を押える重要な役割をもった山城

970m

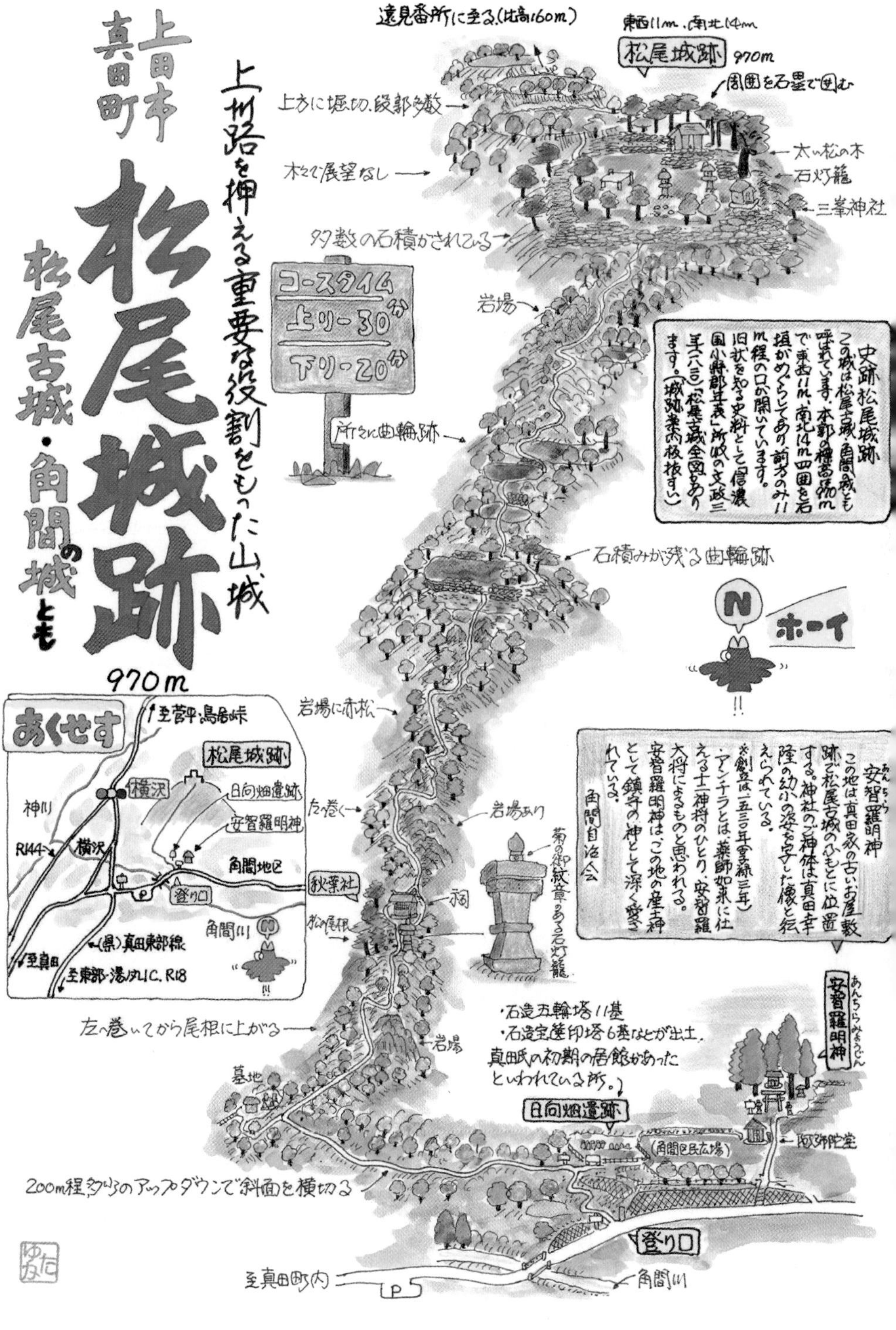

遠見番所に至る(比高160m)
東西11m、南北14m
松尾城跡
970m
周囲を石塁で囲む
上方に堀切、段郭多数
木々で展望なし
太い松の木
石灯籠
三峯神社
多数の石積がされている
コースタイム
上り-30分
下り-20分
岩場
所々に曲輪跡
史跡松尾城跡
この城は松尾古城、角間の城とも呼ばれています。本郭の標高970mで東西11m、南北14m四囲を石垣がめぐらしてあり前方のみ11m程の口が開いています。旧状を知る史料として「信濃国小県郡年表」所収の文政三年(一八二〇)「松尾古城全図」があります。(城跡案内板抜すい)
石積みが残る曲輪跡
N
ホーイ
!!
岩場に赤松
左へ巻く
岩場あり
安智羅《あんちら》明神
この地は、真田家の古いお屋敷跡で松尾古城のふもとに位置する。神社のご神体は真田幸隆の幼小の姿を写した像と伝えられている。
※創立は一五三〇年(享禄三年)
・アンチラとは、薬師如来に仕える十二神将のひとり、安智羅大将によるものと思われる。安智羅明神は、この地の産土神として鎮守の神として深く愛されている。
角間自治会
菊の御紋章のある石灯籠
秋葉社
祠
松尾根
あくせす
至菅平・鳥居峠
松尾城跡
横沢
日向畑遺跡
安智羅明神
神川
R144
横沢
角間地区
登り口
角間川
(県)真田東部線
至真田
至東部・湯の丸IC、R18
左へ巻いてから尾根に上がる
岩場
墓地
・石造五輪塔11基
・石造宝篋印塔6基などが出土。
真田氏の初期の居館があったといわれている所。
日向畑遺跡
安智羅明神
あんちらみょうじん
阿弥陀堂
(角間区民広場)
200m程、多少のアップダウンで斜面を横切る
登り口
至真田町内
P
角間川

26

交通の要所を抑えた横尾氏の城
尾引城

別名【横尾城】【三日城】　上田市真田町横尾

おびきじょう

◇築城（使用）時期
不明
◇主な城主（勢力）
横尾氏、真田氏
◇本郭（頂上）まで
周回35分

標高756m

主郭と秋葉神社

寺にある昌輝・信綱・夫人（左から）の墓

主郭にある案内板には「この地域は古くから交通、交易の要所でした。横尾氏はここに城を構えて、城下の横尾を守り、発展させてきました。この城は正面南に幾重にも堅固な段郭をめぐらし、主郭の背後は二重の深い堀切で固め北に延びる尾根の中ほどに、二の郭を築いて北に備えています。横尾氏は大塔合戦（1400年）に祢津軍に属して参戦しています。やがて戦国の世に村上氏に従って、上田原合戦（1548年）で武田軍と戦い、城主横尾采女《うねめ》守は戦死し残された幼君は家臣と共に上州に逃れました。以来この城は真田氏の山城群の一つとなりました。現在、この城跡には秋葉神社とその境内社が祭られています」と説明されている。

城跡の登城口は県道長野真田線（松代道）から東にわずか入った所ある。入り口の尾引城ウオーキング案内板には、正面コースと北回りコースがあって、石積、段郭、主郭、虎口、堀切、副郭、土塁等の説明も記載されている。途中、段郭の地形や石垣を見て秋葉山の鳥居をくぐると主郭に着く。周囲には桜の古木が植えられ、正面に秋葉神社（祭神は火之迦具土神《ひのかぐつち》＝防火、農耕守護、五穀豊穣の神）が祭られている。主郭の北側には、堀切と二の郭、土塁が見られる。北に下って曲尾分岐を右に下ると周回できる。城跡入口に戻ったら東側にある真田信綱の菩提寺信綱寺へ。信綱は天文6年、真田幸隆の長子に生まれ38歳で家督を継いだが、翌天正3年に武田勝頼に従い織田信長と長篠で戦い、弟昌輝と共に戦死した。寺には信綱と妻、弟昌輝の墓がある。寺周辺は真田氏の郷を今に偲ぶ「古城緑地広場」が整備されている。

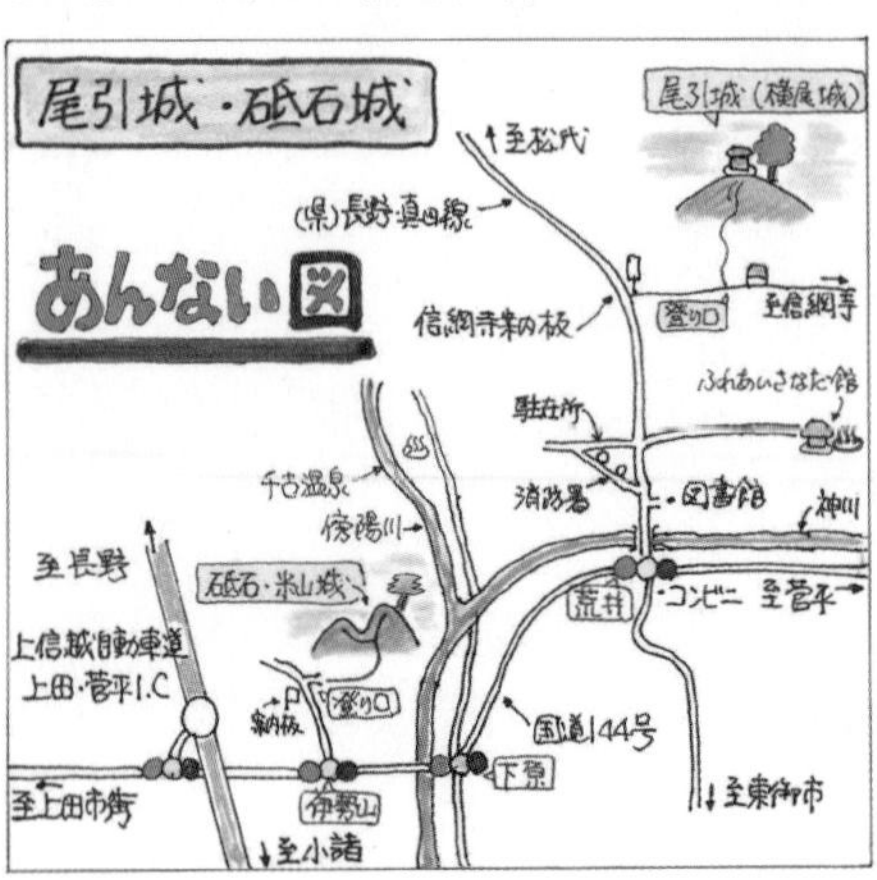

信州真田
城跡をめぐるウォーキングコース
尾引城
（横尾城とも）
756m
N
ホーイ
曲尾区：横尾区
尾引城
曲尾分岐
長尾城の案内はあるが道がない（不明）
至曲尾
緩い尾根道を歩く
3m程の段差がある
土塁：土を盛り上げて築き、副郭の守りを固めている
下り
副郭：二の郭ともいわれる簡単な構えの城で主郭の背後を固めた
副郭
堀切
堀切：尾根を掘って切り通しにした空堀があった。
車転回場
車道ここまで
竹ヤブ
秋葉神社
祭神 火之迦具土神《ヒノカグツチ》
カグとは、火の輝くこと。ツチとは、其の霊力のこと。この神名は火の輝く力を言ったものである。又総てのものを焼きつくす力を恐れて此の神を祀り防火を祈った。古代火で野を焼き払い畑を作って五穀を蒔き収穫をはかった農耕守護の神五穀豊穣の神とされる。
昭和五十八年七月
揭額
秋葉神社
物置き小屋
尾引城案内
主郭
主郭：城の最も重要な場所で、周りを柵で囲み、隅に櫓が組まれていた。
古い桜多数
虎口：城の一番の要所にある出入口、柵で囲われ門があった。
案内板
石の水鉢
石祠
段郭：山の斜面に幾重にも造られた平場で斜面は急角度にして敵の攻めを防ごうとするもの
秋葉山の鳥居
コースタイム
北回りコース入口
620m 15分
曲尾分岐
390m 10分
秋葉神社
250m 10分
登城口
（畑）
（畑）
石積と段郭の標識
石積：城の重要な防御の場所に石積をして、守りを固めている。
ベンチ
ナラの大木
杉の木10本
石積み（これは畑用）
矢竹繁殖
登山口標識
登城口
案内板
コスモスやアヤメの花が咲く
至県道長野真田線
北回りコース入り口
県道から信綱寺の案内標識を見て入る。
この間70m
至信綱寺
真田町指定文化財
史跡 尾引城跡
昭和四十七年四月一日指定
横尾氏は、交通の要所であったこの地に城を構え城下を守った。城は段郭や堀切で守り、北側には二の郭をつくって背後を固めた。戦国時代は、村上氏に従って上田原の合戦（一五四八）において武田軍と戦い城主横尾采女《うねめ》守《のかみ》は戦死、残った幼君・家臣は上州にのがれた。城は以後、真田氏の山城となった。
（案内板の内容を抜すい）
ゆかた

27

本郭と南側の砦　複郭で構成

根小屋城

別名【千古屋城】

上田市曲尾若宮

ねごやじょう

- 築城（使用）時期
  不明
- 主な城主（勢力）
  大熊氏
- 本郭（頂上）まで
  城跡20分、砦跡10分

標高765m

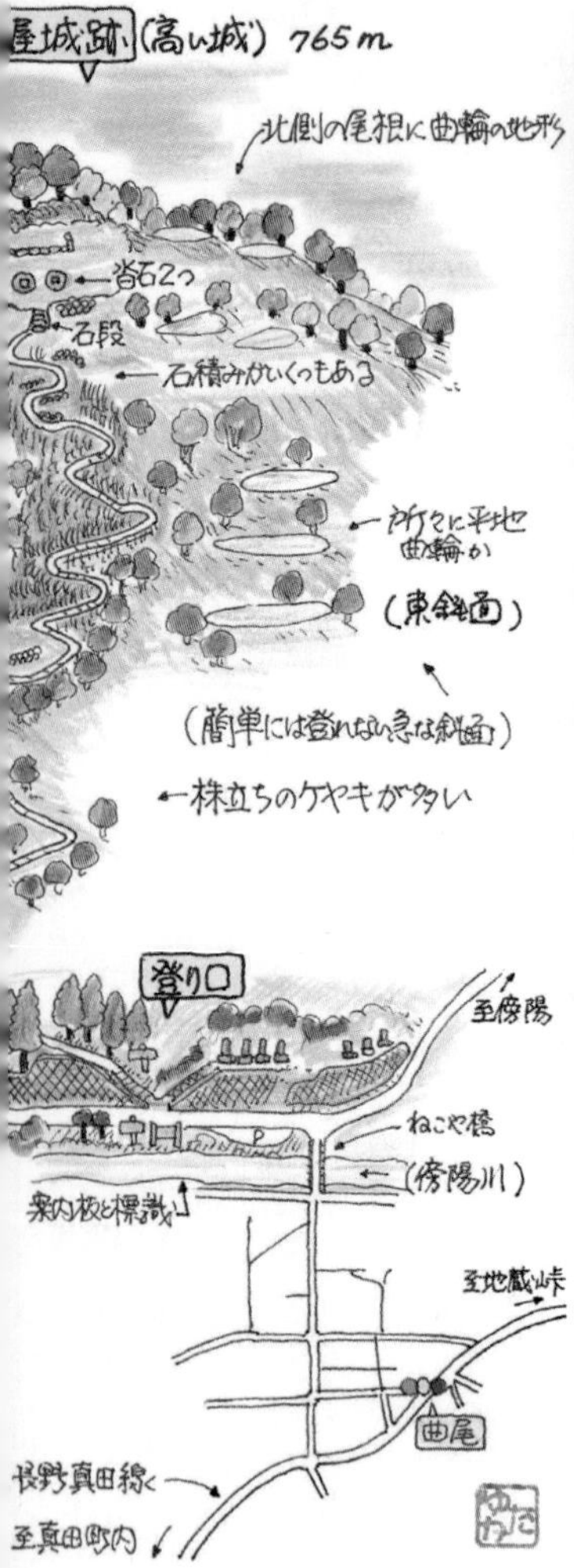

低い城の砦上部

根小屋城下流にある千古の滝

根小屋城は、根古屋城とも書くようだが、登山口の案内板には上田市指定史跡根小屋《ねごや》とふりがなが振ってある。ちなみに根小屋とは「山上に城のある城下町（広辞苑）」。中世の集落形態の一つで、豪族の館を中心として山や丘陵の麓に発達した集落。戦時は山城に詰めるため、平時の住居を指す。

　根小屋城は旧真田町曲尾地区の西側、東太郎山から北東に延びる尾根の末端部にあり、尾引城と相対している。登り口は傍陽《そえひ》川の傍陽橋を渡った左側にあり、すぐに急斜面をジグザグに上がる。矢竹の藪を過ぎ、石段を上がると主郭（高い城）に着く。南や東斜面には小規模の曲輪（削平地）が多数、本郭の北側には土塁が見られる。西側にはW字型に凹んだ二重堀を隔てて、二の曲輪と堀切がある。南側には沢を隔てて「低い城」があるが、これは根小屋城と一体となった砦で、沢水（水の手）の確保で設けられた砦でもあるようだ。城は村上氏の支城であった後、武田氏家臣・山県昌景の組下大熊備前守朝日秀が居城し、武田氏滅亡後は真田氏に属した。

　山頂から見える尾根筋のあちこちには山城や砦、狼煙場などがあり、その多くは真田氏や武田氏に関連するものだが、急峻な斜面を上がった尾根や頂上に、重機などを使う

西側の二重堀に架かる橋と主郭を望む

コースタイム

- 砦跡 ↔ 登り口：10分（登り）／5分（下り）
- 登り口 ↔ 登り口：5分
- 根小屋城跡 ↔ 登り口：20分（登り）／10分（下り）

上田市指定史跡

根小屋城跡《ねごや》

（上田市真田町傍陽《そえひ》）

本郭（高い城）と南側の砦（低い城）の複郭で構成された城

765m

※上田市教育委員会の現地案内板には、"ねごや"とふりがながついていた。

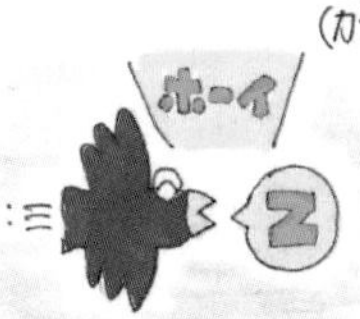

城跡にあった旧真田町の案内板の写し（現文）

史跡 根小屋城跡　昭和47年4月1日指定　真田町指定文化財

この城は、盛り上がった尾根先に立地し、北側が切り立った崖をなす、天然の要塞地形して造られています。西に低く続く尾根を二重の堀切で切断した本郭は、背後の堀切に土塁を配置し、前面の東斜面には、細長い段郭を何段も備えています。最上段の段の縁にも土塁があり、防備を厳重にしています。この山城と沢をはさんだ南には砦跡こちらは「高い城」、砦跡は「低い城」と呼ばれています。里の言い伝えによると、この城年間には、坂城の村上氏の支城であったが、その後武田氏の家臣山県正景の配下であった大熊備秀の居城になったと言われています。武田氏滅亡後、備前守は真田氏の家臣になりました。

主郭の様子

主郭に残るの石垣

ことなく土塁や堀切、段郭を築いていたのだからすごいと思う。

東側から城跡を望む

28

本郭に土塁や大堀切が残る
洗馬城

上田市真田町

せばじょう

◇築城（使用）時期
不明
◇主な城主（勢力）
不明
◇本郭（頂上）まで
約15〜20分

標高695m

長野市松代から地蔵峠を越えて真田に達する松代道（県道長野真田線）を上田方面へ下ると、傍陽《そえひ》川の左岸側に洗馬城、やや下って右岸に根小屋城、さらに下って左岸に横尾城と続く。洗馬城は松代道を押さえるため根小屋城とともに重要な場所にあった。根《ね》小屋《ごや》城とは大声を出せば届きそうな位置関係だ。頂上の案内板には「諏訪御符札之古書の応仁2年（1468年）の条に、坂城の村上氏が海野氏の千葉城を攻めている様子が書かれているが、この千葉城が洗馬城であったと考えられる」と説明書きがある。要は千葉城を洗馬城と読み違えたらしい。村上氏が砥石城を追われ、その後真田幸隆が真田郷を領有した際には支城として改修されたという説もあるようだ。

洗馬城は傍陽小学校の裏山でもあり、西麓には「誉田足玉神社」がある。神社の由緒は天安元年（857年）創祀、御祭神には誉田別命、息長帯比売命、玉依姫命を祀る。本殿の脇障子や柱に施された彫刻は見応えがあり、境内のケヤキの古木も味がある。

上るには神社前の空き地に駐車して小学校方向に進み、真田森林事務所の入口脇から案内板に従って左に入る。丸木が敷設された登山道を尾根伝いに上がると、途中何カ所か帯曲輪と思われる平坦な地形がある。登山口から15分ほどで本郭に着くが、土塁の地形と北側に大堀切が残っている。南側は切り開かれ真田郷が一望でき、確かに見張り場としては最高の立地といえる。

下山後は東麓にある実相院の懸崖造りの観音堂や穴沢弾正塚の宝篋印塔、樹齢500年余の一本松にも回ってみたい。

誉田足玉神社の彫刻

実相院の懸崖造りの観音堂

洗馬城跡主郭の様子

弾正塚の宝篋印塔と樹齢500年余の赤松

洗馬城跡

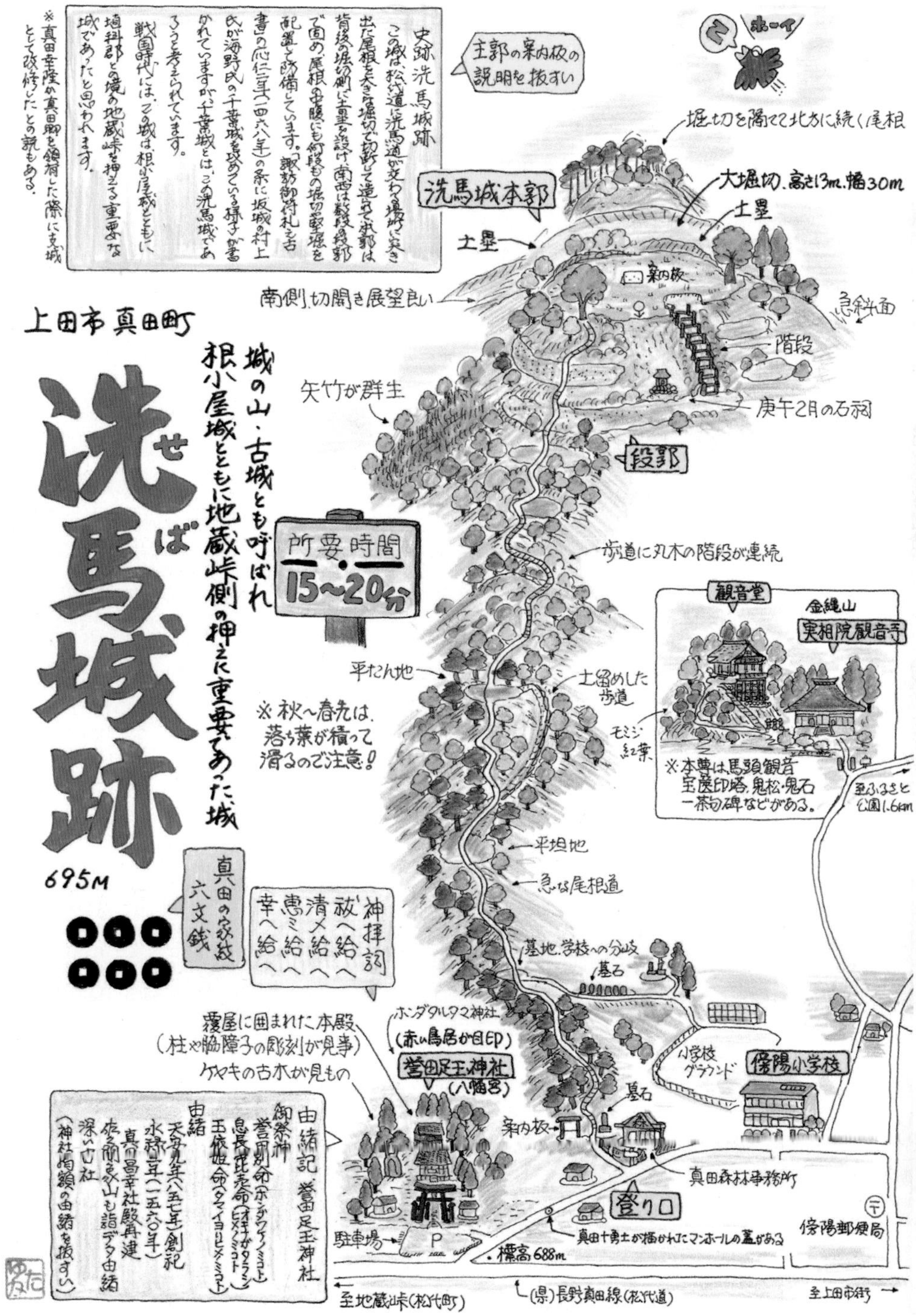
史跡 洗馬城跡
この城は、松代道に洗馬道が交わる場所に突き出た尾根を大きな堀切で切断して造られ、本郭は背後の堀切側に土塁を設け、南西は数段の段郭で固め、尾根の中腹にも何段もの堀切・竪堀を配置して防備しています。「諏訪御符礼之古書」の応仁二年(一四六八年)の条に坂城の村上氏が海野氏の千葉城を攻めている様子が書かれていますが、千葉城とは、この洗馬城であろうと考えられています。
戦国時代には、この城は、根小屋城とともに、埴科郡との境の地蔵峠を押さえる重要な城であったと思われます。
※真田幸隆が真田郷を領有した際に支城として改修したとの説もある。
主郭の案内板の説明を抜すい
ホーイ
堀切を隔てて北方に続く尾根
大堀切、高さ13m、幅30m
洗馬城本郭
土塁
土塁
案内板
南側、切開き展望良い
急斜面
階段
上田市真田町
洗《せ》馬《ば》城跡
695M
城の山、古城とも呼ばれ
根小屋城とともに地蔵峠側の押さえに重要であった城
矢竹が群生
庚午2月の石祠
段郭
所要時間
15~20分
歩道に丸木の階段が連続
観音堂
金縄山
実相院観音寺
平たん地
土留めした歩道
※秋~春先は、落ち葉が積って滑るので注意!
モミジ紅葉
※本尊は馬頭観音
宝篋印塔、鬼松・鬼石
一茶句碑などがある。
至ふるさと公園1.6km
平坦地
急な尾根道
真田の家紋
六文銭
神拝詞
祓へ給へ
清メ給へ
恵ミ給へ
幸へ給へ
墓地・学校への分岐
墓石
覆屋に囲まれた本殿
(柱や脇障子の彫刻が見事)
ケヤキの古木が見もの
ホンダタルタマ神社
(赤い鳥居が目印)
誉田足玉神社
(八幡宮)
小学校グラウンド
傍陽小学校
墓石
案内板
由緒記 誉田足玉神社
御祭神
誉田別命(ホンダワケノミコト)
息長比売命(オキナガタラシヒメノミコト)
玉依姫命(タマイヨリヒメノミコト)
由緒
天安九年(八五七年)創祀
永禄三年(一五六〇年)
真田昌幸社殿再建
佐久間象山も詣デタ由緒深い古社
(神社内額の由緒を抜すい)
真田森林事務所
登り口
駐車場
P
標高688m
真田十勇士が描かれたマンホールの蓋がある
傍陽郵便局
至地蔵峠(松代町)
(県)長野真田線(松代道)
至上田市街

29
真田幸隆の弟・頼綱の拠城
矢沢城
上田市殿城矢沢

二の郭から主郭部を望む

城跡に残る石垣と稲荷社

二の郭にある城山の碑

三峯社を祀る

やざわじょう
◇築城（使用）時期
室町時代後期
◇主な城主（勢力）
矢沢氏
◇本郭（頂上）まで
10分
標高663m

矢沢城跡のある矢沢城跡公園は住宅地の裏山というべき小高い丘の上にあり、登り口から10分ほどで主郭の三峯神社に着く。主郭部に当たる公園の頂上には三峯社と稲荷社など朽ちかけた小さな社が並んでいる。神社の裏側には石積みが残り石祠が並んでいる。神社の裏と左奥にも段郭と思われる広い平地が残っている。向かって右側の段郭とおぼしき西向き斜面の段々な平地には多くの桜が植えられていて、満開時にはさぞかし見事だろうと思われた。

矢沢城は室町時代後期の信濃国の豪族であり真田氏の祖とされる真田頼昌の三男で、真田幸隆の弟に当たる矢沢頼綱の居城であった。当時矢沢家は真田郷に隣接する矢沢郷（上田市殿城矢沢）を支配する地侍であり、真田家とは敵対関係にあったが、頼綱が矢沢家の養子になることで敵対は解消された。頼綱は信玄に仕える兄の幸隆の下で信濃先方衆として活躍。天文20年（1551）には荒砥城を攻め滅ぼし、永禄6年（1563）には上野《こうずけ》岩櫃《いわびつ》城攻略で功を立て一時期は岩櫃城代を勤めている。頼綱は80歳で死去している。矢沢家は真田家臣団の中で最高位にあり、子孫も明治時代に至るまで藩の筆頭家老格を維持し存続したという。

東太郎山と手前に砥石城米山城を望む

上田市殿城

矢沢城跡

真田幸隆の弟 矢沢綱頼の居城

663m

ゆたか

矢沢城跡

真田幸隆の弟、矢沢綱頼（頼幸とも）の居城。綱頼は、諏訪神氏ゆかりの矢沢家を継ぎ、幸隆の子、昌幸が上田を領した後は、その重臣として活躍した。昌幸の子幸村（信繁）が越後春日山の上杉景勝に仕えた時は綱頼の子三十郎頼康が供をしている。天正十三年（一五八五）上田合戦の折は三十郎がこの城を守り、八百の守兵で依田源七郎ら千五百の軍勢を退けたという。後、矢沢氏は、真田信之に従って松代へ移り、矢沢は仙石政勝の領地となった。

※登り口案内板による。

本名は頼綱、「綱頼」は諱（いみな）。

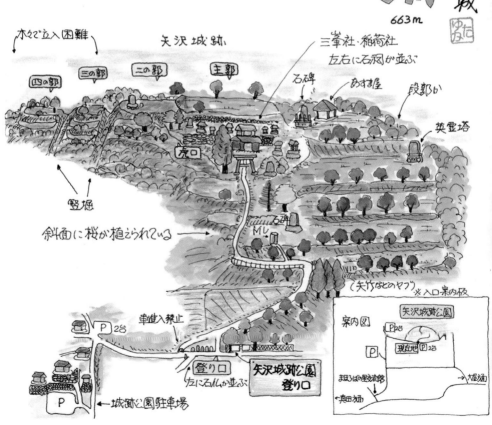

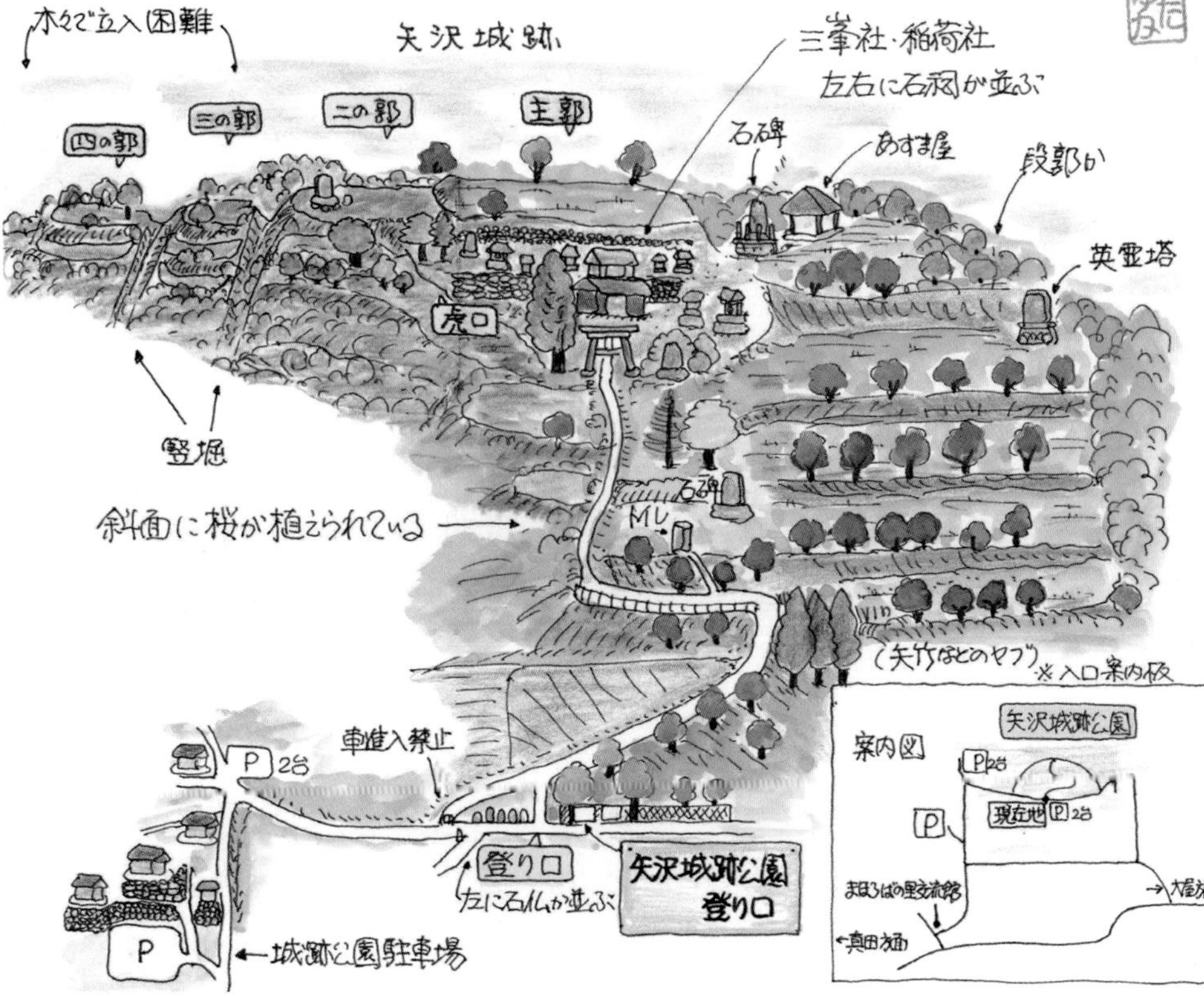

30

武田軍を破り歴史に名を残す 砥石城（戸石城）

上田市住吉

（米山城／砥石城／本城／枡形城を総称）

砥石城は東太郎山の南東側の尾根筋に築かれた山城で、米山《こめやま》城、砥石城、本城、枡形城を総称している。砥石城は真田氏が上田地方を押さえる外城として築城したものと言われる。天文10年（1541）、坂城の村上義清によって攻略され真田一族は離散、幸隆は甲斐の武田氏を頼り配下となった。以後幸隆が奪還するまで村上氏の拠点として額岩寺光氏が守備している。

天文19年9月、信濃に攻め入った武田信玄は、村上義清の守る砥石城に大軍を持って、ひと月にわたり攻めたものの攻略できず退却。村上軍に追撃され横田備中守をはじめ千人余が討死し、信玄も手傷を負った。これが「信玄の砥石崩れ」と言われている。（信玄は天文17年（1548）2月の上田原の戦いでも村上氏に敗北）。ところが砥石城は翌天文20年5月に真田幸隆が調略により奪還し、以後、昌幸が上田城を築くまで真田氏が居城しており、その後も上田盆地の北の守りとして機能していた。一方、敗走した村上氏は砥石城を失ったことが滅亡の要因となったとも言われる。

登城口は伊勢山地区と金剛寺地区などにあるが、伊勢山の登城口は上信越道の上田ICを出て国道144号を左折、約1.7㎞先の伊勢山信号を左折して400m先を右折すれば120mほどで登城口に着く。現在は市で駐車場や歩道を整備しており、砥石城まで40分、枡形城まで1時間ほどで到達できる。城域は広く、南側から三角点がある砥石城、続いて馬場を隔てて一段高い所に本城がある。頂上に枡形城、南西には大きな鞍部を隔てて村上義清公の石碑などがある米山城がある。本城を中心とした大規模な城構えで、そこに立てば武田軍を敗走させた村上義清率いる軍勢の喚声が聞こえてくるようだ。

といしじょう

◇築城（使用）時期
戦国時代前期

◇主な城主（勢力）
額岩寺氏、村上氏、真田氏

◇本郭
※枡形城まで1時間

標高788m

本城跡に残る石垣

本城の段郭の様子

登城口に作られた砦

砥石城跡

枡形城から真田方面を望む

信州上田
砥石城跡
米山《こめやま》、砥石《といし》、本城、桝形《ますかた》の連郭式山城を総称して砥石城と呼んでいる
風林火山
桝形城
砥石城北端の砦。入口が折れ曲がって桝形状になっており、この名が付いた。ここが砥石城の最高地点であり「本城」とされていた時期もあった。真田の町が一望に見渡せる。
上田市
桝形城跡《ますかた》
標高 825 m
真田を展望
景観図
東太郎山を展望
入口が桝形
高速のローマン橋見える
急峻な斜面
5mの堀切がある。
尾根を100m急登
竹薮
矢竹
矢竹
矢竹は節が低く節間もまっすぐなところから矢に用いられ、自然のものの他栽培もされた。この一帯の矢竹も砥石城内に植えられていたものの名残りとみられている。中世の城跡、館跡に矢竹が生えている例は多い。
本城北側に5mの堀切が見られる
展望はないが、落ちついた感じの頂上、ベンチあり
本城
795m
本城
砥石・本城・桝形と連なる三要害からなる砥石城の中心である。南から北へと数段の削平した郭からなっており、最上部が本郭である。山上としてはかなり広い郭群であり館もあった。「本城」とは本丸に当たる。
石垣跡
段郭の地形が見られる
大手口の標識
陽泰寺に至る
788m
四等三角点あり
砥石城跡
快適な赤松の林
丸い尾根道を歩く
築城年は不明だが、真田氏の外城として築城されたのが最初とされ、後に村上義清が大改築したとされる
アカマツ
村上義清公之碑
上田市街地を展望
米山城跡《こめやま》
734m
あずま屋・案内板
急な白砂の坂道
切岸
切り立った険しい崖を切岸というが戦国時代の城郭では敵の侵入を防ぐために、人工の切岸も造られた。昔ははしごで登降していたらしい。
80m トラバース
富士山、この先124km
快適な岩場あり。岩の階段6段
・シラカシ
・サワラ
・サクラ
米山城・砥石城を結ぶ稜線
・アカマツ
・サクラ
回り道
ロープあり
段郭の様子が見られる
米山城10分 砥石城15分
合計172段の階段あり
長野県史跡 砥石城 昭和四十四年指定
米山城
米山城は砥石城の西南方の峰続きにあって、本郭の南下に二の郭・三の郭を配置し、その下に腰郭も築かれている。また白米を馬の背に流して、水が余るほどあることを敵に見せかけたという、白米伝説も残されている。
〈抜すい〉
N
ホーイ
左右の斜面を横にトラバース
白砂の快適な尾根道
形の良い赤松の木が多い
案内標識
登城口
マツタケの止め山。秋は立入注意！
登山者駐車場
案内板
市街地へ
石だたみ
砥石米山城街道
120m
400m
R144
分岐
砦をくぐる
上野
伊勢山
上信越道
上田ICまで1.7km
至 真田・菅平
コースタイム
上り 砥石城まで40分
桝形城まで60分
ゆうた

31

白米伝説を生んだ砥石合戦の舞台

米山城

（戸石城の一城）

上田市金剛寺

こめやまじょう

◇築城（使用）時期
文明年間
◇主な城主（勢力）
小宮山氏、村上氏、真田氏
◇本郭
※桝形城まで25分
標高734m

伊勢山から望む米山城

村上義清公の石碑

金剛寺地区登山口

本郭跡にある休憩舎

米山城は東太郎山の南東側の尾根からぽつんと南西に外れた小山に築かれた山城で、砥石城、本城、枡形城とともに「砥石城」の総称で呼ばれている。砥石城は真田氏が築城したが、坂城の村上義清に奪われ真田一族は離散し甲斐の武田氏の配下となった。その後の経過は「砥石城」の説明にも記しておいたが、信玄の砥石崩れに代表される村上氏の戦歴は現在も語り継がれている。一方、米山城は海野氏の配下であった小宮山氏が文明年間（１４８０年前後）に築いたが、その後村上氏に渡って、砥石合戦の舞台となり白米伝説が生まれた。

村上義清公の大きな石碑のある城跡へは金剛寺地区からが早い。登り口に当たる金剛寺地区では、砥石米山城跡保存会が「米山城の里　金剛寺」と題する歴史散策ガイドマップを作って城跡案内をしている。おすすめは金剛寺公民館から松代道（象山街道）を金剛寺峠に上がり、桝形城、本城、砥石城、米山城を周回（または反対回り）する歩行時間2時間15分程のコース。時間があれば金剛寺地区の歴史散策もお勧めで見どころも多い。城跡は公園化され休憩舎やベンチなどもあり、春先には満開の桜が美しい。

◆米山城の白米伝説

武田軍は米山城に立てこもる村上軍を包囲し水の手を断ったが、山の上で白米を馬の背に流して水は余るほどあるように見せた。これを遠目に見た武田軍が「まだ馬を洗うほど水があるのか」とひるむ間に村上勢が一気に攻めて勝利したという。米山城跡からは黒炭化した米が掘り出されている。

N
ホーイ

長野県史跡砥石・米山城跡　米山城跡

米山城は、金剛寺の集落と伊勢山との間に張り出した尾根の峰に築かれた山城で砥石城の南西約二五〇mにあり鞍部を隔てた独立峰の標高七三五mの山上にあります。（中略）

米山城は文明年間（一四八〇前後）東信濃に勢力を誇る海野氏の家臣小宮山氏が築いたといわれ、小宮山城と呼ばれましたが、いつの頃からか米山城と転化したと思われます。その後、砥石城を築いた坂城の村上氏が本城を中心に、北方の枡形城、南方の砥石城とともに西方に米山城や柏山城を加えて大要害として守りを固めたものと考えられます。

天文一九年（一五五〇）、武田信玄は大軍をひきいて村上義清攻略のため、砥石城に来攻しました。約四日間にわたる攻防の結果、砥石城は猛攻に耐えぬき、かえって戦況は武田勢に不利になり、ついに陣を撤退することになりました。

これを見た村上勢は激しい追い討ちをかけ、後世、「信玄の砥石くずれ」といわれる程の大打撃を与えました。この時、米山城も砥石城とひとつになって武田軍に対抗したものとみられます。

この山城（米山城）を武田軍に囲まれた村上義清は、水の手を断つ作戦の武田軍を欺くため、馬の背に白い米をかけ流して馬を洗うしぐさを見せて武田軍の戦略を諦めさせたという「白米伝説」として言い伝えられています。

米山城へは、金剛寺側から登る道と砥石城からの鞍部を通る道があります。金剛寺から登り詰めた所が三の郭です。この上方に二の郭があり、続いて主郭があります。

砥石米山城跡保存会（平成25年11月）　抜すい

上田市
金剛寺

米山城跡

734m

金剛寺コースから登る
白米伝説を生んだ砥石合戦の舞台

コースタイム
上り25分
米山城跡 734m
主郭
裏側に急な切岸が見られる。
砂れきの急斜面
至砥石城
腰曲輪
二の曲輪
砥石城への案内
馬場跡
分岐
切岸、急で登れず
三の曲輪
矢竹の竹ヤブの平地
曲輪
斜面赤松混じりの雑木林
長く斜面を横切る
下方にも長い曲輪
砂れき部分、下り注意
急斜面をジグザグに

碑文は上杉家14代目
上杉茂憲伯爵
によるもの
村上義清公碑
主郭にある石碑
米山城に至る
土留め柵
金剛寺コース
登り口
竹ヤブ
P
矢出沢川
金剛寺
公会堂
P
トイレ

松代道
金剛寺橋
米山城
砥石城
P
案内板
登り口 金剛寺コース
櫓
至真田
金剛寺
公会堂
義清街道
P
登り口
村内見学
周回が可能
伊勢山
至上田市街
R144
矢出沢川
米山城橋
砥石米山城街道
上野
至上田I.C

32 米山城と花古屋城を結ぶ狼煙台？
豊城

上田市山口

ほう（ゆたか）じょう

◇築城（使用）時期
不明
◇主な城主（勢力）
村上氏
◇本郭（頂上）まで
10〜15分

標高620m

鞍部から主郭方向を望む

本郭と三峯神社の祠（後方は東太郎山）

部切り開きから山口地区を望む

豊城南側から上田市街地を望む

南側から城跡（中央のこんもりした林）を望む（後方は東太郎山）

上田市街地の北東部、山口と大久保地区の間に豊城がある。「ほう城」とか「ゆたか城」というらしいが、太郎山の東にある東太郎山から南側に突き出た緩い尾根の先端近くにある規模の小さな城である。村上連珠砦（「36村上連珠砦」参照）の城跡の中で、米山城と花古屋城の中間に位置し見晴らしが良いことから、米山から狼煙を受けて花古屋へ伝える中継所として使われたと見るのが一般的のようだ。また、昔から狼煙台には秋葉社や愛宕社を祀る例が多いそうで、豊城にも火伏せの神様である三峯社が祭られている。

登り口は山口からは尾根の西側に取り付き、ブッシュをかき分けて丸い尾根上をたどる方法と、大久保のレストランサンポー側から果樹園の横を通って入る道がある。二の曲輪（腰曲輪）から2mほどの段差で上がった主郭にある三峯神社の祠は今にも壊れそうで、奥の山側にも小さな石祠がある。主郭の風景や祠は以前見た覚えがある。当時は城跡とは知るよしもなかったが、東太郎山登山時の写真には確かにこの祠が写っている。

城跡は雑木の藪に覆われているが、城跡のある尾根は麓の山口地区から比高60mほどしかない。傾斜も緩いことから、主郭を除き、一段下の腰曲輪やその下にある曲輪らしき平地は畑として耕作されていたようで遺構は分りにくくなっている。堀切や土塁などは設けられておらず防御の構えが無いことから、狼煙場という説が有力のようだ。万一敵が攻めてきた際には逃げ隠れてしまったのだろう。読み方は「ほう」でも「ゆたか」でも良いが、自分と同名の狼煙台に親近感を感じてしまった。

ほう城とかユタカ城

豊城跡

620m

米山城と花古屋城を結ぶ村上氏の狼煙台

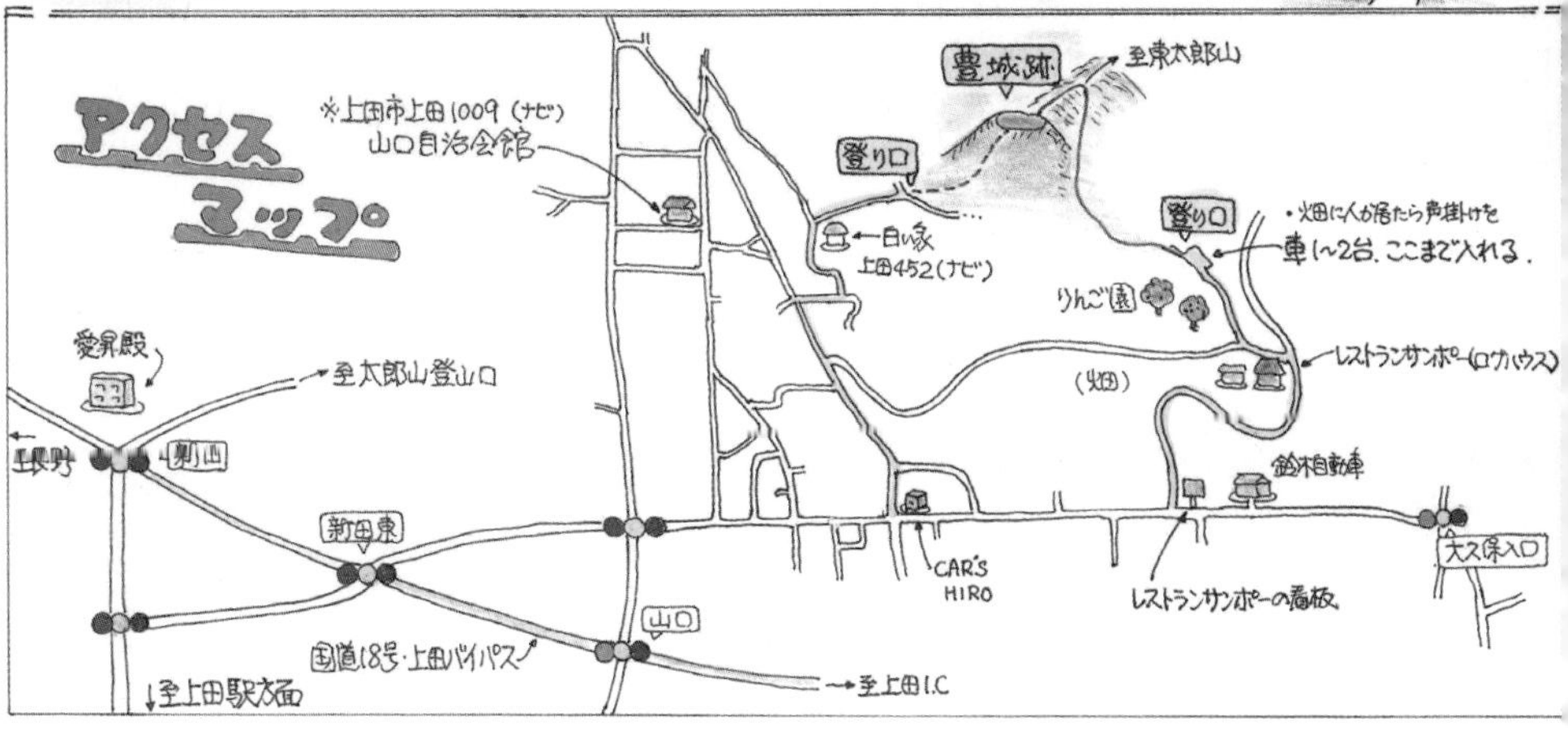

33

花古屋城

城域は上から下まで400mも

別名【花小屋城】【花隈城】

上田市上田

はなごやじょう

◇築城（使用）時期
戦国時代
◇主な城主（勢力）
村上氏
◇本郭（頂上）まで
10分

標高703m

尾根に続く曲輪

豊城下から花古屋城、太郎山を望む

主郭北側の土塁

主郭の土塁の下にある天水溜り

二の曲輪に残る石垣

花古屋城は太郎山から南東に延びる主尾根の中腹にあり、先端部は国道18号の上田バイパス方向に突き出ていて、東側は黄金沢、西側の尾根には村上連珠砦の牛伏城跡、荒城跡がある。村上連珠砦群の中では高津屋城に次ぐ城域の長さで、上部の鉄塔から尾根先まで400m程ある。城跡への登り口は右に上信越自動車道の太郎山トンネルが通っている太郎山の表参道登山口からで、山道を10分ほど歩いた所にある七丁の石祠から左に入る。登山道からわずか入った先に戦国の山城があることなど知らずに通過する登山者がほとんどで、何とも残念な気がする。右上には送電線の鉄塔が建っているが、ここも城跡の一部で、鉄塔の山側と下方に堀切の地形が、西側に土塁が見られる。主郭の山（北）側には上幅14mほどの堀切があり、西斜面に2条の竪堀となって下っている。

主郭は北側を高さ5mほどの大土塁で守られ、平地には径4mほどの雨水溜様のくぼみがある。切岸には石積みが残っている。二の曲輪は主郭との落差が16mほどあり、広さは15×29mほどでこの城域では最大。以下三、四の曲輪と、急傾斜の尾根上に20余りの曲輪が続くが、下部の曲輪の輪郭ははっきりしない。現在は尾根の東斜面の木々が伐採されて明るくなっている。

城跡に残る石垣

村上義清が整備したとされる太郎山山系の城郭群、村上氏連珠砦の一城
上田市
花古屋《はなごや》城跡
・標高703m・
天文年間、村上義清が太郎山一帯を支配するに当たって、構築された、村上連珠砦の一城と推測される。
鳥居峠 山頂上
白蛇コース
井戸
分岐
四十八曲りコース
至太郎山神社・頂上
尾根上部に送電線鉄塔がある
八丁目石祠
土塁
堀切
土塁上に三角点あり
標高703m
上幅14m程の大きな堀切
堀切
花古屋城跡主郭
七丁目
登山口から約10分
(15×14m程の主郭、土塁が残る。)
大堀切
二の曲輪(石垣)
(15×29mの最大の曲輪)
登山道
主郭中央に天水溜
四の曲輪
三の郭(石垣)
大小20余りの曲輪がある
太郎山南東尾根
曲輪上には木々が生えている
東側斜面間伐もか雨き
上信越道
太郎山トンネル
至太郎山裏参道
城跡まで10分
表参道登山口
車両は路肩に整然と駐車する
太郎山橋
表参道は左下へ
裏参道は右上へ
国道18号上田バイパス
信州上田医療センター
至坂城町
緑が丘
新田
山口
至上田菅平I.C
上田城址公園入口
中央北
国道18号
至坂城町
アクセス
上田城址公園
大手1・2丁目
中央2丁目
しなの鉄道
至長野
上田駅
至佐久平・軽井沢
北陸新幹線
N
ホーイ
!!
ゆ

34 太郎山からの尾根に上と下の城
牛伏城・荒城

上田市常盤城

別名【牛頸城】

うしぶせじょう・あらじょう

◇築城（使用）時期
戦国時代
◇主な城主（勢力）
村上氏
◇本郭（頂上）まで
40分

標高：牛伏城690m、荒城900m

牛伏城主郭の様子

牛伏城の堀切はヌタ場になっている

牛伏城下の石切場

荒城上部から上田市街地を望む

荒城の土塁

一連の村上連珠砦群のうち牛伏城と荒城は太郎山から南に派生した尾根上にあって、尾根伝いに「上の城」「下の城」として一体との見方がある。登り口は国道18号上田バイパスの緑ケ丘信号から山手に入った先にある虚空蔵堂前からになる。右にケヤキの大木を見てお堂の階段を上がってから右方向へ、案内板を見て林に入る。すぐの分岐から左の斜面を上がり、岩場が露出した石切場跡を過ぎると牛伏城に出る。城跡は雑木に覆われているが、わずかな石積みと東斜面に二本の竪堀、山側には上幅16mほどの幅広い大堀切が確認できる。竪堀の様子を見ると二重堀であったようだ。主郭の広さは36×25mほどで尾根上の平地をうまく使っている。

　牛伏城から300mほど尾根の上部にある荒城は、尾根に連続する小さな4条の堀切の先に主郭がある。主郭の端には小さな土塁があって少し高くなっている。主郭上部には岩場を挟んで三本の堀切があり、その先は急坂を経て太郎山の表参道登山道の22番石祠に通じている。

　宮坂武男氏によると、ここからは飯綱城がほんの少し見えるだけ。荒城も花古屋城も見通せないので連絡には不便。目の下の矢島城との関連が考えられるという。

牛伏城写真追加（登り口にある虚空蔵堂）

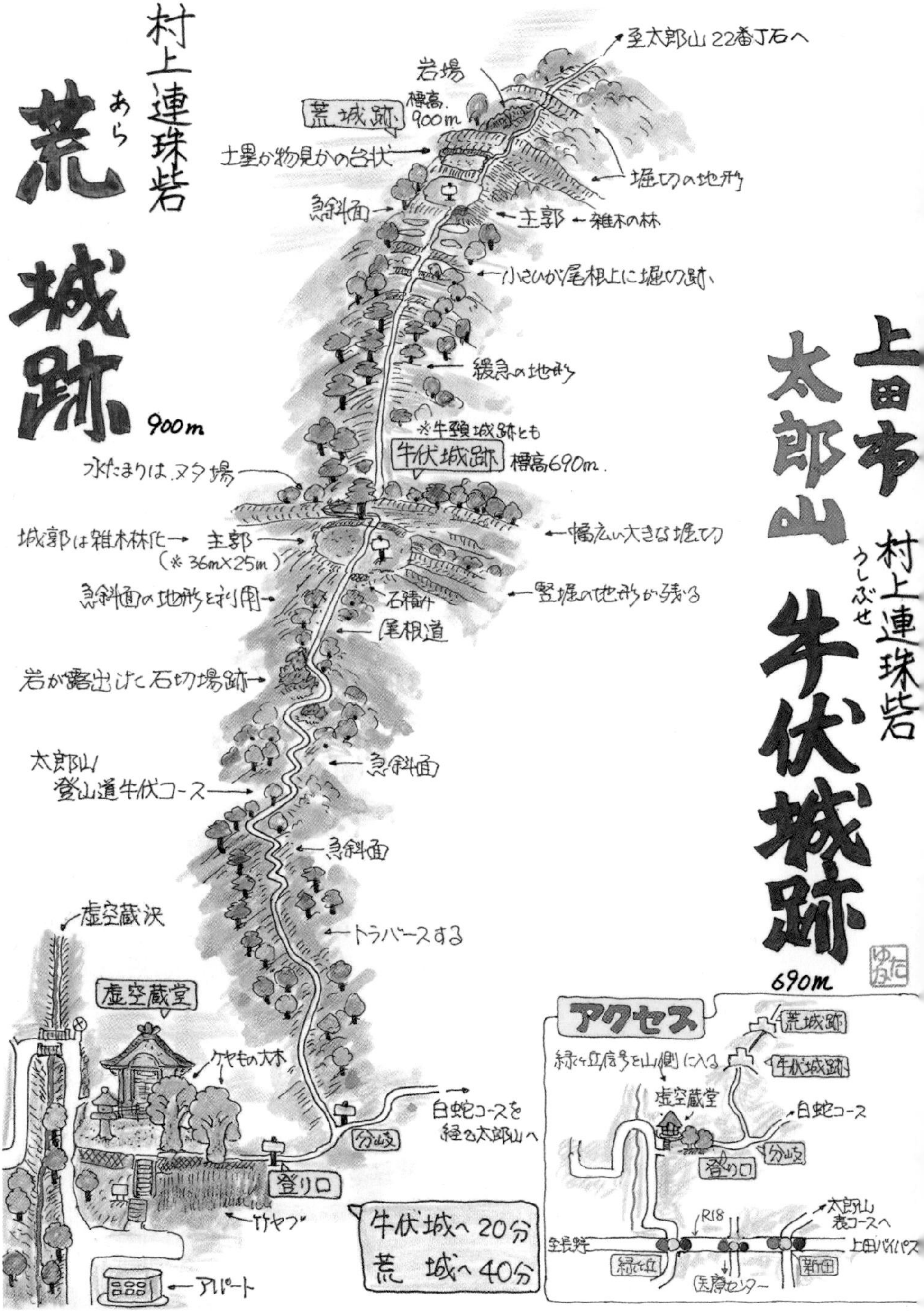
村上連珠砦
荒《あら》城跡
900m
上田市
太郎山
村上連珠砦
牛伏《うしぶせ》城跡
690m
至太郎山22番丁石へ
岩場
標高900m
荒城跡
土塁か物見かの台状
堀切の地形
急斜面
主郭
雑木の林
小さいが尾根上に堀切跡
緩急の地形
※牛頸城跡とも
牛伏城跡
標高690m
水たまりはヌタ場
城郭は雑木林化
主郭
(※36m×25m)
幅広い大きな堀切
急斜面の地形を利用
石積み
竪堀の地形が残る
尾根道
岩が露出した石切場跡
太郎山
登山道牛伏コース
急斜面
急斜面
トラバースする
虚空蔵沢
虚空蔵堂
ケヤキの大木
白蛇コースを
経て太郎山へ
分岐
登り口
竹ヤブ
アパート
牛伏城へ 20分
荒 城へ 40分
アクセス
荒城跡
緑ヶ丘信号を山側に入る
牛伏城跡
虚空蔵堂
白蛇コース
分岐
登り口
太郎山
表コースへ
R18
至長野
上田バイパス
緑ヶ丘
新田
医療センター

35

大規模で加工度の高い重要拠点

飯綱城

上田市秋和

いいづなじょう

◇築城（使用）時期
不明
◇主な城主（勢力）
村上氏、上杉氏、真田氏
◇本郭（頂上）まで
30分

標高756m

虚空蔵山から飯綱城跡を望む

二の曲輪から上田原方面を望む

広い主郭の様子

主郭と二の曲輪間の大堀切

二の曲輪下の岩を削って造った二重堀

上田市の太郎山・虚空蔵山系には、村上連珠砦と呼ばれる砦や山城がいくつもある。村上連珠砦とは、坂城の葛尾城を本拠として、村上義清が整備したとされる太郎山・虚空蔵山系の城郭群を指し、村上氏以後も上杉氏、真田氏等が利用したとされている。その一つが飯綱城であり、太郎山・虚空蔵山の稜線から南に延びる標高７５６ｍほどの尾根筋に築かれていた。

登り口は、国道18号上田バイパスの西の外れにある大蔵京古墳（豊秋霧原埜神社）入口から農道を約2㎞、終点の広場（旧ヘリポート）まで上がると、その30ｍほど手前にある（道幅狭いので軽四輪車が便利）。周囲は昔耕作した畑の跡地で、斜面のあちこちに当時の石垣が見られる。登り口から20分ほどで尾根に出たら右方へ。幅の狭い赤松林の平坦な尾根を進むと深い二重の堀切があり、すぐに四の曲輪に入る。中ほどに段差がある曲輪の先には盛り上がった土塁があり、土塁を下って主郭に入る。土塁下には２×５間ほどの建物の礎石と思われる石が点在しているが、以前あった神社の跡らしい。主郭の南側には井戸跡の凹みや虎口、土塁が見られる。城域は広く、主郭の南側には大きな堀切があり、対岸の岩上には二の曲輪がある。一旦深い堀切の底部に下って左からハシゴを上がり二の曲輪のある頂上に出る。あまり広くはないが、上田原方面の展望が開け、物見の場所としては最適と思われた。二の曲輪の南側直下には岩を削った堀切が二条あり、その下に広い三の曲輪がある。さらに南斜面には段々畑のような感じの小さな段郭が連続している。尾根の先端方向に続く踏み跡を下ると農道に出られる。城としては、規模もつくりもしっかりしているし、遺構もよく残っている。村上氏以後も利用されたというが、それも納得できるような城跡だ。

太郎山山系

村上連珠砦の中でも大規模で加工度が高く重要拠点であった

飯綱城跡

標高756m

城跡に立っている案内板の説明

飯綱城（主郭）

北側土塁前に二間×三間の基礎石状の石があり、幕末の絵図から神社社殿の痕跡と考えられる。

主郭北側尾根は二本の堀切（尾根を掘って高低差を作り敵が登りにくくするもの）と兵の駐屯が可能な四の曲輪、土塁を配している。

主郭南側には虎口（出入口）があり、その先は二方を土塁、東西に竪堀（尾根に垂直に掘り、敵の横移動を制限する）を配する場所があり、馬出か、雨水を溜めた水の手と考えられる。

飯綱城（二の曲輪）

ここは飯綱城の二の曲輪と考えられ、天然の大きな岩（露頭）を利用している。北の主郭との間には高低差10mの二重堀切があり、二の曲輪側はほぼ垂直に切り立っている。

二重堀切は東西に竪堀となり落ちている。南側にある三の曲輪との間には、岩盤を削った二本の堀切があり、その上の二の曲輪側面には石積みが見られる。

曲輪部分は14m×9m程度で北側にのみ土塁を構え、防御上の重要な拠点であるほか、物見的な役割も果たしたとも考えられる。

飯綱城（三の曲輪）

この城は太郎山南山麓の飯綱山に築かれている。

村上氏、武田氏、真田氏の利用が考えられる。この山城群の中でも大規模で加工度が高く重要拠点と考えられる。

当曲輪のみ三方に腰曲輪があり、所々に石積みが残る。南側に二重堀切とその先にも堀切があり、その先に数段の曲輪がある。

※腰曲輪：緩斜面を急斜面にし（切岸）、平坦部と急斜面を連続させ敵を登りにくくする。

※文責．上田市教育委員会

※登り口から20分
尾根に出る
幅狭いが快適な松林の尾根
飯綱城跡 756m
四の郭 35×30m
堀切
土塁
2間×5間の基礎石状の石
主郭 23×18m
虎口
土塁
竪堀
上田市街の展望が良く
物見的な役割も
二の曲輪
14×9m
大堀切
※ハシゴを上がる
二重堀切 岩を削った堀切
三方に腰曲輪がある
三の曲輪 32×30m
曲輪が何段も続く
急斜面歩行注意
堀切
ゴーロの斜面
急坂を上がる
畑跡の石垣
畑跡の石垣
竹ヤブ
兎峰ゴーロコース
登山口
P
30m
登り口
※主郭まで25分
熊の檻
登山者駐車場
（旧ヘリポート）
※ここまで車通行可
但し四駆車が好ましい
畑跡
弥陀平
幅員狭く通行注意
下の登り口
急斜面をトラバースする
鉄塔の案内板
ゲート
（入口より1.3km）
竹ヤブ
動物進入防止用の柵
林道開通記念碑
秋和大蔵京古墳
豊秋霧原埿神社
N
上の駐車場まで2.2km 45分
至長野
北陸新幹線
至坂城町
上塩尻東
至上田大橋
大蔵京古墳入口案内板
国道18号
至上田市街
至上田I.C.小諸市
国道18号上田バイパス

兎峰からの展望

尾根上の持越城跡

縦走路から雲上の虚空蔵山城、積城を望む

千曲川河畔から虚空蔵山を望む

頂上から塩田平を望む

虚空蔵山頂上から積城（右）亀井城（中央）を望む

36 義清が築いた城砦群
村上連珠砦

虚空蔵山城
積城
持越城
亀井城

上田市

むらかみれんじゅさい

◇築城（使用）時期
天文11年～
◇主な城主（勢力）
村上氏
◇本郭（頂上）まで
2時間10分

標高1077m

坂城の葛尾城を本拠とする村上義清が太郎山・虚空蔵山系に築いたとされる城砦群は「村上連珠砦《れんじゅさい》」と呼ばれているが、数ある砦のうち虚空蔵山の兎峰周辺にある砦を歩いた。

登山口は上田市秋和の座摩《ざまずり》神社入口からで、神社の裏側から兎峰の尾根に取り付き、No.23鉄塔の上部で低い土塁と石積み跡が残る持越城跡に入る。尾根自体が狭いのでそう大きな城跡ではないが、東側に土塁で固めたやや東下がりの城跡で、木々が無ければ上田市内の展望が広がる。

城跡から急斜面を上がり岩場を巻くと兎峰の鞍部で、右の痩せ尾根に取り付けば兎峰の岩上に出る。ここからの展望は南半分が大きく開ける。兎峰から稜線の鞍部に出て右の太郎山方向に登った一つ目のピークが積《つみ》城（接《つぎ》城）、二つ目が亀井城と続く。しかし南・北側とも絶壁に近い急斜面で幅も2～4mの狭い岩稜は、とても城と呼べるような場所ではない。城名のプレートがなければ知らずに通過してしまうような所で、ここから東へ向かえば太郎山に至る。西側の鞍部に戻って岩場を上がり切れば虚空蔵山城に着く。何年か前に地元で頂上部の伐採整備をしたおかげで、城跡の地形がよく分かるようになっている。城跡ではナンジャモンジャの木やヤマツツジ、カタクリなどが見られるし、何よりも展望が素晴らしい。虚空蔵山城は連珠砦の中心的な城として、天文11年、村上氏が武田氏の侵略に備えて築城したとされる。その後、上杉勢と徳川・真田勢力双方にとり戦略上重要な城として過激な争奪戦が繰り広げられたという。

村上氏連珠砦
坂城の葛尾城を本拠とした戦国武将「村上義清」が、太郎山虚空蔵山系に整備したとされる城砦群をいう。後に、上杉、真田氏も利用したと考えられる。
岩稜に築かれた砦
亀井城跡
構えの城が訛って亀井城？
険しい稜線上の砦
積《つみ》城跡
（接《つぎ》城とも）
虚空蔵山
1076.9m 展望大きく開ける
虚空蔵山城跡
三角点、
7×3m削平地
主郭
ナンジャモンジャ
土塁
腰曲輪
堀切
岩場
切り開き
ナンジャモンジャ
1064.5m
積城跡
小ピーク
稜線の幅2〜4m
1071.6m
亀井城跡
主郭
6×5m
展望開ける
岩場（物見）
至太郎山
稜線の左右急峻な岩場
（断崖）
鞍部分岐
御殿城とも云う山頂の城
虚空蔵山城跡
ホーイ
兎峰
兎峰鞍部
兎峰ゴーロコース
岩場と急斜面を斜めに横切る
至旧ヘリポート
登り口から 2:10
村上連珠砦
れんじゅさい
急斜面
尾根伝いに
石積みが続いている
石積みの土塁が囲む
持越城主郭
桝形
虚空蔵山の支城
座摩神社から登る
持越城跡
690m
城域に入る
石積みのある緩い尾根
目印になる鉄塔 NO23
座摩《ざます》神社
至大沢
幅員狭いが軽四通行可
兎峰コース
登り口
登山者駐車場
至塩尻小学校・R18
虚空蔵山頂上
三角点、1076.9m
7×3m削平地（休憩適地）
小さい削平地
至鞍部
5×3mの曲輪
ナンジャモンジャの木
南斜面に武者走り
四の曲輪
大堀切
※(南)側斜面にナンジャモンジャの木
虚空蔵山城跡
主郭 16×5m
石祠
虎口
大堀切
二の曲輪
39×6m
三の曲輪
23×3m
至ソデ(鞍部)
虚空蔵山城
城跡の様子

37

上田原を一望する村上氏の城

虚空蔵山城

別名【御殿城】　上田市塩尻、坂城町南条

こくぞうさんじょう

◇築城（使用）時期
天文11年～
◇主な城主（勢力）
村上氏
◇本郭（頂上）まで
1時間5分

標高1077m

村上氏城塞群のうち最も高所の虚空蔵山の頂上に位置する虚空蔵山城へは、坂城町側の林道太郎山線の途中から上がるのが最も早く、沢状の地形の中を30分ほどかけて稜線の鞍部まで上がる。大きなギャップは虚空蔵山と鳥小屋山（高津屋城跡）の間にあって、ノゾキとかソデと呼ばれている。ノゾキから虚空蔵山城跡までは、ロープが設置された急斜面を30分ほど直登する。雨後などは土がぬかるんで滑りやすいので、下りは特に注意が必要だ。急坂を上がると40mほど緩い傾斜の細尾根があり、大堀切に達する。主郭へは堀切をやや右に巻きながら虎口から入るか、岩場の間の石祠の所から入る。南斜面のすぐ下にはナンジャモンジャ（ヒトツバタゴ）という面白い名の木が自生している。花びらがモジャモジャとかたまって咲く白い花だが、わざわざ案内板まである。主郭は16×5mほどの広さで中央に大きな案内板がある。

城跡にある案内板には次のような旨が記されている。「虚空蔵山城は、虚空蔵山山頂にある砦で、山頂から西側に10m程下ると堀切になり、その南斜面に二段の腰曲輪がある。その西方に主郭、北側10m下に小屋掛けが想定される大きな曲輪群があり、山頂にも曲輪が連続している。主郭の西方10mに西の守りの大堀切があり、その先は平坦な40m程の細尾根が続きノゾキの乗越を経て高津屋城、和合城に通じている」

主郭にある石祠と案内板

主郭から頂上方向を望む

坂城町側からの山頂付近

頂上から坂城町を望む

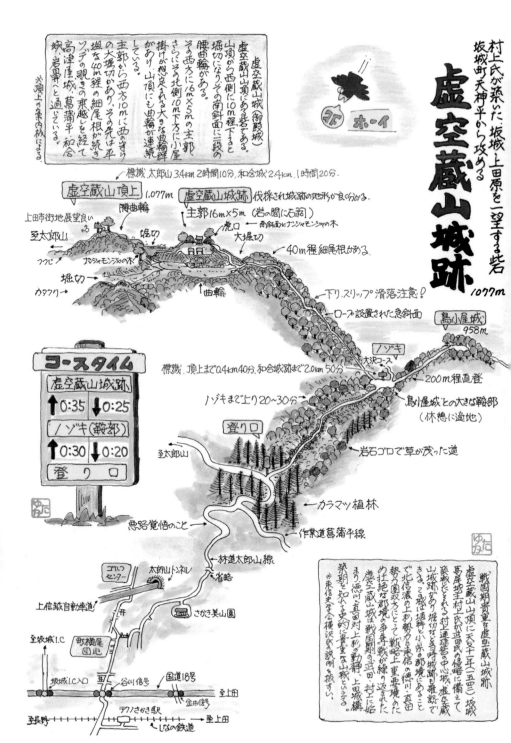

村上氏が築いた、坂城・上田原を一望する砦
坂城町天神平から攻める

虚空蔵山城跡

1077m

ホーイ

虚空蔵山城（御殿城）

虚空蔵山山頂にある砦である。山頂から西側に10m程下ると堀切になり、その南斜面に二段の腰曲輪がある。

その西方に16m×5mの主郭、さらにその北側10m下方に小屋掛けが想定される大きな曲輪群があり、山頂にも曲輪が連続している。

主郭から西方10mに西の守りの大堀切があり、その先は平坦な40m程の細尾根が続きソデの覗きの乗越しを経て高津屋城、葛蒲平、和合城、岩鼻へと通じている。

※頂上の案内板による。

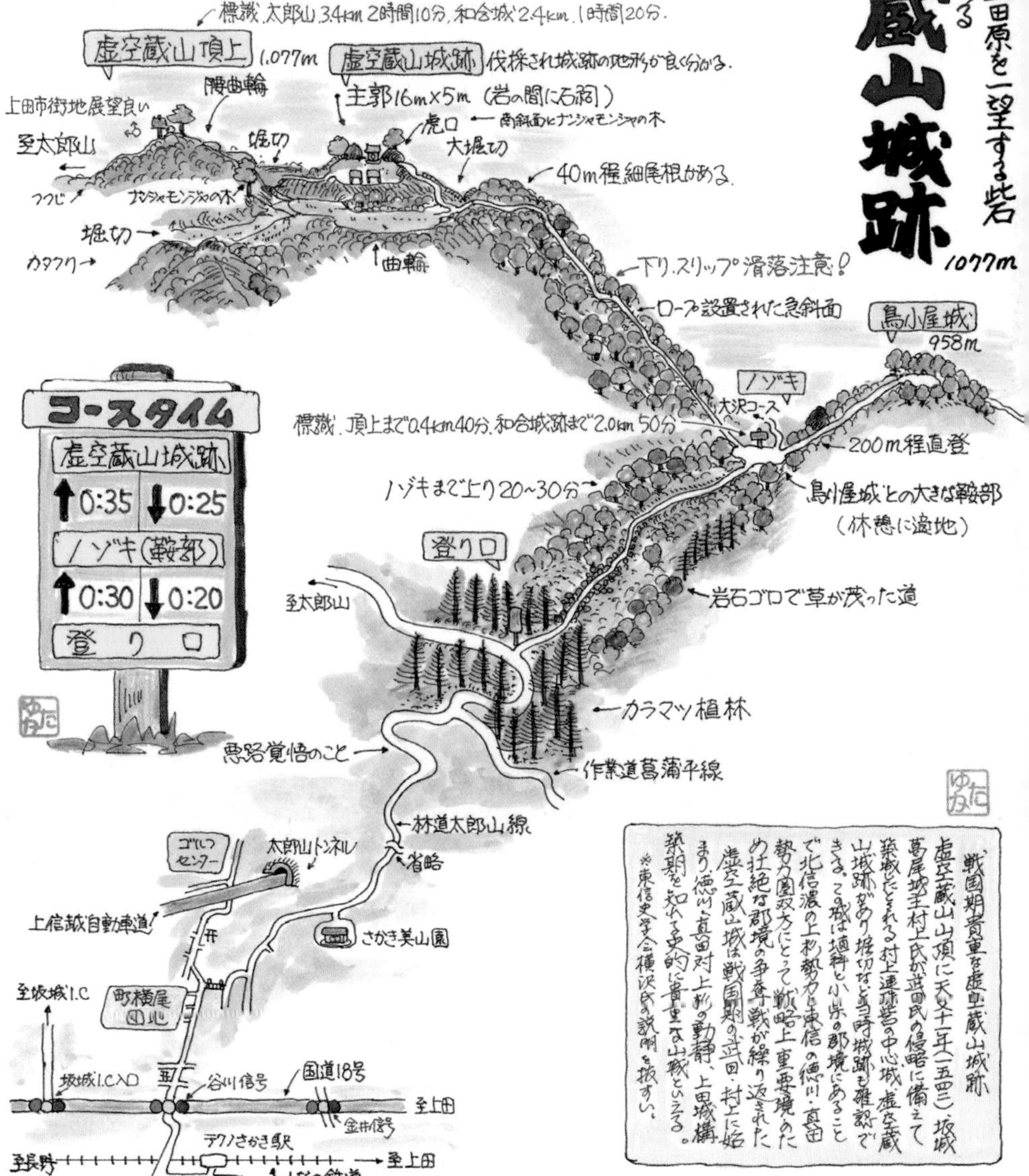

標識、太郎山3.4km 2時間10分、和合城2.4km、1時間20分。
虚空蔵山頂上
1,077m
虚空蔵山城跡
伐採され城跡の地形が良く分かる。
腰曲輪
主郭16m×5m（岩の間に石祠）
上田市街地展望良い
虎口
南斜面にナンジャモンジャの木
至太郎山
堀切
大堀切
40m程細尾根がある。
ツツジ
ナンジャモンジャの木
堀切
カタクリ
曲輪
下り、スリップ滑落注意！
ロープ設置された急斜面
鳥小屋城
958m
ノゾキ
大沢コース
標識、頂上まで0.4km40分、和合城跡まで2.0km 50分
200m程直登
ノゾキまで上り20～30分
鳥小屋城との大きな鞍部
（休憩に適地）
コースタイム
虚空蔵山城跡
↑0:35 ↓0:25
ノゾキ（鞍部）
↑0:30 ↓0:20
登り口
登り口
至太郎山
岩石ゴロで草が茂った道
カラマツ植林
悪路覚悟のこと
作業道葛蒲平線
林道太郎山線
ゴミ処理センター
太郎山トンネル
省略
上信越自動車道
さかき美山園
至坂城I.C
町横尾団地
坂城I.C入口
谷川信号
国道18号
至上田
金井信号
テクノさかき駅
至長野
至上田
しなの鉄道

戦国期貴重な虚空蔵山城跡

虚空蔵山山頂に天文十二年（一五四三）、坂城葛尾城主村上氏が武田氏の侵略に備えて築城したとされる村上連珠砦の中心城、虚空蔵山城跡があり堀切など当時城跡も確認できる。この城は埴科と小県の郡境にあることで北信濃の上杉勢力と東信の徳川・真田勢力の両双方にとって戦略上重要境のため壮絶な郡境の争奪戦が繰り返された。虚空蔵山城は戦国期の武田・村上に始まり、徳川・真田対上杉の動静、上田城構築期を知る上で史的に貴重な山城といえる。

※東信史学会横沢氏の説明を抜すい。

38-1

村上氏の本拠・葛尾城を防衛

和合城（下塩尻コース）

別名【和子城】【城山】

上田市下塩尻

わごうじょう

- 築城（使用）時期
  不明
- 主な城主（勢力）
  村上氏、小泉氏
- 本郭（頂上）まで
  30分～40分

標高654m

主郭土塁と虚空蔵山への尾根（後方）

千曲川を望む

上田原から望む和合城跡（鉄塔のピーク）

畑跡の石積みが残る登山道

菖蒲平下方から和合城跡を望む

和合城は小県郡と埴科郡の境の千曲川右岸に位置し、荒々しい岩崖が露出した「岩鼻」の上にある。埴科の坂城側に関所が設けられ、鼠宿《ねずみしゅく》の名があるように、不寝見《ねずみ》（寝ずに見張り番をした）の番所が置かれた交通の要衝であった。岩鼻の上や虚空蔵山山頂近くの乗越といった山道もここを通っていた。

村上義清の葛尾城はこの城の北にあり、村上氏が坂城へ本拠を置いたときに、岩鼻を東の境として砦（和合城）を築き、葛尾城防衛の大事な支城とした。この城から東の虚空蔵山の山頂までの間には菖蒲平（勝負平）や高津屋城（鳥小屋城）などがある。そこからさらに東の砥石・米山城までの約8㎞の間には多くの城砦が構築されていて、村上連珠砦と呼ばれている。

和合城は村上氏の没落後も武田方が利用し、武田氏滅亡後は上杉景勝が支配した。真田氏の上田城築城の様子を監視し、時には真田氏に攻められることもあったようだ。徳川勢による上田城攻めの際は、上杉方が兵力をここに総動員させるなど長い間使われたという。そのため城は何度か改変されて現在の形になったようである。

上田市側からの登り口は、下塩尻の「福無量」で知られる沓掛酒造の北側にある。しなの鉄道の西上田駅からでも700m10分ほどの所だ。山側にえん堤の脇を入ると、しばらくで足がすくみそうな見晴らし台に着く。山道の左右には昔耕作した畑跡の石積みが見られ、直進すると30～40分で城跡に着く。展望が素晴らしいのでハイキング向きの城跡でもある。

展望の良さからのろし台や物見として
利用された村上氏の山城跡に登る
和合城跡
下塩尻コース
尾根の先端の本郭に向かって段郭が続く。
本郭や二の郭には、土塁や石垣が残っている。
和合城本郭
360度の展望がすばらしい。
四等三角点
二の郭
三の郭
四の郭
堀切
赤白の大きな鉄塔
分岐 本郭まで約200m 5分
虚空蔵山に至る
鼠宿コースの分岐
（鼠宿まで30分）
ホーイ
林の中に石垣が多く残る
昔、開こんして畑を作ったのか
まっすぐ250m近く上がる
道の右側に石垣が残る
石積みがきれいに残っている。
石積みの多さは、このコースの特徴とも言える。
足がすくむような高度感のある絶景の展望場所
上田平が一望、足元にR18、しなの鉄道が走る
80m程斜面を横切る
50m程右方向に上がる
石垣
岩
20m程の岩場
本郭の標高
654.7M
村上義清
石積み
防火用水、ポリタンク置場
コースのポイント、大岩、後ろに石祠がある
さいかちの木
組み木の土留め
えん堤が3つ続く
登山口
石祠と石碑がある
（あき地）
フェンス
ゴミステーションから40m入る
岩鼻
国道18号
至上田市街地
（西上田駅）下塩尻信号
至長野市 鼠宿交差点
～コースタイム＝城跡まで～
～30～40分～
アクセスマップ
墓地
鼠宿コース登山口
P
和合城跡
岩鼻の岩場
ねずみ橋
千曲川
しなの鉄道
R18
登山口
至上田市街地
西上田へ

和合城から坂城の葛尾城の展望

大堀切の様子

38-2

眺望抜群　狼煙場、見張り場か
和合城（鼠宿コース）

別名【和子城】【城山】

坂城町鼠宿

坂城方面の展望（冬の景色）

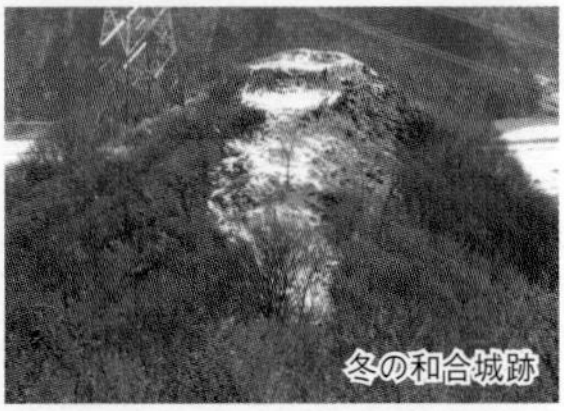
冬の和合城跡

千曲川河畔から和合城跡を望む

わごうじょう

◇築城（使用）時期
不明
◇主な城主（勢力）
村上氏、小泉氏
◇本郭（頂上）まで
30〜40分

標高654m

　虚空蔵山から真西に延びる尾根の先端にある和合城の主郭の広さは、およそ13m四方、堅固な土塁に囲まれ、その東に曲輪が三個続き、東端には深さ6mほどの大堀切が造られている。城の南・西・北の三方は岩鼻の急崖で、まず上ることは不可能な天然の要害なので、東の尾根側の守備を固めさえすれば、そうやすやすと落城しないようなつくりになっている。ただ尾根の末端部はそう広い面積ではないので、やはり狼煙場、見張り場といった使い方であったろう。城郭の様子は東側の尾根から段々の地形を一望できる。

　主郭にある四等三角点の標高は654.8mで麓との比高は240mほど、展望は360度あって、眼下に国道18号、しなの鉄道、千曲川とその先に上田原、北側に葛尾城や狐落城、荒砥城などこの地方の多くの山城を望むことができる。主郭南側の赤白の巨大な鉄塔が少々目障りだが、遠くからでも城跡の位置が確認でき、良い目印になっている。城跡をほぼ避けて斜面に建てられているのが救いでもある。鼠宿からは北側の墓地の間を抜けて石ゴロの斜面に取り付きジグザグに上がる。尾根上に出たら右方向に進むと登山口から40分ほどで主郭に付く。城郭は木々が伐採され、よく整備されている。展望が良いことから坂城町の登山愛好家は初日の出登山として元旦に登っている。

主郭から菖蒲平（勝負平）方向を望む

抜群の眺望を誇る
和合城跡
坂城町指定史跡
尾根の先端に四つの郭からなる村上義清の山城
鼠宿コース
坂城町指定史跡
和合城跡
この城跡は葛尾城の支城で西端尾根の突端に本郭、その東方下に二の郭三の郭四の郭とも称すべき郭が連続し、その東方に大堀切をきって東方の尾根を区切っている。本郭は幅三〜四m高さ一〜一.五mの石垣積土塁をめぐらし、その内法は一三mほどの方形である。また二の郭にも土塁の跡を残している。
元来和合城は烽火台の役をしたところと考えられ後に村上氏が坂城村上の本拠を防衛するためにこれを利用したものと思われる。
坂城町教育委員会
抜群の眺望が開ける本郭からは、上田市、千曲市の市街地が一望できる。
大きな赤白色の鉄塔が目立つ
和合城跡
四等三角点
切り開き
本郭
二の郭
三の郭
四の郭
雑木が刈ってある
坂城町の案内板
桜2本が残る
丸い尾根
大堀切
幅15m深さ8m程の堀切
この辺りから山城の地形段郭が見られる
左へ折れる
右下がりの急斜面を斜めに横切る
虚空蔵山へ
案内板
勝負平林道
桜の木
城跡の地形が良く見える。
急斜面を上がる
石祠がある
上田市下塩尻
分岐点
虚空蔵山 和合城跡
2.4km 約1時間50分
坂城町鼠宿
0.6km 約30分
山火事注意
60m程で稜線に出る
150m程
ホーイ
N
ここから右方向に
小さい沢状の地形
株立ちのケヤキの木が多く見られる。
北側斜面で薄暗い
コースタイム
上り 40分
下り 35分
3m〜15mの曲がり
急斜のジグザグが始まる
10数m左方向へ
石垣で囲まれた土地、畑跡のよう。
NO16鉄塔
NO15へ
鉄塔への標識
NO17鉄塔へ
畑の名残りか石積みが多く見られる
陣馬鳥越山 760m
城跡 654.7m
登山口
墓地の真ん中を上がる
広場 駐車可
丸石の道祖神2体
道祖神
ねずみ橋から見た和合城跡
和合城跡 標高 654.7m
太郎山コース 約8Km、5時間20分の標識
和合城跡登山口の標柱（墓地の入口にある）
登山口
至国道18号、ねずみ信号

39

上田原の合戦で村上軍が布陣

須々貴城

上田市

別名【天白城】

すずきじょう

◇築城（使用）時期
不明
◇主な城主（勢力）
小泉氏
◇本郭（頂上）まで
20分

標高576m

天まで続くような石段

本郭下の石垣

須々貴山神社

本郭にある御嶽神社石祠

千曲川左岸に見える岩鼻の断崖の南側、城山から東に延びる尾根上の天白山に上田原を一望する須々貴城がある。天文17年（１５４８）、信濃攻略を進める武田信玄と村上義清が激突した上田原の戦いの際に村上軍が布陣したのが天白山の麓（現大鳥居の周辺）とされている。当初は武田軍優勢であったが、地の利に優れた村上軍が逆襲し、武田軍は重臣の板垣信方や甘利虎泰らが戦死し、信玄も手傷を負う敗北を喫した。この合戦は武田軍約八千に対し、村上軍は村上、高梨、井上・須田、清野・小田切・栗田・若槻、島津・芋川、室賀、山田、雨宮・屋代といった東北信の勢力約七千が結集し、両軍の戦死者は四千とも六千ともいわれる壮絶な戦いを展開したという。敗れた武田軍にとっては、長距離の行軍の疲れと当日のみぞれ交じりの気候が災いしたようである。上田原の合戦の勝利で勢力を盛り返した村上氏は、2年後にも信玄の「砥石崩れ」で再び武田軍を破ったものの、その後の巨大な武田軍の反撃に敗れ去っている。

山麓から鹿柵のゲートを開けて入り、赤い鳥居をくぐって行くと天に続くような長い石段が見える。これほど急でしかも５００段以上ある石段はあまり見ない。途中に狭い踊り場があるものの一歩一歩上るのは大変、さらに下るとなると目が回ってしまいそうだ。別に右側斜面に登山道があるが20分ほどかかる。必死に登り切った平地が三の郭で、右側には朽ちかけた須々貴山神社の拝殿と本殿がある。物見にはもってこいの展望で、神社裏からは千曲川を隔てて葛尾城、和合城、虚空蔵山城、眼下に上田原、さらに武田勢が詰めた倉升山や小牧城方面が一望できる。三の郭から左に上がり斜面を上がった所が主郭（20×6ｍほど）で、曲輪脇には2段の石垣、中央に御嶽神社の石祠が祀られている。送電線鉄塔方向には堀切の地形が見られる。主郭からの展望も素晴らしい。

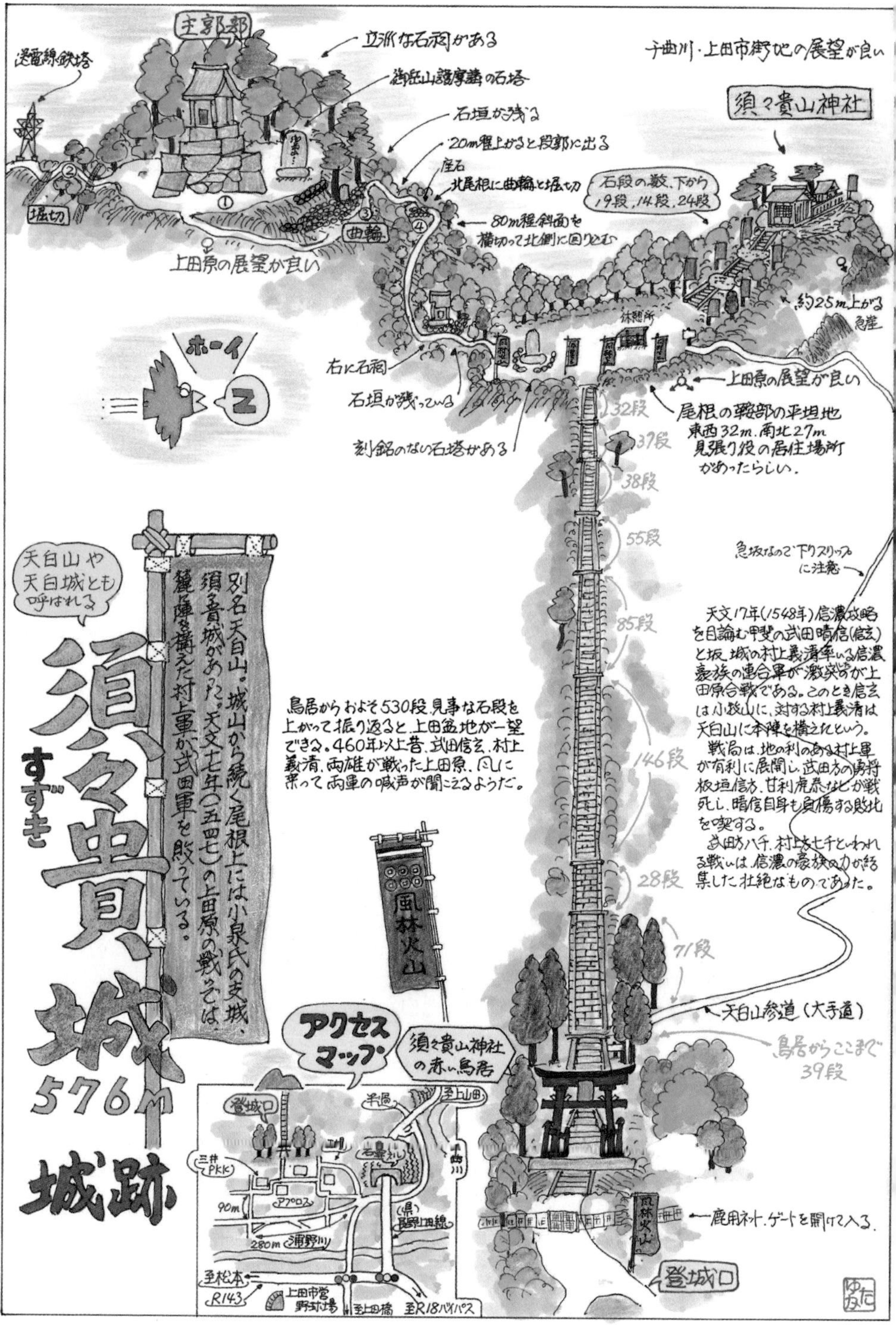
主郭部
送電線鉄塔
立派な石祠がある
御岳山講摩講の石塔
石垣が残る
20m程上がると段郭に出る
北尾根に曲輪と堀切
80m程斜面を横切って北側に回りこむ
堀切
曲輪
上田原の展望が良い
千曲川・上田市街地の展望が良い
須々貴山神社
石段の数、下から19段、14段、24段
約25m上がる
急崖
休憩所
右に石祠
石垣が残っている
刻銘のない石塔がある
上田原の展望が良い
尾根の鞍部の平坦地
東西32m、南北27m
見張り役の居住場所があったらしい。
32段
37段
38段
55段
85段
146段
28段
71段
ホーイ
天白山や天白城とも呼ばれる
須々貴《すずき》城 576m
城跡
別名天白山。城山から続く尾根上には小泉氏の支城、須貴城があった。天文十七年（一五四七）の上田原の戦いでは、麓に陣を構えた村上軍が武田軍を敗っている。
鳥居からおよそ530段、見事な石段を上がって振り返ると、上田盆地が一望できる。460年以上昔、武田信玄、村上義清、両雄が戦った上田原、風に乗って両軍の喊声が聞こえるようだ。
急坂なので下りスリップに注意
天文17年（1548年）信濃攻略を目論む甲斐の武田晴信（信玄）と坂城の村上義清率いる信濃豪族の連合軍が激突したのが上田原合戦である。このとき信玄は小泉山に、対する村上義清は天白山に本陣を構えたという。
戦局は、地の利のある村上軍が有利に展開し、武田方の勇将板垣信方、甘利虎泰などが戦死し、晴信自身も負傷する敗北を喫する。
武田方八千、村上方七千といわれる戦いは、信濃の豪族の力が結集した壮絶なものであった。
風林火山
天白山参道（大手道）
鳥居からここまで39段
アクセスマップ
須々貴山神社の赤い鳥居
鹿用ネット、ゲートを開けて入る。
登城口
至上山田
半過
登城口
三井PKK
エリア
石尊
アプロス
90m
（県）長野上田線
浦野川
280m
千曲川
至松本
R143
上田市営野球場
至上田橋
至R18バイパス
ゆたか

40

小泉氏菩提所の裏山に二つの城

小泉城

上の城
下の城

上田市小泉

別名【雷城】

こいずみじょう

◇築城（使用）時期
戦国時代
◇主な城主（勢力）
小泉氏
◇本郭（頂上）まで
上の城：1時間10分
標高：下625m
上913m

西側から城跡のある尾根筋を望む

登り口の小泉大日堂

下の城にある雷様と灯籠

上の城主郭の櫓台にある石祠

下の城上部尾根から上の城を望む

上田原を見下ろす城山（933m）の尾根伝いに南へ200mほど下った所に小泉上の城がある。鎌倉時代、泉氏（小太郎公季）の裔がこの地に拠っていた。泉氏は建暦3年（1213）に泉小二郎親平の乱で滅びるが、その後復活し、泉氏系統の者が泉小二郎を名乗って支配したという。上田原の戦いでは小泉喜見斎重成が村上氏に属したが、その後、村上氏が越後に逃れると武田氏に降っている。眺望に優れた城跡は、城山側に六つの堀があるが、中ほどの堀には送電線の鉄塔が造られている。郭手前の大きな堀切を上がると二段になった主郭があり、櫓台と思われる上段には石祠がある。下段は9×9mほどで規模は極めて小さい。南側にも堀切があり、尾根を下ると下の城に続いている。

小泉下の城は高仙寺大日堂の裏山で、大日堂に向かって左にある弘法大師堂前から墓地の横を通って尾根に取り付き右に上がる。わずかでやや南下がりの二の曲輪、その先に本郭がある。上部には大きな堀切跡があるが、既に埋まって起伏はほとんど無い。本郭は雑木の藪状態だが、自然石の石灯籠と石祠（雷さん）がある。地元土豪小泉氏の城と考えられ、つくりは単純である。尾根上300mほどの所にある上の城は詰め城とみられる。

上の城では登り口を間違えて迷った苦い思い出がある。それにしても標高900mを超える尾根上に城を築くことも難儀だったと思うのだが。

城跡内の鉄塔下から上田市街地を臨む

上田市

小泉城跡 上の城・下の城

小泉氏の菩提所高仙寺の裏山にあった二つの山城

上の城 913m
下の城 625m
(本郭の上段は櫓台か)
(木々で展望はないが休憩適地)
小泉城跡 上の城跡 913m
元治元年10月(1864年)建立の石祠
石祠(風化して文字不明)
上段5×5m 下段9×9mの平地
半過山界二五五(255)の標柱
城跡周囲は急斜面
鉄塔の間から槍ヶ岳、子檀嶺岳、四阿屋山見える。
城山頂上 933m
信濃幹線 NO128鉄塔
三等三角点
約150m
二五五(255)
堀切
NO127へ
送電線の鉄塔標
分岐
30m
鉄塔NO129
堀切連続
鞍部
送電線巡視路が登山道
上田原方面の展望開ける
※簡単には登れそうもない急斜面
コースタイム
上の城
0:50 0:30
下の城
0:15 0:10
大日堂
この間、急斜面を長く歩く
※上りは胸突八丁
※下りはスリップ、転倒に注意!
二三七(237)
1.5m程の岩
二三二(232)
ホーイ
二三〇(230)
二二八(228)の境界柱
大きい岩場
高木なく西側が開ける
独鈷山、女神岳、夫神岳みえる
二二七の境界柱(227)
白いあされきの平坦な尾根
石祠のある本郭は、ヤブ状態
下の城本郭
・17×14m
625m
埋って、やや凹んでいるが堀切
古い石灯籠
雷《かみなり》さん
二の曲輪 ・南下がり
21×20m
壊れた木の柵が残っている
雨乞いの石祠(文化14年(1817)建立)
左から作業道跡
寛政8年(1796)の石灯籠
緩く上がって尾根に出る
※尾根に出たら上の城まで尾根上を辿ること。
矢竹群生
墓地
登り口
※大師堂の左側の通路から墓地の横を通って石灯籠のある尾根に上がる(約1分)
弘法大師堂
小泉大日堂
小泉大日堂(本来なら国宝級だが、度重なる改修により、現在は市の文化財に指定)
平面が正方形で屋根が四方から頂上に集まる、宝形造(ほうぎょうづくり)の建物で、柱間が五間(16.5m)四方のお堂は、県下最大。
創建年代は室町中期の806年頃か。
シナノイルカ資料室(観覧料¥100)
高仙寺
寺の駐車場を借用
ゆかた

41 街道を抑える戦略上重要な地に 笹洞城

上田市上室賀

別名【室賀城】

堀切の様子

本郭脇に残る石垣

本郭から塩田平の展望

水上神社

大河ドラマで一躍有名に

ささほらじょう

◇築城（使用）時期
戦国時代
◇主な城主（勢力）
室賀氏
◇本郭（頂上）まで
30分

標高693m

笹洞城は源経基の子孫で代々この地を領していた室賀氏の居城であったが、永享年間に村上義清の勢力に屈して配下となった。天文17年（1548）の上田原の合戦では村上軍として参戦し武田軍を撃退、しかし天文22年の再度の上田原合戦では武田軍に敗れて村上氏は越後に逃れ、室賀氏も武田氏の幕下に降った。ただ後に武功をあげて遠州高天神城の城代となり、長篠の合戦にも参加したという。武田氏滅亡後は真田昌幸と上田地域の掌握を目指して争い、天正10年に謀殺されてしまった。その後の室賀氏は徳川氏に仕え、五千五百石の旗本として幕末まで存続したという。

笹洞城は、室賀峠を越えて坂城に通じる街道と修那羅峠に向かう街道を抑える戦略上重要な位置にある。登り口は日帰り温泉施設「ささらの湯」のすぐ西側の道を入るか、県道160号の上室賀基幹集落センター前の鳥居をくぐって西に入った水上神社からで、神社経由でも左から直接斜面を横切ってもいいがヒノキ林の先で尾根に出て右に上がる。右側には竪堀とおぼしき凹んだ沢がある。急登すると小曲輪や堀切があり、二の郭、本郭と続く。本郭の広さは15×30ｍほどで、南側に石積み、西側の狭い尾根には深さが10ｍほどの堀切、その先にも浅い堀切が2段構造になっている。南方に展望が広がる。

笹洞城は大規模な城ではないが、本郭周辺の曲輪、堀切、石垣が残っていて見応えがある。地元では「ささら」城とも呼ばれる。

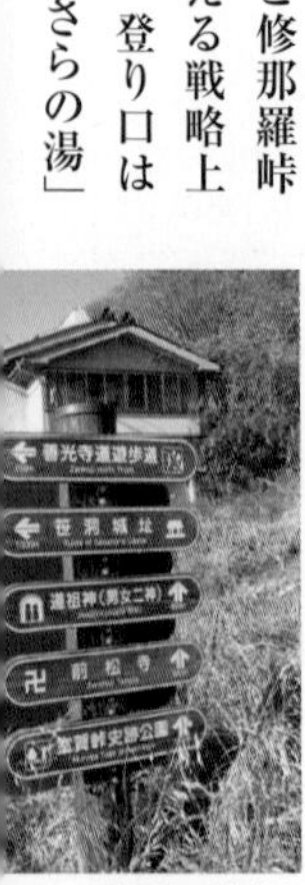

道路脇の案内板

（段郭の平地や深い堀切の地形や石垣が見られる）
N
ホーイ
笹洞城本郭跡 693m
西側の尾根に堀切が連続
這い上がれそうもない急な斜面
南方の展望が開ける
二の郭 15×15m程
急な堀切
北側急斜面
石積み跡
石祠
小堀切の先15m程の急斜面
上田市
笹《ささ》洞《ほら》城跡
693m
戦略上極めて重要な位置にあった室賀氏の山城
小堀切
幅広い帯曲輪 北側に続く
小曲輪
小曲輪の感じの平地
急斜面、所々にトラロープがある
急斜面、秋は枯葉、冬は雪でスリップ注意
急斜面
山道には、2016～17年に放映されたNHKの大河ドラマ「真田丸」に合わせた幟（のぼり）が何本も立っていた。
信州上田
たに沢
水のない水路様の凹沢（竪堀）
ここで尾根に出る
50m程トラバース
水上《みなかみ》神社
至室賀峠
66段の急な石段を上がる
神社に駐車可
上室賀基幹集落センター
水上神社の鳥居
ヒノキ林
まっすぐ280m
（あき地）
横から水上神社へ
P
トイレ
登り口
室賀温泉ささらの湯
県道160
至R143
上り 30分
下り 20分

42

女神岳の頂上にある斎藤氏の城

女神山城

上田市野倉

めがみやまじょう

- 築城（使用）時期　鎌倉時代〜
- 主な城主（勢力）　斎藤氏
- 本郭（頂上）まで　35分

標高927m

主郭脇に残る石積み

女神山城は斎藤源左衛門の拠城で、標高927mの女神岳山頂に築かれている。関ヶ原合戦そして第二次上田合戦のあった慶長5年（1600年）、源左衛門が一揆を起こして真田氏に抵抗し立て籠もったとされる。またこの城は「天正壬午の乱」において徳川家康から上杉景勝に寝返った真田昌幸が、徳川方の小笠原氏に備えるために改修したともいわれる。築城者や築城年代についてはよく分からないが、鎌倉時代にこの地で勢力を誇った塩田北条氏の居城・塩田城の支城という説や、村上氏が使用したとする説などがある。城跡には堀切のほか土塁や真田氏時代のものとされる石積みが残っている。

主郭は三角点のある山頂にあり、南北二段で東下に腰曲輪がある。主郭部全体に石積みの遺構があり比較的良好に残っている。東下の腰曲輪には虎口のような形状があるが、外側からどこへつながっていたのかはわからない。登り口の南東の穴平地区から、鳥居をくぐって急斜面を真っ直ぐ上がると、尾根上には女神山天宮大神、城山大神（現在倒壊）を祀った祠がある。尾根に至る斜面の道には石段があったようだが、現在は崩壊している。右に折れ、平坦に近い尾根上を進むと、小さな四重の堀切を経て二の郭、三角点のある主郭に続いている。急斜面の南尾根には堀切が三条連続し、さらに下った所にも堀切が見られる。

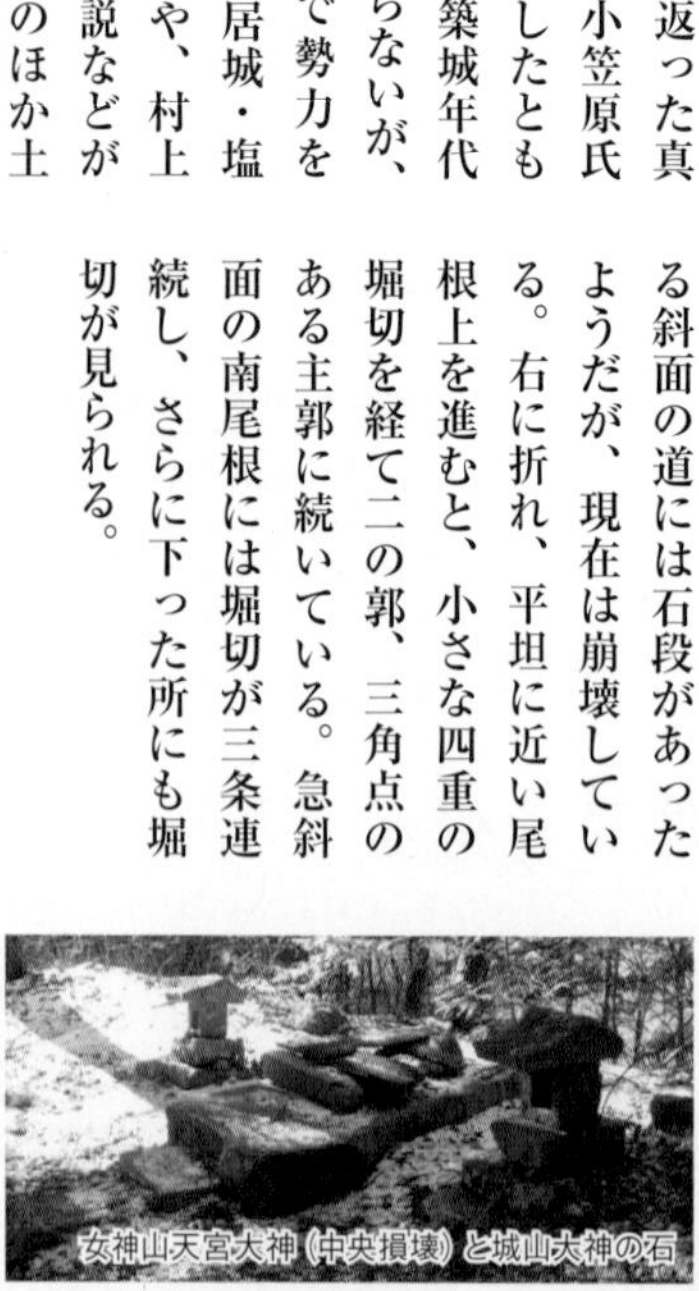

女神山天宮大神（中央損壊）と城山大神の石

塩田平から女神岳を望む

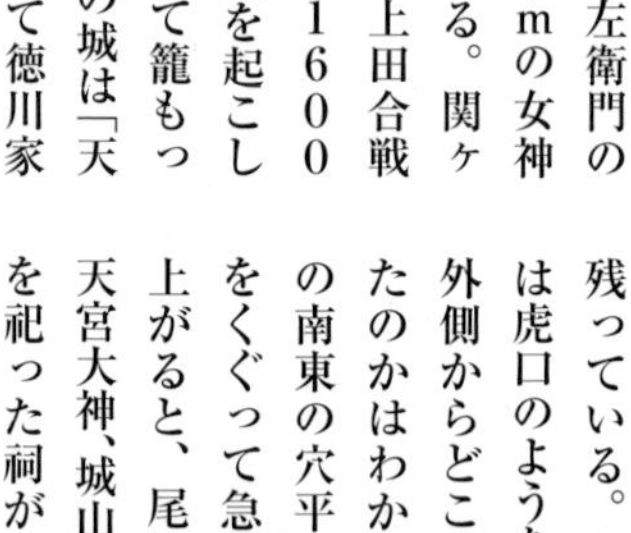

登り口から浅間連峰を望む

麓の穴平から女神岳を望む

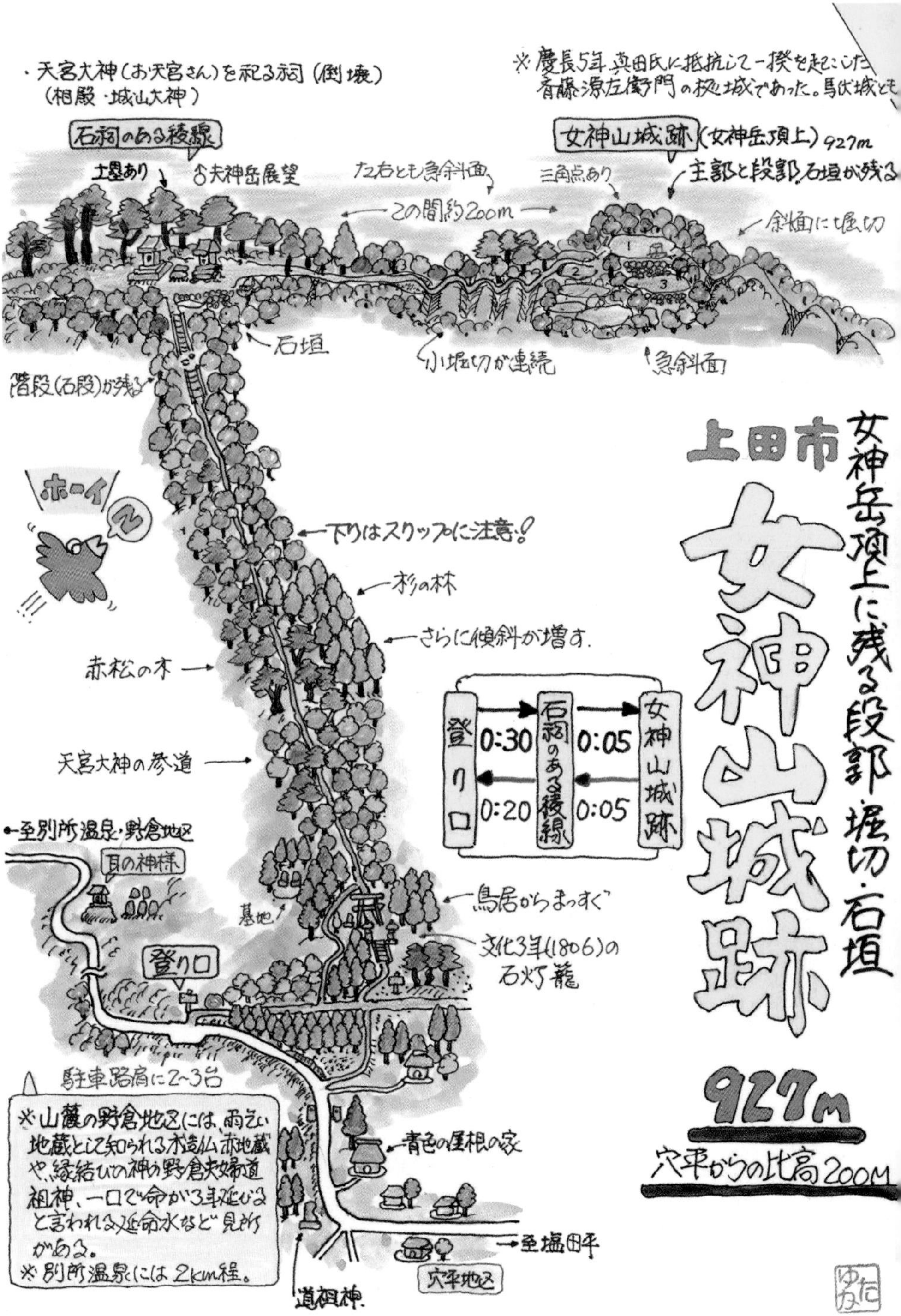
上田市
女神岳頂上に残る段郭・堀切・石垣
女神山城跡
927m
穴平からの比高200M
・天宮大神（お天宮さん）を祀る祠（倒壊）
（相殿・城山大神）
※慶長5年真田氏に抵抗して一揆を起こした斉藤源左衛門の拠城であった。馬伏城とも
石祠のある稜線
土塁あり
↑夫神岳展望
左右とも急斜面
この間約200m
三角点あり
女神山城跡（女神岳頂上）927m
主郭と段郭、石垣が残る
斜面に堀切
石垣
小堀切が連続
急斜面
階段（石段）が残る
ホーイ
下りはスリップに注意！
杉の林
さらに傾斜が増す。
赤松の木
天宮大神の参道
登り口
石祠のある稜線
女神山城跡
0:30
0:05
0:20
0:05
至別所温泉・野倉地区
耳の神様
墓地
鳥居からまっすぐ
文化3年(1806)の石灯籠
登り口
駐車路肩に2〜3台
※山麓の野倉地区には、雨乞い地蔵として知られる木造仏「赤地蔵」や、縁結びの神の野倉夫婦道祖神、一口で命が3年延びると言われる延命水など見所がある。
※別所温泉には2km程。
青色の屋根の家
至塩田平
穴平地区
道祖神
ゆたか

43

上田市を一望する絶景の山城

小牧城

上田市小牧

こまきじょう

◇築城（使用）時期
不明
◇主な城主（勢力）
上田の豪族
◇本郭（頂上）まで
30分

標高：上の城639m
下の城712m

主郭の小牧城址記の石碑（後方は上の城）

らの上田市街地の展望（後方は太郎山）

堀切の様子

上の城から浅間山方向の展望

千曲川に架かる古牧橋の南側、城山の急峻な地形を利用して築城された小牧城跡は、上田原の戦いの際に武田信玄が詰めた倉升山の東方に位置している。主郭のある下の城と標高差70m（距離約100m）ほど上部に上の城があり、さらに上へ30mほどで須川地区の丘陵（三角点749.7m）に出る。城は急斜面にあって平地も少ないせいか、下の城の本郭は9×14mほど、上の城は8×10mほどと狭い。斜面には至る所に断崖絶壁があり、城跡に至る登路は限られている。

登山口にあたる渡辺園芸の空き地に駐車をお願いして、斜面に取り付く。狭い沢の急斜面を上がると左へ60mほど入った先に石祠のある大手砦跡がある。10本ほどの杉林から真っ直ぐ進み、主郭下の曲輪に出る。右に進み二の曲輪の脇を上がると主郭で、東御から千曲市までの展望が広がる。西と南側に土塁が残り、中央には大正6年建立の小牧城址記の石碑がある。城址の碑文によると、寿永の昔、木曽義仲が依田城に挙兵した時に小牧城を支城としたとされ、また天文の頃、武田氏が小牧城と他の要地に兵を置いて村上軍の砥石城に相対した、とある。

城は山側に堀切が多いことから山の下の勢力が詰城として築き、その後進出した勢力がこれを利用したとも考えられる。北半分の展望が開ける一段下の腰曲輪にも大きな芳名碑がある。物見や烽火場として利用されたという上の城は、尾根上の大きな堀切を二つ越えて急斜面を上がった先にあり東屋が建てられている。木々の生長により展望は遮られつつある。

上の城跡にある東屋

左の小ピークにあった石祠

上田市
小牧城跡
上の城・下の城

義仲や信玄が利用したとされる岩壁上の山城

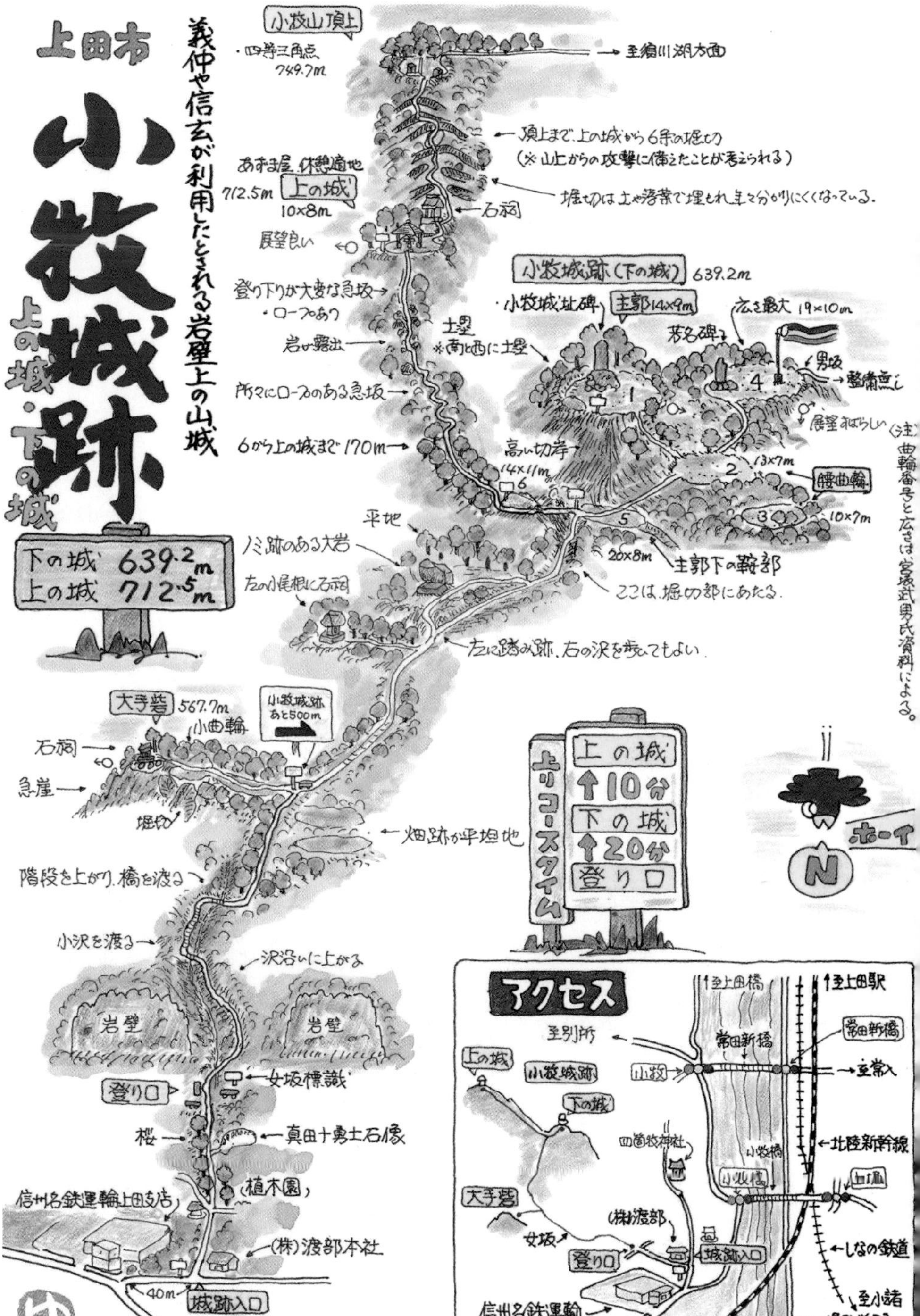

44 第一次上田合戦で真田昌幸が布陣
尾野山城
上田市生田

おのやまじょう
◇築城（使用）時期　不明
◇主な城主（勢力）　尾山氏
◇本郭（頂上）まで　20分
標高734m

西側から堀切、主郭を望む

城跡から上田・真田方面を望む

本郭にある三峰社

城跡から東御市、浅間山方向を望む

愛宕神社にある火伏神の石祠

丸子城に登った帰り道、尾野山城を目指したが道に迷ってしまった。畑にいたご夫婦に道を尋ねると北側の尾根を指さし、「愛宕山の上に建物が見える所だ」と教えてくれた。

城跡への道は尾野山集落から須川湖方面に向かう途中にある「丸子八景愛宕山展望台入口」の標識から左へ。登り口までは車でも入れるが道はかなり幅が狭い。登り口から尾根伝いに三つの鳥居をくぐると愛宕神社に着く。社殿は昭和22年1月に焼失したが、安置されているのは火伏神と言うから皮肉だ。神社の裏から尾根伝いに上がり堀切を越えた高台に主郭跡があり、西側には凸凹した堀切がある。

上田丸子地域には山城が多いが、多くが豪族同士の領地争いや、信玄の度重なる信濃攻略によって損害を被っている。城跡にある案内板には次のように記載されている。

「尾野山城跡は、海野氏の勢力下にあった尾山氏代々の居城で、本郭は東西一五間（約30m）・南北七間（約12m）、郭の西と南に土塁、東に石累跡がある。また西方には三条、東方には二条の堀切がある。千曲川に望む山並みに、茂沢城、孫台、三日城などの支城を配置し、山頂からの眺望も素晴らしく戦略的に適している要害の地である。そのため尾野山城は度々戦渦に巻き込まれた。尾山氏は応永7年（１４００）の大塔合戦には、村上勢として出陣したとも伝えられる。天文10年（１５４１）の海野平合戦には武田、諏訪、村上の連合軍に攻められて落城。その後武田氏に降り、さらに真田の配下となる。天正13年（１５８５）の第一次上田合戦では、真田昌幸が自ら尾野山に布陣したことを示す古地図もある。二度の真田対徳川の合戦において、上田城の側面防護の重要な役割を果たした山城である」。城の北側山麓の赤畑地籍には館（根小屋）跡が残っている。

上田市生田

幾たびも戦禍に巻き込まれた戦国の山城

尾《お》野《の》山《やま》城跡

標高734m

コースタイム

登り口 → 10分 → 愛宕神社 → 10分 → 尾野山城跡

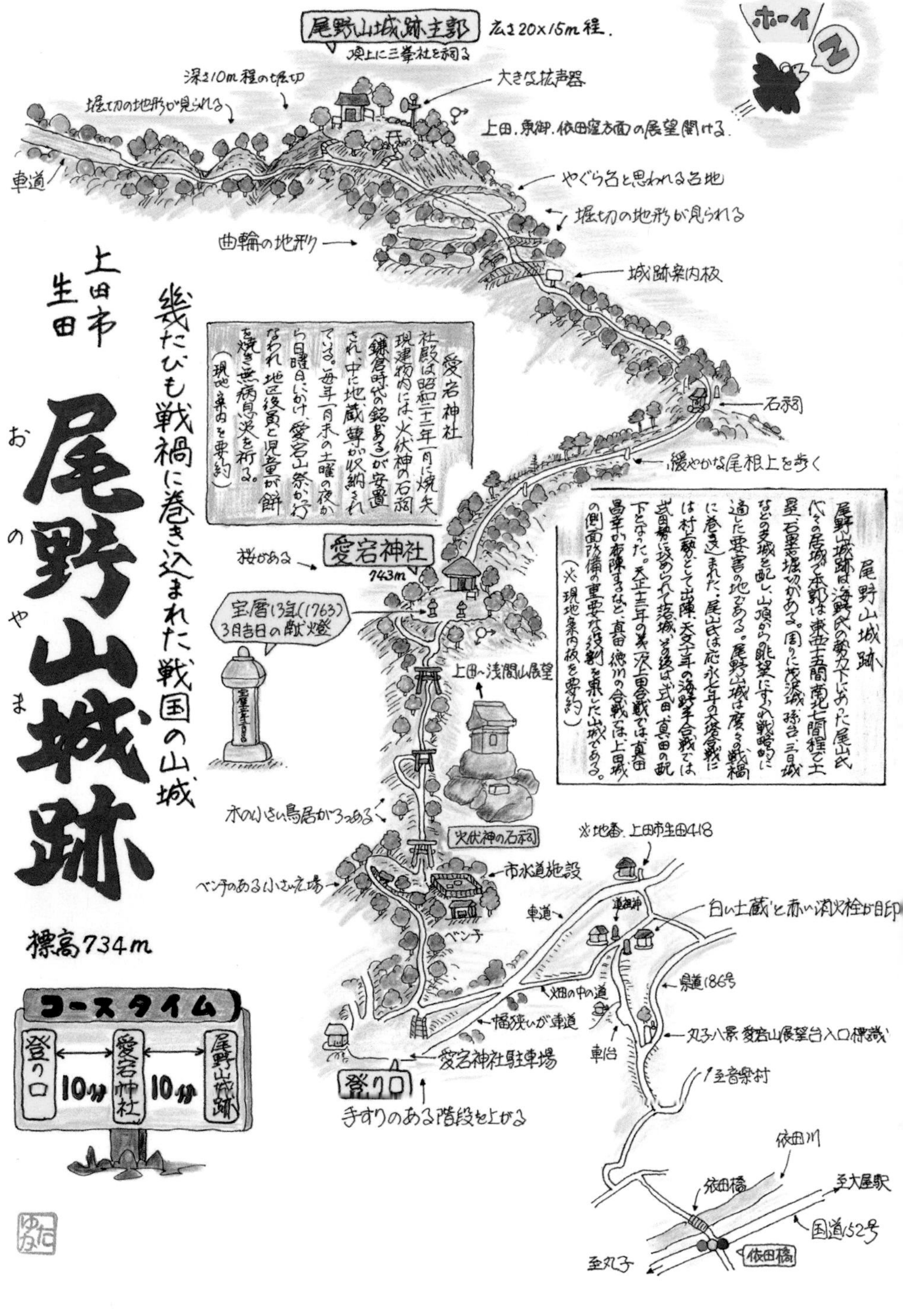

愛宕神社

社殿は昭和三十二年一月に焼失、現建物内には、火伏神の石祠（鎌倉時代の銘がある）が安置され、中に地蔵尊が収納されている。毎年一月末の土曜の夜から日曜日にかけ、愛宕山祭が行なわれ地区役員と児童が餅を焼き無病息災を祈る。

（現地案内を要約）

尾野山城跡

尾野山城跡は海野氏の勢力下にあった尾山氏代々の居城で本郭は東西十五間南北七間程で土塁、石塁や堀切がある。周りに茂沢城、孫台、三日城などの支城を配し、山頂からの眺望にすぐれ戦略的に適した要害の地である。尾野山城は度々の戦禍に巻き込まれた。尾山氏は応永七年の大塔合戦には村上勢として出陣、天文十年の海野平合戦では武田勢に攻められて落城、その後は武田、真田の配下となった。天正十三年の第一次上田合戦では真田昌幸が布陣するなど、真田徳川の合戦では上田城の側面防備の重要な役割を果した山城である。

（※現地案内板を要約）

45

義仲が平家追討の旗揚げをした地
依田城

別名【内山城】

上田市丸子御岳堂

よだじょう

◇築城（使用）時期
平安末期〜
◇主な城主（勢力）
依田氏
◇本郭（頂上）まで
30〜40分

標高804m

城跡から丸子町内、浅間連峰を望む

城跡の様子

宗龍寺（後方は依田城跡）

北側から依田城跡（中央）を望む

旧丸子町の西側に湧泉山宗龍寺がある。寺前の沿革書きには「本尊は釈迦牟尼如来、文安年間五百十余年前の創建だが、現在地に移転後も含め三度の火災に見舞われている。本堂裏の山頂は木曾義仲挙兵の依田城址である」とある。度重なる火災のせいか山門と鐘楼の基礎はコンクリートで造られている。

依田城の登り口は寺に向かって左側から駐車場を経て左の林道を真っ直ぐに進む。林道の右斜面には横長に石積みが見られ、左の沢沿いにも畑跡のような石積みがあり、その上部に「源水井戸」という湧き水とその貯水槽もある。幅2〜3mの道は沢沿いに上がり右斜面の裏側に回り込む。突き当たりの案内標柱から右に60〜70m斜面を横切り、尾根に出たら左に岩稜を真っ直ぐ上がる。急斜面だが、所々に砂袋が積まれている。主郭は狭いがススキが刈られ、斜面も切り開かれていて上田原から浅間山・丸子方面の展望が開ける。

依田城は築城年こそ不明だが、平安時代の末期には依田氏の存在が明らかになっている。また、この城は平安から鎌倉時代の頃、木曾義仲が平家追討のために旗揚げした地とされる。治承3年（1179）に木曽谷で挙兵し、行く先々で信濃の土豪を従えて依田窪に入り、東信の平を制圧したという。破竹の勢いの義仲軍が最初に平家軍を打ち破ったのが長野市篠ノ井の横田地区辺りで「横田河原の戦い」と呼ばれている。次々に平家に勝利して京に凱旋した義仲もその後は従兄弟の頼朝に追われ、数奇な運命をたどったことは周知の通りだ。義仲に味方した依田氏は、頼朝の開いた鎌倉幕府からは冷遇されたが、後の足利幕府においては奉行となった。しかし、後に佐久の大井氏との争いに敗れ、依田窪地方は大井氏が支配するようになったという。

上田市丸子御岳堂
木曽義仲挙兵の地
依田城跡
〈物見の砦として使われたとか〉
依田城跡 804.6m
金鳳山頂上
岩の凹凸が激しい狭い岩稜
岩
切り開かれて展望良好
急斜面
急坂、堀切の地形
登山道にネズミサシの木が多くある
。ネズミサシ＝乾いた山地に生える。常緑針葉樹、鋭く尖った葉をネズミ穴に挿すとネズミが出入できないのでこの名がある。
黒い砂袋や階段が整備されている
浅間山、蓼科山などを展望
岩場
三角形の山が見える
1m程の丸い岩
ここまで林道幅の道 ここから右斜面へ
岩稜を歩く
60m程右にトラバースする
尾根に出る
株立ちの大ケヤキ
沢沿いに上がり右に回り込む
鞍部
ホーイ
依田城跡 標高八〇四・六M
三角点
四等三角点
804.6m
石ごろの斜面
2～3mの幅広い道
斜面に石積みが見られる
（岩場のある山）
岩屋堂裏の砦
源水井戸
（湧水と貯水槽がある）
10m程入る
登り口
竹林
墓地
湧泉山宗龍寺
本尊は釈迦牟尼如来 曹洞宗
文安年間（一四四四〜四九）創建 三度火災に遭う
土石が崩れた沢
石垣で囲まれた畑の跡地
寺駐車場
車はここまで
狭い車道
依田城址登山道入口標識
池
登山道入口
上り 分 30～40
宗龍寺入口（車道）
歩道入口
依田城跡
上田市御岳堂145 宗龍寺
岩屋堂裏の砦
登り口
至上組
宗龍寺入口標識
内村橋
依田川橋
依田川橋
内村橋
依田川
至大屋
アクセスマップ
国道152号
中丸子寿町

46-1

丸子三左衛門が徳川勢を撃退

丸子城

丸子公園口コース

上田市上丸子

別名【依田城】【飯盛城】

まるこじょう

- 築城（使用）時期 平安末期？～
- 主な城主（勢力） 丸子氏
- 本郭（頂上）まで 40分

標高685m

二の郭（飯盛城跡）に建つ物見櫓

東屋がある丸子城本郭跡

依田川にかかる鯉のぼり（後方は丸子城跡）

物見櫓から丸子町内を望む（後方右は浅間連峰）

丸子城は旧丸子町内の依田川と内村川の合流点の内側にある山城で、登山口は安良居《あらい》神社前、弓道場などがある南口（丸子公園口）、西の東内からと腰越側からがあるが、腰越コースは落石のため通行禁止となっている。今回は安良居神社から登り東内に下山した。尾根伝いの遊歩道には擬木の階段が整備され、脇には笠形の休憩所や東屋がある。落葉期は樹間から景色が見え、夏や秋には木陰が気持ちよい。形の良い二の郭（飯盛城跡）の物見櫓展望台からは丸子町内のほか上田方面の展望が開け、依田城跡も指呼の距離に見える。主郭手前には堀切があり、南側は断崖、西側には何段もの段郭の地形が残っている。主郭は井戸跡（天水溜）や500年の時を超えて繁る矢竹が見所。城跡周りに植えられた矢竹は節間が長く、矢のほか釣り竿や筆を作るのにも適しているという。

木曾義仲が京を目指して挙兵したのが丸子城だったとも伝えられている。現在も町内には「木曽義仲旗揚の地」や義仲ゆかりの神社、池など数多くの史跡が残されている。戦国時代の天正元年（1585）には、真田氏の沼田城をめぐり昌幸と徳川家康が対立。上田城を攻めた徳川勢は大敗したが、撤退時に真田方にあった丸子城を攻撃した。この「丸子表の戦」では城主丸子三左衛門が抵抗し、徳川勢を撃退したとの歴史がある。登り口から本郭までは約40分、登山道も整備され歩きやすい。四季を通してのウオーキングがおすすめの城跡でもある。

案内標識

丸《まる》子《こ》城跡
戦国時代城主丸子三左衛門が家康軍と戦った
二の郭は飯盛城跡
丸子城本郭跡
ここは丸子城の本郭(戦のとき武将がたてこもった中心的な所)跡である。
丸子城(依田城とも)は、戦国時代の山城で天正十三年(一五八五年)時の城主丸子三左衛門が、真田昌幸の軍に属して徳川家康の軍と戦った「丸子表の戦いの場」であった。この北側の尾根には二の郭跡がある。
あずまや,ベンチもある小公園のような本郭跡
※東西約35m.南北約20mで2段構え
南側の展望がすばらしい.
丸子城跡本郭跡 685m
四等三角点
井戸
戦いの時のために造られた溜井戸で、石と石の間に粘土をつめ雨水をためて飲み水などに使った。
段郭
郭(曲輪)ともいい城の周囲に石を積んだり土を削ったりして築いた平地でそれぞれの武士団が分担して敵の攻撃から城を守った場所である。西側の山麓にいくつも見られる。
3m程の橋が架けてある堀切り
堀切り
敵が一気に攻め込むことを防ぐために尾根を切って築いた堀である。
10m程の岩の横を通る
尾根の上に出る
展望がすばらしい
二の郭物見櫓
尾根上の道
岩が露出
右下がりの斜面を下る
櫓の上からの展望がすばらしい!
二の郭物見櫓
飯盛城跡
丸子城本郭跡まで・丸子公園まで
約350m・約600m
二の郭跡まで
約50m
この辺少し急な上り坂
丸子城本郭跡約500m
二の郭まで約200m の標識
本郭にある石塔
丸子三左衛門城趾
少し右に回り込む
浅間山、烏帽子岳など見える
階段の連続で歩き易い.
コナラや赤マツの林
案内板
諏訪社の鳥居
直径1m程の松 途中で2本に分かれている
分岐
あずまや
赤松並木5本 根が露出
あずまや
あずまや
ホーイ
手すりがある
休憩所
小尾根の上の道を緩く上がる
ケヤキ
二の郭跡まで650m
登城口
遊園地
安良居神社
登城口・南口
弓道場
丸子公園
案内板
本郭へのい登城に要する時間は約40分でござる。
至腰越橋
駐車場
丸子橋
三才山
依田川
至和田峠方面
役場前
ゆたか

46-2 内村川に架かる道金坂橋から登る
丸子城
東内コース

上田市東内

別名【依田城】【飯盛城】

主郭の様子（北側から）

案内標識

依田川と長和方面の展望

東内コース道金坂橋から城跡を望む
（正面居館跡）

まるこじょう

◇築城（使用）時期
平安末期？～
◇主な城主（勢力）
丸子氏
◇本郭（頂上）まで
40分

標高685m

10年ぶりだが、山城のある丸子公園はほとんど変わっていない。城跡一帯は遊歩道が整備され標識もあるが、登山口や中腹にある立派な案内図は、あまりに簡単過ぎて理解しにくい。一方、地点間の距離を記した標識や、本郭、段郭、矢竹、堀切などの説明板は分りやすくて有り難い。桜見物や紅葉の時期には賑わうのだろうが、市街地に近い手頃な散策道をより多くの人に利用してほしいものだ。

個人的な意見で恐縮だが、里山や山城に設置される東屋や標識、階段の類は、設置した当初は良いのだが、その後何年か経つと風化したり倒壊してしまう。なかなか管理が行き届かず、壊れたまま放置された状態にあり、どう見ても見苦しい。行政や団体の方には、撤去や新設などに配慮をしてほしいと思う。

城跡西側の東内側からは県道174号線（通称・内村街道）から内村川に架かる道金坂橋を渡り、T字路を右に入る。橋の正面には本居館の跡地とされる若干の平地がある。T字路を左折すると内村川右岸道路は丸子公園の安良居神社に続いている。東内コースは標識に従って手すりや階段が設置された彩の森公園散策路を上がり、西側の尾根から主郭を目指す。途中、展望の良い岩場の脇をトラバースすると東屋の建つ本郭に着く。

東内コース途中の東屋

彩の森公園散策路の
東内コースから登る
丸子城跡
丸子城本郭跡 685m
矢竹
展望
断崖
展望
岩稜
段郭
武石方面開ける。
東内口約500m
腰越口約570m
岩場の下を巻く
落石のおそれあり
腰越方面立入禁止
あずま屋
斜面に段郭の地形が見られる
城跡まで約200m
東内出口まで約300m
鞍部
てすりや階段がある
矢竹
戦いには数多くの矢が必要であった。そのため城のまわりには矢竹と呼ばれる節間の長い竹が植えられた。城跡には矢竹の群生がよく見られる。
城跡にある説明文
てすりや階段がある
分岐
※通行時安全確認
二の郭跡まで約670m
城跡まで約370m
彩の森公園散策路入口
丸子城本郭跡まで500m
あずま屋
毒へびに注意してください。
城跡へ20分程
登り口
杉の木
林道
シイタケ栽培
※この辺り 辰ノ口本居館跡
墓地
ホーイ
(※この道・落石注意!)
丸子公園遊園地に至る
至松本
道金坂橋《どうきんざかはし》
内村川
至丸子
丸子公園
役場前
丸子橋
内村橋
内村橋
至松本
至体育館
農産物直売所「あさつゆ」
ゆたか

47

小屋坂峠の通行を見張る物見場
根羽城

別名【小屋城】【高松城】

上田市腰越根羽

ねばじょう

- 築城（使用）時期 不明
- 主な城主（勢力） 大井氏、依田氏
- 本郭（頂上）まで 30分

標高695m

本郭を囲む石垣

本郭から蓼科山方面を望む

根羽城跡は丸子城から尾根続きに約1.3㎞の所にあって、北側に内村川、南側に依田川が流れている。主郭の土塁上にある三角点の標高は695.3m、西側には国道254号小屋坂トンネル南口がある。登り口は北側と腰越側にあるが、動物よけのフェンスが張り巡らされているので、小屋坂トンネルの南口脇からフェンスのゲートを開けて入る。階段でトンネル真上を通り、堀切というか切り通しの小屋坂峠に登る。右の斜面に取り付き、狭い尾根上を北東に進む。立木は茶色の葉が付いたままのカシワの木が多い。ちなみにカシワの葉は、翌年に新芽が出るまで古い葉が落ちない特性から「代が途切れない」とか「落ちない」ということで縁起物とされ、柏餅の包みや家紋にも使われている。尾根上にある小さな凹みの堀切を越えて進むが、強風による松の倒木が道をふさいでいる。主郭手前には削平された郭跡があり、主郭下の切り岸には石垣が残っている。この石垣はごぼう積みといって角柱状の石を積んだもので丸子城の石積みとよく似ている。根羽城は鳥屋城（烏帽子城）の支城で、物見場として使われたようである。城歴ははっきりしないが、宝永年間の絵図には大井大和守城とあり、天文、永禄年間には依田氏が拠ったとも言われている。

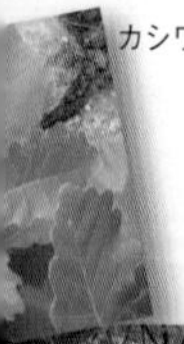
カシワの葉

も葉が落ちないカシワ

痩せ尾根を歩く

主郭土塁上にある四等三角点

本郭北側の切岸

虎口両側の石垣

上田市腰越
根羽城跡
695m

小屋坂峠の通行を見張る重要な物見場

48
箱山判官国政の拠りし処

箱山城

上田市中丸子

頂上から丸子城（中央）方面を望む

はこやまじょう

- 築城（使用）時期
  不明
- 主な城主（勢力）
  箱山氏
- 本郭（頂上）まで
  30分

標高683.3m

旧丸子町の東側の尾根上に箱山城跡がある。現在は上山岸公民館前から城跡までの850mの間が箱山城ハイキングコースとして整備され、桜やツツジの植栽、案内標識などが取り付けられている。長野県町村誌や小県郡誌からすると、城歴については小字名の箱山を城名とし、城主として箱山判官国正が拠りし処とするのが妥当で、箱山氏は依田氏の一族または配下と見るべきと考えられるそうだ。

城跡には主郭の西側に4条の堀切があるが、4条目の岩壁の堀切（大手坂「ダルマ岩」の標識がある）を越え、小曲輪2段を上がると主郭に着く。東・南・西の三方を低い土塁が囲い、深い堀を挟んで二の曲輪、三の曲輪に続くが、曲輪の間にも土塁の跡が見られる。主郭から東側の山手側に大小7条の堀切があるところから、主に東方からの侵攻に備えたつくりであることが考えられる。

ハイキングコースは、①山麓の点②膳棚③箱山城入口④四阿⑤八丁坂⑥大手坂（ダルマ岩）⑦主郭の標識があり、主郭脇から屏風岩に下って旧道を③箱山城入口に下ると周回できる。適期は桜やツツジが咲く春先と紅葉や落葉の秋だが、年間を通して歩けるのが里山ハイキングコースの魅力でもある。せっかくなので多くの人に楽しんでほしい城跡である。

西側から城跡を望む

大手坂ダルマ岩

登り口から丸子町内と依田城を望む

上田市中丸子

箱山城跡

箱山判官国正の拠り所
今は城跡めぐりハイキングコースに。

標高683.3m

箱山城は、1430年頃、依田氏の分族 箱山判官国正により築かれたものと丸子町誌にあります。お城は、標高660m～683mの高さで主に3つの郭からなり、東西に約250mの長さで築かれています。

城内には、9条の堀切があり、この内3条は竪堀になっています。

（上山岸公民館前のハイキングコース案内板による）

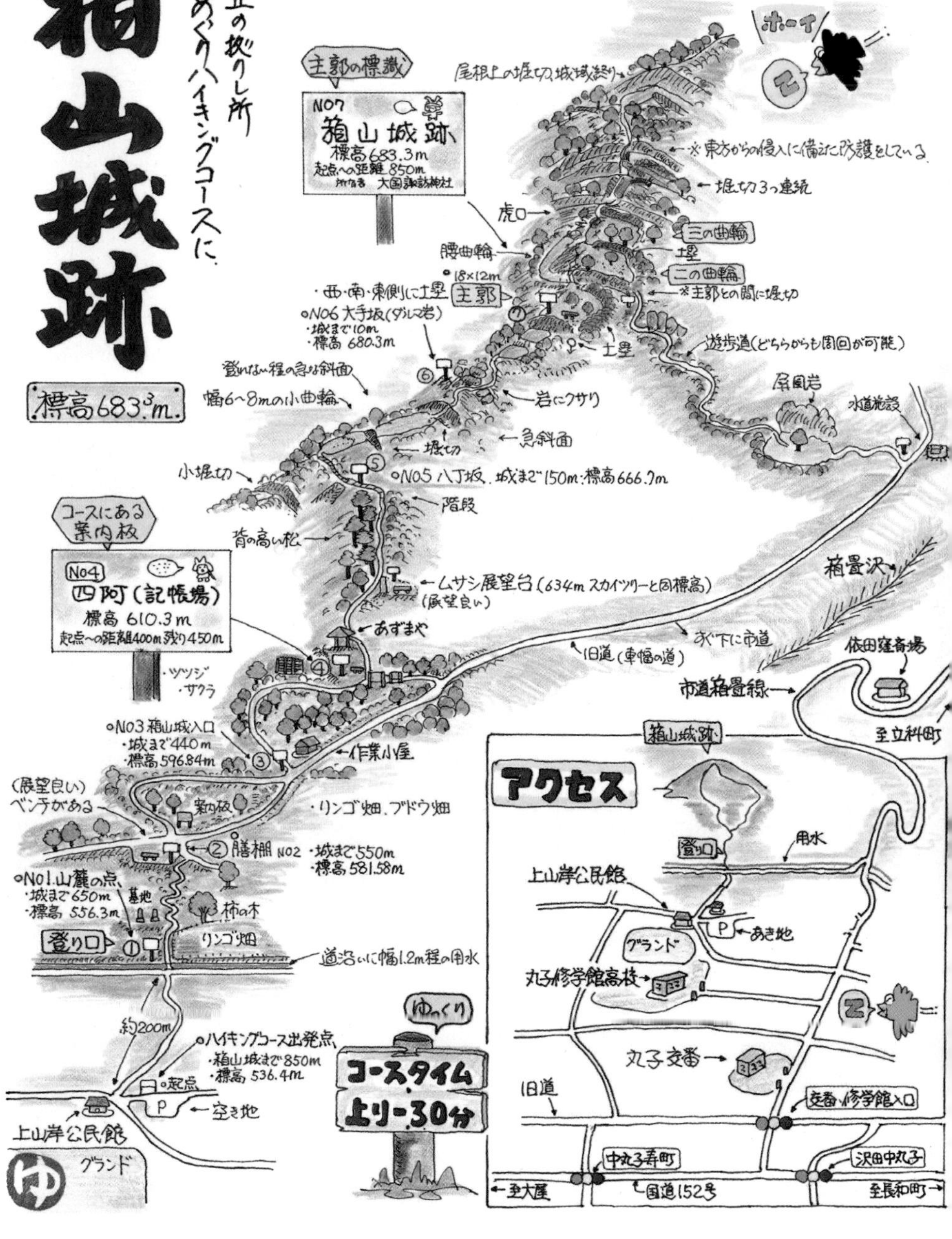

登り口の案内板

49

信玄に攻め落とされた村上方の城

鳥屋城

別名【烏帽子城】【依田城】【首切城】【大年寺城】

上田市腰越区

南西側から鳥屋城跡（右）を望む

北尾根の堀切

土塁上から見た主郭部

北側から見た主郭部

とやじょう

◇築城（使用）時期
不明
◇主な城主（勢力）
杉原氏、依田氏
◇本郭（頂上）まで
20分

標高850.5m

鳥屋城のある旧丸子町腰越、旧武石村武石の依田川と武石川の合流地点周辺には、東に鳥羽城、北に根羽城、南に小山城、南西に金ケ崎城、中山城のほか、いくつかの砦跡が軒を連ねるように存在していた。松本、諏訪方面から佐久、上田、長野方面への交通の要衝として、それぞれの城砦が重要な役割を負っており、特に信濃に侵略した信玄には落城後に大いに利用されている。

城歴について「長野県町村誌」には、「天正13年（１５８５）8月の神川合戦の時に塩田辺りの者は徳川氏に内通し、烏帽子城として杉原四郎兵衛を将として籠もった城で、真田昌幸が嫡子源三郎信之をしてこれを撃ち破って杉原を生け捕りにした。後に杉原は真田に降って家臣となった」旨記されている。また「小県郡誌」では、木曽義仲挙兵の依田城であるとの伝承や、天文・永禄のころに依田氏が拠ったために依田城と伝えられたのではないかとする。さらに杉原が籠城したのは誤りとしているが真実は定かではない。ただ、この城が交通の要衝にあり要害堅固の地形を利用していることから、信玄やその後の真田氏が重要視していたものと考えられる。

登り口へは小山城北側の鳥屋地区から真っ直ぐ城跡西側鞍部まで上がる。登り口の右側の空き地に駐車し、野生動物侵入防止柵のゲートを入る。城跡まで６３０ｍの標識があり、稜線鞍部まで大手道を上がると、あと１７０ｍ。主郭を中心に3方向に尾根が派生し、うち南尾根には堀切が4条、北東尾根には5条あり、南北方向からの攻撃に備えている。ここでは主郭の北・西・南を取り巻く腰曲輪や主郭南側の土塁、さらに尾根上の大堀切を見ておきたい。

ホーイ

鳥屋城と周辺の伝説

明治十四年に書かれた「鳥屋村誌」は鳥屋城を「依田城址」として取り上げ、治承四年（一一八〇）平家打倒の旗をあげた木曽義仲の「依田の城」は、鳥屋城であるとの里人の伝説があることを記しています。

しかし、このような山嶺の狭い地に拠ることは疑わしく、おそらくは、天文・永禄年間（一五三二～六九）に、依田氏を名のる者が築城したのであろうと考察しています。

また、明治三十七年に書かれた「武石沿革史」は、古老の話として、現在下武石の小路にある妙見寺は、文治年中（一一八五～八九）に、武石郷の豪族嶽石三郎胤盛が、鳥屋城の麓にお堂を創建し、大日如来と妙見尊を安置して法相宗の完光上人を帰依僧として祈願した寺が、その後小沢根に移り、さらに現地に移転したとの由緒を記しています。

この嶽石三郎胤盛（たけしさぶろうたねもり）は、上武石の堀の内に館を構え、武石を開発した人物と考えられています。

（右文は鳥屋史跡保存会による。）

天文二十二年八月四日
信玄に攻め落とされた村上方の山城

上田市
腰越

鳥屋《とや》城跡

別名。鳥帽子城。依田城。首切《くびきり》城。大年寺《だいねんじ》城

標高 850.5m

鳥屋城跡
北東尾根（攻撃に備えた尾根）
主郭 22×18m
大きな堀切の連続
土塁上に四等三角点
虎口
二の曲輪 北・西南の三方に腰曲輪がつながる
三の曲輪 東側に土塁
曲輪
ここより990m 鳥屋山砦 鳥屋峠 ここより1910m
鳥屋城跡 ここより170m
岩場
65m
大堀切
尾根伝いに鳥屋山砦へ
鞍部
展望
あと110m
あと170m
南尾根（攻撃に備えた尾根）
西尾根
岩稜
堡塁（砦）
堀切2か所
あと230m
あと260m
大手道
ボックス型トイレ
2m程の丸岩
あと330m
所々にある案内標識
崩落斜面
涸れ沢
鳥屋城跡 あと480m
城跡まで630m
道浸食
ゲート
フェンス（野生動物侵入防止柵）
登り口
空き地
まっすぐ約400m
城跡案内板
鳥屋地区
60m
250m
至武石口
（県）美ヶ原公園沖線
至稲荷信号交差点
至小山城登り口
付近の城砦群
根羽城
鳥屋城
鳥屋山砦
鳥羽城
金ヶ崎城
小山城
武石城
武石川
依田川
中山城
山の鼻砦
上り20分

50

まるで離れ小島のような山城

小山城

上田市武石沖

こやまじょう

◇築城（使用）時期
戦国時代
◇主な城主（勢力）
小山筑後守、大井氏
◇本郭（頂上）まで
15分

標高676.6m

登り口の諏訪神社
（居館はこの辺りか）

主郭の様子

南峰（見張台）にある戸隠神社石碑

御嶽大神碑が立つ曲輪（主郭は後方）

城跡は旧武石村の依田川と武石川が合流する北側に位置し、周囲に田畑の広がる平地の真ん中、あたかも離れ小島のようにそこだけ盛り上がった比高70mほどの小山にある。山は南・西・北東の3方に尾根が派生している独立峰である。

登り口は当初南尾根の末端から用水を渡ってそのまま尾根伝いに上がったが、どうもはっきりした道がない。尾根の途中には岩石が露出した戸隠神社の石碑の立つ南峰（見張り台）があり、その上部に不動明王と太郎皇大神の碑が続く。さらに左手の土塁の上に四等三角点があり、同じ平地には御嶽大神の大きな碑が立っている。主郭は碑の背後の北峰にあるが、これといった標識もなく雑木林のままになっている。北側には小堀切があり、ここから北側の腰曲輪に通じている。登り口は東と北側にあって、一つは居館があったとされる武石沖諏訪神社から戸隠神社のある南峰へ上がり、もう一つは少しわかりづらいが北側道路と尾根が接する畑の所にある。城主は在地土豪の小山筑後で武田氏に攻められて落城したらしい。一説によると、この一帯は戦国期には大井氏の所領で、武田氏侵攻の際に何らかの抵抗をしたようである。北東尾根に腰曲輪や土塁があったことから、こちら側からの攻撃を予想した城だったようである。小山城は交通の要衝にあったが、周囲どこからでも攻められるような山容と立地である。

北東側の登り口

上田市武石沖

小山城跡

北峰676.6m

交通の要衝にあって戦略上重要であった城

ホーイ
（木々で展望なし）
西尾根
堀切
小山城跡
主郭
曲輪 40×6m
北峰 676m
御嶽大神碑
この間10分
四等三角点 676.6m
腰曲輪 32×5m
スカイツリーと同標高という634mの標識
土塁
不動
北東尾根
太郎皇大神
・よう壁の端から入る
登り口
赤松の小ピース 668m
南峰
150m
大正11年の記名
戸隠神社碑 ・見張台に格好な場所
下り口
岩が露出
この間10分弱
250m
民家
道なし
武石沖諏訪神社
登り口
南尾根
沖公民館
道なし尾根上をめざす.
中沖バス停
民家
権兵衛川
空き地
コースタイム 10～20分
ゆ
鳥屋城跡
至丸子町内
武石口
民家
(県)美ヶ原公園沖線
金ヶ崎城跡
登り口
武石沖
650m
小山城跡
妙見寺入口
登り口
稲荷
諏訪神社
食堂
至美ヶ原
依田川
武石川
国道152号
アクセス
至長和

西側から小山城跡を望む（左は鳥屋城

51

金ケ崎城

物見や狼煙台に使われた砦？

上田市下武石

東方から城跡を望む

北西山側にある堀切

雑木林の主郭の様子

自然石に縄を巻いた石神

かねがさきじょう

◇築城（使用）時期　戦国時代
◇主な城主（勢力）　大井氏
◇本郭（頂上）まで　10分

標高700m

南北に流れる依田川の西、旧武石村内には、鳥屋城、鳥屋山砦、小山城、武石城、中山城などの城や砦が数多く、金ケ崎城跡もその中の一つである。大井大和守が北の鳥屋峠、北西の所沢峠など丸子方面や、佐久方面の警戒のため鳥屋城、小山城、山の鼻砦とともに、それらと前後して築かれたのではないか（武石村誌）とされている。また金ケ崎の名は、地元の字名をとって付けられたという。築城場所などからして物見の類に属するもので、時には狼煙台として使われたようだ。

主郭へは道路から10分ほど。登り口は県道美ヶ原高原沖線の稲荷信号交差点から西に120mほど進んだ右側で、コンクリートの擁壁に囲まれた四角い空き地の奥にある。階段を上がり野生動物侵入防止柵のゲートを開けて右方向から尾根に取りつき、茸の止め山を示す立ち入り禁止の有刺鉄線やビニールテープに沿って緩い傾斜で真っ直ぐ上がる。

尾根上には曲輪らしき地形が見られるが、その上部に二の曲輪があり、ここに自然石に縄を巻いただけの石がある。二の曲輪から左側に小さな土塁見て上がった所が主郭になる。雑木に囲まれた主郭は37×10mほどの長方形の広さで、山側に幅5mほどの堀切が1条あるだけの単純な縄張りになっている。広さや防護施設はわずかで、見張場、狼煙場のある番城と言った方が良いかもしれない。松茸の止め山への立ち入りは、秋には十分注意が必要だ。

県道沿いの登り口

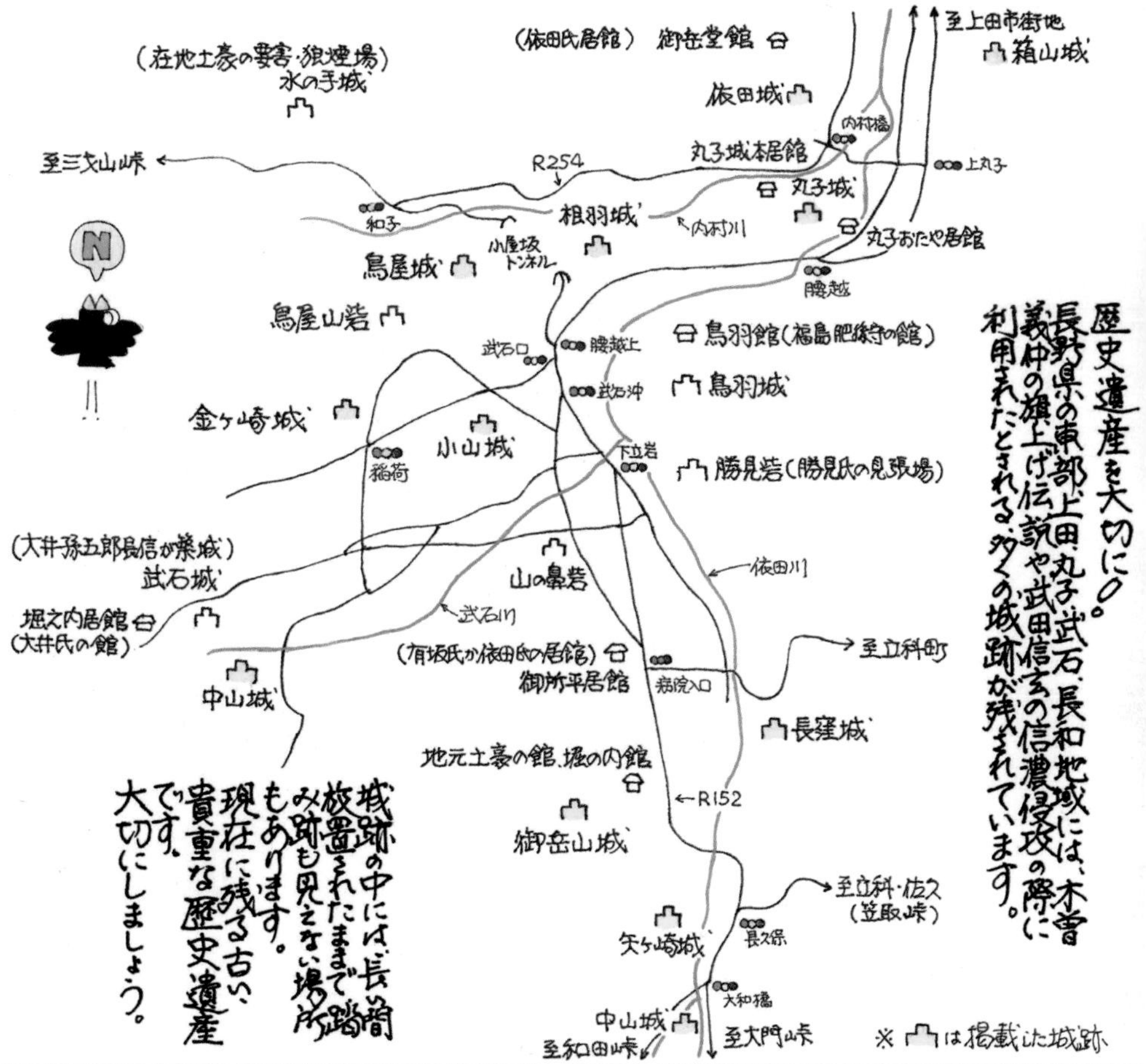

歴史遺産を大切に。

長野県の東部上田、丸子、武石、長和地域には、木曽義仲の旗上げ伝説や武田信玄の信濃侵攻の際に利用されたとされる、多くの城跡が残されています。

城跡の中には、長い間放置されたままで踏み跡も見えない場所もあります。現在に残る古い貴重な歴史遺産です。大切にしましょう。

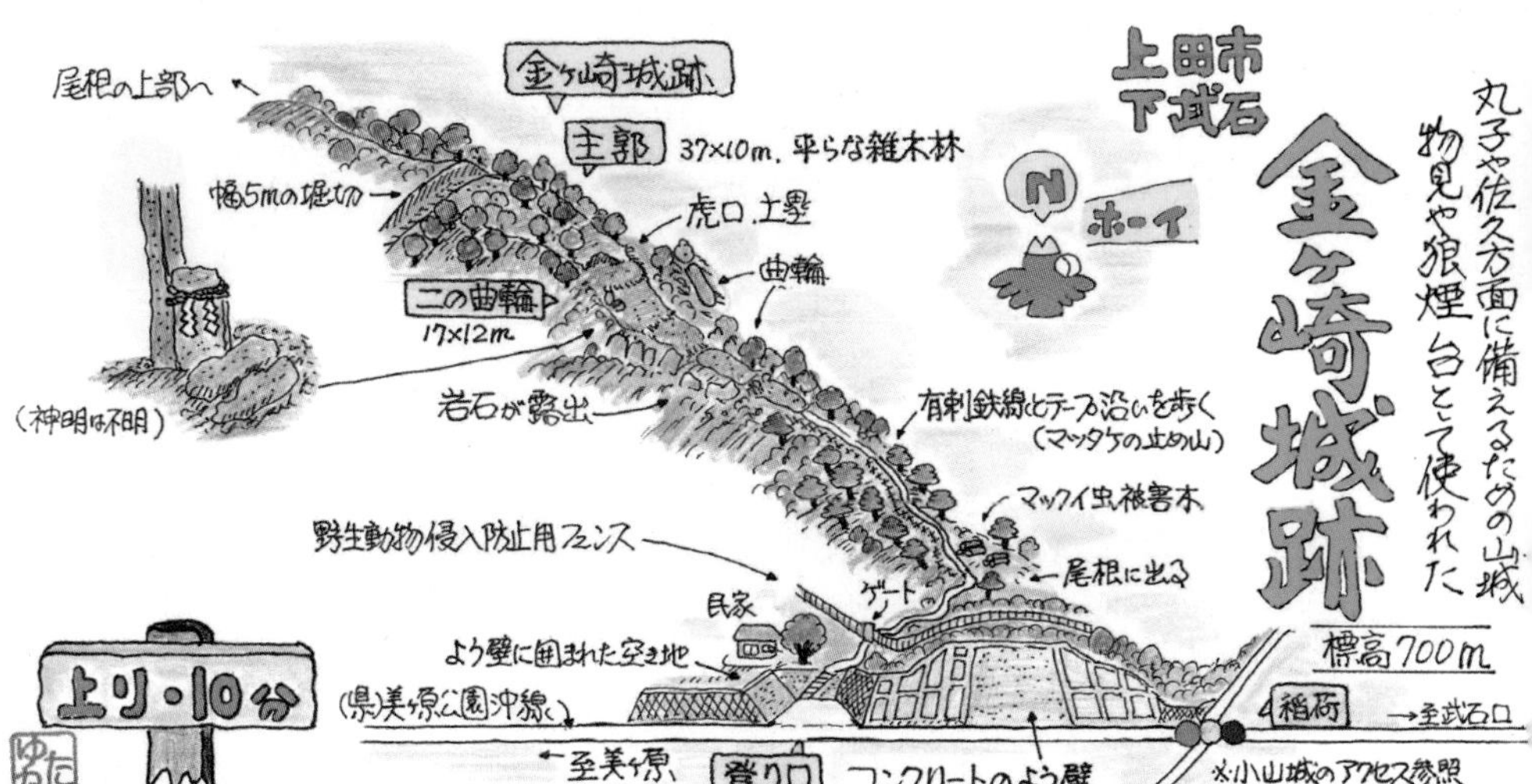

52

中山城

主郭を囲む土塁と堀切が見どころ

上田市上武石

別名【城山】

主郭西側の二重堀切と土塁

信廣寺横から城山を望む

登り口の子檀嶺神社（後方の尾根を上がる）

西側から見た主郭、虎口が見える

なかやまじょう

◇築城（使用）時期
不明
◇主な城主（勢力）
大井氏
◇本郭（頂上）まで
20分

標高765m

武石村誌は、城跡について「本郭は東西26m南北16mで周囲を囲む土塁は原形をよく残しており、当地方の山城としては貴重な遺構である。本郭の北側には2段の帯曲輪、南側には小曲輪がある。東北側の子檀嶺神社へ下る尾根には2条の堀切と7段の小曲輪が、西側には二重の大堀切と腰曲輪と5カ所ほどの削平地がある」旨の説明がある。城跡へは子檀嶺神社の右側を通り、踏み跡をたどって左に上がり、野生動物侵入防止柵のゲートを開けて急斜面に取り付く。尾根上には小さい削平地や、木戸と呼ばれる土塁のある小曲輪、三条ほどの小曲輪があり、本郭下の土塁を備えた大きな二重堀切を越えると20分ほどで主郭に到達する。

城の築城年代は不明だが、宝永年間（江戸時代）に書かれた郡絵図には大井大和守城と記され、明治14年作成の武石村誌には「大井氏が築城した城と伝えられる」などとある。武石の大和守屋敷が、大井氏の居館であったと伝えられていることから、中山城は大井氏が臨戦態勢をとるときに備えて築いた城であるとされている。

城跡の見どころは何といっても主郭を取り巻く土塁と主郭を挟む東・西の大きな堀切だが、ほどほどに整備されているので地形は十分に見られる。登山口に当たる立派な子檀嶺岳神社や鳥居も見応えがある。

土塁に囲まれた主郭（東側から）

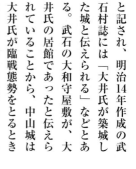

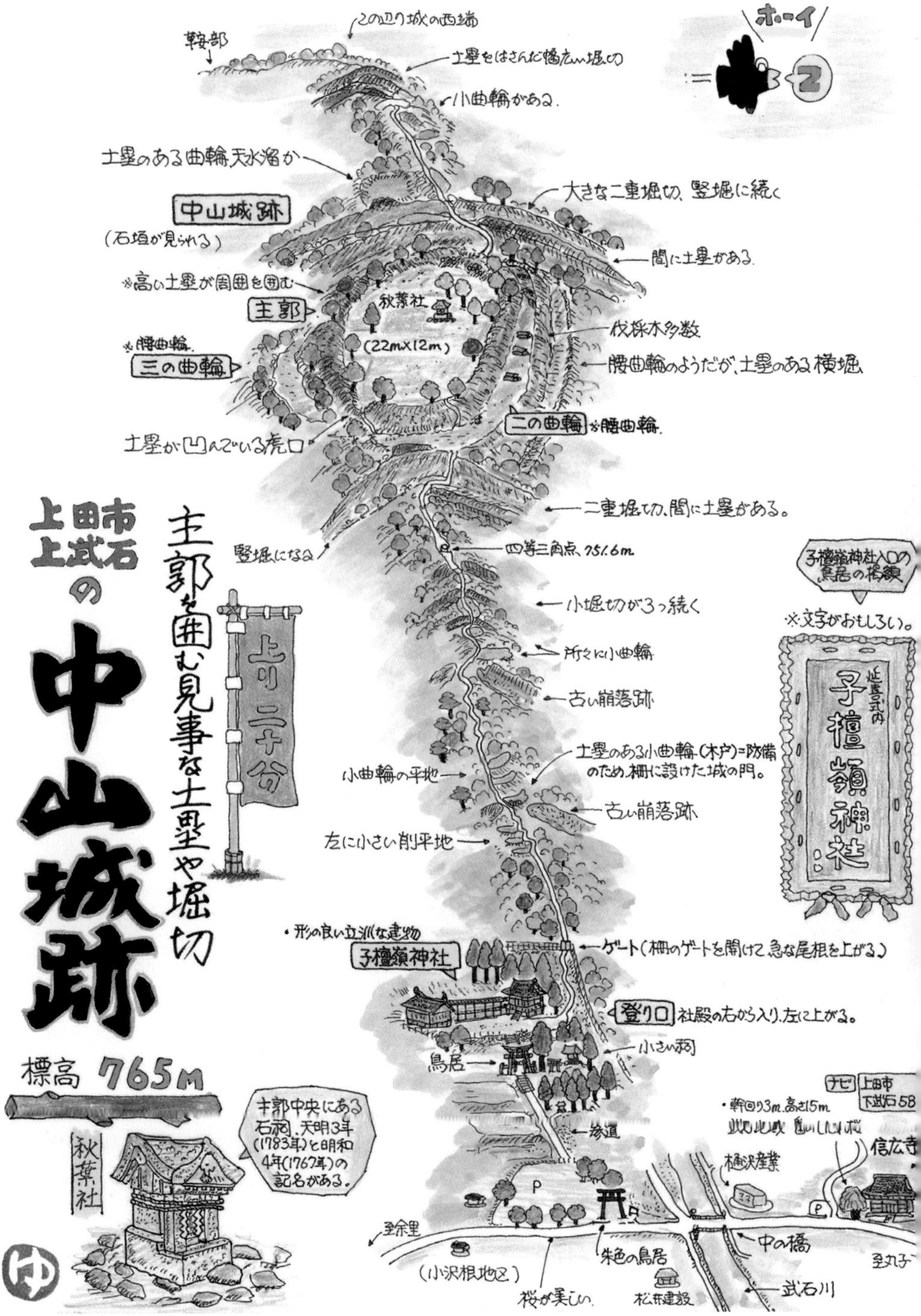
上田市上武石の
中山城跡
主郭を囲む見事な土塁や堀切
上り二十分
標高 765M
秋葉社
主郭中央にある石祠、天明3年(1783年)と明和4年(1767年)の記名がある。
ゆ
この辺り城の西端
鞍部
土塁をはさんだ幅広い堀切
小曲輪がある。
土塁のある曲輪、天水溜か
中山城跡
(石垣が見られる)
大きな二重堀切、竪堀に続く
間に土塁がある。
※高い土塁が周囲を囲む
主郭
秋葉社
(22m×12m)
伐採木多数
※腰曲輪
三の曲輪
腰曲輪のようだが、土塁のある横堀
二の曲輪
※腰曲輪。
土塁が凹んでいる虎口
二重堀切、間に土塁がある。
竪堀になる
四等三角点 751.6m
小堀切が3つ続く
所々に小曲輪
古い崩落跡
土塁のある小曲輪(木戸)=防備のため、柵に設けた城の門。
小曲輪の平地
古い崩落跡
左に小さい削平地
・形の良い立派な建物
子檀嶺神社
ゲート(柵のゲートを開けて急な尾根を上がる)
登り口
社殿の右から入り、左に上がる。
鳥居
小さい祠
参道
子檀嶺神社入口の鳥居の扁額
※文字がおもしろい。
延喜式内
子檀嶺神社
ホーイ
2
ナビ
上田市下武石58
・幹回り3m、高さ15m
信広寺
樋沢産業
至余里
(小沢根地区)
朱色の鳥居
桜が美しい。
中の橋
至丸子
松井建設
武石川

53
信玄の北信濃攻略の一拠点に
長窪城
長和町古町

別名【深山城】【霞尾城】

ながくぼじょう
◇築城（使用）時期
永享初め～
◇主な城主（勢力）
長窪氏、芦田氏
◇本郭（頂上）まで
20～25分
標高726m

　依田川の右岸、長和町古町北古屋地区の背後にある山、言い換えれば依田窪病院の裏山に長窪城がある。東から南側にかけては赤頭川の水路、西側は依田川右岸で三方が急斜面の地形になっている。この地は交通上極めて重要な所で、南西に大門峠を経て諏訪に通じる古道諏訪道、北には信濃守護小笠原氏が佐久に抜ける際に利用した大内道が通る。城は岩村田大井氏の一族である長窪氏により築城されたといわれているが、別に芦田氏によって築かれたとの説もある。武田氏が小県侵攻の前線基地として、この城を大事な拠点としていたのは交通の要衝としての立地に関係が深いとされている。

　諸説があって複雑だが、現地の案内板が分かりやすい。「長窪城は応永年間（１４００年頃）望月氏または大井氏に築かれた山城で、地元では城山と呼んでいる。平安末期から鎌倉中期にかけて滋野氏が支配し延徳年間（１４９０）には同族の依田上総介が城主であった。その後佐久大井の庄の地頭大井氏が城主として長く支配したが、大井氏は長窪氏を名乗り長窪発展の基をなした。天文12年（１５４３）9月19日城主大井貞隆は、武田信玄に攻められてこれに降り、以後長窪城は信玄の北信濃攻略の一拠点となった。天正10年（１５８２）武田氏が滅亡すると真田昌幸の支配となり上田城に武士を集めたことにより長窪城は廃城になった」。

　城跡への大手は長窪病院の駐車場脇から赤頭川沿いに上がり、右に馬屋跡の平地を見て尾根伝いに上がる。本郭は二段で中央に櫓台の土塁がある。頂上の東屋からは古町が一望できる。本郭から搦手《からめて》にかけては五つの段郭と五条の堀切が続く。搦手にも案内があり、林道を下って周回できる。

主郭にある土塁櫓台

二の郭から土塁を望む

東屋からの展望

西側から城跡を望む（中央手前の山）

堀切を越えて搦手口に下る

信州長和町に残る大井氏の山城跡
信玄の北信濃攻略の拠点となった
長窪城跡
726m
長窪城趾
長窪城は、別に深山城、霞の尾城と称し、応永年間（一四〇〇年頃）望月氏、又は大井氏により築かれた山城で、地元では城山とよんでいる。
平安末期から鎌倉中期にかけて滋野氏が支配し、延徳年間（一四九〇）には、同族の依田上総介が城主であった。その後、佐久大井の庄の地頭大井氏が城主として永く支配したが、大井氏は、長窪氏を名乗り、長窪発展の基をなした。
天文十二年（一五四三）九月十九日、城主大井貞隆は、武田信玄に攻められ、これに降り、以後長窪城は、信玄の北信濃攻略の一拠点となった。
天正十年（一五八二）武田氏が滅亡すると真田昌幸の支配となり、上田城に武士を集めたことにより長窪城は廃城となった。
至丸子町内
R152
依田窪病院
案内板
至望月・佐久
R254
林道
石碑
病院入口
やすらぎの湯
城跡
搦手口
マルメロの駅ながと
依田川
登山口
アクセスマップ
至和田峠
N
ホ・イ
※5つの段郭と5つの堀切が連続
北の郭群
至国道254号
下り
横縞の地層の崖
幅2m深さ2mの竪堀
※13m×30m
二の郭
三の郭
四の郭
五の郭
六の郭
ケヤキ
あずまやの裏に櫓台がある
眼下に古町の展望が開ける
頂上部には桜の植樹あり
本郭（一の郭）
※10m四方の郭
726m
搦手口
林道
石碑と案内板
搦手口から緩い上り
岩上に石祠
堀切
5m程の平地
二つの尾根以外は急斜面
南の郭
馬屋跡の平らな地形
小尾根を上がる
赤松林は松茸山
石下の岩上に石仏
ホーイ
N
所々に岩石が露出
標識から左へ、急坂を上がる。
こちら山の急斜面
水路の脇に石碑
風林火山
赤顛川の水路
北古屋集落
山頂（本郭）馬屋跡
長窪城跡入口（大手口）
登城口の案内板
清水家のお墓
北古屋幹16の電柱 513
至笠取峠
登城口（大手口）
民家
長窪城跡
からめてぐち
搦手口には大きい石碑があります。
長窪城趾
城跡まで 20～25分
コースタイム
長窪城跡案内板と道祖神
依田窪病院駐車場
至依田窪病院
ゆかた

四の曲輪虫倉山姥大明神の祠

荒廃した主郭の御岳社本殿と二の曲輪

御岳社本殿

七の曲輪奥の院と宝篋印塔

五の曲輪

54

御岳社の残骸や石祠の方がすごい

御岳山城

長和町

みたけやまじょう

◇築城（使用）時期
養和元年～
◇主な城主（勢力）
依田氏、有坂氏、和田氏
◇本郭（頂上）まで
30分

標高820m

御岳山と書いて「みたけやま」と読ませる。山城は御嶽信仰の場所となった。尾根上にある七つの曲輪には御嶽信仰の石祠や石仏、建物が見られるが、見るも無残に崩壊している。石祠や石仏などは壊れないが、建物は長い年月整備されておらず、信仰心や意識の衰退というか時代の移り変わりが顕著に見て取れる。ここでは城跡の遺構よりも御嶽信仰の遺構の印象の方が強烈だ。

丸子方面から直線の国道152号を南下し、長和町役場を過ぎた斉藤木材工業（堀之内館跡）と、すぐ南の桜井石材の間の道を西に入る。入口には観音の石像が立っている。動物除けフェンス手前の空き地に駐車し、左手の不動沢にある砂防堰堤脇まで上がる。登り口のすぐ右側には古町防災資材備蓄庫があるので建物の左から斜面に取り付く。わずかな踏み跡を5mほど入ったら松茸の留め山のビニールテープを越えて左方向に入る。急斜面を尾根までジグザグに上がり、箱笠天明神の石碑がある六の曲輪に着いたら左に上がって、五の曲輪から順に御岳信仰の御神燈や石祠、堀切などを見ながら進むと本殿のある主郭に着く。

「長窪古町社寺明細帳」には養和元年（1181）、依田二郎為重なる者が不動山山麓に城を築き、武備盛大ならんことを祈って御岳社を祀った旨が記されているという。別の記録によれば鎌倉時代中・末期に有坂氏が、その後は依田氏や和田氏が支配したようである。御岳社本殿のある主郭上部には深い堀切があり、120mほど先には奥の院のある七の曲輪がある。

長和町
御岳山《みたけやま》城跡

820m

山城の遺構より、御岳社の残がいや石碑などのほうが凄い

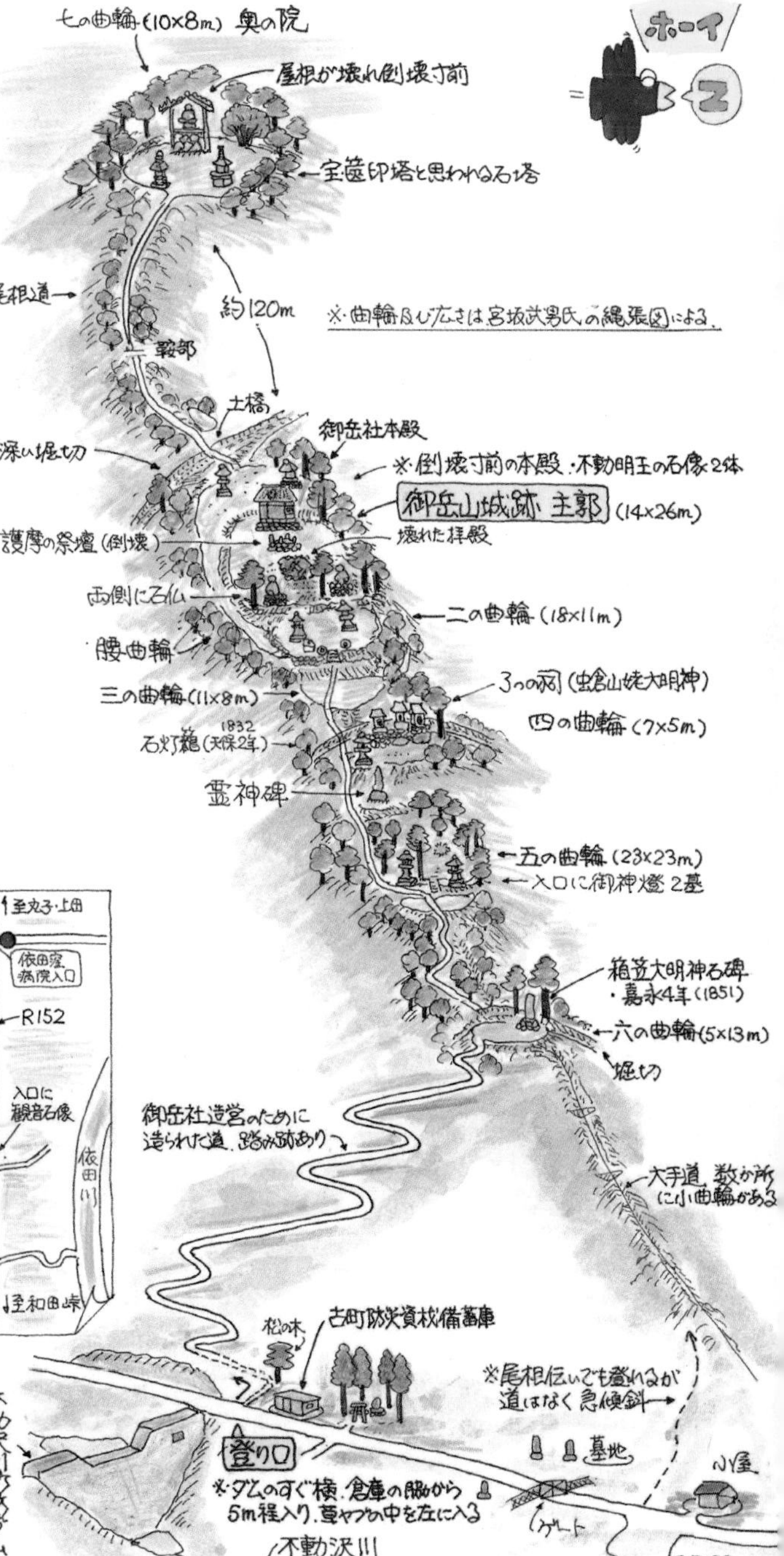

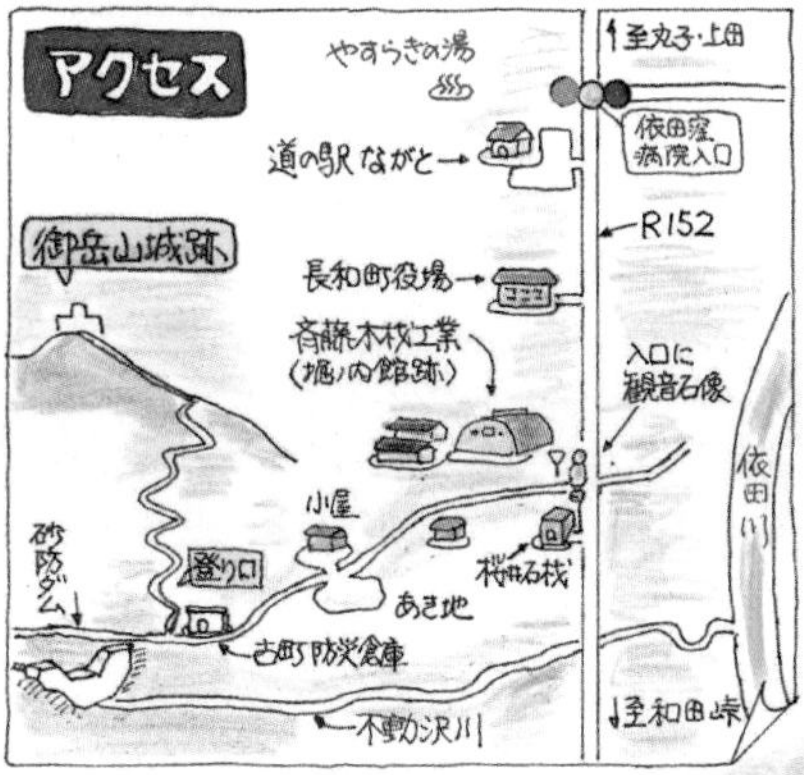

上り 30分
下り 20分

55 大井氏敗北で信玄の烽火台に
矢ヶ崎城

別名【城ヶ峰】

長和町青原

矢ヶ崎城跡（右）。左奥は中山城跡城山

やがさきじょう

◇築城（使用）時期
不明
◇主な城主（勢力）
大井氏
◇本郭（頂上）まで
40分
標高939m

これぞ山城と言おうか、なぜこんなに急峻な山の上に城を築いたのかは不思議でにわかには信じ難い。登り口から三の曲輪まで急斜面が連続し、容易に登ることができず下手をすると滑り落ちてしまう。傾斜は多くの山城の中でも1、2を争う厳しさである。

尾根上部の三の曲輪に至ってようやく尾根の幅が広くなり、土塁を越えると三角点のある長方形の広い主郭に着く。主郭は東から南側にかけてL字型の二の曲輪に囲まれているが、曲輪は東南下がりになっている。二の曲輪の西側辺には大きな土塁があり、その南西側には土塁に平行して中間に低い土塁のある二重堀があるが、現状では土砂や落ち葉でだいぶ埋まっている。さらに山側の四の曲輪にも土塁跡が見られる。このような急峻な山にある城に攻め寄せる者がいるのかいささか疑問だが、武田氏が砦として烽火台を兼ねて改修し、和田城主大井信定が預かって家臣の秦次郎右衛門幸清に守らせていた。信定が村上氏に通じたことが部下の内報によって発覚し、信玄により斬首され、幸清も武田勢に攻められて討ち死にしたといわれる。これには諸説あるようだが、後に城は信玄の烽火台として使われたと言われている。急傾斜を登った先にあった広々とした城跡、土塁の築き方からして、尾根の上方からの敵に備えたと思われるが、それにしても築城した場所自体が信じがたい。

入口ゲートを開けて80m入る

のある主郭の様子

四の曲輪と二の曲輪の間の堀切

道が無くコースを選んで岩稜を上がる

ヒノキの植林のある急斜面を上がる

長和町 矢ヶ崎城跡 939m

武田勢に敗れた大井信定の城は、後に信玄の狼煙台に使われた

56

細く急な尾根に堀切や曲輪が連続

中山城

別名【城山】【中山ごや】

長和町大門

なかやまじょう

◇築城（使用）時期
戦国前期〜
◇主な城主（勢力）
在地土豪、武田氏
◇本郭（頂上）まで
40〜50分

標高875m

登り口の依田川に架かる橋

北側から城跡のある中山を望む

中間の曲輪と土塁

旧長門町の大門川と旧和田村の依田川が合流する地点、道路だと大門峠を越えて白樺湖に通じる国道１５２号と新和田トンネルを越えて諏訪に通じる国道１４２号に挟まれた尾根上に中山城跡がある。旧中山道と重なる国道は今でも諏訪・茅野と佐久・上田方面を結ぶ交通の要衝として車の通行が多い。

交通の要地にある中山城だが、古い文献には記載が見当たらない。町村誌では天文、永禄年間に武田信玄が諏訪から川中島に出陣する際に通行したとの記述があり、信玄との関係が伺える。しかし武田氏関連の城というだけで詳細は伝承されていない。山の東斜面は城《じょう》の腰《こし》と呼ばれ、相馬伊勢守の屋敷があったというから相馬氏に関わりある城とも考えられる。

城跡の登り口は両河川が合流する大和橋信号から大門川に沿って大門峠方向に１５０ｍほど上がり、ガードレールの橋を渡って１３０ｍほど入った廃屋の右側にある。すぐ先には依田川に架かる橋があり旧中山道を示す標識がある。

廃屋脇を上がるとすぐ右側に稲荷大明神の鳥居と祠があり、祠の後方には見晴台がある。尾根伝いに進み、青原発電所からの道を合わせてわずか上がると発電所の取水口施設がある。急な尾根を上り切ると土塁に囲まれた曲輪がある。この曲輪は主郭、二の曲輪といった感じの構えで、北側に櫓台があり、東を除く三方に土塁が周回している。大きな堀切を越え、四等三角点（８６３ｍ）を過ぎると前後に堀切がある小曲輪があり、鞍部の堀切を越えると中山城の主郭になる。ここでは南北に三本ずつ刻まれた三重の堀切がきれいに残っていて見応えがある。本郭は徐々に増築された部分らしいが、西を除く三方を土塁で囲ってあるのがわかる。南には尾根が続くが、この先にも堀切が２〜３カ所築かれている。

稲荷大明神と見晴台

主郭の曲輪の様子

城山・中山ごや とも

長和町 中山城跡

875m

細く急な尾根に堀切や曲輪が連続

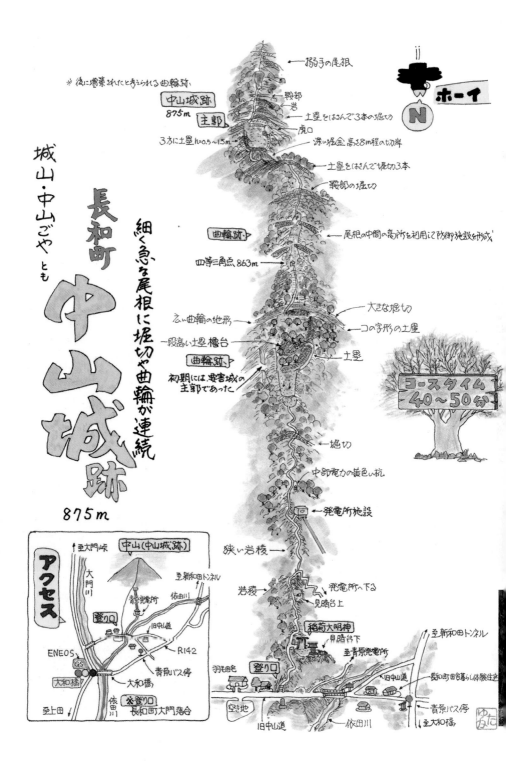

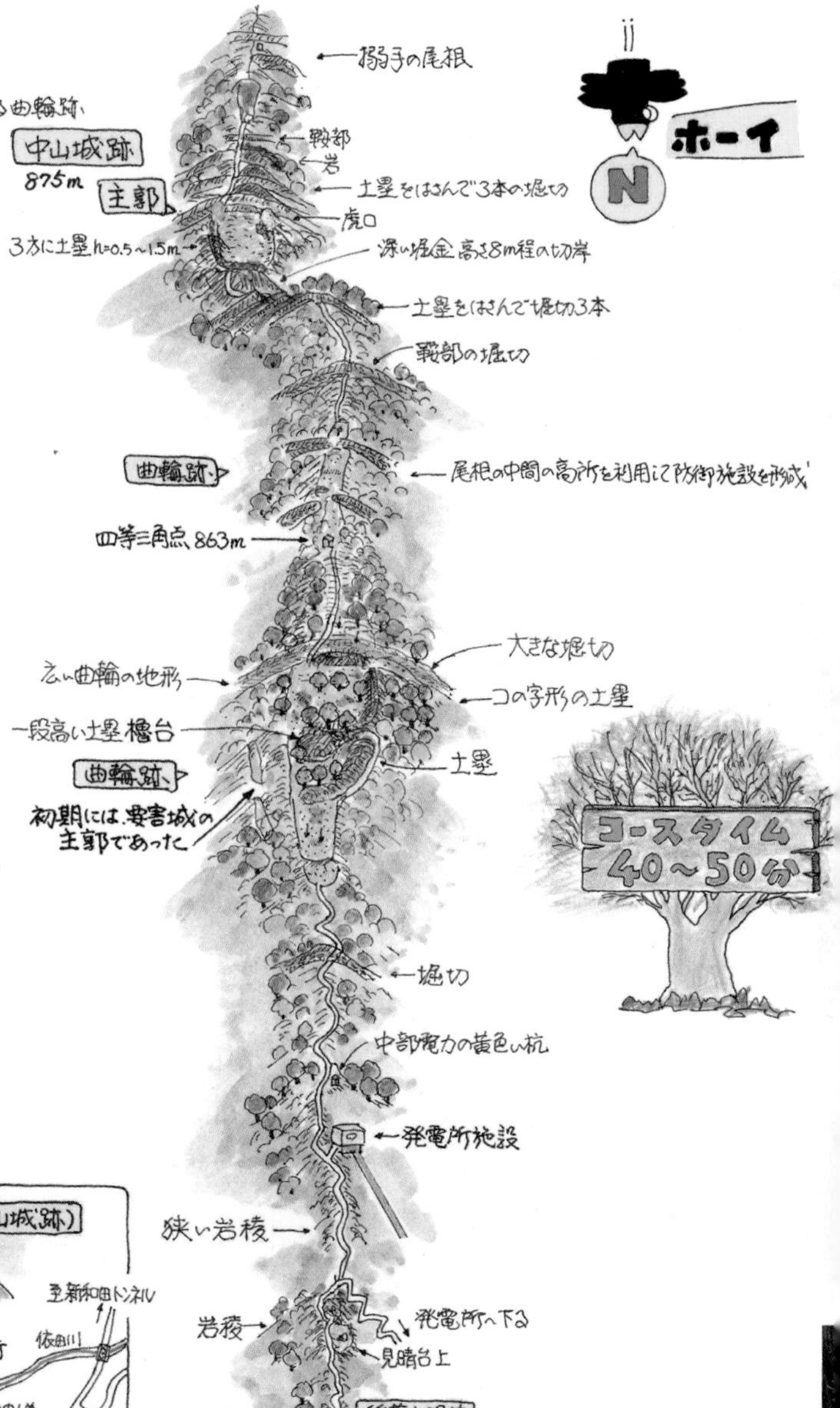

※ 後に増築されたと考えられる曲輪跡
中山城跡
875m
主郭
梯子の尾根
戦部
岩
土塁をはさんで3本の堀切
虎口
3方に土塁 h=0.5～1.5m
深い堀金 高さ8m程の切岸
土塁をはさんで堀切3本
戦部の堀切
曲輪跡
尾根の中間の高所を利用して防御施設を形成
四等三角点 863m
大きな堀切
広い曲輪の地形
コの字形の土塁
一段高い土塁 櫓台
曲輪跡
土塁
初期には要害城の主郭であった
堀切
中部電力の黄色い杭
発電所施設
狭い岩稜
岩稜
発電所へ下る
見晴台上
稲荷大明神
見晴台下
至青原発電所
至新和田トンネル
羽毛田邑
登り口
旧中山道
長和町田舎暮らし体験住宅
空き地
青原バス停
依田川
旧中山道
至大和橋
N
ホーイ
コースタイム 40～50分

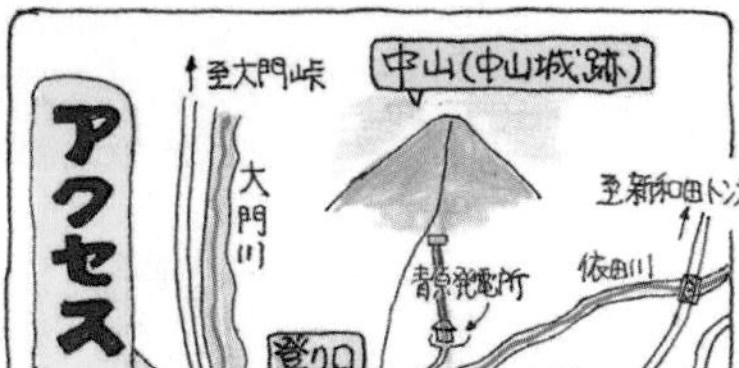

アクセス
至大門峠
中山(中山城跡)
大門川
至新和田トンネル
依田川
青原発電所
登り口
旧中山道
R142
ENEOS
GS
青原バス停
大和橋
大和橋
※登り口
長和町大門落合
依田川
至上田

57

主郭は尾根の頂上でなく中腹に

和田城

長和町和田

わだじょう

◇築城（使用）時期
戦国時代
◇主な城主（勢力）
村上氏、大井氏
◇本郭（頂上）まで
20分

標高1016m

　上田側から国道142号を新和田トンネルに向かい、長和町役場和田庁舎入口の役場前信号を西に入る。信定寺前を過ぎて150mほど進むと釈迦堂橋手前左に墓地があるが、ここに和田城跡の登り口がある。標識には城跡まで0.3kmとある。階段の歩道を上がると石尊神社があり、さらに手すりのついた階段で段郭を上がると15×20mほどの広さの主郭に着く。南側に土塁が残り、二重堀切があって、一つは深く竪堀に続く。その先に段々になった二の郭、三重堀で切断され、さらに登ると三角点（標高1016・7m）がある城山の頂上の曲輪（詰城）に着く。その先にも空堀、堀切があり、南北に伸びた尾根上の城跡は800mに及ぶ。和田城は尾根の頂上でなく中腹に主郭があるつくりとなっているが、このことから現在に残る遺構は当初からのものではなく時代の変遷の中で順次拡充されてきたものではないかと考えられている。

　天文22年（1553）8月、武田晴信による和田城攻めで、城主の大井信定は矢ヶ崎にて合戦に及ぶものの敗退の末に討死し城も陥落したと伝わるが、それ以上の詳細な記録は見当たらない。信定は武石城主大井信廣の次男とされ、村上氏代々の城だった和田城を村上配下となることで手に入れ、勢力を拡大しながら依田窪方面を守備していたと考えられている。

　麓にある信定寺は、武田軍と戦って討ち死にした城主大井信定の菩提を弔うため、天文22年に建立されたという。城の麓にある中山道和田宿は、長久保宿と下諏訪宿との中間にあり、下諏訪への和田峠越えは街道筋で最も長丁場、かつ起伏の激しい難所とされていた。今でも出桁造り《だしけたづくり》や格子造り家屋が多く見られる。頂上からの下山は、石尊神社から熊野神社、新海神社を経由し、村の保存樹木で樹齢400年の欅を見て信定寺に下る。

歩道が整備されている

信定寺（後方は城山）

主郭にある祠

尾根に続く堀切

武田晴信の攻撃により城主の大井信定が討死にしたことにより、和田城は陥落した。
和田城跡
標高1016m
城山三角点（1016.4m）まで尾根上に堀切、曲輪がある。
ホーイ
急崖
（西から南にかけて高さ2mの土塁がある）
（20×12m、古峯神社の祠がある）
和田城跡
標高1016m
土塁跡
主郭
二重の堀切
堀切
石尊神社
堀切
よく整備された擬木の階段のある道
城跡まで約20分
新海神社
木々に囲まれてうっとうしい林の中に神社がある。
熊野神社
→寺裏の墓地に至る。
和田城跡まで0.3km
村の保存樹木「栢《かや》」樹齢400年
村の保存樹木「欅《けやき》」400年
信定寺
武田軍との激戦の末討死した城主大井信定の菩提を弔うため天文22年（1553）に建立されたと言われている。本尊は釈迦如来。
大手口
登り口
墓地
釈迦堂橋
案内板
新海神社鳥居
駐車数台
信定寺
鐘楼門
県道美ヶ原和田線
カヤの木の下に祠
追川
中山道 和田宿
慶長年間1600年代初期に開設され、江戸方向の長久保宿と京都方向の下諏訪宿との中間の宿であり下諏訪宿へは和田峠越えで五里の道のりは、中山道随一の長丁場である
登り口
石器・林業資料館
歴史資料館
中山道
中山道
大黒屋
和田宿本陣跡
追川橋
追川
長和町役場和田庁舎
至新和田トンネル
R142
至上田市内
R142
P
役場前
依田川
和田宿ステーション
和田橋
ゆかた

58
里山再生事業で城郭の地形が明瞭
二場城

別名【朝倉但馬守城】

青木村当郷押出

ふたばじょう

◇築城（使用）時期
戦国前期？
◇主な城主（勢力）
朝倉氏？
◇本郭（頂上）まで
10〜15分

標高622m

登山口から城跡を望む

主郭北側の堀切

主郭から夫神岳方面を望む

青木村の押出地区、城跡の麓の男性に聞くとオシダシと読むそうで、その昔、山が押し出してきたからだという。二場城のある山は最近、村の里山再生事業で木々がほとんど間伐されてハゲ山のようだ。斜面を作業道が横切り、伐採した木々がダムのように積まれている。見通しの良い斜面はどこからでも登れそうだが、ここは「ますだ製作所」の入口から左斜面に上がる。今にも朽ちそうな准胝《じゅんてい》観音堂の前を通り、矢竹の藪に囲まれた墓地の間を抜ける。斜面に造成された作業道を横切り、足場の良さそうな所を選んでコースを見定めて上がる。斜面には削平された曲輪と思われる所がある。主郭すぐ下の二の曲輪は、南斜面を中心に主郭の周囲3分の1ほどを囲み、土留めの石積みも見られる。一段上の主郭からは夫神岳方面の展望が開ける。東側に高さ1m足らずの土塁が残り、北側には深い堀切が見られる。東西の斜面には急な沢があって自然の要害となっている。

城主については、長野県町村誌などによると「何人の城址たるか詳ならず」とあり不明。「宝永郡絵地図」には「朝倉但馬守城」との伝承があるが、越前の朝倉但馬守がいかにしてこの地に来たのかは分かっていない。また、二場城のすぐ北の尾根にある黒丸城も朝倉但馬守城との伝承があり、つまり二場城は黒丸城の出城だったとも考えられるようである。この後は黒丸城を訪ねる。

観音堂に祀られた准胝観音

青木村 二場城跡

地元では朝倉城と呼ばれる
里山再生事業により城郭があらわに

622m

コースタイム
10〜15分
N
ホーイ
鞍部
(南側、夫神岳方向の展望良い)
・40m×25m
二場城跡 主郭
堀切
主郭東側に1m足らずの土塁
石垣
二の曲輪
急斜面、下部は沢
斜面に腰曲輪
堀切
※適当にコースを選んで歩く
作業用道路
※里山再生事業により木々が伐採された斜面
伐採した木の枝が積まれている
観音堂
墓地
墓地
道不明瞭、歩くなら足場、コースを適当に選んで
矢竹の竹ヤブ
登り口
ますだ製作所
国宝大法寺三重塔
正慶二年(1333)建立、和様の建築様式が忠実に守られた美しさを持つこと。周囲の風光との調和が美しさを際立たせている、などから国宝に指定されている。あまりの美しさに、ついふり返り眺めてしまうことから「見返りの塔」と呼ばれ親しまれてきた。
当郷第4組合
80m
当郷第4組合
押出バス停
国宝大法寺三重塔(有料¥300)
東昌寺
青木村郷土美術館
大法寺
国道143号から850m
350m
550m
道の駅あおき
大法寺入口
大法寺入口標識
至青木村役場
至上田
国道143号
青木村←→上田市

59 黒丸城

段郭や堀切、山中に大規模な遺構

別名【朝倉但馬守城】【城山】

青木村当郷

くろまるじょう
◇築城（使用）時期
不明
◇主な城主（勢力）
朝倉氏？
◇本郭（頂上）まで
30分
標高735m

主郭北側の大堀切

主郭から二の曲輪を望む（右下に土塁）

主郭右上の土塁に祠（右下腰曲輪）

二場城跡の後、黒丸城を訪ねた。阿鳥川神社から東側に入ったが登り口が分からず、農作業中の男性に声をかけると、左の尾根を指さして、尾根伝いに上がるといいと教えてくれた。動物の侵入防止柵を開けて尾根に取り付き、右に上がると教えてもらった天神の石祠がある。尾根筋の踏み跡をたどると、削平地と堀切がいくつも見られるようになるが、藪ではっきりした地形は分からない。杉林を過ぎた辺りから曲輪らしき平地が多くなり、三の曲輪から先には見事な遺構が見られる。急斜面を上がった二の曲輪には住民が植えたという桜の古木がある。主郭は南下がりの広い平地となるがその規模の大きさに驚く。東側には腰曲輪が走り、正面の土塁の上には石祠がある。西側には子檀嶺岳が、南東には塩田平がよく見える。北側土塁の裏側には深い堀切が残り、その先にも土塁と堀切の地形がよく残っている。小県郡誌には、朝倉但馬守城とあるが、戦国前期、この地方には浦野氏、塩原氏が居り、やがて村上氏が支配した。天文22年（1553）4月に葛山城、8月に塩田城が落ちると小県は武田氏に支配されたが、この城がどのように使われたかは不明だという。

宮坂武男氏は著書「信濃の山城と館」で、「全体に細尾根上に曲輪を段階的に並べる典型的な山城だが、大手の虎口や曲輪の配置も工夫され堅固な備えである。残存状態が実によく、旧態をよく残していて完成度も高く素晴らしい遺構である。大事に保存したい城である」と評している。

桜の古木がある二の曲輪

主郭からの展望（左奥は独鈷山）

青木村 黒丸城跡

段郭や堀切など山中に大規模な遺構が残る

735m

青木村指定史跡　黒丸城跡

本城跡は、飯綱山の南斜面を下る細尾根上に、南方に向けておよそ三〇〇mにわたり階段状に築かれている。本郭からの眺望は、西方に子檀嶺岳城、東城・薄ア尾城など、この地域に点在する山城を望み、南方には国道一四三号沿いに青木村の谷、平野が望まれ横山丘陵・女神岳城・塩田城が遠望できる。本郭の北背後に大堀切をつくり、尾根に沿って段階状に並べる郭の配置は戦国時代の典型的な築城法である。東西の深い沢は天然の堀切となり主要各郭の城壁が高く、大手の郭配置も堅固で山城として理にかなった備えをもっている

※青木村教育委員会（文案の抜すい）

60-1

当郷から登って祠の待つ頂上へ

子檀嶺城

当郷コース

別名【冠者城】【真田安房守城】

青木村当郷

こまゆみじょう

◇築城（使用）時期
戦国中期
◇主な城主（勢力）
地侍、杉原氏
◇本郭（頂上）まで
1時間40分

標高1223m

登山口の標識

祠のある頂上の様子

麓から見える頂上の祠（望遠）

当郷から望む子檀嶺岳

青木村と上田市の境近くに国宝三重塔で知られる大法寺がある。国道１４３号からこの大法寺の看板を見て北側に入ると、正面には頂上部が平坦で台形をした子檀嶺岳が現れる。双眼鏡や望遠レンズだと頂上に並ぶ祠が見える。当郷地区の山際まで入ると正面に登山者用の木造の休憩所（トイレ有）がある。駐車場所は休憩所前か、１００ｍほど上部右手の畑の一角にある。林道のゲートを開けて入り、案内標識を見て右方向に上がってゆっくり北側斜面を詰めると1時間50分ほどで頂上に着く。

城跡の主郭、山頂部は極端に狭いし、防御施設もほとんど無く、他に広い平地も無いことから居住区とは考えにくい。したがってここは本城とは言えず、詰めの城、見張り台で、本城は西城と考える方が適当のようだ。子檀嶺城には大きな戦歴も無いようだが、天正年間に徳川と真田の神川決戦の折、塩田地方の地侍集団が杉原四郎兵衛を大将として徳川方について立て籠もったそうだ。真田信幸の討伐軍に攻め落とされたというのだが、真田軍による麓からの大砲とドラの音に驚いて、戦うこと無く投降したとのことだ。好展望で比較的歩きやすいことから、四季を通じて登山者が絶えない山だが、くれぐれも登山に適した服装での登頂が望まれる。

管社上の登山者休憩所と子檀嶺岳

コースタイム
上り 1:50
下り 1:20
※浅間山・天神岳、美ヶ原、北アルプスなどを望む好展望の頂上
冠者岳城跡
子檀嶺岳頂上1223m
子檀嶺神社の祠が並ぶ
南側急な岩壁
村松コース分岐(登り口へ50分)
界563ピーク
(鞍部から10m上がる)
帯曲輪の地形
急斜面鞍部めがけて上がる
冬場積雪多く滑る
西尾根コース
尾根伝いに登り口へ40分
急斜面をジグザグに
ホーイ
左に折れる
右下がりの北側斜面を横切る(上り)
頂上
道案内
登り口
P
休憩所
菅社地区
大法寺
至松本
800m
浦野
至上田
R143
大法寺入口標識
林道を歩く
鳥居
分岐
左に上がる
林道
ひの木植林
青木村
子檀嶺城跡
天正年間、徳川と真田の神川合戦の折、地侍たちの集団が徳川方について立てこもったが真田軍による麓からの大砲とドラの音に驚いて、戦わずして投降したという。
一般的に「冠者」とは元服して冠をつけた男子。「わかもの」という意味があります。
冠者城とも
冬場、この辺から積雪が増える
(わずかに水が湧出)
弥清水
小尾根を緩く上がる
畳石公園
太いアカマツ並木
岩が露出
小岩場
当郷コース
整備された竹林
小沢を渡る
登山口から頂上が見える
登り口
(林道から右に入る)
登山者用駐車場
子檀嶺岳登山道入口
こまゆみ岳登山道入口
頂上まで2時間
熊に注意
登山者用休憩舎
1,223M
ゆたかに
至国道143号
ここは菅社地区
登り口の案内標識

60-2

子檀嶺岳頂上からの好展望

子檀嶺城

村松コース

別名【冠者城】【真田安房守城】

青木村村松

こまゆみじょう

◇築城（使用）時期
戦国中期
◇主な城主（勢力）
地侍、杉原氏
◇本郭（頂上）まで
1時間50分

標高1223m

頂上に並ぶ祠

登山コースから頂上方向を望む

林道からの登山口の標識

南方から見た子檀嶺岳

青木村と夫神岳の展望（左奥は八ヶ岳）

遠くからでもあれが子檀嶺岳と分かる独特の山容をした山の頂にある子檀嶺城。１２２３ｍという標高の高さや、登頂に1時間40分ほどかかる険しく狭隘《きょうあい》な山の頂上が城だったとは驚きだ。実はこの山、季節やコースを問わず何度も登頂しているが、山城としては見ていなかったので、北側の腰曲輪や稜線の堀切などには気を留めてもこなかった。あらためて城跡として登ってみると、確かにその形跡が見て取れる。

登路は当郷から北側斜面を上がる当郷コース、南側からの村松西洞コース、そして西側からの西尾根コースがある。村松コースは、国道１４３号の青木バスターミナル前から北方に入り、村松地区を通り抜けると集落の終わりの水道施設裏に駐車場がある。その先で動物侵入防止用のフェンスを開けて入り、登山口まで歩いて杉林に入る。このコースは以前中腹で崩落があり、しかもかなり急峻だが登頂の喜びは一入だ。ただし下山時には特にスリップに注意が必要。頂上に並ぶ三つの祠の様子もさることながら、頂上からの展望の素晴らしさが登山者への大きなご褒美。

城跡自体は極めて単純で、主郭北側にある幅狭い腰曲輪と西尾根の大きな堀切が特徴的だ。城歴をたどると、天正13年（１５８５）に塩田地方の衆が杉原四郎兵衛を大将としてここに拠ったのを真田信幸が攻め落としたとか、冠者智武の拠れる所とか、岡村権左衛門平清氏が拠ったとの里伝がある。別の説によれば、真田氏家老・池田出雲守や真田安房守が城主であったとのことである。

子檀嶺城跡
子檀嶺岳の頂上1223mにあった好展望の山城
冠者城とも
青木村
※子檀嶺岳 頂上. 標高1,223m.
子檀嶺城 主郭(15×7m)
子檀嶺神社奥社
北側に幅3m程の腰曲輪
小堀切
小堀切
狭い岩稜
当郷への分岐
頂上直下南側は絶壁
分岐標識
分岐
西尾根コース
堀切
至修那羅峠
15×5m程の平セ
100m程きつい傾斜
見晴台 展望が開ける.
急斜面, 下り時はスリップに注意
右斜面崩落. 通行に十分注意.
尾根に出る. 山頂まで60分
仏岩
ホーイ
N
ヒノキ林
斜面を横切る
カラマツ混じりの雑木林
コースタイム 上り1:40
村松西洞コース
子檀嶺岳登山口
山頂までおよそ 100分
上田地域トレッキングコース 青木村
登り口
林道
小さい沢を渡って杉林の中を進む.
登り口まで約600m
柵を開けて入る
駐車スペース
P
西洞第2配水場
松本市
青木中学校
青木村役場
青木
まっすぐ約1.2km
国道143号
小学校前
上田市
青木バスターミナル
青木小学校
ゆ

61 某の居城なりしか? 記録なく

西城

寺山の砦

青木村村松入薄ヶ尾

別名【薄ヶ尾城】【烏帽子形城】【西城の出砦】

にしじょう

◇築城(使用)時期
戦国時代
◇主な城主(勢力)
在地土豪
◇本郭(頂上)まで
25分

標高795m

東側から砦を望む

平坦な主郭

主郭北側の大堀切

弥勒堂の岩窟

子檀嶺城を調べていたら村松側の麓、尾根続きの途中に東城と谷を挟んで西城、さらに寺山の砦があると分かったので、砦のある西城に向かった。西城は字名の一部をとって薄ヶ尾城とか烏帽子形城とも言うようだ。城主、城歴については、長野県町村誌にも小県郡誌にも伝承の記録がなく不明であるが、堀切や曲輪、石垣などの遺構はしっかりと残されている。子檀嶺城と関連して在地土豪により築城されたと考えられる。大手の登り口は、村松地区の上部にある西洞第二配水場の先で動物侵入防止柵を開けて入り、すぐの「たけの下」標柱から竹藪を抜けて尾根に取り付く。斜面にははっきりした道はないものの、弥勒堂への山道らしき踏み跡があるので尾根筋をたどる。石段を上がると岩穴に屋根が架かった弥勒堂がある。小さな祠の中に弥勒菩薩が見える。右横の岩場を上がると小さな堀切と段曲輪が連続して現れる。ここは東尾根だが、大小7〜8の曲輪を上がり切ると広い平坦な主郭部に出る。北側に小さな土塁があり、続く北尾根には大きな堀切を経て、さらに堀切や曲輪が搦め手側に連続する。

南側には二の曲輪があって、ここには石垣跡が見られる。二の曲輪からは南西と南東の二尾根があるが、寺山の砦は南東の尾根を350mほど下ったところにある。丸いポッコリ形の山容で、大きな堀切を上がると三角形の曲輪に着く。村の造林事業なのか、東側斜面の木々が伐採されて展望が開けている。麓からは尾根上に砦らしい地形が透けて見える。

城跡に残る石垣跡

主郭下の石垣跡

62 一つの尾根にあった三つの城
三水城・狐落城
坂城町村上

別名 三水城【福沢城】
狐落城【狐落としの城・あみかけ小屋】

みすいじょう
こらくじょう

◇築城（使用）時期
不明
◇主な城主（勢力）
村上氏、小島氏
◇本郭（頂上）まで
約1時間10分
標高789m

狐落城跡に残る石垣

三水城跡の様子

坂城町の西山の一角にあり、北東に延びる展望の良さそうな尾根には、下から狐落《こらく》城跡と三水《みすい》城跡とがあり、尾根を上り詰めた摺鉢山（881m）の頂上には室賀氏の伊勢崎城跡がある。山麓の村上地区は村上義清の根拠地で、登山口には村上氏の氏神を祀る村上大国魂社がある。右に村上神社を見て左へ、歌碑が立ち並ぶ先には分厚い茅葺き屋根の十六夜観月殿があり、周辺にも多くの句碑が立ち並んでいる。俳人芭蕉も訪れ「いざよいもまた更級の郡かな」との名句を残した場所でもあるが、残念ながら句碑のほとんどは達筆すぎて判読できない。観月殿から尾根伝いに「狐も転げ落ちるような険しい坂」を40分ほど上ると、二段の郭のある狐落城跡に着く。木々で展望はないが、わずかな平地と石垣が残っている。狐落城は葛尾城を本城とする村上氏の支城だった。村上氏は天文17年（1548）に武田軍を上田原で打ち破ったが、天文22年に武田晴信が葛尾城を攻撃した際は、村上氏家臣で地侍の大須賀久兵衛が武田に味方して狐落城を攻め、村上方の城守小島兵庫介兄弟はじめ城兵のほとんどが討ち死にして落城した。

　三水城跡は狐落城からさらに30分ほど急坂を上がる。主郭は12×12mほどで狭く、狐落城の詰城と考えられる。上田、千曲市方面の展望が素晴らしく、物見としても最適所だったのみならず、戦略上重要な城として主郭から東・西・北東に伸びる尾根に幾重にも堀切を設けて防御していた様子がうかがえる。三水城も大須賀久兵衛の寝返りや、同じく武田方についた伊勢崎城主室賀氏の攻撃により狐落城とともに落城した。その後に葛尾城も落ちて村上氏は上杉氏に助けを求め、上杉・武田の川中島合戦へと歴史が動いていくことになる。

十六夜観月殿

登山口の様子

千曲川を隔てて葛尾城を（中央）望む

坂城
三水《みすい》城跡
狐落《こらく》城跡
村上義清ゆかりの山城、往時を偲び
十六夜観月殿から登る好展望の城跡
ゆた
三水城跡
形の良い木が一本残っている
展望がすばらしい
標識と三等三角点が立つ
三水城跡 標高789.5m
狐落城跡 0.4km 20分
水の平経由室賀峠 2.8km 2:10分
室賀峠に至る
切り開きで展望が開ける
段郭の様子が見られる
小さい岩場
一本杉
きつねも転げ落ちるほど急な所にある城だったので、この狐落城の名が付いたらしい。
小鞍部から80m急登
歩行不可の急斜面
株立ちのケヤキ
変な形の赤松の木
急斜面にトラロープあり
虚空蔵山の展望あり
狐落城跡 標高665m
十六夜観月殿 0.6km 約30分
三水城跡 0.4km 40分
馬の背形の尾根
堀切でアップダウンする
山火事注意
郭の脇の石垣
狐落城跡
展望なし
坂城町文化財指定 狐落城跡 (史跡)
狐落城は戦国時代の山城で葛尾城を本城とする村上氏の支城であった。武田信玄の信濃攻略を南から受けた村上義清(1501~1573)は天文17年(1548)には、これを上田原に迎え討って退けたが、天文22年(1553)に筑摩郡方面からの進攻を受け4月に武田方の謀略により、狐落城の守将小島兵庫介兄弟が討死して城は陥落した。その4月9日、村上義清は、この地を捨てて越後の上杉謙信を頼り、川中島合戦へと発展した
ケヤキ
石
ロープのある急登、石段も
十六夜観月殿
左に小平地、南東側が開ける
当時のものか? 石の階段あり
200m急登 トラロープあり
2m程の石神
正月吉日
山之神
慶応三年
左斜面を巻く
少し急な狭い尾根
コースタイム
ホーイ
N
ここで尾根に出るので右へ
登り口~40分~狐落城跡
狐落城跡~30分~三水城跡
石祠
松の木1本
子育て地蔵さん
村上大国魂社
5×10mの広場
トイレ
ここからでも入れる。
至びんぐしの里公園
階段この辺りまで
クヌギやカシワの木多数
案内板
竹林
登り口
擬木の階段
展望が良い
鳥居をくぐる
P1台
ポンプ場
竹林
石の句碑が並ぶ
十六夜観月殿
アクセスマップ
至びんぐしの里
登り口標識
P1台
網掛ポンプ場
至城跡
140m
大井クリニック
案内板
角に白い標識
びんぐしの里公園 スパーク坂城
至上田
案内板あり
(県)長野上田線
大井クリニック案内板

63 伊勢崎城

室賀峠から登る室賀氏の拠城跡

上田市上室賀、坂城町村上

いせざきじょう

◇築城（使用）時期
戦国時代
◇主な城主（勢力）
室賀氏
◇本郭（頂上）まで
40分

標高881m

主郭手前の堀切

城跡に向かう登山道の様子

室賀峠の村上義清鎧掛けの松（二代目）

篭岩林道から見た摺鉢山（鉄塔の下が室賀峠）

頂上の様子（後方は独鈷山、八ヶ岳）

上田市上室賀と坂城町村上に接する県道160号の室賀峠は、古くは善光寺街道の峠だが、伊勢崎城はその南東の摺鉢山（標高881m）の頂上にある。頂部に小さな単郭を置き、迷路のような巨大な竪掘が何条も交差して西側の斜面を走っている。戦国時代には、室賀氏一族にとって戦略上重要な室賀峠を抑える拠点であって、狼煙場が置かれたと伝わる。

登り口は市町境の室賀峠からが近く、十六夜観月殿からは狐落城、三水城を経由する急峻なコースがある。室賀峠からは、峠の頂上から標識を見て小尾根に取り付き、赤松などの雑木林の中の幅広い道をたどる。左右にヒノキや杉、カラマツの植林を見て急坂を上がると、観月殿コースが左から合流する。一旦下って上り返し、途中の帯曲輪を過ぎ、100mほど急登すると主郭（摺鉢山頂上）に着く。四等三角点（881m）の頂上からは樹間に八ヶ岳、浅間山、四阿山などが望める。頂上までの所要時間は40分、下り30分ほどで比較的歩きやすい。このほか南東側の三ツ頭山鞍部の小網峠から尾根伝いのコースがあるが、現在は通る人も少なく藪状態になっている。忠実に尾根上をたどって歩けば良いのだが、以前摺鉢山直下で真新しい大きな熊の糞を目にして慌てた思い出があるので、城跡から小網峠、三ツ頭山方面に縦走したい場合は複数で行くか鈴の携行をお勧めする。

室賀峠登山口

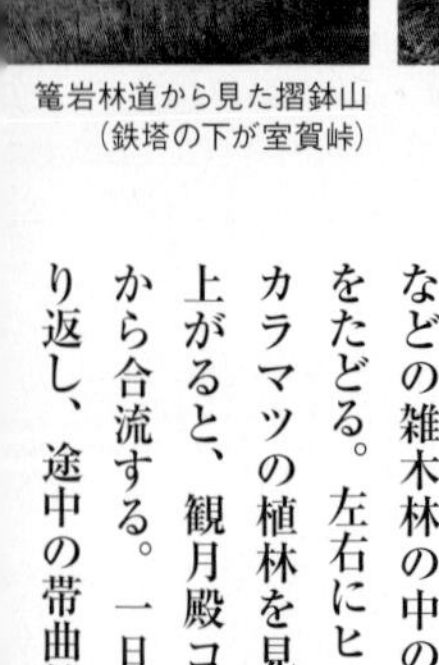

三水城への分岐標識

室賀峠から登る戦国の山城跡
摺鉢山
伊勢崎城跡
881m
摺鉢山 室賀峠
0.2km約20分 1.1km約40分
三水城跡経由十六夜観月殿
1.7km約2時間
火の用心
分岐の標識
摺鉢山頂上
伊勢崎城跡 881m
四等三角点
樹間に展望あり
八ヶ岳、浅間山、四阿山などを展望!
小さい削平地
頂上まで200m程、直下100mは急登
深い堀切
堀切、竪堀、下方に削平地。
帯曲輪の地形
分岐
展望のない雑木林の小ピーク
下る
堀切
室賀峠 1.3km 約50分
十六夜観月殿 3.1km約2時間10分
頂上の案内標識
尾根伝いに、
三水城跡、狐落城跡に至る。
カラマツ
分岐まで幅広い道が続く
わずか下って80m程上がる
急な上り
ホーイ
杉林の斜面
わずかヒノキ
尾根道を緩く上がる
鞍部ここから上り
緩い下り 大きくS字に曲がる
こちら側アカマツの林
松と石碑は、室賀峠史跡公園にある
こちら側 急斜面
小ピークから50m程下り
村上義清公 鎧掛けの松の跡
天文十七年二月十四日村上義清公は上田原合戦で武田勢を打破り、当時の主要道路であったせんこう道を通って居城である葛尾城へ帰った。このとき室賀峠で鎧を掛けて休んだと言われる松が「鎧掛けの松」として古来より言い伝えられてきたが、昭和三十五年の大雪で倒れて枯れ、いまこの碑の下にその史実とともに根が残っている。
五百年余にわたり生き続けた老松に代って二代目の松がその歴史を語り続けている
昭和五十八年八月吉日 上室賀自治会
急な上り坂
分岐まで幅3~4mの道が続く
二代目の鎧掛けの松
高妻山、戸隠山、黒姫山
坂城町内が見える
下り
両側に松の木がある平坦な道
大きなヤマザクラの木
Y字形の松の木
小さく、アップダウンする
コンクリートのよう壁
凹部を通る
狐落・三水城コース
室賀峠→摺鉢山
→三水城跡→狐落城跡
→十六夜観月殿入口
歩行時間 3時間30分
歩行距離 約4.4km
登山口
県道160号
至坂城町
室賀峠へ100m
至上田市室賀、室賀峠史跡公園へ150m
ゆたか

土塁に囲まれた主郭部

南斜面の松の古木

中腹にある自在神社

三水城跡から出浦城（千曲市）を望む

東側から見た岩井堂山
（頂上が出浦城跡）

64 形良い三角形 自在山の烽火場
出浦城

坂城町・千曲市

いでうらじょう

- 築城（使用）時期
  戦国時代
- 主な城主（勢力）
  出浦氏
- 本郭（頂上）まで
  1時間

標高793m

中世の山城が多い坂城町の千曲川西側に千曲市と境を接する岩井堂山（標高７９３ｍ）がある。地元では、麓の自在《じざい》神社にちなんで自在山と呼ぶが、東側から見た山容は、きれいな三角形をしていて、西に稜線をたどると大林山に通じる。

坂城町側の自在神社太々神楽殿境内から裏側に続く長い石段を上がると10分ほどで自在神社に着く。登山道は松林の中を上がるが、秋には松茸の留め山になるので知っておきたい。途中、左下がりの斜面を進み、標識から右斜面を直登して虎口から頂上部に上がる。神楽殿から頂上までは約1時間を要する。頂上の案内板には「この烽火台は、自在山（岩井堂山７９３ｍ）の頂上にあって古くから城山と呼ばれてきた。本郭は回字状で周囲に高さ1.4ｍほどの土塁をめぐらし東西12ｍ、南北27ｍほどである。本郭内には直径２ｍほどの井戸跡があるほか副郭や竪堀等が残っている。烽火台の建設年代は不明だが、戦国時代のものと推定される」旨の説明がある。堀切や二の郭、三の郭などは西尾根に続き、鞍部を経て大林山に通じている。

戦国時代の城主は、村上氏から分かれた村上氏十八将筆頭家臣の出浦氏で、この家臣団には出浦清種、清正等の名がある。出浦氏は村上氏と行動を共にしたが、天文22年（１５５３年）の葛尾城落城時には村上義清とともに上杉氏を頼ってこの地を去っている。その後出浦城は、武田氏が烽火場として利用したようで、頂上の案内板は出浦氏支配以降の説明と思われる。そのほか頂上には国常立尊や摩利支天の石碑、三等三角点がある。

坂城町
出浦氏の山城、落城後は武田方の烽火台に
出浦城跡
岩井堂山烽火台跡
三角点 793.1m
出浦城跡本郭（広さ12m×27m）
（北側にも竪堀がある）
ホーイ
国常立尊石碑
三等三角点 793.1m
摩利支天碑
上幅8mの堀切
三の郭
堀切
上幅約14mの堀切 こちらが大手
西尾根
井戸跡
主郭周囲の土塁1〜2m
至大林山
堀切（空濠）
竪堀
虎口
二の郭
昔は展望が素晴らしかった
（鞍部から頂上まで約440m）
このコースは登山道、城の大手は西尾根
岩井堂山は、地元では麓の自在神社の名をとって、自在山（じざいさん）と呼ばれている
急斜面の松林
霊神碑
不動明王石塔
標識
左に斜面を横切る
主郭にある案内板
坂城町指定史跡 烽火台跡
この烽火台跡は、自在山の頂上にあって古くから城山と呼ばれてきた。本郭は回字形で周囲に土塁をめぐらし、東西十二メートル、南北二十七メートル、土塁の高さは一、四メートルほどであるがその幅は一定ではない。本郭内には、雨水を蓄えたと思われる直径二メートルほどの井戸跡がある。その他副郭や竪堀などが残されている。烽火台の建設年代は詳らかではないが戦国時代のものと想定されている。
昭和六十二年三月 坂城町教育委員会
マツクイムシ被害木のある斜面
松林の斜面、岩場
岩場の下に社殿や広場がある
自在神社
アクセス
至室賀峠
出浦城跡 自在山
びんぐし湯さん館
自在神社
源忠寺
村上小
村上
坂城大橋
千曲川
至上田
R18
さかき
しなの鉄道
右に正一位稲荷大明神の祠
えん堤
幅狭い急な石段が自在神社まで続く
中段に赤い鳥居と石灯籠
山頂
大林山
東方から見た美しい三角形の山容
登り口 自在神社
動物ゲート
神楽殿
こーすたいむ
60分〜80分
約80m
鳥居をくぐる
登り口
登り口
至源忠寺
ゆかた

65-1

葛尾城

戦国の勇将村上義清の本拠

坂城神社コース

坂城町

かつらおじょう

◇築城（使用）時期
15世紀後半〜
◇主な城主（勢力）
村上氏
◇本郭（頂上）まで
1時間〜1時間10分

標高805m

葛尾城跡（左姫城、中央葛尾城跡）を望む

葛尾城跡。後方は五里ヶ峰

村上義清公墓所

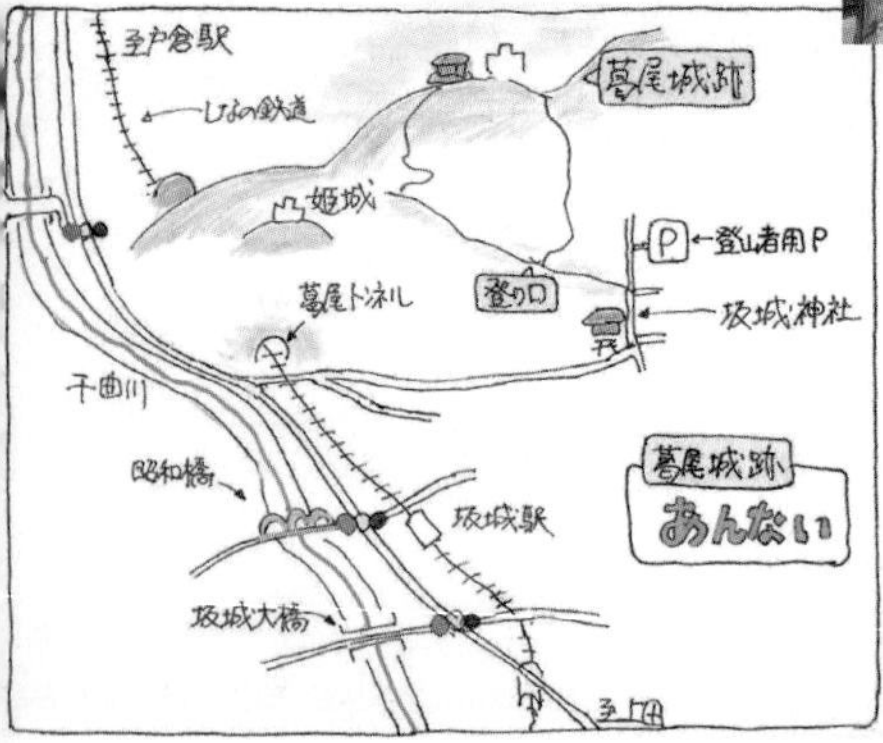

戦国時代に北信濃で最大の勢力を誇っていた村上義清は、天文年間にあった武田信玄の信濃侵攻に対抗し、上田原の戦いと砥石城の戦いの二度、信玄を打ち破った勇将であったが、天文22年（1553）の武田軍の攻撃でついに自落した。義清は高梨氏の仲介を得て越後の上杉謙信を頼って落ち延びた。永禄8年（1565）、上杉氏から姫川流域の信越国境警備のために根知城をあてがわれて8年間在城したが、元亀3年（1572）に72歳で終焉を迎えている。村上氏の当時の居館跡には満泉寺が建てられているが、寺は天正10年（1582年）、義清の子・村上国清が海津城の城代のときに建立したものである。

坂城側からのコースは、坂城神社裏から赤松林の斜面を真っ直ぐに上がる近道と、飯綱山経由の道がある。城跡には東屋が建てられ市民の憩いの場にもなっていて、上田方面、善光寺平方面のほか北アルプスも望める。段郭、堀切、切岸等の地形がはっきりと見られるほか、西側の尾根続きには姫城跡もある。城跡は春には桜が見事で、秋の紅葉も素晴らしい。

葛尾城のすぐ西側の千曲川河畔に「笄《こうがい》の渡し」という場所がある。伝説によると葛尾城落城をうけ、義清の奥方が落ち延びる道すがら千曲川を渡ろうとした際に、身の危険をかえりみず舟を出してくれた船頭へのお礼として笄を手渡したことから、それ以後、奥方を偲んでその渡し場を「笄の渡し」と呼ぶようになったというのだが、これには諸説がある。葛尾城の麓の千曲川沿いは高い崖が連なり「高崖《こうがい》」と言われていたとか、この時代の女性が笄を髪にさす習慣はなかったとの説まであり真偽のほどは定かでない。また奥方も無事に逃げ延びたとか、敵に発見されて自害した、さらには惨殺されたなどさまざまに語られている。

上
葛尾《かつらお》城跡
805M
葛尾城は村上氏が坂城郷に居館を構えたと推定される南北朝時代の末頃から天文二十二年（一五五三）の村上義清が没落するまで村上氏の歴代の本城であった
北アルプスの展望がすばらしい。
千曲川の流れに沿って、千曲市から長野市を見おろすことができる。
五里ヶ峯頂上 1094.4m
葛尾山から五里ヶ峯まで、約1時間
葛尾城跡 葛尾山
堀切
桜
案内板
主郭
805m
切り開き 桜の植栽
北アルプスを展望
あずま屋
切岸
二の郭
三の郭
堀切
尾根上の分岐 案内板あり
急斜面
コンクリート支柱あり
姫城跡 横吹山
646m
分岐
段郭
姫城跡の案内板あり
林の中の急登
尾根を削った段郭が多数ある。
急登 ※下りスリップ注意！
急斜面
松林
丸い馬ノ背のような尾根
※斜面を横切る道 現在は通行不能
上り、ここで尾根に出る
段郭
飯綱山コース
これより下部（赤松の林）
松葉に埋まった尾根道をジグザグに
振り向くと蛇行した千曲川が光って見える
飯綱山
ここだけ岩が露出
（注）秋はマツタケ山になります。
丸い尾根
岩場の下部を巻く
近道コース
岩の下に石祠がある
これより上部赤松の林
緩くまっすぐな道
えん堤
急登
ここで「く」の字に折れる
ここまで幅広い道
近道の標識
登山口 石塔あり
畑
神社の裏を上がる
P
坂城神社
民家
コースタイム
坂城神社～近道登山道経由～頂上＝1時間
坂城神社～飯綱山経由～頂上＝1時間10分
きた
※駐車場は登山口横にある
神社前に駐車スペース
国道18号方面に至る
民家
ゆたか

乙女の泣き坂、堀切に通じる沢（竪堀）

陰の松

尾根城の石積み跡

65-2 義清公時代をしのぶ史跡を巡る 葛尾城 米入口コース

千曲市磯部

かつらおじょう

◇築城（使用）時期　15世紀後半～
◇主な城主（勢力）　村上氏
◇本郭（頂上）まで　1時間25分

標高805m

千曲市側から葛尾城へ登るには、国道18号の磯部南信号の南側にある岩崎街道踏切を渡って右方の山側に入った米《よね》からの道がある。葛尾城跡磯部保存会の案内板には「米入口は、村上氏が葛尾城を築城した当時より兵糧の運搬道として利用した重要な場所だった」とある。また坂の途中には義清時代に矢射場とした「矢の手」や、武士が石を投げ合って遊んだという砦跡の「石打《いしうち》古場《こば》」、葛尾城の裏手の見張り場にあった松で城の要塞の一部をなしていたという史跡「陰の松」等がある。途中の沢を望む急坂「乙女の泣坂」の沢は本城の堀切に通じる竪堀になっている。平成17年まで現存した松は幹回り2.6m、樹高20mだったという。近くには葛尾城の水の手として利用したという水場「桜清水」がある。

葛尾城の築城時期は不明だが、対岸の村上郷から坂木に移った村上氏が、要害として葛尾城を必要としたのは15世紀後半の応仁、文明のころとされ、天文22年（1553）、西から迫る武田軍と、配下の裏切りによって自落した。長尾景虎の助勢で一旦は城を奪い返したものの、義清が在城することはなかった。このほか踏切を渡ってすぐ右の尾根上には、岩崎城跡があり、その途中には比丘尼《びくに》石という大きな岩があるが、この岩には「葛尾城落城の際、義清公の奥方が姫城から逃れ郷里の住民の永遠の幸せを祈願し、化石となった」との伝説が残されている。

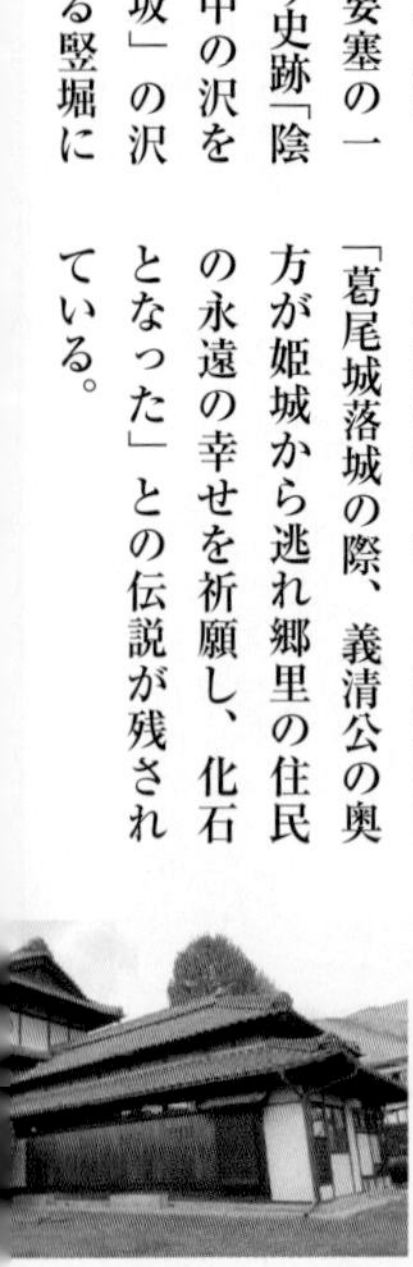

坂木宿ふるさと歴史館

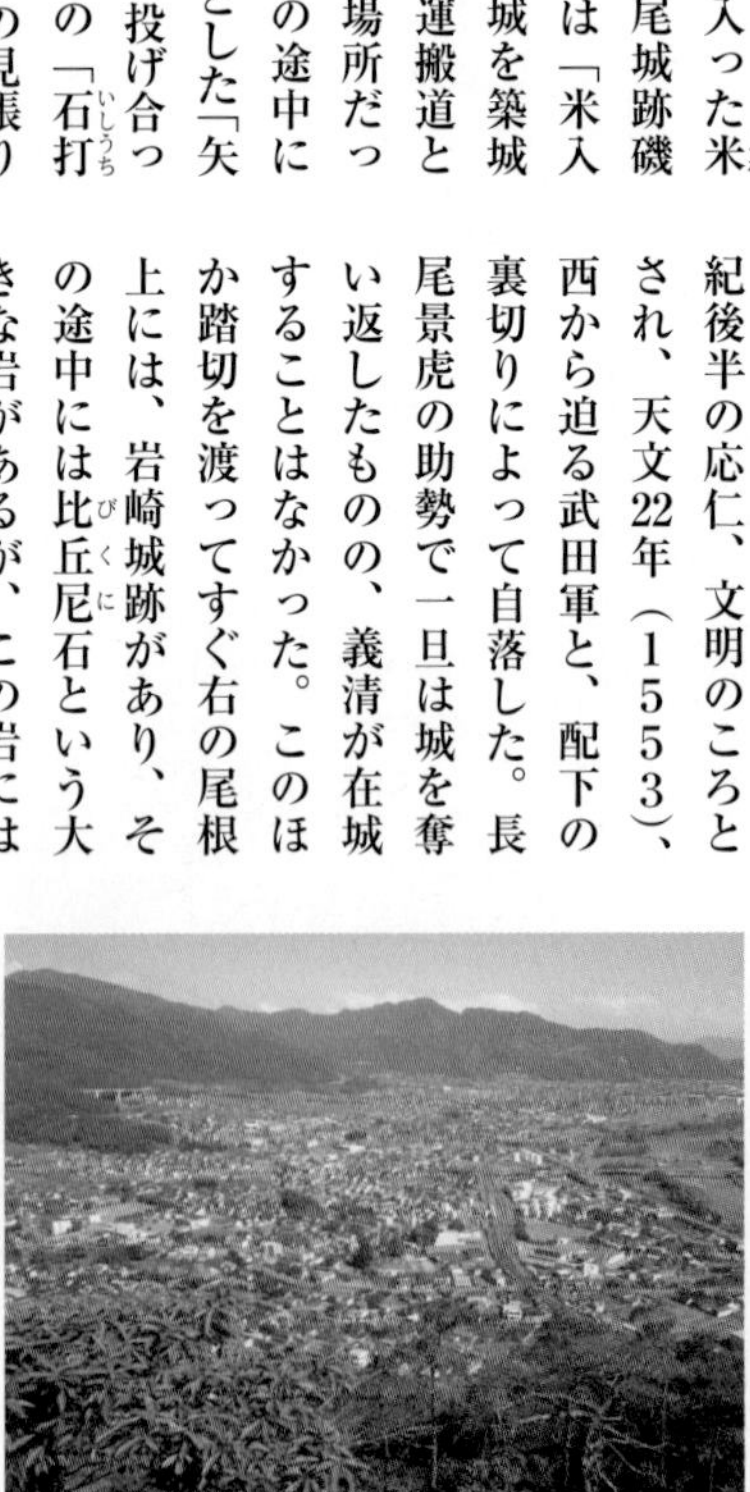

飯綱山からの坂城町の展望

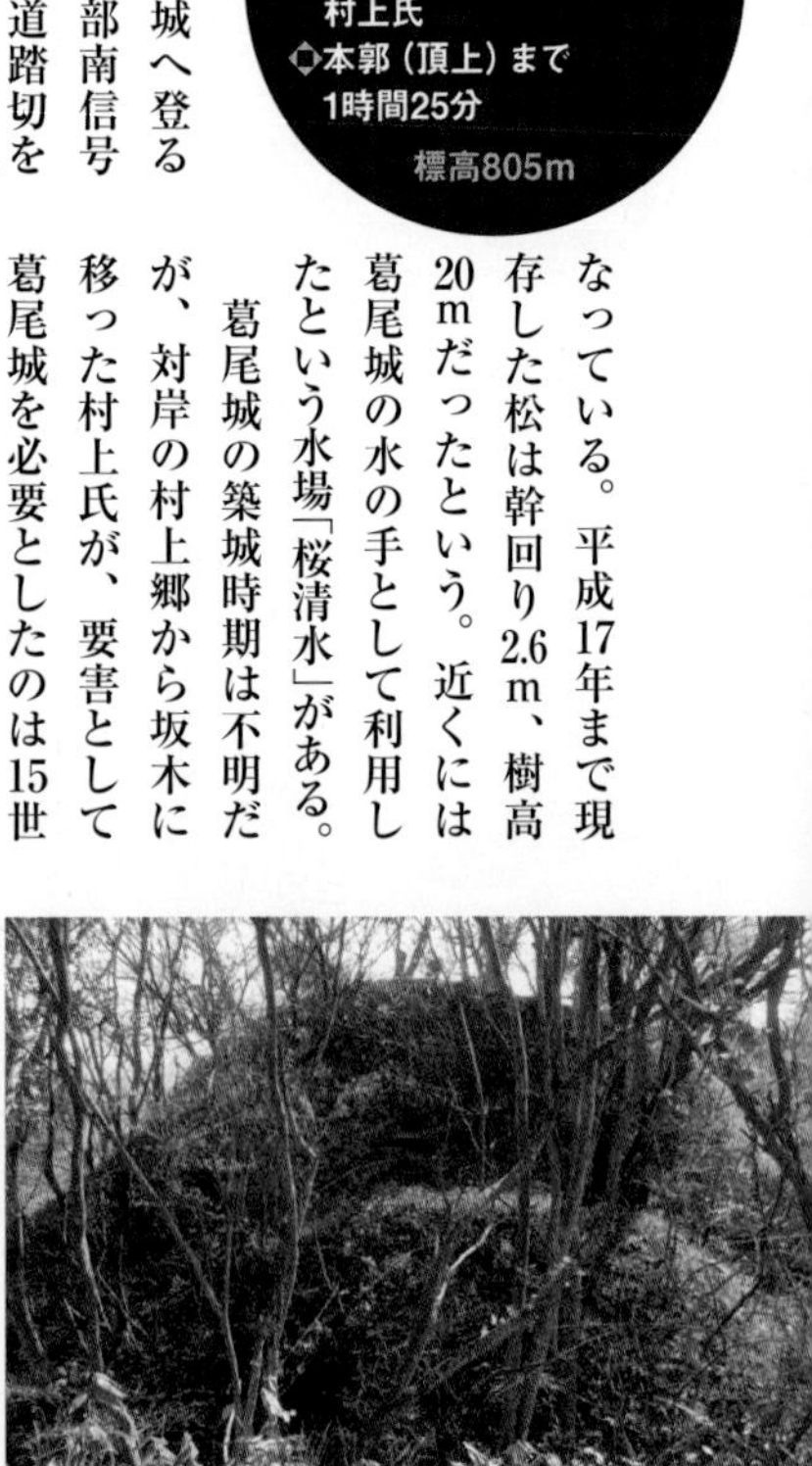

堀切の様子

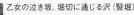

米《よね》入口から
かつらお
葛尾城跡
標高 805m
ホーイ
葛尾城跡
桜の木
あずまや
稜線の登山道
林道終点
五里ヶ峰頂上へ
両側(南北)は急斜面
稜線の堀切に階段が設置されている
老松
TEL BOX
北アルプスを展望
至磯部
わかりにくいが分岐がある
石垣あり
本城の堀切が連続
陰の松 (葛尾城裏手の見張り場)
休憩所がある 史跡 陰の松の石碑
松の切株 枯木
堀れた地形
切り開かれて周囲が明るくなる
本城裏手の砦跡 段郭と石積みが残っている。
いしうちこば 石打古場
石打古場
櫻清水
5分 120m
15m
桜清水
櫻清水 ↑120m
急傾斜 足元注意!
倒木があり右に回る道がある
80m程まっすぐに
村上義清
村上義清
村上義清 生誕地 坂城
竪堀
この沢(竪堀)を上がっていくと本城の堀切に出る
木橋
乙女の泣坂
米コース(磯部コース)
上り 1:25
下り 1:00
ベンチ
石仏
案内板
クリの木
前沢ダム
道沿いの柵が橋まで続く
カラマツ
杉の斜面を緩く上がる
車道行止り、左に空き地 5〜6台駐車可
ヤブ
矢の手 (義清の時代に矢射場とした所)
100mまっすぐ上がる
登山口、米《よね》入口
この米《よね》入口は、村上氏が山頂に山城を築いた当時より、兵糧を運搬する道として重要な場所であった。
千曲市磯部
秋葉神社、比丘尼石、岩崎城跡 200m
50m
岩崎街道踏切
しなの鉄道
至長野
至坂城町
至万葉橋
磯部南
かわせ
R18
100m程斜面を横切る。
沢にしっかりした木製の橋が架かる。
ゆたか

66

葛尾城防御のための西の砦
岩崎城
坂城町刈谷原、千曲市磯部

いわさきじょう

◇築城（使用）時期
戦国時代
◇主な城主（勢力）
村上氏
◇本郭（頂上）まで
20分

標高610m

千曲川対岸の出浦城（左）入山城（右尾根）を望む

平らな本郭の様子

葛尾城の主郭下から西に派生する険しい尾根の中腹に岩崎城がある。城跡の下方には「比丘尼《びくに》石」（苅屋原の七不思議＝葛尾城落城の際、義清公の奥方が姫城から逃れ、郷里の住民の永遠の幸せを祈願し化石となった）と伝えられる石がある。尾根の先端はしなの鉄道と国道18号のすぐ際に落ち込んでいて、しかも崩壊が激しく急峻な岩場があらわになっている。岩崎城は磯部から葛尾城の搦手《からめて》へ登る旧道（傾斜が緩いため葛尾城へ物資を運ぶ重要な道）や、水の手と根小屋を防御するための砦としての役割を果たしていたようである。天文22年（1553）4月9日、武田の進攻（搦手側からの攻撃）により葛尾城は自落。村上氏は後に上杉の援軍を得て城を奪還するが、このときも搦手側から攻撃している。8月に村上義清が塩田城から退去したのち、武田の侵攻から搦手を守るための砦として岩崎城が造られたと考えられている。その後、葛尾城は武田の手に落ちるが、岩崎城は武田方により改修されているようである。

登り口は千曲市と坂城町の境付近、国道18号磯部南信号からおよそ70m南のしなの鉄道岩崎街道踏切を渡って、尾根沿いの道を100mほど上がった右側にある。崩落斜面を横切って痩せ尾根に上がると、右側の岩場に石灯籠と秋葉社の祠が祀ってあり、さらにその上部には自然石の灯籠や祠が祀られている。村上氏の奥方が石になったという比丘尼石からは千曲市や岩井堂山（出浦城）などが見渡せる。尾根伝いに上がるといくつかの削平地があり、土塁のある二の曲輪、複雑に入り組んでいる主郭がある。雑木や倒木で荒れているが、遺構は概ね見て取れる。尾根の中腹をうまく使った城構えだと思う。

大手側にある比丘尼石

笄橋から城跡のある尾根（真ん中辺り）を望む

坂城町

岩崎城跡

水の手と根小屋の防衛を受け持った葛尾城の西の砦

コースタイム
20分
標高
610M

ホーイ
急な尾根伝いで葛尾城に至る
610m
岩崎城跡
堀切、埋まりぎみ浅い
この辺、凸凹のある複雑な地形
曲輪は雑木林状態
一の曲輪・砦の中心部
二の曲輪
・土塁の盛り土がある
ヒノキの植林
目印になるコンクリート土台跡
小さい削平地がいくつもある
土橋
大きな竪堀・だいぶ浅い
NO9鉄塔
急崖
フェンス沿いに岩稜を歩く
比丘尼石
切り開かれて展望がすばらしい
苅屋原の七不思議（伝説）
比丘尼石
葛尾城落城の際、義清公の奥方が姫城から逃れ郷里の住民の永遠の幸せを祈願し化石となったと伝えられる。
切り開きで展望が良い
NO10鉄塔
ゆ
自然石の石灯籠
秋葉神社
・石灯籠と石祠
岩
崩落、急崖
※すぐ下に国道
登り口
街道
岩崎踏切
100m
あき地
旧北国街道
しなの鉄道
国道18号

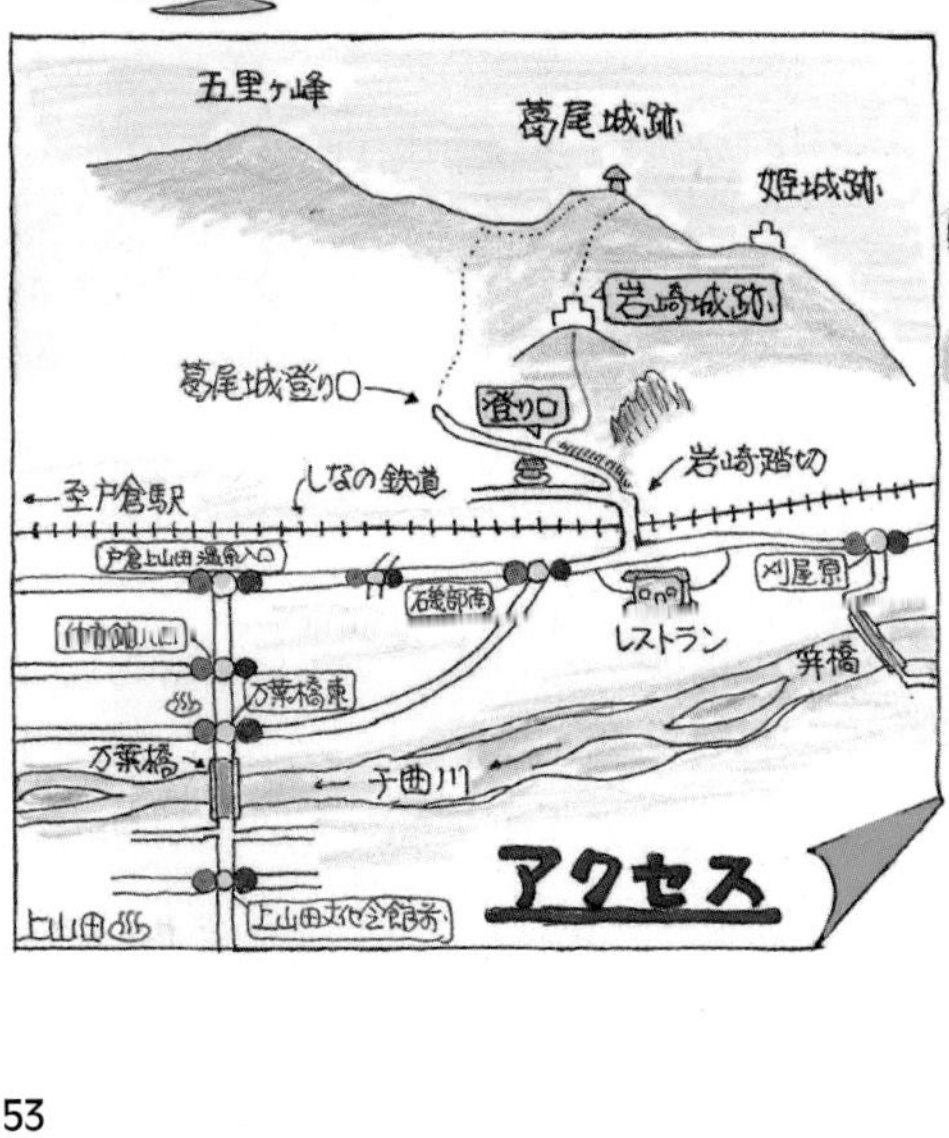

五里ヶ峰
葛尾城跡
姫城跡
岩崎城跡
葛尾城登り口
登り口
岩崎踏切
しなの鉄道
至戸倉駅
戸倉上山田温泉入口
石綿部南
刈屋原
仲町館入口
レストラン
粟橋
万葉橋東
万葉橋
千曲川
アクセス
上山田
上山田文化会館前

67 武田軍の川中島進出拠点として 赤沢城

別名【塩崎新城】長野市篠ノ井、千曲市稲荷山

あかさわじょう

◇築城（使用）時期
応永年間
◇主な城主（勢力）
赤沢氏、塩崎氏
◇本郭（頂上）まで
20〜25分

標高478m

赤沢城は信濃守護であった小笠原氏の配下である赤沢氏が支配していた。信濃は大塔の戦いの後、守護を置かない幕府直轄国となったが、大塔合戦から3年後の応永10年（1403）に再び戦乱が起きた。村上満信を盟主とする大井、伴野、井上、須田氏など国人一揆党が再び反抗して塩崎城とは別に建てた塩崎新城に立て籠もり抵抗したため、幕府が攻撃し落城させた。この城が赤沢城だったとの説があるが断定はされない。戦国時代に城は改修され、一帯を支配した塩崎氏が天文22年（1553）に武田方に仕えたことにより、塩崎城とともに武田軍の川中島進出拠点として利用されたという。

赤沢城は長野市と千曲市との境に位置し、西下には長野自動車道、東下にはJR篠ノ井線がいずれもトンネルで通過している。約3km先、千曲川対岸の屋代城と対を成すように善光寺平への関門となっており、上田方面、松本方面からの街道を押さえる位置にある。

千曲市稲荷山の飯縄稲荷神社境内の左側からJR篠ノ井線の脇を上へと進む。石切場脇を上がり、標識に従って右斜面に取り付いて堀切の中を尾根筋まで上がる。左右に郭の地形がみられ、右に進むと主郭の下に出る。岩上に石祠の傘が乗っていて、その土塁から上がったところが主郭と思われるが、笹薮で直径20mもないほど狭い。一旦下った鉄塔の北側に広い郭があるが、こちらの方が主郭で、主郭と称される頂上は物見だとは考えられないのだろうか。近くには越将軍塚古墳や小坂城跡がある。

二の郭から見た主郭南側の様子

城跡の下を通る篠ノ井線のトンネル

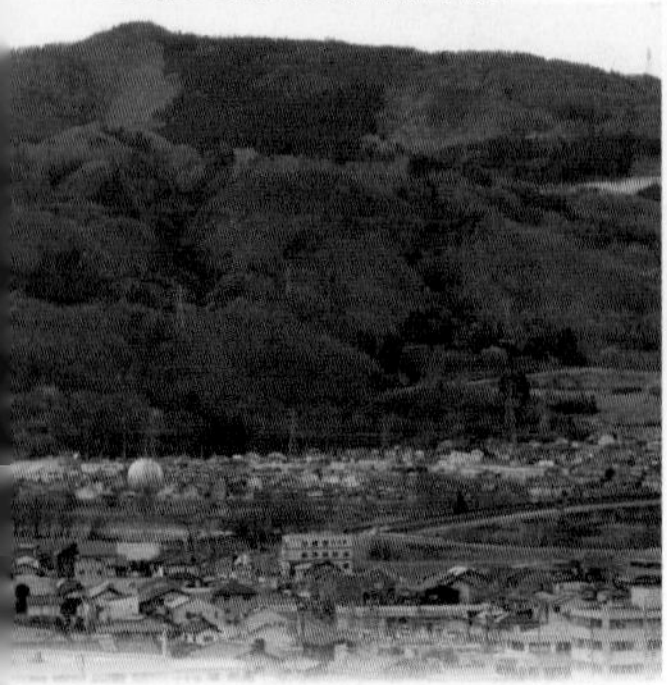
代城跡から望む（中央の鉄塔が主郭、後方は篠山）

主郭北側の郭

堀切を上がる

北側斜面に立つ石祠、下を長野自動車道が通る

長野市 千曲市
飯縄稲荷神社から登る
赤沢城跡
塩崎新城
標高478M
至小坂山
至稲荷山
林道
案内板
越将軍塚古墳
案内板
史跡越将軍塚古墳 この古墳は標高490m地点にある山上立地の円墳で、竪穴式石室を持つ円墳で墳丘は尾根上に築かれ径33m高さ6.7m、中段一帯に幅1mの段築があり裾部に根石がある。築城年代は、五世紀とみられ、五世紀の鏡が出土している。信濃の古式史解明上貴重である。抜すい
長野道 稲荷山トンネル
坂北北信線 第57号鉄塔
杉林へ
案内板抜すい
遊歩道
登り口
(笹竹のヤブで展望なし)
赤沢城跡 478m
大きな石
50×18m程の平地 郭の一部か
堅堀
岩上に石祠の屋根
鉄塔の案内標識
(平地)
小さい堀切地形
堀切の地形の中を歩く
第1号鉄塔
赤沢城跡の標識
ここから右の踏み跡に入ると、すぐに尾根に出られる
石積みの跡がみられる
曲輪の段々
城山《しろやま》
トンネルの標識
61k399m~61k588m
L=189m
赤沢城跡まで7分の標識
展望は良いが足元はガケ(注意)
赤沢城跡まで7分の標識
10数m
ガケ
石切場
(レンガ造りの古いトンネル)
(JR篠ノ井線)
城山トンネル
岩
右方向に斜面を斜めに上がる
笹竹の中の道、小さく曲がる
飯綱稲荷神社
(本殿は総けやき造り、五穀豊穣や商売繁盛の神を祀っている。)
祠や石祠がいくつもある
至松本方面
越将軍塚まで16分の標識
笹竹のヤブ
赤い鳥居をくぐって階段を上がる
急斜面(落石注意)
弘化丁未地震 稲荷山駅横 死の叢塚碑 (弘化4年(1847年)の善光寺地震災害の供養碑)
舗装路
緩く上がる
桜
墓地
トンネル
N
ホーイ
登り口
県営稲荷山団地
舟つなぎ石と案内板 (鎌倉時代以前からこの辺は舟着場だった。)
アクセスマップ
赤沢城跡
飯縄稲荷神社
城山トンネル
JR篠ノ井線
(荒町)
稲荷山荒町
登り口
長雲寺
県営住宅稲荷山団地
保育園
千曲市勤労者体育センター
ふる里漫画館
稲荷山公民館

68

見事に整備された好展望の山城

荒砥城

千曲市

あらとじょう

◇築城（使用）時期
1524年ころ
◇主な城主（勢力）
山田国正、上杉氏、屋代氏
◇本郭（頂上）まで10分
（入場料通年300円）
標高600m

復元された物見櫓と兵舎（後方は坂城・上田原を望む）

東側から望む城山（後方は冠着山）

物見櫓から戸倉上山田を望む（後方は五里ヶ峰）

観光案内パンフレットの表紙に「―甦る五百年の歴史―荒砥城跡」とある。荒砥城跡は千曲市城山史跡公園として整備されている。城跡は上山田温泉街のすぐ裏山にあって、山上に物見櫓が飛び出して見える。北アルプスや善光寺平をはじめ、眼下に千曲市街地を見下ろす絶景の場所にある城跡には、館、兵舎、物見櫓、門や石垣、木柵等をリアルに再現していて、昔の山城の様子を知ることができる。これまでにＮＨＫ大河ドラマ「風林火山」や「江―姫たちの戦国」などの撮影にも使われている。

荒砥城は戦国時代（１５２４年頃）、坂城の村上氏一族であった山田国正が築いた山城である。山田氏は村上義清とともに「上田原の戦い」や「砥石城の戦い」で武田晴信に勝利したが、武田方の重臣真田幸隆らの急襲に遭い砥石城で戦死し滅亡する。城は武田氏の支配の後、川中島の戦いを経て上杉氏の支配となった。ところが海津城の副将であった屋代秀正が徳川家康の謀略により上杉氏に背いて荒砥城に籠城。結局は上杉氏に攻められて落城し１５８４年に廃城となった。

荒砥城は東・北側が断崖で、攻めにくく守りやすい。千曲川を隔てた対岸の葛尾城や屋代城などとともに川中島に通じる交通の要衝にもあることから重要な要害であったと思われる。春先、満開の桜を見ながら尾根続きに小城、証《あかし》城を詰めれば冠着山への登山もできる。

館と兵舎

荒砥城入り口の門

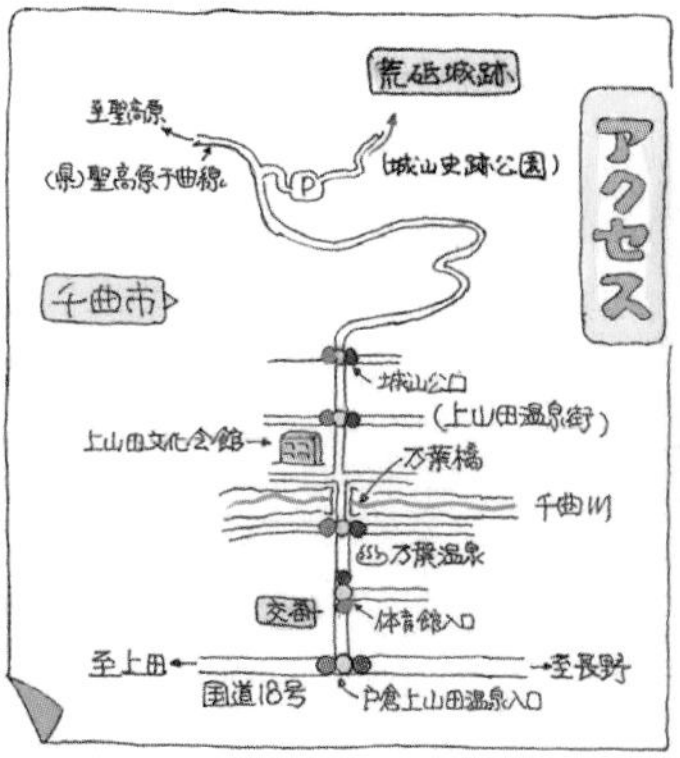

アクセス
荒砥城跡
至聖高原
(県)聖高原千曲線
P
(城山史跡公園)
千曲市
城山公口
(上山田温泉街)
上山田文化会館
万葉橋
千曲川
万葉温泉
交番
体育館入口
至上田
至長野
国道18号
戸倉上山田温泉入口

千曲市 荒砥《あらと》城跡

五百年の眠りから覚めた戦国の山城

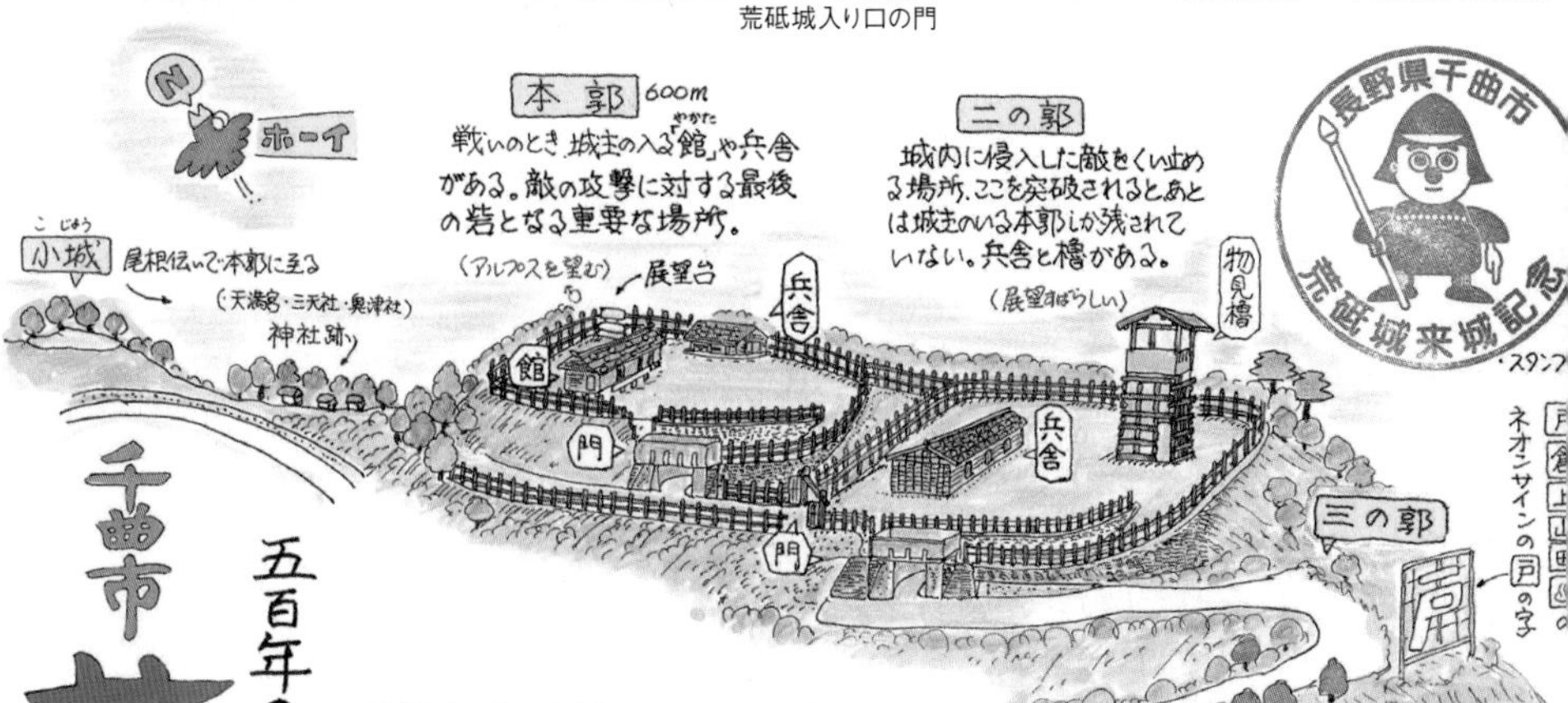

N
ホーイ
本郭 600m
戦いのとき、城主の入る「館《やかた》」や兵舎がある。敵の攻撃に対する最後の砦となる重要な場所。
二の郭
城内に侵入した敵をくい止める場所。ここを突破されるとあとは城主のいる本郭しか残されていない。兵舎と櫓がある。
小城《こじょう》
尾根伝いで本郭に至る
(天満宮・三天社・奥津社)
神社跡
(アルプスを望む)
展望台
兵舎
館
門
物見櫓
(展望すばらしい)
兵舎
門
三の郭
戸倉上山田のネオンサインの「戸」の字
長野県千曲市
荒砥城来城記念
スタンプ

※荒砥城は約500年前（1524年頃）山田氏により築城された。村上氏の一族であった山田氏は葛尾城の城主村上義清とともに上田原の戦い（1548）、戸石城の戦い（1550）では、武田晴信との戦に勝ったが、武田家の重臣真田幸隆の急襲に遭い、戸石城において戦死し山田氏は滅亡した。

その後、川中島の戦いを経て、荒砥城は上杉方の城となるが、海津城の副将であった屋代秀正は、家康に密通し上杉に背いて荒砥城に篭ったため、上杉に攻められ、荒砥城は落城して（1584）廃城となった。

遊歩道
(入場料 300円)
案内所
四の郭
トイレ

史跡公園入口
至聖高原
駐車場
P
P
※県道聖高原千曲線
冬期はここから先通行止
(11月30日～4月中旬)
至戸倉上山田温泉街

No. 271527

甦る400年の歴史

千曲市城山史跡公園

荒砥城跡

一般入場券

300円

〔団体：250円〕

千曲市教育委員会　TEL.026-275-0004（代）

櫓

標高 600m

※荒砥城跡は、千曲市城山史跡公園として整備され、物見櫓や館、兵舎、木柵などが再現されている。

69

曲輪が一列　単純な連郭式縄張り

入山城

別名【新山城】

千曲市上山田

いりやまじょう

◇築城（使用）時期
戦国時代
◇主な城主（勢力）
入山氏
◇本郭（頂上）まで
15～20分

標高509m

郭にある稲荷神社の石祠

入山城から荒砥城を望む
（遠方は高妻山）

堀切の様子

堀切から竪堀に続く

南側に出浦城跡を望む

入山城は大林山から北東に派生する尾根上に築かれた山城で、東麓には曹洞宗見性《けんしょう》寺が、北東の尾根の先端には上山田小学校がある。位置的には、南に岩井堂山の出浦城、北側に荒砥城、南東には葛尾城などがある。北側には四十八曲峠を越えて麻績方面に通じる道があり、これを押さえる場所にある。村上氏の支族である入山氏の要害と伝えられるが、事跡ははっきりしていない。ただ、城の周囲は村上氏の支配が及んでおり、大きな影響下にあったと思われる。

登り口は見性寺入口の一本南側の道路を山側に進む。尾根上にある県企業局の配水池施設前まで車で入り、尾根伝いに踏み跡をたどる。急登を上がると右に崩落ともとれる大きな竪堀があり、四の曲輪の下にあるL字型の腰曲輪に出る。ここから上部が城域で、四の曲輪に上がると北側に稲荷神社の石祠が祀られている。すぐ脇には深さ6mほどの堀切があり、クランクに曲がって北側の竪堀に続いている。この堀切を越えた先の広い曲輪が主郭（20×12m）で、奥側には高さ1mほどの土塁があり、中ほどの凹んだ虎口らしき形跡も見られる。北に向かい、竪堀が長く下る堀切を越えると狭い二の曲輪、さらに堀切を越えると今度は広い三の曲輪（36×13m）と続く。その先の尾根をたどると土塁らしき盛り土が30m以上あるが、宮坂説によると水路として使われたようである。いずれにしても平坦な尾根上に続く郭と大規模な堀切（竪堀）が見事な城跡である。もう一つの登り口は、城跡から東に延びた尾根の先端（水道施設への入口のすぐ脇）から左の尾根に取り付き、尾根筋まで踏み跡をたどると三の曲輪の堀切辺りに出られる。この道はおそらく松茸採りの踏み跡だろう。

千曲市
入山城跡
いりやま
509m
コースタイム
15～20分
大林山から派生した尾根
尾根上に長さ36m程の土塁（わずか土を盛った程度）
上幅5m程の堀切
三の曲輪
36m×13m
天水溜か凹地
高さ8～10mの堀切
曲輪が一列に並ぶ連郭式の縄張り
踏み跡が続く
4×11m
二の曲輪
（松林）
北側に比べて短い竪堀
土塁 1～2m
北側の竪堀下方まで長い
主郭
12×20m
高さ6m
5×12m
四の曲輪
稲荷大明神の石祠
堀切～竪堀（1と4の曲輪
（崩落している斜面）
・曲がった造り
8m
四の曲輪下にL字の曲輪
樹間に荒砥城見える
松茸山の踏み跡程度の道
登り口から見える城跡
尾根をたどる
車はここまで
P
曹洞宗見性寺
登り口
県企業局の配水池
登り口
P

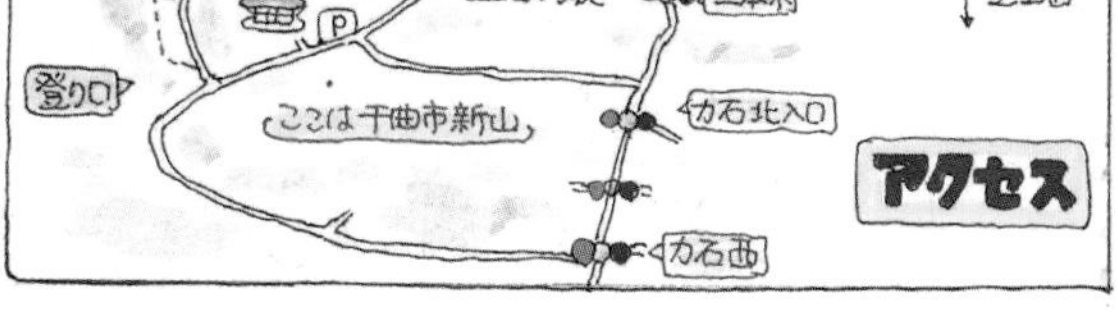
入山城跡
（車ここまで）
登り口
配水場
見性寺
P
登り口
ここは千曲市新山
上山田小学校
（上山田温泉）
城山入口
万葉橋
戸倉上山田温泉入口
R18
しなの鉄道
女沢橋
千曲川
至上田
三本木
力石北入口
力石西
アクセス

見性寺と入山城跡（後方）

不動滝

主郭の様子

70

不動滝上部の斜面に多くの曲輪

佐野山城

千曲市桑原古屋

さのやまじょう

◇築城（使用）時期
戦国時代
◇主な城主（勢力）
桑原氏
◇本郭（頂上）まで
20分

標高682m

佐野山城跡は不動滝の上、比高１００ｍほどの山稜にある。千曲市桑原から大田原に向かう道路の大きな左カーブの右に案内板がある。車は標識脇の路肩に1台分。案内板に従って佐野川右岸に入ると、すぐ右に落差の大きな堰堤がある。二つ目の堰堤を越えて河原に下り、小川を渡ると東屋のある不動滝前に出る。高さ14ｍほどの滝は見応えがある。東屋の前から「佐野城址↓」の標識を見て斜面に取り付き、道なりに上がって行くと、道は3本に分かれ、左は山神祠、右は麓の佐野薬師へ、城跡へは鋭角に左に上がる。

虎口状の凹地を通って左方向へ斜面を横切ると、右上、左下に曲輪状の削平地がいくつも見られるようになる。尾根を右へ上がる辺に帯曲輪があり、虎口の地形が想像できる。まもなく「佐野城址↓」の案内があり、数ｍ上がると案内板やベンチがある主郭に着く。南側の一段下には長い帯曲輪、北側にはやや高い所に二の郭、その先には急な切岸の堀切がある。曲輪の多くは主郭の南側斜面にあって小曲輪が連続して設けられている。あまり規模の大きな山城ではないが、主郭や二の郭、帯曲輪など城の大まかな縄張りが確認できる。さらに上には左右が急峻な下り斜面となっている剣の刃渡りという痩せ尾根がある。

佐野山城の歴史について詳細は分からないが、桑原氏によって築かれたのではないかと想定されている。桑原氏は後に塩崎城を支配し、塩崎氏を名乗ることになる。天文22年4月の武田氏と村上氏による抗争の際、屋代政国と塩崎氏は村上氏に背いて武田方に付き、佐野山城に籠ったと言われている。天正11年に屋代秀正が上杉景勝に背いて荒砥城に籠城した際にも塩崎氏は佐野山城に籠ったが、上杉勢に攻められて麻績方面に奔《はし》ったとされ、佐野山城も廃城となったようである。

堀切の様子

の神の石祠

東屋と不動滝

佐野山城跡
682m
斜面に多くの削平地(曲輪)が残る
ホーイ
至高尾山
剣の刃渡り、幅狭い尾根道
急斜面
急斜面
堀切 上幅13m程
二の郭 22m×7m
岩
案内板・標柱・ベンチ
25m×18m
堀切
崩落のある斜面
主郭 682m
帯曲輪 59m×7m
削平地 曲輪多数
曲輪
・車橋
※崩落岩場 通行困
山の神
※滝の沢・高さ14m
不動滝
山の神
100m
(曲輪)
あずま屋
大岩
主郭まで 20分
分岐
至佐野薬
じいたれ
平削地
※佐野城址0.5km
川原に下りて橋を渡る
至大田原
大きなえん堤2つ
※佐野城址0.7km
登り口
車登り口の路肩に1台。
佐野川
林道不動滝線
至桑原
ゆ
佐野山城跡
アクセス
不動滝
※崩落、通行困
山の神
あずま屋
佐野薬師
薬師池
分岐
登り口
林道不動滝線
R18バイパス
スーパーツルヤ
至大田原
JR篠ノ井線
コバヤシ産業
佐野入口バス停
・城跡まで1.5km
長野自動車道
治田小学校
竹林の湯
県403号
聖高原
至松本
2.0km

71
堀切と曲輪に残る石垣が見どころ
小坂城
千曲市桑原小坂

おさかじょう
- 築城（使用）時期　戦国時代
- 主な城主（勢力）　桑原氏、保科氏
- 本郭（頂上）まで　15〜20分

標高573m

小坂山頂上にある石祠

主郭縁に残る石垣

麓の登山口にある龍洞院

小坂城跡は曹洞宗龍洞院の背後にある小坂山から南に派生する尾根の上にある。登り口は龍洞院から上る大手道と長野自動車道小坂トンネルのすぐ上からの蟹沢コースがある。大手道は龍洞院の西側墓地の間から階段を上がって斜面に取り付く。城跡までは0.5km、墓地の上には0.4kmの標識がある。矢竹の薮の間を抜け、急斜面を15分ほど上がると左に杉の木が生えた曲輪があり、あちこちに高さが1～2mの砕石の石垣が見られる。右にわずか上がると広い主郭に着く。主郭には城址の標柱と案内板、ベンチがある。広さは46×29mほど、南側と西側に張り出した尾根にある曲輪の数と広さから、なかなか広い城跡に思える。主郭の背後の大堀切は深さ10mほどの竪堀となって下っていて、さらに尾根上部に大小4本の堀切と、小坂山に続く尾根に6本の堀切があり、中には深さ8mほどの大きなものもある。

西側の蟹沢コースの登山口は龍洞院から500mほどで、長野道の更埴23のボックスをくぐってカーブの先を右に入り、鹿柵のゲートを入る。堰堤上流の小沢を渡り、「→小坂城址0.4km」の標識を見て真っ直ぐに10分ほど上がると本郭背後の大堀切の鞍部に出る。

小坂城は桑原氏の築城との伝承があるほか、塩崎氏が村上氏に対抗するために小坂城を築き家臣の桑原氏に守らせたともいわれるが、記録等がなくはっきりしないようだ。天文22年、武田氏が侵攻し城を奪うと保科弾正義昌が城主となった。天正10年、武田氏の滅亡後は小坂城も上杉景勝の支配下になったと思われる。北信四郡を領した景勝は、稲荷山城を築いて保科備後守に桑原を与えて在城させ、小笠原勢の侵攻に備えて多勢の猿ヶ馬場衆を配置している。

小坂城はおそらく在地勢力によって要害城として築かれたものが戦国の各勢力に利用され、戦国末期には稲荷山城の支城として修築されて使われた（宮坂武男氏説）ことが考えられる。

小坂城跡（中央杉林のピーク）と小坂山（右）

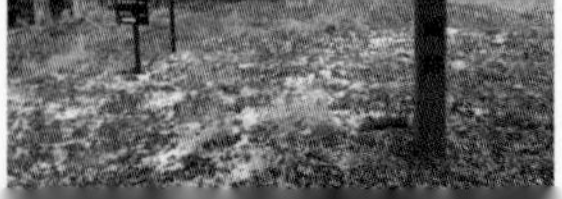
小坂城跡主郭の様子

千曲市 小坂《おさか》城跡

塩崎・武田・上杉と城主が交替
多くの堀切・石垣が残る龍洞院の裏山

小坂《おさか》山 573m

72 室町時代前期に存在した城跡
唐崎城

別名【朝日城】【藤崎城】

千曲市雨宮

西側の登山口の招魂社

登山口にほど近い雨宮神社

南側から唐崎城跡を望む（崩落の上）

からさきじょう

- 築城（使用）時期
  至徳、応永年間
- 主な城主（勢力）
  雨宮氏、生身氏
- 本郭（頂上）まで
  20分

標高481m

この城のある唐崎山は、千曲市の雨宮《あめのみや》、土口《どぐち》、生萱《いきがや》にまたがり、尾根続きで天城山《てしろ》（天城城跡）、鞍骨山（鞍骨城跡）に続いている。登山口は雨宮の招魂社前と、すぐ北側の土口側にあり20分ほどで登頂できる。築城は村上氏支族雨宮氏との伝えがある。

登山口の案内には「この城は生仁館《なまにやかた》の本城で、雨宮摂津守または生身《なまみ》大和守の居城であったとも言われ、一説には宇藤摂津守安時が居たともいわれ、麓を宇藤坂ともいう」などとあるが、別には麓の生仁にあった館城の要害（砦）として一連のもの、との意見もある。いずれにせよ足利義満将軍時代の至徳4年（1387）や応永10年（1403）頃に村上氏と東北信の豪族が守護に反旗を掲げて戦ったが失敗したという時期の山城のようだが、詳しい歴史はよく分からない。

中世にはこの城の北麓を流れる千曲川との間に、土口の堂平を越え松代へ向かう道があったという。ちなみに尾根のすぐ北側には「鞭声粛粛・・・」と謡われた「雨宮の渡し」がある。

著者宅からすぐ南に見える唐崎山はタラの芽やワラビの宝庫で、よく山菜採りに出掛ける。主郭中央には当時の天水溜（井戸跡）と伝わる凹地が残り、いつも水がたまっているが、現在は動物のヌタ場と化している。雑木が茂って展望は望めないが、毎日の足慣らしには最適だ。

本郭にあった水場は動物のヌタ場

唐崎城跡
雨宮、土口、生萱にまたがる山城は、朝日城、藤崎城とも。
南北朝時代末期応永時代、雨宮氏が築城
唐崎山
481m
ホーイ
Z
天城山に至る
ピークに石祠3つあり
明聖霊神の小広場
明聖霊神の石碑他御岳信仰の石塔あり
こちら側にわずか展望あり
きれいにそろった赤松林の斜面
岩が露出している
NO21鉄塔
送電線巡視路
松のある小ピーク
両側に桜の木
四等三角点
（481.2m）
尾根のすぐ右を100m程トラバースする。幅狭い道
広い尾根を緩く上がる
約478m.
唐崎城跡
本郭から2段20m程下る
主郭
郭は広葉樹で覆われている
直径2m程の水溜り（天水溜）
（井戸跡）
動物のヌタ場
唐崎山
二の郭
三の郭
平地が段々の郭になっている
西側切り開き
北アルプス鹿島槍、五竜岳、唐松岳を望む
ここから上部城郭の様子がわかる
曲輪
NO20
NO21
送電線巡視路標識
南西尾根
音叉の形をした松
林道跡、荒れている。コースは左へ
北西尾根
いくつも設置あり
登山道コース
草刈りの刃が木に架けてある
たたくと"カーン"と高い音がする
熊よけの鐘
巾広い林道跡
緩い斜面を上がる
至松代
登山口
招魂社
ケヤキ
至生萱
育場橋
沢山川
天城山登山道案内図
天城山649.6m 110分
分岐点 70分
標高604.9m 60分
明聖霊神 40分
唐崎山 20分
招魂社 現在地
唐崎城攻略図
至松代
登山口
唐崎城跡
至千曲川
招魂社
至 倉科・森
沢山川
雨宮神社
至倉科・森
雨宮渡
至R18
至R18方面
ゆかた

73

天城城

海津城防衛のための城砦

千曲市生萱芝山

てしろじょう

◇築城（使用）時期
不明
◇主な城主（勢力）
清野氏
◇本郭（頂上）まで
妻女山から30〜40分
標高695m

二本松峠にある堀切

千曲市のあんずの里

登り口の妻女山招魂社

主郭脇堀切の脇にある石積み跡

千曲市倉科から長野市松代町清野へ越える二本松峠の西側にある小高い山が天城山で、頂上には天城城跡がある。城の南東の尾根伝いには鞍骨城、西には唐崎城、南には鷲尾城、そして北側には妻女山陣場がある。古くから戸倉から宮坂峠を越え、森倉科から二本松峠を越えて清野に至る道は重要な道であり、この見張り場として大事な砦だったようだ。城は鞍骨城の支城として築かれたらしく、この地域一帯を支配していた清野氏によるとも考えられる。清野氏は武田氏に属したので、海津城防衛のための城砦として使われたと考えられる。

天城山のカタクリ

城跡へは、北側の妻女山陣場から曲がりくねった林道を上がり、途中から左の尾根に上がって真っ直ぐ頂上を目指す。二本松峠からだと、尾根伝いに３００ｍほど。主郭下から、ヒノキの植林場所が三の曲輪、堀切の右に帯曲輪、二の曲輪の上に三角点のある主郭とたどる。本丸中央部には天蓋がない大きな石垣の古墳跡がある。北側にも帯曲輪があり、西側には堀切跡や石垣の名残がある。普段は何気なく歩いてしまっている里山だが、城跡としてみることで見逃しがちな堀切や石垣の様子が分かって面白い。春先、西側斜面には小さなカタクリが群生する。

頂上の標識

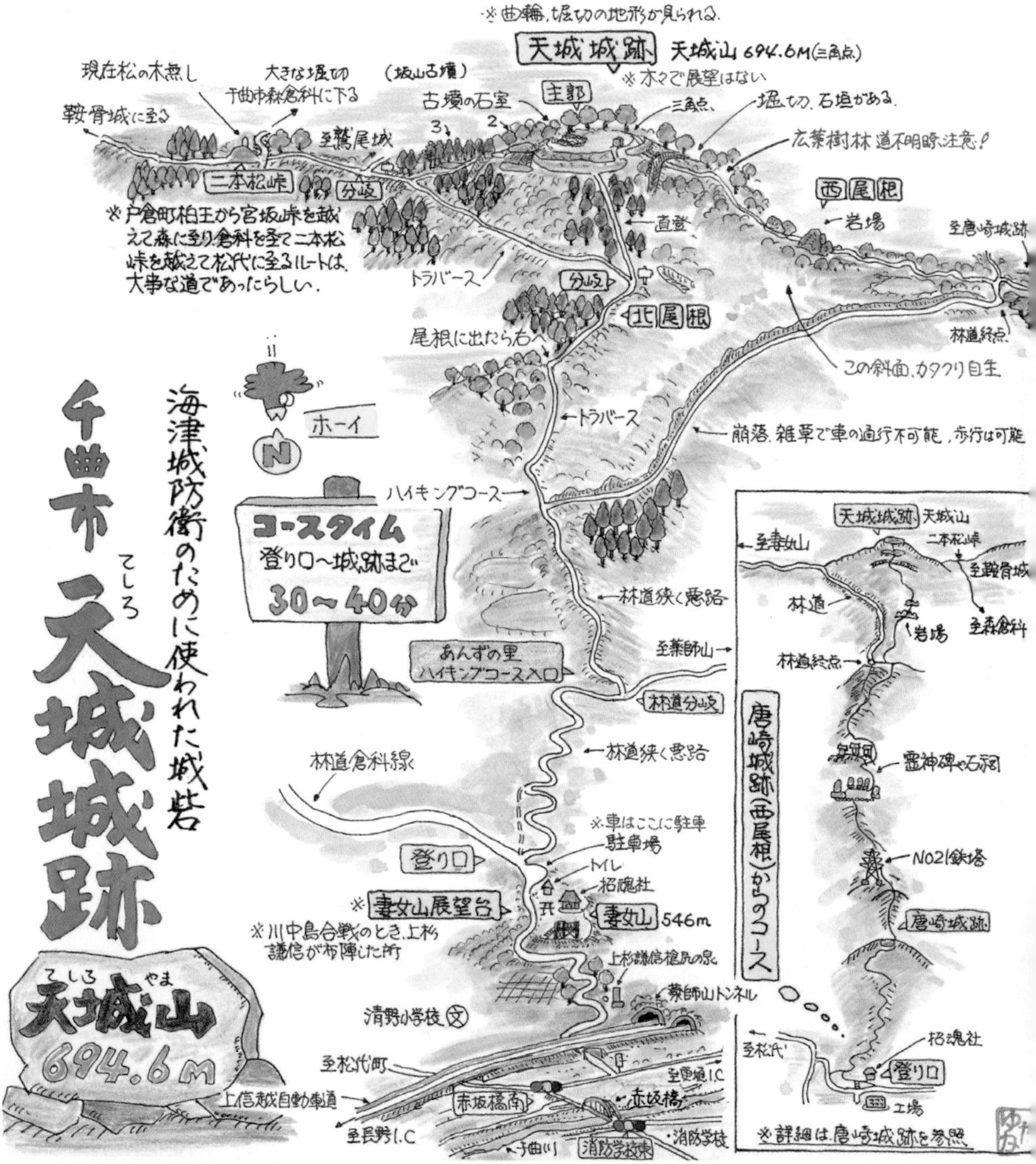
千曲市
天城城跡
てしろ
海津城防衛のために使われた城砦
天城山
てしろ やま
694.6m
コースタイム
登り口〜城跡まで
30〜40分
ホーイ
N
※曲輪、堀切の地形が見られる。
天城城跡
天城山 694.6M(三角点)
※木々で展望はない
主郭
三角点
堀切、石垣がある。
広葉樹林道不明瞭注意!
現在松の木無し
大きな堀切
千曲市森倉科に下る
(坂山古墳)
古墳の石室
鞍骨城に至る
至鷲尾城
二本松峠
分岐
※戸倉町柏王から宮坂峠を越えて森に至り倉科を经て二本松峠を越えて松代に至るルートは、大事な道であったらしい。
直登
トラバース
分岐
北尾根
西尾根
岩場
至唐崎城跡
林道終点
この斜面、カタクリ自生
尾根に出たら右へ
トラバース
崩落、雑草で車の通行不可能、歩行は可能
ハイキングコース
林道狭く悪路
至薬師山
あんずの里 ハイキングコース入口
林道分岐
林道狭く悪路
林道倉科線
※車はここに駐車
駐車場
トイレ
招魂社
登り口
※妻女山展望台
妻女山 546m
※川中島合戦のとき上杉謙信が布陣した所
上杉謙信槍尻の泉
薬師山トンネル
清野小学校
至松代町
上信越自動車道
至更埴I.C
赤坂橋
赤坂橋南
至長野I.C
千曲川
消防学校東
消防学校
天城城跡 天城山
至妻女山
二本松峠
至鞍骨城
林道
至森倉科
岩場
林道終点
唐崎城跡(西尾根)からのコース
霊神碑や石祠
NO21鉄塔
唐崎城跡
招魂社
至松代
登り口
工場
※詳細は唐崎城跡を参照

城跡にある坂山古墳

上杉謙信槍尻の泉(右は上信越道のトンネル)

74

堀切や石垣が残る清野氏の城
鞍骨城
倉科コース

千曲市倉科、長野市松代町

別名【倉骨城】【鞍橋城】

くらほねじょう
◇築城（使用）時期
永正年間
◇主な城主（勢力）
清野氏
◇本郭（頂上）まで
1時間
標高794.8m

　千曲市倉科と長野市松代町の境にある鞍骨山の頂上にある鞍骨城。途中の尾根から波及する支尾根には妻女山陣場、天城《てしろ》城、唐崎城、鷲尾城などがあり、それぞれの城から尾根伝いの登路がある。標高は794.8mとかなり高く、頂上まではどの登り口からでも1時間前後を要するが、各コースとも概ね整備され、見通しの良い秋から春先まで里山愛好家が結構歩いている。今回は千曲市が竹尾地区から長野市清野まで整備している「あんずの里ハイキングコース」の一部を歩く。竹尾北集会場前に駐車し沢沿いの道を上がる。尾根上の二本松峠からは右の北西尾根を進むが、左300mほどの所には天城城跡がある。尾根上のNo.4送電線鉄塔の先には深い二重堀切があって城跡が近いことが分かる。堀切を上がると、細長い曲輪が続く急斜面には削平地があるが、登山道は右方向に巻く。急斜面には見事な郭跡と石垣が遺構として残っていて見応えがある。虎口から主郭に上がると右奥に櫓台の土塁があるほか、頂上から波及する南西尾根、東尾根にも堀切や曲輪がある。標識には「天空の城跡」とあるが、確かに展望は素晴らしい。

　城は永正年間（1504〜21）に清野山城守勝照が築いたとの説がある。清野氏は岩野から倉科にかけてを支配しており、鞍骨城は要害城としていたようである。清野氏は村上方で村上氏代官九家の上位に列していたが、葛尾城が自落する3年前の砥石合戦の際には既に武田氏に出仕しており、家名存続のため村上、武田に分かれたとも伝えられている。

　ところで登山口の千曲市森・倉科地区は、一目十万本といわれる日本一のあんずの里として知られ、毎年多くの観光客で賑わうが、薄ピンク色のあんずの花を見ながら里山を歩いてみるのも面白いと思う。

石垣の様子

線からの戸隠・高妻山などの展望

頂上の様子

頂上の土塁

曲輪の様子

鞍骨城跡
三方の尾根に堀切、曲輪と石積みが残る清野氏の山城
倉科から登る
長野市
千曲市
鞍骨城跡・鞍骨山 794.8m
主郭
櫓台
稜線上展望良好
狭い岩稜
大ギャップ
東尾根
稜線伝いに御姫山に至る
こちら側急崖
※図中の数字は宮坂武男氏の縄張図による
天水溜
岩場
南西尾根
急斜
石垣が残る
NO4の鉄塔
尾根の緩い上り
腰曲輪
広い曲輪
長い曲輪
雑木林
深い二重の堀切
・林道からの巡視路と合流
急登の鉄塔巡視路
・城跡まで50分
林道
登り口
・鞍骨城まで700m
・天城城まで300m
至妻女山
北西尾根
二本松峠
上幅13m程の堀切
※曲輪より下部は道なし
・下る場合はスリップ注意
・上り、忠実に尾根を外さない
林道近くやや左へ
※作業道北ノ入線下れる
※二本松峠の案内板
清野 1.5km
妻女山 2.5km
二本松峠
鏡台山 6km
至天城城、妻女山
※コース案内各所に。
あんずの里ハイキングコース
Apricot Village a hiking course
あんずの里 妻女山
Apricot Village Saijyozan hill (the ruins of a fortress)
作業道跡
※所々にある標識
登山道コース
沢を歩く
岩の上に根を張った株立ちのケヤキ
岩がある
杉の植林斜面
※登り口の案内板
あんずの里ハイキングコース
妻女山 鞍骨山（清野城）
あんずの里
洞松沢
※作業道終点
登り口
岩のある急斜面
NO2送電線鉄塔への分岐
杉の植林
作業道 北ノ入線
案内板
杉の植林
林道ガキキ
動物よけのゲートを開けて入る。
旧牛舎
用水路
城跡まで 1:00
竹林
竹尾北集会
えん堤
水の無い沢
あき地
竹林
あき地に駐車可
あんない
鞍骨城跡
登山口
牛舎跡
竹尾北組集会場
案内板
清源院
（倉科）
富士見
（森）
あんずの里
文
上信越道
新幹線
県立歴史館
屋代駅
しなの鉄道
R18
栗佐信号
至上田方面

75

屋代のひょっこりひょうたん島

屋代城

千曲市屋代

やしろじょう

- 築城（使用）時期 15世紀後半
- 主な城主（勢力） 屋代氏
- 本郭（頂上）まで 30分

標高458m

しなの鉄道屋代駅のすぐ東側に迫る山の斜面が屋代城跡のある一重山で、主郭から西側斜面を覗くと真下に屋代駅の駅舎が見える。南北に長い一重山は、東側から見ると、「ひょっこりひょうたん島」のような形をしている。山全体が城郭を形成していて尾根には郭が12もあるそうだ。北の入口（大手）は、しなの鉄道の倉科踏切脇の成田山不動尊登り口にある。鐘楼の脇を通り、御嶽神社を上がると広い矢代神社の広場に着く。西側には千曲市内が見渡せる。山のくびれで一旦大きく下って上り返すと堀切と段郭の地形が交互に出現し、急な切岸を右方向に上がると二の郭に出る。二の郭と主郭はかなり規模が大きい。南側は、有明山に続く尾根だが、採石によって大きく削り取られ、凹部には墓地と直径29mの水槽タンクがある。

城は15世紀後半、村上義清の代官であった屋代氏によって築城された。天文22年（1553）4月に村上氏の狐落城、葛尾城の落城に伴い、屋代氏は上杉方に背いて武田方に転身、荒砥城に移ったため屋代城は雨宮氏が領した。後に村上氏に敵対した屋代氏は荒砥城を追われたが、やがて徳川家に仕え、旗本となって家系を保ち明治維新を迎えたという。町の直近にある一重山には散歩を兼ね毎日登る人もいる。また一重山から南の五里ヶ峰までの稜線にも登山道があり「一五《いちご》山脈」などと読んでトレッキングする人もいる。西にしなの鉄道と国道18号、東に北陸新幹線と上信越自動車道が通るぜいたくな城跡でもある。

堀切の様子

矢代神社から千曲市の展望

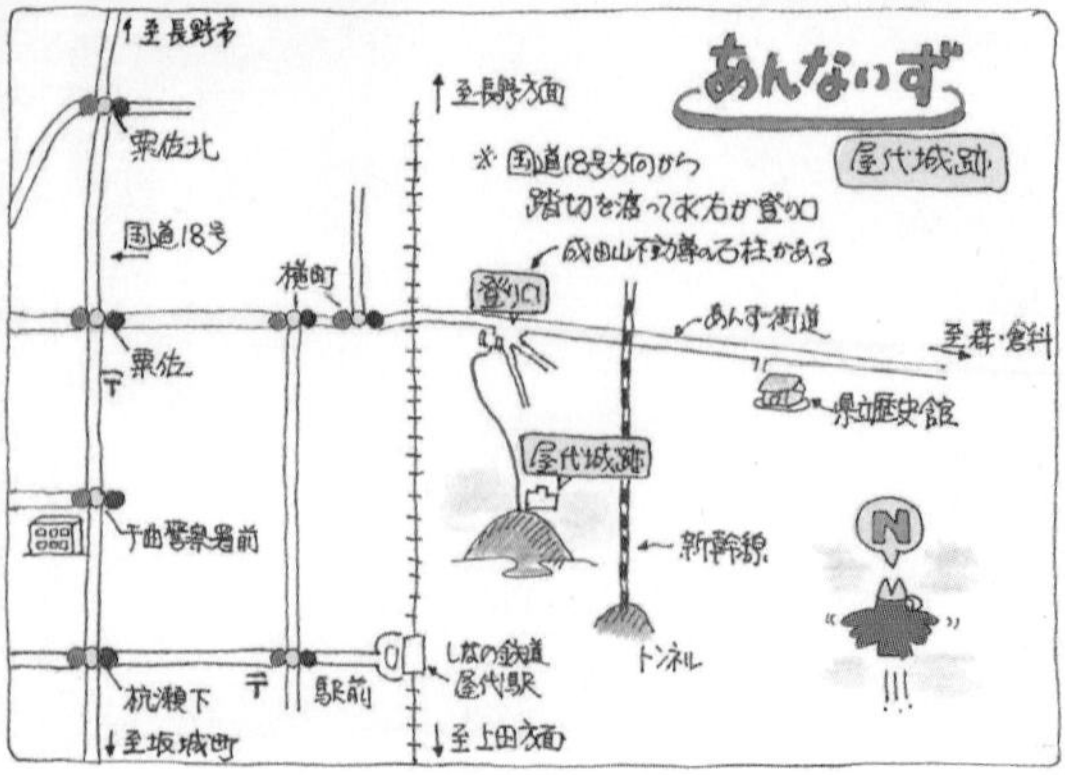

中腹にある矢代神社

鷲尾城跡から見た屋代城跡の一重山（中央）

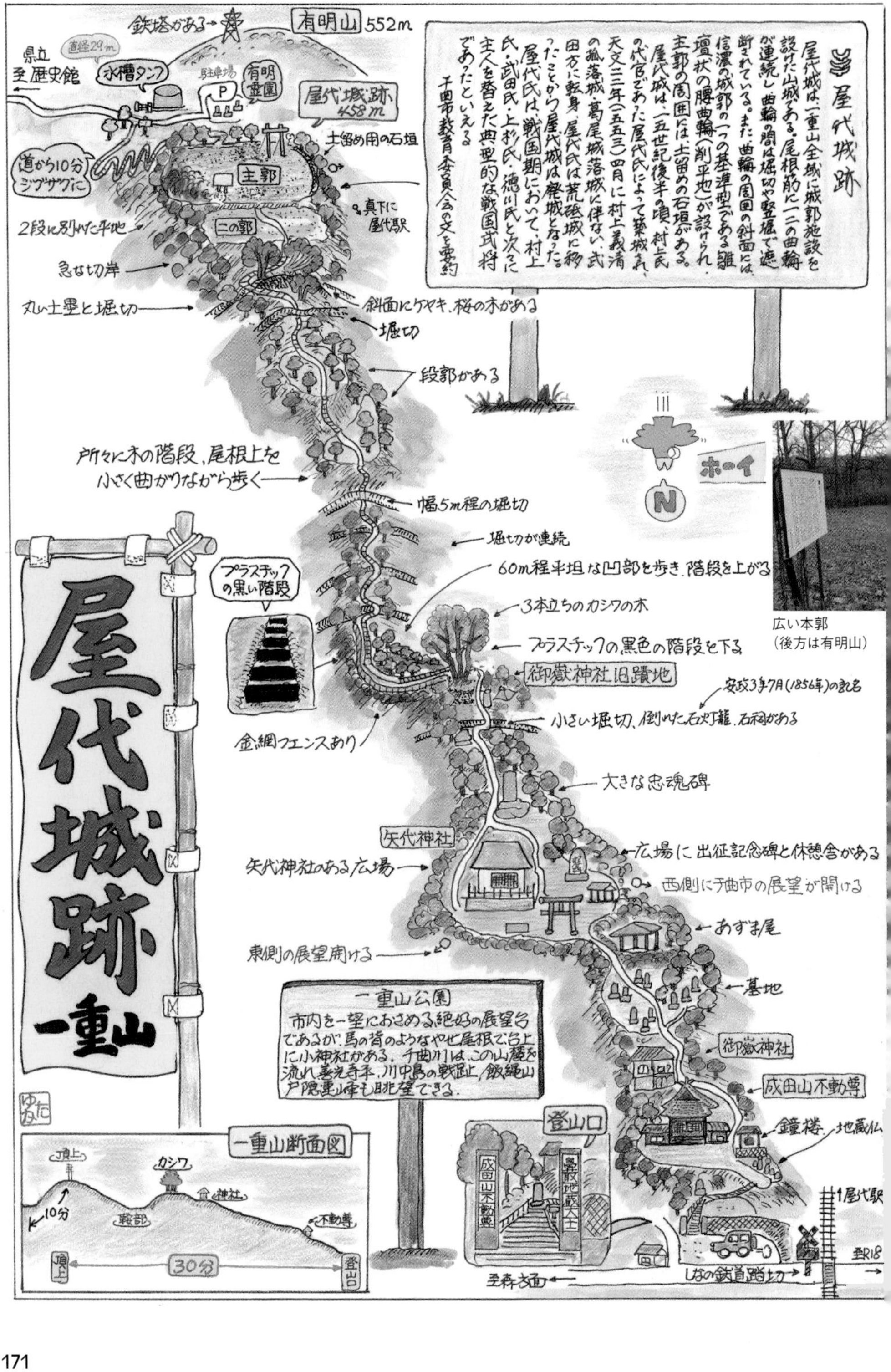

有明山 552m
鉄塔がある
県立歴史館
直径29m
水槽タンク
駐車場
P
有明霊園
屋代城跡 458m
道から10分ジグザグに
土留め用の石垣
主郭
真下に屋代駅
二の郭
2段に別れた平地
急な切岸
丸い土塁と堀切
斜面にケヤキ、桜の木がある
堀切
段郭がある
屋代城跡
屋代城は、一重山全域に城郭施設を設けた山城である。尾根筋に一二の曲輪が連続し、曲輪の間は堀切や竪堀で遮断されている。また、曲輪の周囲の斜面には、信濃の城郭の一つの基準型である雛壇状の腰曲輪（削平地）が設けられ、主郭の周囲には、土留めの石垣がある。
屋代城は、一五世紀後半の頃、村上氏の代官であった屋代氏によって築城され、天文二三年（一五五三）四月に村上義清の孤落城・葛尾城落城に伴ない、武田方に転身、屋代氏は荒砥城に移ったことから屋代城は廃城となった
屋代氏は、戦国期において、村上氏・武田氏・上杉氏・徳川氏と次々に主人を替えた典型的な戦国武将であったといえる
千曲市教育委員会の文を要約
所々に木の階段、尾根上を小さく曲がりながら歩く
ホーイ
N
幅5m程の堀切
堀切が連続
プラスチックの黒い階段
60m程平坦な凹部を歩き、階段を上がる
3本立ちのカシワの木
プラスチックの黒色の階段を下る
御嶽神社旧蹟地
安政3年7月（1856年）の記名
小さい堀切、倒れた石灯籠、石祠がある
金網フエンスあり
広い本郭
（後方は有明山）
屋代城跡
一重山
大きな忠魂碑
矢代神社
広場に出征記念碑と休憩舎がある
矢代神社のある広場
西側に千曲市の展望が開ける
あずま屋
東側の展望開ける
基地
一重山公園
市内を一望におさめる絶好の展望台であるが、馬の背のようなやせ尾根で台上に小神社がある。千曲川は、この山麓を流れ善光寺平、川中島の戦跡、飯縄山戸隠連山も眺望できる。
御嶽神社
成田山不動尊
鐘楼
地蔵仏
ゆうた
一重山断面図
頂上
カシワ
神社
10分
段郭
不動尊
頂上
30分
登山口
登山口
成田山不動尊
身代地蔵大士
屋代駅
至R18
至森・倉科
しなの鉄道踏切

土塁のある本郭の様子

登山口にある大日堂

本郭の石垣

76 鷲尾城

460年を経て残る見事な石垣は必見

千曲市倉科

わしおじょう

◇築城（使用）時期
永禄年間？
◇主な城主（勢力）
倉科氏
◇本郭（頂上）まで
30分

標高516m

勤めの都合で時間に制約があったことから、健康管理も兼ねて短時間でできる近くの里山歩きを始めるようになった。ウォーキングの延長のつもりで始めたが、里山には多くの城跡や石仏、祠などがあることを知り、情報収集のため地元の人たちとも話をする機会も増えた。

山城に興味を持つようになったのは、家から車で10分ほどの所にある鷲尾城跡で「平石の奥下がりの横積み」という見事な石積みを見てからのことで、以来何度も訪ねている。

県内の山城は中世・戦国時代を中心に築かれた武田や上杉氏、村上義清などに関わるものが圧倒的に多い。鷲尾城は村上氏の支族であった倉科氏が築いた要害ではないかとか、武田方の海津城を守備するために普通の山城を再構築したのではないかとの見方もあるようだが、その歴史的背景などは定かではない。

城跡は、あんずの里と言われる千曲市森・倉科地区に入ってすぐ北側の小尾根の中間に位置し、その上部には倉科将軍塚古墳もある。城跡までは30分ほど、古墳までは城跡から5分ほどである。登山口は茅葺きの大日堂前にあり、途中右に大善寺跡（真田信之公の次女見樹院開基）を見て急斜面を上がると、本郭の石積みが現れる。現地には「主郭は28×21mほど、外壁は板状の石を小口積みにした高さ4mほどの石垣となり、犬走りや高さ3mほどの土塁、深い2条の堀切と脇曲輪などを設けている、こうした高い石垣によって本郭を築くような山城は他に例がない」旨の案内がある。

海津城築城が永禄3年（1560）ころとすれば、既に460年前の遺構だが、風雪に耐え抜いて現存していること自体がすごいと思う。山中で小石を一つ一つ積んで築いた石垣を先日久し振りに訪ねたが、変わらない感動があった。

尾根上の堀切の様子

西側から城跡を望む

森、倉科のあんずの里を見下ろす
鷲尾城跡
あんずの里
標高516M
ホーイ
北アルプス後立山連峰を望む
長野県史跡　倉科将軍塚古墳
この古墳は、古墳時代前期の様式を有する中期ごろ(5世紀)築造の前方後円墳で、県内屈指の古式古墳で全長78m高さ6.5mである。
四等三角点 549.8m
50m程上がる
僅かアルプス展望
倉科将軍塚古墳
地上1m程の高さで木が切られている
鷲尾城跡 516m
堀切
稜線の右側、きのこの止め山のビニールテープあり。
この間約150m。
堀切下って小さくアップダウン
展望が開ける
土塁
大手
カモシカ生息
不ぞろいの石をていねいに積んだ石垣が今も残る城跡
アカマツ
鷲尾城跡
築城は中世15〜16世紀の山城。本郭は東西28m・南北21mの不整だ円形。外壁は板状の石を小積みにした高さ4m程の石垣。南側に入口、南・西側に犬走り状の平坦地がある。東に高さ3m程の土塁と二条の堀切などがある。
こうした高い石垣によって本郭を築くような山城は他に例がない。定かではないが、倉科氏によって築かれたと伝えられる
(要約)
急斜面をジグザグに
カシワの木が多い
展望開ける
雑木林
土留め・落石防止の防護ネット・フェンス
南側の急斜面を小さくジグザグに上がる
コースタイム
三角点
2分
古墳
10分
鷲尾城跡
30分
登山口
岩が露出
笹ヤブ
※1673年真田信之公次女見樹院様開基。1742年大雨により流出
大善寺跡
※大日堂は、海津城初代城主真田信之公の次女泰子姫が如来を祀るお堂として、寛文13年(1673)6月に建立したものです。(現地案内)
少し上がった所にかやぶきの古い大日堂の建物がある
カシワの木多い
大日堂
この間急登。
赤い大きな鳥居の奥に丸い岩に乗った正一位稲荷大明神の石祠がある
万葉歌碑が並ぶ
大日堂園地
石碑が林立する小公園が入口
登山口
池の中に古い石祠がある
アクセスマップ
更埴IC
上信越自動車道
イチゴ園
屋代駅
県立歴史館
雨宮神社
唐崎城跡
鷲尾城跡
東小
倉科
杏寿苑
登山口
富士見橋
あんずの里
倉科の里広場
倉科
石杭池
森村内へ
ゆたか

77

象山に築かれた西条氏の要害城

竹山城

長野市松代町

別名【象山】【城山城】

たけやまじょう

◇築城（使用）時期
不明
◇主な城主（勢力）
西条氏
◇本郭（頂上）まで
20分

標高475.8m

千曲川畔から城跡を望む（中央の尾根）後方はノロシ山

二の郭櫓台にある東屋

広報塔や石碑の立つ主郭の様子

県天然記念物象山のカシワ

西方から象山を望む

松代町の西側にある象山は、北側に長く延びた山の形が象の鼻のようだとのことでその名があるらしいが、この象山にあったのが竹山城である。清野氏一族の西条氏の要害城として築かれ、やがて武田氏の統治下で海津城防衛のために改修されたようである。東麓の象山神社辺りを竹山町というが、真田氏が松代移封の後、山の斜面に竹を植えたので竹山と呼ばれたとも言われる。また、象山といえば江戸時代後期の松代藩士であり、兵学者・朱子学者・思想家の佐久間象山が思い浮かぶ。象山は号名で、幼名は啓之助、他に修理とも。生家は象山神社の隣にあり、文化8年（1811）2月11日に生まれた。

城跡へのお勧めの登り口は象山神社からで、神社の西側から尾根に上がり、市水道局の配水池の脇で左に上がる。春先なら二の曲輪から上部で桜の花が満開になる。城跡には象山碑や市の広報塔があり、周囲には曲輪や石垣が残る。海津城のほか川中島平を一望でき、尾根伝いに上がると鞍骨城に通じる。

城跡までの所要時間はおよそ20分。桜咲く春か紅葉の秋、頂上から左に下って「象山のカシワ」を見てくるのも良い。この木は、樹高12．5m、周囲4.3m、推定樹齢約400年の名木で、カシワの樹木としては唯一長野県指定天然記念物に指定されている。ちなみにカシワの葉は、秋に枯れた葉が春の新芽が出るまで落葉しないことから、代が途切れない、ツキが落ちないなど、縁起物とされ、かしわ餅の包みなどに使われている。この山の下には松代象山地下壕があって見学が可能だ。

長野市松代
竹山城跡
たけやま
象山の山頂に築かれた西条氏の要害城
真田氏が松代移封後に竹を植えたので「竹山」と呼ばれているが、「象山」と呼ぶ方がなじみ深い。佐久間象山の号名の根拠にもなっている。
竹山城は清野氏の一族であった西条氏の要害城（緊急時に立てこもる最終拠点となる城）とされるが、武田氏の配下になってからは「海津城防衛」の一翼を担ってきたと思われる。武田氏滅亡後、西条氏は上杉氏の家臣として会津・米沢に移住している。
長野県指定天然記念物
象山のカシワ
カシワは、ブナ科に属する落葉広葉樹で、全国の山地に自生し、低山帯の風のよく通る所に生育する陽樹である。
カシワの名は炊葉の意味で、料理した食物を盛る葉とのことで、葉の広さが適当であること、葉面に毛があって食物が密着しないなど、食物を盛るのに適し現在もカシワ餅に使われている。
この木は、高さ十二・五m、目回り四・三mで、推定樹令約四〇〇年でまれに見る自生の巨木で得がたい記念物である。
昭和五十九年三月十日
長野県教育委員会
（※現地案内板を抜すい）
ホーイ
N
竹山城跡（象山頂上）
（三等三角点 475.8m）
松代町広報塔
象山先生の碑
竹林
堀切
急に下る
（長野県指定天然記念物）
象山のカシワ
ノロシ山見える
帯曲輪
展望開ける
象山奉納角かえ碑
広い公園，桜がきれい
竹林
藤棚
まっすぐの道
あずまや
（北側の展望開ける）
（山崎国治郎翁頌徳碑）
林道
帯曲輪の石垣と矢竹
標高 三等三角点 475.8m
斜面を右にトラバース
斜面を横切る
大きな岩を削って作った階段
登山口
（坑内往復1kmを見学）
松代象山地下壕
まっすぐに
長野市水道局，象山配水池
象山神社神苑の石碑
休憩舎
至 皆神山
松代象山地下壕
第二次大戦末期，本土決戦の拠点として，大本営や政府各省等を移すとの計画のもと，昭和19年11月から，昭和20年8月15日の終戦の日まで9か月間で建設されたもので約8割が完成，当時の金で1〜2億円．
9:00〜16:00．見学無料．火曜休
恵明禅寺
・あんず姫の墓所
・杏の古木
尾根の上に出る
竹山稲荷社
山寺常山邸
（竹山西）象山神社口
登山口
神田川
至象山神社
神社入口
象山神社
高義亭
恵明禅寺
延宝五年（一六七七年）創建，三代松代藩主真田幸道公開基，豊姫（あんず姫）の墓所がある。
伊予（愛媛県）宇和島藩から十五歳で幸道公に嫁ぐ際持参したあんずの木が千曲市のあんずの始まりと言われている。
ゆかた

78
ノロシ山
白鳥神社から登る戦国の狼煙場

長野市松代町西条

のろしやま

◇築城（使用）時期
戦国期
◇主な城主（勢力）
武田氏
◇本郭（頂上）まで
白鳥神社から1時間

標高844m

南に続く堀切のある尾根

白鳥神社

白鳥神社の屋根の六文銭

６年ぶりに登ったノロシ山は登山道も分かりやすく、頂上は北側が切り開かれて長野市街地や戸隠・高妻山などが見渡せるほか、頂上から南に延びる尾根の堀切や土塁などの地形もはっきり分かるよう整備されていた。登り口となる白鳥神社は県の警察学校のすぐ南側にあり、鳥居や石灯籠のある入口から幅広い参道を３００ｍほど上がる。神社は日本武尊や真田信之公などを祀っていて最近、鳥居や屋根の瓦等が改修された。ここでは向かって右の建物の中にある嘉永2年（１８４９）に制作されたケヤキ材寄せ木造りの木像神馬《じんめ》が見もの。また、六文銭の屋根瓦なども目新しい。登り口は神社右上の斜面を左斜めに上がり、尾根伝いに舞鶴山経由で頂上を目指す。杉林の境目を上がって左の斜面を横切り、北に延びる大手筋にあたる尾根に出たら、右に３００ｍ以上真っ直ぐに上がる。ここに腰曲輪二段があるというが、素人目にはなかなか読みにくい。頂上手前で急坂を乗り越えると三等三角点のある主郭に着く。

ノロシ山は、武田氏の海津城から甲府まで狼煙でつなぐ連絡網の拠点とされ、地蔵峠越えのルートは高遠山を経て小県に伝えられたようである。眼下に海津城を望むなど大きく開けた頂上は狼煙場としては最適なことがわかる。このほか南東に延びる尾根上に堀切や土塁を備えた二の曲輪を見ることができる。

竹山城跡からノロシ山を望む

頂上から善光寺平を望む（後方は戸隠・高妻山）

三等三角点のある頂上の様子

長野市松代 ノロシ山 844m

白鳥神社から登る武田の狼煙場

（北側に海津城、川中島平、戸隠山など大きく展望が開ける）
曲輪や堀切・土塁の地形が見られる南東尾根
ノロシ山主郭
（13m×7m程のだ円形）
三等三角点、844m
切り開きあり。
小曲輪
小ピーク
二の曲輪
土塁
6m程の曲輪
堀切
腰曲輪
わずか急坂
こちら、容易に登れない急斜面
目印になる太い松の木
横堀
ホーイ
N
大手筋に当たる北尾根
こちら雑木林の急斜面
ロープ
小岩場にロープ
炭焼き釜の跡
ハリギリの太い木 2本
斜面を斜めに横切る
杉林との境目を歩く
杉林の斜面
ロープと階段のある急坂
凹部に杉の林
上り 1:00
舞鶴山
平坦で快適な尾根道
西に尾根張り出し
四等三角点 559.7m
斜めに横切る
入口から神社まで約300m
標高約300m
登り口
幅広いが急な参道
至地蔵峠
県警機動隊
長野県警察学校
機動センター
県道長野・真田線
至松代町内
松代高校
P
青垣公園駐車場

79 攻め難く守り易い―といわれた 尼巌城

別名【雨飾城】【東条城】　長野市松代町東条

あまかざりじょう

◇築城（使用）時期
不明
◇主な城主（勢力）
東条氏、真田氏
◇本郭（頂上）まで
1時間30分

標高781m

堀切の様子

麓から城跡を望む

主郭の様子

玉依比売命神社コースの岩場

物見岩から東条、皆神山を望む

尼巌城は松代町東部の尼巌山頂上にある。麓集落との比高４００ｍほどの高所に築かれ、西・南・東側は急な岩場で「攻めるに難く、守りに易い」山城といわれた。遺構は頂上の本郭周囲に帯曲輪の地形や石垣が見られ、一の郭から西側の大手側には堀切と交互に五つの郭が続く。北西に曲がった尾根にも曲輪や堀切、竪堀が見られるが、堀切は土砂に埋もれて浅くなっている。南西方向に少し下ると見晴らしの良い物見岩の岩場があるがこちら側は搦め手になる。

　北西の尾根筋にある金井山城と西の尾根筋にある寺尾城と合わせ三城は一体のもので、尼巌城は詰城であり、本郭からは善光寺平を一望できる見張り場としても最適であった。代々の城主は東条氏で、戦国時代は村上氏に属した。東条氏は幾度か信玄に誘われたものの応じず、天文22年（１５５３）に信玄配下の真田幸隆からの攻撃を受けて敗れ、謙信を頼って越後へと逃れた。信玄は城を修復して番城とし、真田幸隆や小山田備中守に守らせた。天正10年（１５８２）に武田氏に替わり上杉景勝の勢力がこの地に及ぶと、尼巌城は再び東条氏が守るようになったが、慶長３年（１５９８）に景勝の会津への国替えに従ったため廃城となった。堅城として知られた尼巌城も、水の乏しさが泣き所だったようで、ここにも白米伝説があったそうだ。

　登山口は玉依比売命《たまよりひめのみこと》神社コース、岩沢コース、農業大学校コースなどがあるが、いずれも1時間30分前後で登頂できる。頂上は北側が切り開かれて善光寺平や北信五岳方面の展望が素晴らしい。

あまかざり
尼巌城跡
武田方の真田幸隆が攻略
落城した東条氏の山城
尼巌山 781m
樹間から北信五岳などを望む
尼巌城跡
尼巌山
奇妙山へ
段郭、堀切跡が見られる
100m
四等三角点や井戸跡がある
物見岩
岩沢地区や皆神山方面の展望がとてもすばらしい!!
丸い尾根上を小さくアップダウン
堀切
農業大学校へのプレートがある
農大へ
この辺りで岩がなくなる
松の木と岩場
大岩の下に3畳程の空間があって雨宿りができる
展望場所
マッコウクジラの頭のような岩
ロッククライミングをしている
岩の間を上がる
垂直に近い岩場
石垣あり
アルプスの展望すばらしい
テレビアンテナ
100m
岩場
分岐
分岐にうす茶色の石仏がある
急斜面をジグザグに歩く
岩が露出している落葉樹の斜面
分岐下に石仏がある
岩が露出した斜面
林道跡
ガレ場に石仏4体がある
N
ホーイ
急に岩が露出
ケーブル埋設の標識
バラ線の杭に沿って道がある
きれいな赤松林はマツタケの止め山
この辺りからマツクイムシ被害木多い
ササヤブ
加賀井温泉へ
丸い小ピーク 天王山
尾根上を歩く
石垣に標識あり
尼巌山登山道
梅の木2本
登山口
北・西の展望がよい。
コースタイム
上り 1:30
下り 1:10
きのこ
大きい石塔や墓がある平地
標識あり
登山口
軽ならここまで
120m
畑の中に鳥小屋
玉依比売命神社《タマヨリヒメノミコト》
あき地
200m
消火栓の標識
松代町東条地区
東条小前交差点から約450mを右に
工場
国民宿舎 松代荘
白くて長い塀のある家
東条小学校
文

80 村上・高梨軍に攻められて落城
寺尾城
長野市松代町東寺尾

てらおじょう
- 築城（使用）時期 不明
- 主な城主（勢力） 寺尾氏
- 本郭（頂上）まで 30分

標高450m

堀切の様子

城跡に立つ寺尾殿之墓

寺尾城は古くは尼巌城の出城であり、海津城築城後は東北方面を固める役割を果たしたとも言われている。城主は、松代（古くは英多荘《あがたしょう》）の寺尾集落に勢力を持った寺尾氏であった。寺尾氏は天文19年（1550）、信玄の砥石城攻めの時に村上氏に叛《そむ》いて武田方に内通したために村上・高梨連合軍の攻撃を受けた。砥石攻めの途中だった真田幸隆が地蔵峠を越えて寺尾氏救援に駆けつけたものの到着前に落城してしまった、というのがこの城唯一の戦跡だという。

城跡のある赤塚山は、上信越自動車道の長野ＩＣのすぐ東側の尾根上にある。登山口は尾根の西側先端の地蔵堂前にあり、ここから左右を竹藪に覆われた柴石の階段を上がって大きな赤い天狗の掲額がある愛宕神社を目指す。神社前からは落葉期には樹間に松代町内が見渡せる。神社右脇の岩を抱いたカシワの木の右手から踏み跡をたどって上方へ進み、斜面の所々にあるテープを確認しながら、土留めの石垣の間を通って雑木の斜面を上がる。斜面が緩くなったら雑木の薄い所を選んで進むと段郭の地形が現れ、急な堀切を越えると平坦な本郭に入る。雑木に覆われた本郭の周囲には低い土（石）塁が残っている。大きな枯れ木の横には「寺尾殿之墓」の文字と、その右肩に小さく「南無阿弥陀仏」と刻まれた自然石の墓石が建っている。城跡は広葉樹の雑木に覆われて展望は望めない。

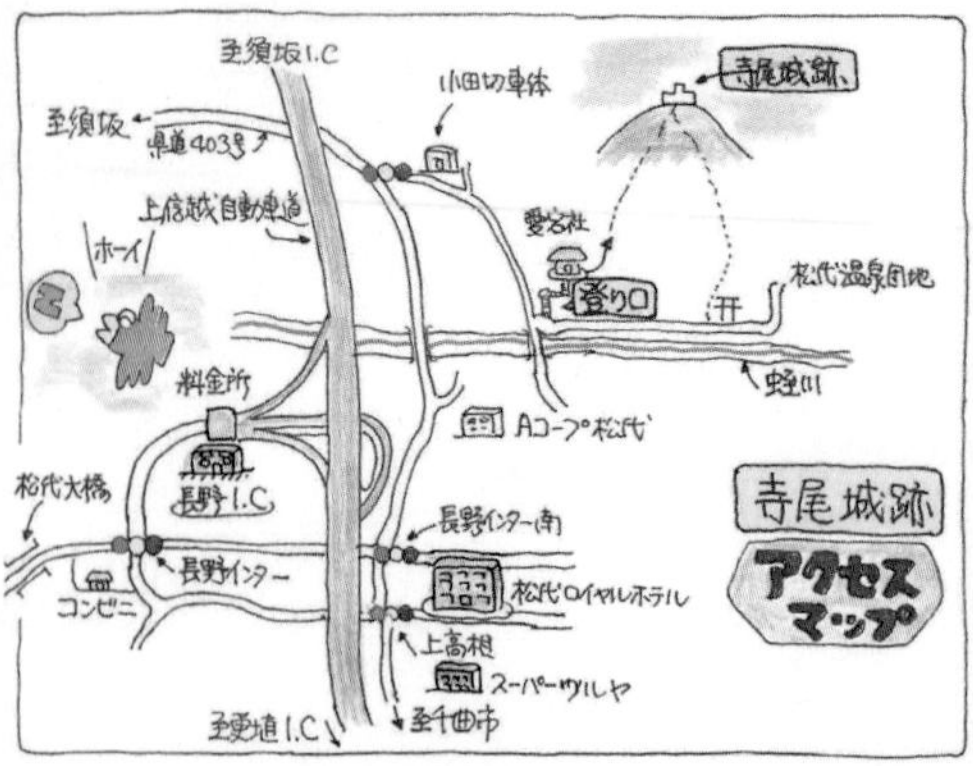

城跡先の尾根から川中島平、アルプスを望む

寺尾城跡
赤塚山
愛宕社にある天狗の掲額
頂上にある墓石
寺尾殿之墓
本郭の北側に2条の堀切がある。
寺尾氏の墓石,横に枯れた松の大木
赤塚山頂上
・標高約450m 比高約100m
寺尾城跡本郭
周りに土塁が残っている
4m程の土手
入口
カシワ,ナラ等の広葉樹林
堀切の上部斜面高さ8m程の土手
雑木林,木々を縫って歩く
竪堀に続く
堀切
樹間から尼厳山が見える。
〈注〉ここから下部,急斜面なのでスリップ注意。
マツクイムシ被害木
祠
〈注〉下山時,迷い易いので,自分で目印を付けておくこと。
ほとんど踏み跡程度
樹間に南側の景色
石祠がある
石積み
岩が露出
タイヤフェンス
横と裏に太いカシワの木
赤い天狗の面がかかる
愛宕社
カシワ,コナラ等の木が多い
石積みが左右に見られる
既に,この辺りから踏み跡をたどる感じ
岩の上に根を張ったカシワの右を上がる
21段の石段
67段の石段
市の広報用拡声器。
墓地
コンクリートの崩落止め
(タイヤフェンス)
古タイヤを組み合わせた崩落防止用フェンスが周囲を囲むように設置されている。
登山口案内標識
登山口右側にある
地蔵堂
74段の石段
竹林
墓地
六地蔵や石碑がある
登山口
至須坂
以前に踏み跡があったが,現在は,ヤブで通行できない
中条埴志那神社
北
至松代温泉団地方面
至松代町内
所在地:長野市松代町東寺尾

81

古墳が残る尾根の頂上にある主郭

金井山城

長野市松代町寺尾

かないやまじょう

◇築城（使用）時期
戦国時代初期
◇主な城主（勢力）
金井氏
◇本郭（頂上）まで
50分

標高485m

主郭に残る石垣（後方左奇妙山、右尼厳山）

主郭の様子

奇妙山から半島のように延びた尾根の先端からたどった所に金井山城の主郭がある。城は戦国時代初期、金井氏によって築城された。金井氏は当初、村上方についていたが、戦国中期には隣の寺尾氏とともにいち早く武田の旗下に入り、寺尾城の支城的な役割を果たした。

大手口は北側の金井池脇の古峯神社になる。ちなみに金井池は江戸中期の千曲川の河川改修で出現した河跡湖が今に残っているものだ。神社から尾根に出た所に東屋があり、石祠を見ながら上がると、忠魂碑、不動尊等に続いて岩上に大きな金井山平和観音像もある。その先の大石が並ぶ尾根道にはいくつも古墳が見られ、二カ所だけ石積みと盛り土が原形を保っている。金井山は大室古墳群の金井山支群として国史跡の一部にもなっている。尾根道は途中から踏み跡程度になって大岩が続き、所々に古墳がつぶれた凹地がある。大きな岩のある堀切を右から巻いて越えると二の郭の西側に入る。二の郭には天水溜とおぼしき凹みがある。広さ20×30mほどの主郭の北隅には古墳があるほか、周囲に石垣が残っている。城跡の真下は上信越自動車道の東寺尾トンネルで、通過する車の音が大きく響いている。

主郭の南側も大岩のある尾根が続くが、10分ほどで鳥打峠に下れる。峠の直上には萬延、寛政、文化の年代が入った庚申塔などが祀られている。また、城跡のある金井山には戦国時代ころから海津城の石垣にも使われた「柴石」という安山岩の石切場がある。このため、山の東西が大きく削いだように掘られている。

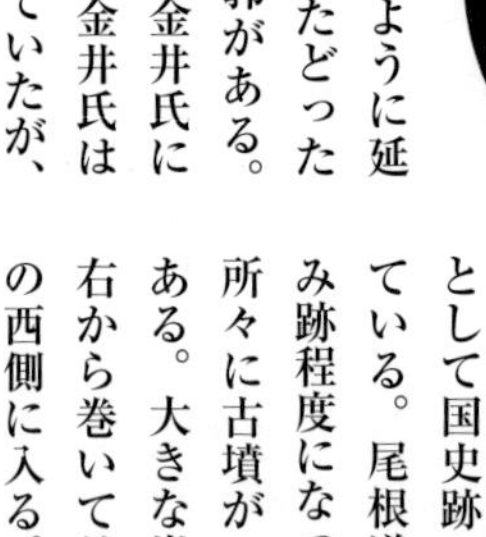

尾根に残る古墳

寺尾城の尾根から金井山城跡を望む（左下は上信越道）

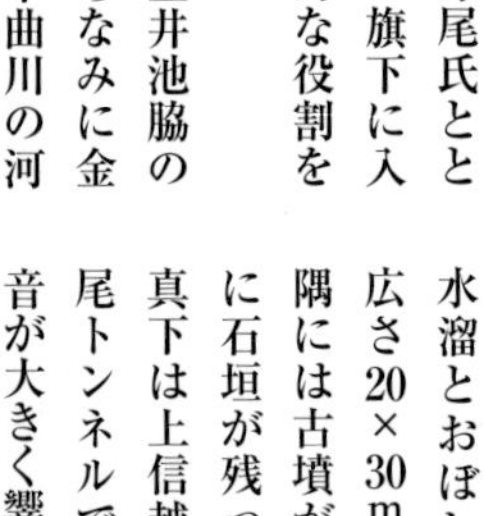

岩場を使った堀切がある

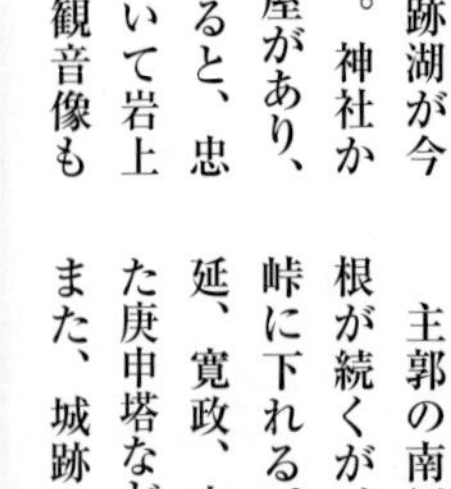

金井山の尾根上から北側の展望

風林火山
金井山城跡
尾根上に古墳が残る金井氏の山城
485m
風林火山
周囲に石垣が残る
金井山城跡
485m
古墳と石垣がある
烏打峠
主郭
天水溜
二の郭
大きい岩が重なっている西側を歩く
大きな岩のある10m程の堀切
10mの堀切
凹み
古墳が壊れて凹んだ地形が見られる。
古墳がある
459の古墳
459
踏み跡
5m程の奥行きがある
大岩が並ぶ
この辺の大石は板状節理の模様
(原形をとどめた古墳)
少しグロテスクな不動明王
行止まりの標識
岩上に大きい観音様
金井山平和観世音
古墳跡か岩がコの字に組まれている。
不動かじ
不動かじと書かれた額のある小さい建物
立派な石碑がある
忠魂碑
大室古墳群第456号墳
あずま屋
市水道局寺尾配水池、周囲には桜の木がある
左の岩上と右側に石祠がある
100m程、まっすぐに
ホーイ
市の広報用拡声器
あずま屋
登山口から250m
御嶽信仰の石塔
桜の木がある
北側の展望が開ける。
岩の間にある石祠
剣のある石塔
古峯神社
登山口
駐車4～5台
金井池
至松代町内
約100m
国道403号
柴交差点
200m
石材店
コースタイム
頂上
50分 40分
登山口
ゆかた

82 必見！見事な石垣だらけの山城 霞城

別名【霞ヶ城】【大室城】 長野市松代町大室

かすみじょう
築城（使用）時期 戦国時代初期
主な城主（勢力） 大室氏
本郭（頂上）まで 20分
標高408m

城跡にある見事な石垣

大手口にある石門

初めて霞城に登ったのは2007年2月。入口もよく分からず、地蔵仏を祀った岩場（竜ノ口）の右横にある家の裏から入り、石垣の間の急斜面を上がって尾根筋に出た。その後、奇妙山トレッキングコースとして西側の石門コースと東側の永福寺コースが整備された。石門コースは、おびただしい平石を積んだ大手石門の石垣が見られるコースで、永福寺コースは山の反対側の永福寺から岩場の下を通って尾根に出る。双方の登山口間は北回りで600m、10分足らずなので周回も可能だ。

頂上は雑木が切られて見違えるほど整備され、城郭の地形や何段もの平石小口積みの石垣がよく見えるようになった。小石を使ったこれほどの石積みは、雁田城でも見られるが、山城の中では大規模な方だ。

霞城は地元で向山《むかいやま》と呼ばれる山の頂上にあり、三方を断崖で囲まれた要害堅固な城で、大室氏の居城であった。大室氏は、小笠原長清の末裔時光が大室牧の牧監（牧の管理役人）となって大室を名乗ったのが始まりとされる。村上氏の指揮下に属していたが、天文22年（1553）の上田原の戦いで敗れた村上義清が越後に逃れると武田氏に降り、川中島合戦のころは海津城の北方を守護した。武田氏滅亡後は森長可に属し、後に上杉景勝に従ったが、景勝の会津移封に従ってこの地を去った。

伝説によると、城主の守り本尊であった聖観音の加護により、敵が攻めてくると霞がかかって城を覆い隠したことから「霞城」の名が付いたという。国指定史跡大室古墳群の中にあり、城域の中にも古墳がある。

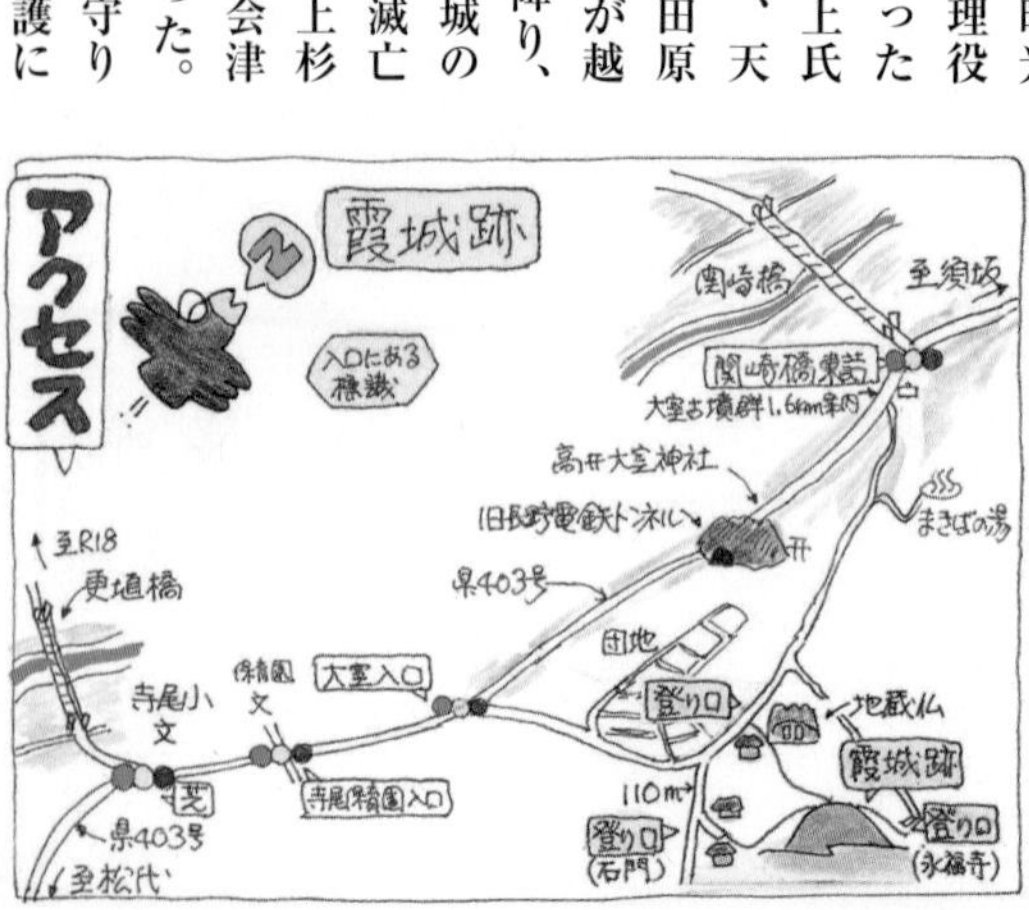
アクセス
霞城跡
入口にある標識
関崎橋
至須坂
関崎橋東詰
高井大室神社
旧長野電鉄トンネル
まきばの湯
至R18
更埴橋
県403号
団地
寺尾小
保育園
大室入口
登り口
地蔵仏
霞城跡
110m
登り口（石門）
登り口（永福寺）
寺尾保育園入口
県403号
至松代

西側から見た城跡
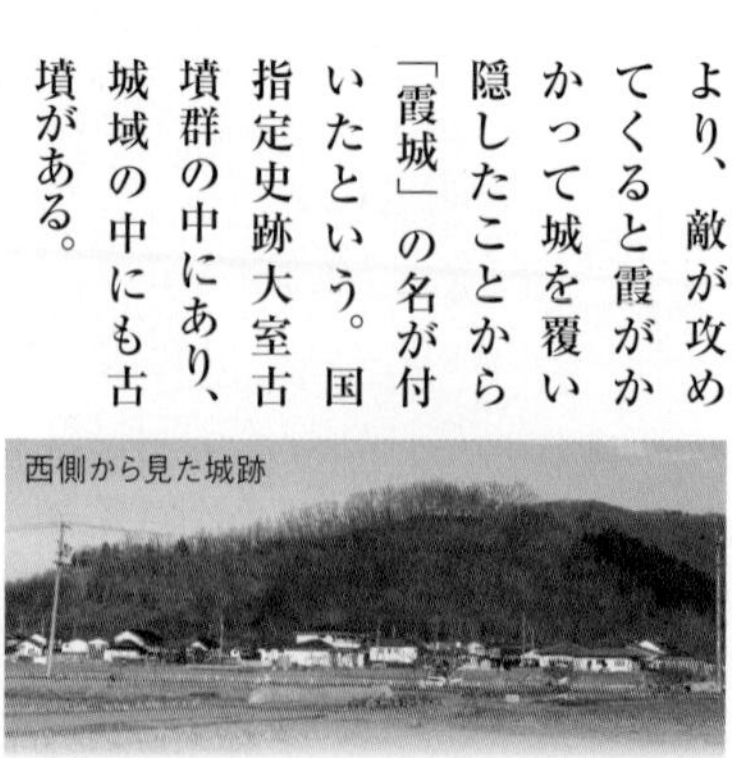

長野市大室 霞城跡

見事な平石小口積の石垣が残る

408m

ホーイ
本郭にある案内板
霞城跡
大室氏の居城・城跡。敵が攻めてくると霧がかかったように城を覆い隠したといういわれから霞城と呼ばれるようになった。小笠原長清の末裔時光(大室牧の牧監)はその地名をとり、大室氏を名のった。大室氏は上杉景勝(会津移封)後上杉氏に従い会津に移ったため廃城。本城郭は、平石小口積みの石垣や曲輪に見られる折れや屈曲が特徴。西の登り口に大きな立石があり、大手(正門)の跡がある。
※整備され段郭や石垣が良く見える。
至奇妙山
霞城跡
展望開ける
本郭
郭の周囲に見事な石垣が見られる
コースタイム
各コースとも約20分
斜面にも石垣
きれいに残る石積み
堀切
※通路を桝形で囲む石積み。石垣の設置時期などについては諸説あるようだが、それにしても見事な石垣で感動。
石門登山口分岐
古城山城が見える
ロープのある急斜面
大手石門跡
永福寺分岐
この間すぐ
岩場
石祠と木仏がある
大きい岩場
尾根にでる
ロープのある急坂
板状節理の岩
岩場
左側岩場のガケ
墓石
笹竹のヤブの急登
※大きな岩場の下に地蔵仏などが並ぶ
石門登山口
※立石がある
廃屋
永福寺登山口
永福寺
石垣
家の裏を通る
狭い小路を60m入る
P
駐車可
狭い道
竜口登山口
約110m
ゆ

83 古城山城《ふるじょうやまじょう》

善光寺平を望む好展望の山城

別名【川田城】【古城】　長野市若穂川田

◇築城（使用）時期　天文年間
◇主な城主（勢力）　武田氏、川田氏
◇本郭（頂上）まで　35〜40分
標高533m

北側に飯縄山などの展望

川田宿高札場

本丸下の薬研堀の深い堀切

川田からの城跡登り口

正月太りに加え、寒くて運動不足のため2時間ほど近くの山城に出掛けた。目的地は長野市若穂川田の古城山城跡。大室と若穂川田の間に突き出た尾根の中腹にある城跡で、登り口の案内板には、「標高は554m、天文年間（1532〜55）に武田氏が築いた砦といわれるが、一説には川田對馬守の居城であったともいう。本丸跡は東西15m、南北40mで平坦な台地で、二の丸、三の丸と続く曲輪は、腰曲輪様式で西北に五段、北東に四段、南面に一段を設けている。南方本丸下の曲輪は大きな舟形で中がくぼんだ薬研掘の空堀である」などとある。以前は「まきばの湯」から登ったので、今回は川田宿側の町川田神社境内に駐車し、200mほど先で案内標柱を見て尾根に取り付いた。すぐ上に北向観音堂がある。動物よけのゲートを開けて進むと、大きな尻尾の狐が前を横切った。10分ほどで杉の木が立つ尾根に出たら左に真っ直ぐ上がる。上から女性二人が下ってきたが狐ではない。しばし立ち話をすると、雪のない里山を本で探して地図をスマホで撮ってきたという、その地図とは拙著「信州山歩き地図」だった。

本丸の中心には地震予知に使用していた菱形基線測点がある。東側半分の展望が大きく開けて気持ちが良い。ここで丸かじりしたリンゴの味は格別だった。

北側の尾根筋、曲輪と小さい堀切が連続

大室古墳群に築かれた武田の砦
古城山《ふるじょうやま》城跡

533M

（高さ70cm直径60cm程8角形の菱形基線測点がある）
古城山城跡
533m
本丸
切り開き
展望良好
544m
三等三角点
高さ4m程の土手
曲輪
高さ7~8mの堀切
急坂
小堀切の段々
曲輪
曲輪と堀切の段々
8号古墳のピーク
（曲輪のような平地）
ホーイ
9号古墳
やや急坂
まっすぐ伸びた杉の植林
杉の植林
林道を歩く
分岐
尾根に出る
斜面を横切る
林道（作業道）を歩く
展望良い
尾根に出る
川田コース
大室温泉コース
竹ヤブ
登り口
大室温泉
まきばの湯
ゲートを開けて通る
桜
町川田神社
駐車場を借用
帰りに入浴して
岩場
登り口
古城山城址入口標柱がある.
至長野市内
前栄
至いき
関崎橋
堤防道路
千曲川
至須坂
R403号
関崎橋東詰
川田宿入口
至松代
町川田神社
大室温泉
（川田コース）
登り口
登り口
（大室温泉コース）
古城山城跡
至川田宿
みち
あんない

菱形基線測点のある本丸（後方は根子岳、左は若穂太郎山）

弾正岩からの展望

主郭の様子

前の山砦跡

登り口の様子

本郭脇の堀切

曲輪周りの石積み

84

保科弾正忠正利が築いた山城

霜台城

別名【城の峯】

長野市若穂保科

そうだいじょう

- 築城（使用）時期
  戦国時代
- 主な城主（勢力）
  保科氏
- 本郭（頂上）まで
  40分

標高720m

長野市の若穂太郎山から西に派生する尾根上に霜台城がある。登り口は保科川左岸にある若穂隣保館から見て川の反対側で、右岸に伸びた尾根の末端にあるが、このコースは、長野市が若穂太郎山登山の「南展望史跡コース」として整備している。登山口から沢筋を上がり、尾根に出ると「前の山砦跡」の標識がある。尾根の上部はやや広く平坦な赤松林で堀などもあるようだが、素人目にはその地形がよく分からない。

砦は「長野市誌」では「前山城」となっており、保科氏の出城の一つとして考えられるようだ。宮坂氏によると、これといった特徴が無い砦跡だが、東西の両斜面と南は急でなかなか人を寄せ付けない。高さも適当で山下の道を見張る物見の砦としてはもってこいの位置とのことだ。

「太郎山山頂あと2740m」の標識から右に長く斜面を横切ると弾正岩があり、保科地区を一望できる。左右に大きく折れながら上がると段郭の地形が現れる。おびただしい数の岩石が散らばり、石垣に囲まれた曲輪や堀切、4条の比較的大きな堀切などの遺構が見られる。霜台城は保科氏の居城と伝えられるが、城名は保科氏が代々弾正（霜台）と名乗ったことから付けられたようだ。麓には菅平を経て小県や上州へ通じる街道（現県道34号長野菅平線）が通り、その交通を押さえるうえでこの城は重要であったと考えられる。この城は在地土豪保科氏の要害城として使われたものだが、相当に大がかりな改修の手が加えられ、戦国末期まで使われたようだ。時間があれば、若穂太郎山まで足を延ばしても良いと思う。

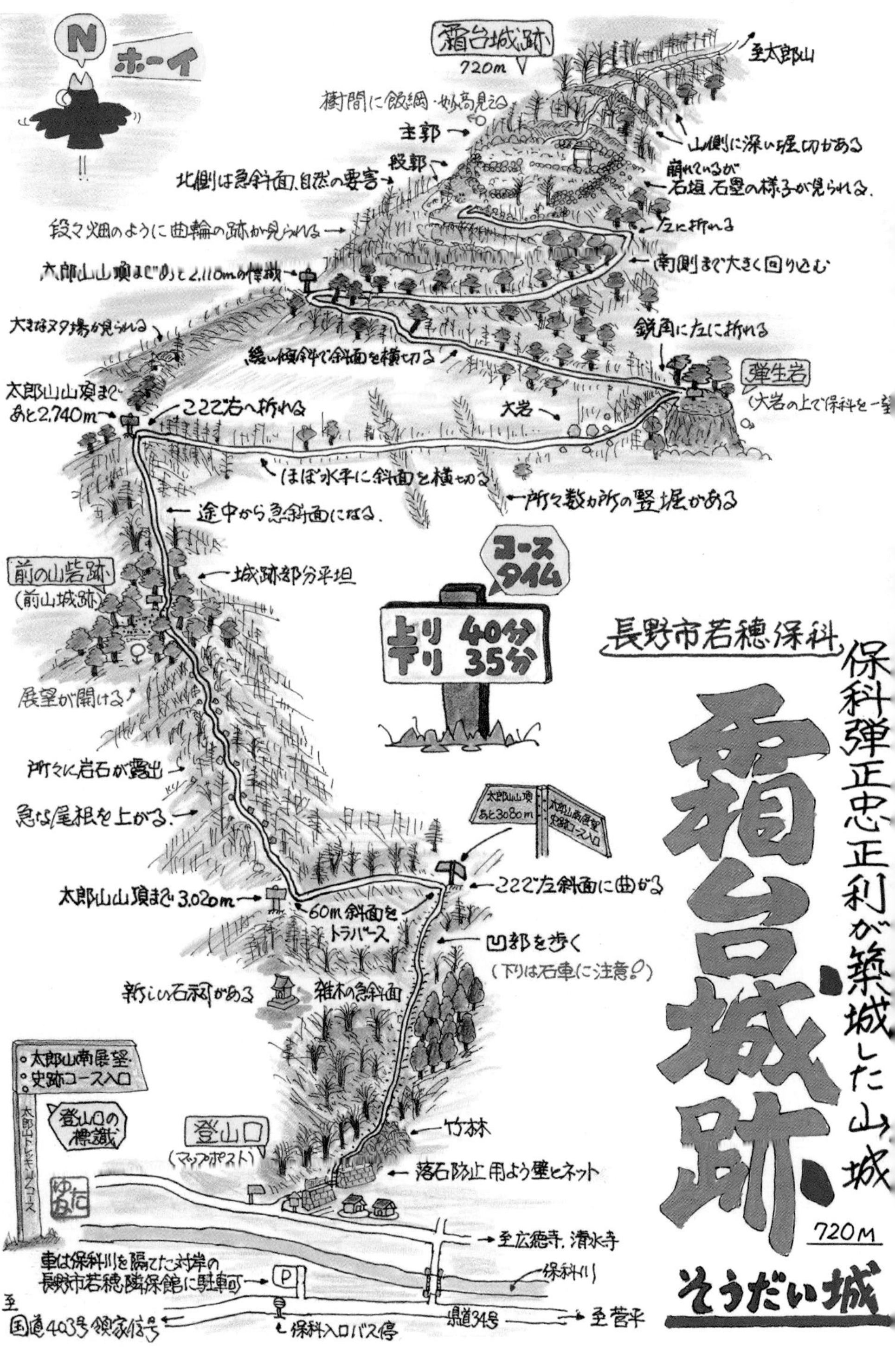
N
ホーイ
霜台城跡
720m
至太郎山
樹間に飯綱・妙高見える
主郭
山側に深い堀切がある
段郭
崩れているが
石垣 石塁の様子が見られる。
北側は急斜面、自然の要害
段々畑のように曲輪の跡が見られる
左に折れる
南側まで大きく回り込む
太郎山山頂まであと2,110mの標識
大きなヌタ場が見られる
鋭角に左に折れる
緩い傾斜で斜面を横切る
弾生岩
(大岩の上で保科を一
太郎山山頂まで
あと2,740m
ここで右へ折れる
大岩
ほぼ水平に斜面を横切る
所々数か所の竪堀がある
途中から急斜面になる。
前の山砦跡
(前山城跡)
城跡部分平坦
コースタイム
上り 40分
下り 35分
長野市若穂保科
保科弾正忠正利が築城した山城
霜台城跡
720M
そうだい城
展望が開ける
所々に岩石が露出
急な尾根を上がる。
太郎山山頂 あと3080m
太郎山南展望 史跡コース入口
ここで左斜面に曲がる
太郎山山頂まで3,020m
60m斜面をトラバース
凹部を歩く
(下りは石車に注意!)
新しい石祠がある
雑木の急斜面
太郎山南展望
史跡コース入口
太郎山トレッキングコース
登山口の標識
登山口
(マップポスト)
竹林
落石防止用よう壁とネット
至広徳寺、清水寺
車は保科川を隔てた対岸の
長野市若穂隣保館に駐車可
P
保科川
至
国道403号 領家信号
保科入口バス停
県道34号
至菅平

85 若穂太郎山にある井上氏の山城 春山城

はるやまじょう

長野市若穂保科

別名【車坂城】【綿内要害】【綿内城】【前山城】

◇築城（使用）時期
戦国時代永正年間
◇主な城主（勢力）
井上氏、富永氏
◇本郭（頂上）まで
1時間～1時間15分

大城635m、
小城662m

展望台から善光寺平を望む

大城主郭の平地

蓮台寺分岐の標識

城跡の標識

天王山登山口、ゲートを開けて入る

春山城は長野市の東方、若穂太郎山から北に延びた尾根上に築かれた山城で、標高635mの城《じょう》の峰《みね》に大城《おおじろ》、662m地点に小城《こじろ》がある。

築城の詳細は不明だが、天文年間に富永伯耆《ほうき》守によるとの説がある。戦国期には須坂の井上に本拠を置く井上本家から分家した綿内井上氏が城主となり、弘治2年（1556）の武田氏による北信濃侵攻の際には井上左衛門尉が武田方に属した。その後の話として、同族の井上本家の兵庫頭昌満は上杉氏を頼ってこの地を去ったが、武田氏の滅亡後は川中島一帯が上杉氏の支配下となり、旧領地を安堵された一方、綿内井上氏は没落した。

春山城のある若穂太郎山は県外からの登山者も多く、長野市もトレッキングコースを整備しているが、岩場もあり里山にしては登り応えがある。

一般的な天王山コースは登り口横に登山者用の駐車場がある。功霊殿の先の見晴らし岩からは、善光寺平や北信五岳、北アルプスが望める。右から春山登山道を合わせ、痩せ尾根を上がると深い堀切があり、左から蓮台寺コースと合流し、切岸を16mほど上がると春山城主郭（城ノ峰）に着く。北隅に物見台跡、南側に3mほどの土塁、東下には2段の腰曲輪がある。尾根伝いに大岩を利用した深い堀切が二カ所あるが、地形が複雑で曲輪の様子はよくわからない。その先、100mほど下って鞍部の堀切を越え、だるま岩の脇を抜けて150mほど上がると小城に着く。痩せ尾根上の削平地には天水溜の凹地もあるが、城の規模は小さい。その先、15分ほど太郎山頂上側に向かうと、展望の良い甑《こしき》岩があるので足を延ばしてみたい。

春山城跡
若穂太郎山の尾根にある井上氏の大城・小城跡
長野市若穂
右横から岩上へ登れる。景色最高！
甑《こしき》岩（善光寺平・北信五岳を一望）
至若穂太郎山
鞍部
小城から15分
小城
(比高320m)
662m
小城
至若穂太郎山
尾根上の曲輪3つ
天水溜のある曲輪
岩と凹みのある堀（上幅11m）
だるま岩
（近寄れず見るだけ）
大岩の下部を通る
鞍部～小城160m程
まっすぐな上り
鞍部
鞍部まで岩稜を約100m下る
鞍部に上幅6m程の堀
（堀切など上方からの攻めに備えた）
上幅17mの大堀切
上幅11mの堀切
（南側に3mの土塁）
春山城大城
※岩稜に曲輪・堀切が連続
土塁
635m
城ノ峰
上幅9mの堀切（地形が複雑）
主郭
東斜面に2段の腰曲輪
櫓台4×4mの土台
蓮台寺分岐
堀の下に分岐がある。
蓮台寺へ850m
上幅20m程の大堀切
大岩
上辺3mの堀切だが埋っている
※この辺りから大城の領域へ
見晴らし岩(上)
1.5m程の乗っ越の岩場
ロープのある巻き道
岩稜：大岩が重なる。ロープあり。
春山城の別称
・東坂城
・綿内要害
・綿内城
・前山城
大城 635m
小城 662m
・標高
（天王山口784m・春山口541m）
春山分岐
ホーイ
N
急斜面をジグザグに
見晴らし岩(下)
（市街地を一望）
大岩
金毘羅宮
水論碑
分岐まで 0:30
コンクリート落石止め
この辺り高速道 綿内トンネル
狭い岩稜
春山登り口
屋根のある休憩所（ベンチ有）
高速道の脇
丸形の大岩
上信越
（日清・日露戦争記念慰霊碑など）
丸木の階段が続く
功霊殿
（天王山口から226m 10分）
小城
0:15↑ ↓0:10
大城
1:00↑ ↓0:50
登り口
コースタイム
功霊殿参道
稲荷社と案内
登山者駐車場
ぶどう畑
P
天王山登り口
ゆかた
アクセス
綿内駅入口
国道403号
600m
小林サイクルモーター
300m
東洋堂
登り口
280m
P
古屋
功霊殿
〒若穂〒局
登り口
春山城大城
北斎美術館
至松代
至若穂太郎山

86 武田方の最前線の城 白助城とも
塩崎城

長野市篠ノ井塩崎

しおざきじょう

- 築城（使用）時期 不明
- 主な城主（勢力） 赤沢氏、塩崎氏
- 本郭（頂上）まで 長谷寺から20分

標高569m

二の郭に残る石垣

登山口の長谷寺（日本三所長谷観音）

主郭奥は土塁、手前は石塁

塩崎城は長野市篠ノ井塩崎の長谷寺の裏山にある山城で、篠山から千曲川に向かって張り出した尾根の先端部にあり、善光寺平の南の入口に位置する戦略上重要な拠点とされた。遺構は、尾根上の主郭から東の尾根伝いに階段状の郭が続き、石垣や石塁が見られる。主郭から西側の尾根には二重の大堀切があり、南側にも曲輪や竪堀が見られるなど大規模なつくりになっている。

応永7年（1400）、信濃守護として赴任した小笠原長《なが》秀《ひで》と、村上満信《みつのぶ》を盟主とする国人《こくじん》一揆とが衝突した大塔合戦で、長秀が逃げ込み20日余り籠城したのが塩崎城である。そのころの城主は赤沢氏であったが、没落後は塩崎城南側に位置する小坂城の桑原氏が塩崎氏を名乗り、この地を治めたという。

時が過ぎた戦国時代の天文22年（1553）、武田と村上の争いで塩崎氏は屋代氏とともに武田方に寝返り、後の川中島合戦で塩崎城は武田方の最前線の拠点として重要視された。永禄7年（1564）の第五次川中島合戦では武田氏の本陣が置かれ、現存の遺構はこの時期に改修されたらしい。

城跡へは長谷観音堂に向かって右側の階段から取り付く。山道脇に立ち並ぶ西国三十三番霊場巡りの石仏群を眺めながら尾根上に出て左に上がり、送電線鉄塔の下をくぐり岩場を越えて急斜面を上がると、そこはすでに城跡の領域で、段郭の地形が現れる。ここでは郭に残る石垣が印象的だ。

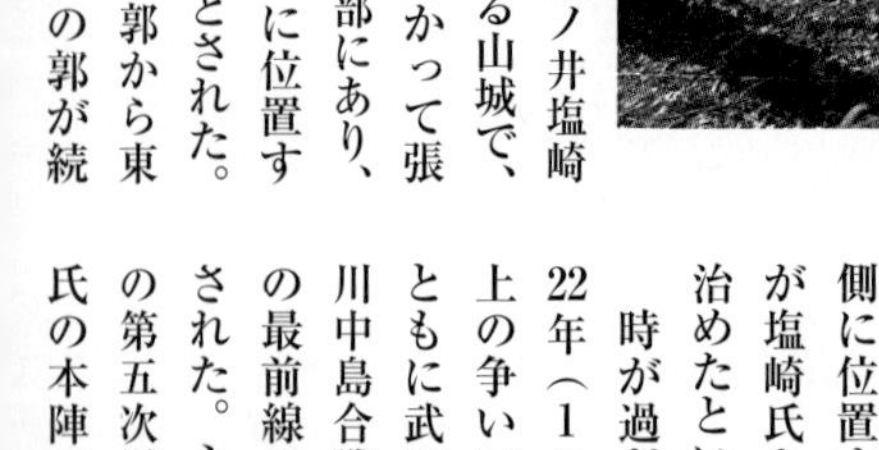

塩崎城跡
白助《しらすけ》城とも呼ばれる塩崎氏の山城
長野市篠ノ井
569m
塩崎城跡（雑木林で展望はない）
下草が刈られて段郭や石垣の様子がわかる
段郭の形が見られる
堀切
土塁
主郭
杉林
こちら側急斜面
郭の渕にも石垣がある（石塁）
石垣が残っている
二の郭
小さい段郭がいくつも続く
堀切
竪堀
こちら側急斜面
分岐
岩が露出
急な松林の斜面
長谷寺墓所に下る
左方向に緩く上がる
岩場
送電線鉄塔
岩場のある急斜面 横断時足元注意
分岐左へ
尾根に出る
山桜
鉄塔の下を通り10m程の間少し下る
※城跡に残る石垣
標高569m
コースタイム
上り・20分
下り・15分
石仏が立ち並ぶ斜面
（斜面上部から南側の展望が開ける）
（西国三十三番霊場巡りの石仏群）
斜面を小さくジグザグに上がる
奈良 鎌倉 信濃
日本三所
長谷観音
寺谷長
お堂
地蔵
見事な観音堂
杉の大木
入山口
ホーイ
古株
本堂
鐘門
車道
P
所在地 長野市篠ノ井長谷字城山

87

北アルプスを望む絶景の立地

上尾城

長野市信更町上尾

別名【平林城】

本郭にある八幡社と土塁（右）

登山口付近から白馬三山を望む

三の郭の石祠

旧更府小学校前から城跡を望む

あげおじょう

◇築城（使用）時期
応仁年間？
◇主な城主（勢力）
平林氏
◇本郭（頂上）まで
5分

標高510m

上尾城跡は、国道19号沿線の「道の駅信州新町」から見て犀川対岸の尾根筋にある。長野方面から水篠橋手前で更府小学校の案内板を見て左斜めに上がる。廃校となった旧更府小学校のある上尾地区からは、白馬連峰や槍ヶ岳が望める。校舎周辺は二の城と呼ばれ城主の居館があった所とされるが、現在は畑で周囲には10数戸の民家しかない。上尾城跡は、大木に囲まれた小高い丘の上にあるが、旧小学校からの比高は26mしかない平山城である。城跡の西側は犀川の谷に面し、北側も急崖、南にも沢があり容易に近寄れない。

登城口は右に上がる車道の途中にあって左の細道に入るとすぐに城域に入る。突き当たりの土手下には東西に深い堀切があり、正面の高さ10mほどの切岸にはケヤキの大木がある。

直ぐ進むと、正面に二の郭の平地があり、堀切を隔てて左奥は狭い三の郭で御神燈と大小三つの石祠がある。二の郭から堀切を隔てた右側は50×30mほどの広さの主郭で、急峻な東斜面を除いて、この城跡の特徴とも言える高さ1～4mの土塁が周囲を囲んでいる。主郭の中央東側には朽ちかけた祠があり、南側は深い堀切を隔てて廃屋のある四、五の郭となっている。

東信にあった滋野系望月氏の子孫布施氏は応仁年間に更級郡西山地方に勢力を伸ばし、山平林の上尾に住んで平林姓を名乗った。その後に起きた平林家の家督争いの結果、長子が上尾城に入り、以後五代に渡り上尾城を治めた。平林氏は初めは村上氏に属していたが、武田氏に降り、武田氏滅亡後は上杉景勝に属した。景勝の会津国替えに従い二千

戦国期のケヤキの巨木が残る
上尾《あげお》城跡
平林城とも
長野市信更町上尾
至信更町氷ノ田氷熊
平林神社
(上尾公民館)
車道
神社参道(階段)
赤い消火栓
八幡社
急崖
塚
急斜面
(本郭をとりまく深い堀切)
堀切
ケヤブ
四の郭
標高510m
本郭
↔50m×↕30m
土塁が囲む
戦国期のケヤキの巨木
高い土塁
廃屋
祠と石仏
二の郭
堀切
帯曲輪の地形
三の郭
大小3つの石祠
御神燈は寛政9年(1797)の記名
白馬・槍ヶ岳
アルプス展望
カーブミラー
登城口
本郭まで
5分
墓地入口
赤い屋根の家
(民家)
火の見櫓が懐かしい
上尾地区
(畑)
旧更府《こうふ》小学校
(平成28年3月閉校)
車は学校の入口路肩に
(プール)
二の城跡
居館跡
(体育館)
(校庭)
池
Y字路
ホーイ
至長野
標識
水篠橋
道の駅・信州新町
P
R19
至むさしや・信州新町
約700m
信更ひっぽ(店)
平三水橋
犀川
(株)宏大
焼肉レストラン
むさしや
R19
(株)タスク
至道の駅
至長野市
約450m
至信州新町

二柳神社

88 大塔合戦の大塔は石造多層塔
二ツ柳城
長野市篠ノ井

ふたつやなぎじょう

◇築城（使用）時期
室町時代
◇主な城主（勢力）
二柳氏
◇本郭（頂上）まで
数分

標高396m

城跡入口

塩崎城跡から二ツ柳城跡を望む（中央社叢）

西側の黄金沢の堀切

大塔の由来石造多宝塔

ＪＲ篠ノ井駅の西方３㎞ほどの所にある城跡は、山城というよりは平山城で、南向きの山の緩やかな山の斜面にあり、杉の社叢と赤い鳥居が遠くからもよく目立つ。現在、主郭跡には二柳神社が建立されていて、当時の城郭の地形は不明だが、西側から南側に直角に回っている黄金沢の深い沢は、わざわざ曲げて防護のため堀切としたものらしい。

一般に山城は戦国期に築城されたものが多いが、二ツ柳城は南北朝時代に築城され、城主は二柳氏であったという。応永７年（１４００）に起きた大塔の戦いは、ここに近い篠ノ井大当辺りが主戦場となった。室町幕府から守護として赴任した小笠原長秀に対し、中央支配に反発した村上満信はじめ東北信の領主ら大文字一揆勢が塩崎に集結し、幕府軍を打ち破り小笠原氏を京都に追い返してしまった。幕府方は戦場となった大当の近隣の古要害に二十数日間立て籠もったものの、城兵３００余人は食糧が尽きて全員が自害して果てたという。その古要害が二ツ柳城であったといわれている。ちなみに大塔の戦いの大塔とは、当地に現存する石造多層塔を差すとの解釈がある。多層塔は城跡背後の釈迦堂跡にあったが方田地区住民によって城跡入口に移されている。

南側が大きく開けた入口から鳥居をくぐり、堀切の沢を渡って城跡に入る。城跡は二段になっていて、左右の石灯籠や石祠を見て石段を上がっていく。上の段には社殿があり境内には石灯籠がいくつも並んでいる。石垣は後世のものだが、神社背後には土塁や段郭様の平地があり、神社東側には縦に堀切の地形が見られる。北側の畑は釈迦堂跡で、陶磁器などが出土したという。神社前まで車で入ると徒歩数分。石祠や石灯籠の年号を見るのも楽しみだ。

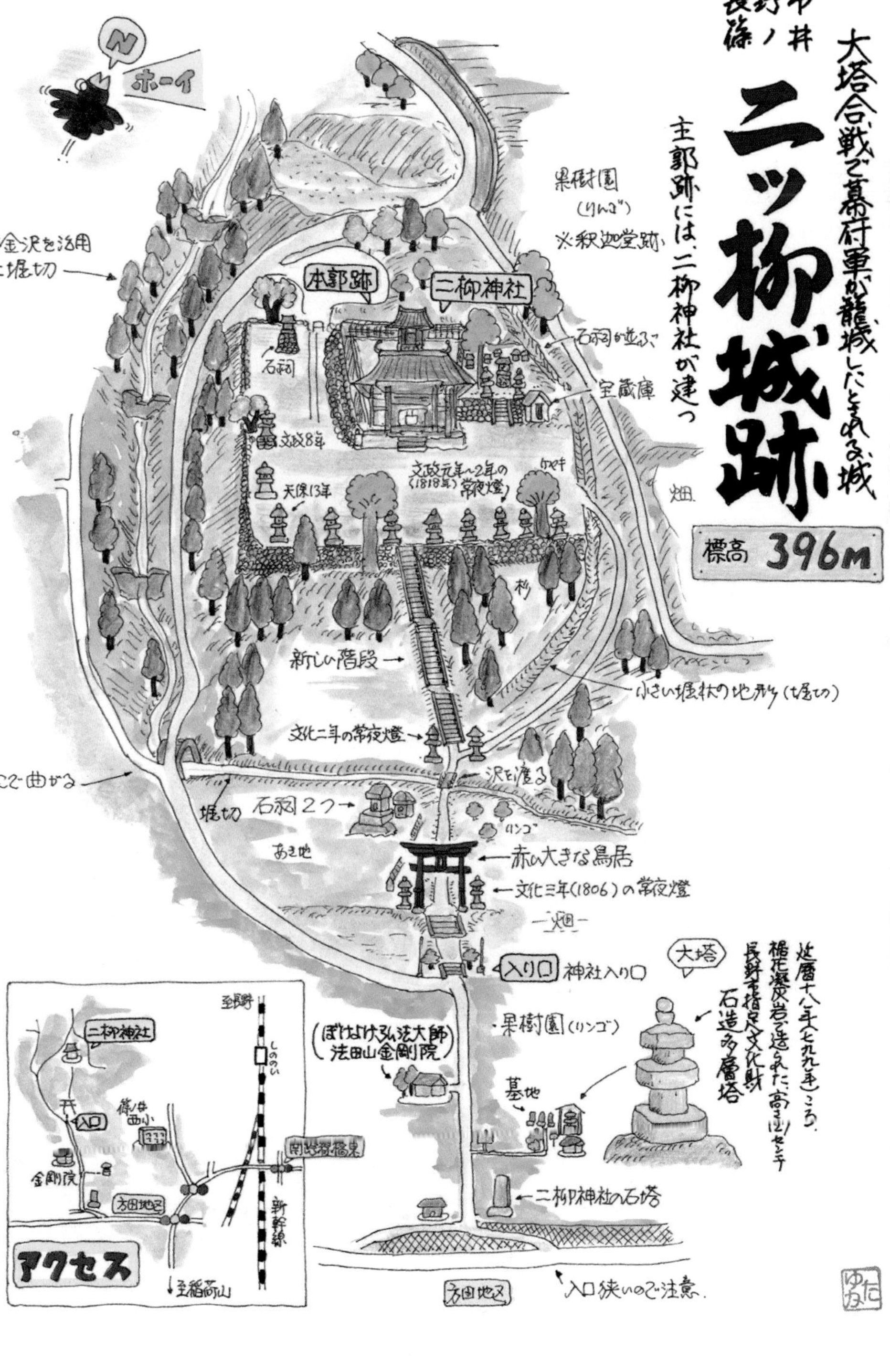

長野市篠ノ井
大塔合戦で幕府軍が籠城したとされる城
二ツ柳城跡
主郭跡には、二柳神社が建つ
標高 396M
N
ホーイ
果樹園（りんご）
※釈迦堂跡
黄金沢を活用した堀切
本郭跡
二柳神社
石祠が並ぶ
石祠
宝蔵庫
文政8年
文政元年～2年の（1818年）常夜燈
ケヤキ
天保13年
畑
杉
新しい階段
小さい堀状の地形（堀切）
文化二年の常夜燈
ここで曲がる
沢を渡る
堀切
石祠2つ
リンゴ
あき地
赤の大きな鳥居
文化三年（1806）の常夜燈
畑
入り口 神社入り口
大塔
延暦十八年（七九九年）ころ、
褐花凝灰岩で造られた、高さ121センチ
長野市指定文化財
石造多層塔
果樹園（リンゴ）
（ぼけよけ弘法大師 法田山金剛院）
墓地
二柳神社の石塔
方田地区
入口狭いので注意。
至長野
しののい
二柳神社
入口
篠ノ井西小
金剛院
方田地区
新幹線
至稲荷山
アクセス
ゆた かな

89 農民たちが自衛のために築いた 萩野城

長野市七二会、長野市中条

はぎのじょう

◇築城（使用）時期
鎌倉時代

◇主な城主（勢力）
伊藤氏、春日氏

◇本郭（頂上）まで
30分

標高1184m

本郭の様子

堀切から本郭方面を見る

城跡から長野市南部を望む

長野市七二会《なにあい》と中条臥雲《がうん》の境、標高１１８４ｍにある萩野城は、七二会に鎌倉時代から本拠を置き、周辺21村を所領して戸屋城を築いた春日氏が築城したといわれる。春日氏は戦国時代中ごろまで村上氏に属し、春日幸正は村上義清十八将の一人であったというが、武田氏の侵攻が迫り来ると武田氏に降り、武田氏没落後は上杉に就いたとか、村上氏没落とともに断絶したとの文献記述があるようで真実は定かではない。

萩野城は長野市方面から国道19号の明治橋を渡り、一つ目の瀬脇《せわき》信号を右折、県道86号で陣馬平山地蔵峠を目指し、峠の駐車場に駐車する。峠から１３０ｍほど先で左の道に入り、道伝いに下って鞍部から上り返して堀切を上ると本郭に着く。

城跡の案内板には「伝承によると城主は飯縄千日大夫の祖伊藤豊前守忠縄だったと言われる。また中条一帯は戦国時代まで春日郷といわれ春日氏が領主だった。この城の西麓にある臥雲院《がうんいん》も春日氏が建てたものである。元禄２年（１５５９）に書かれた「臥雲院縁起」によると、寺領の東境は「萩野城櫓岑《やぐらみね》」と書かれており、櫓があったことがわかる。城跡は二つの嶺に分かれ、西嶺が広く本郭と二の郭があり腰曲輪が設けられている。東嶺にも郭があり、その南に最大の堀切がある。高地にあるこの城は攻撃のための城ではなく、農民たちが自衛のために築いた城だと推測される。長野市の山城では最高所で規模が大きく、戦国時代の史料に出てくる貴重な史跡である」などとある。

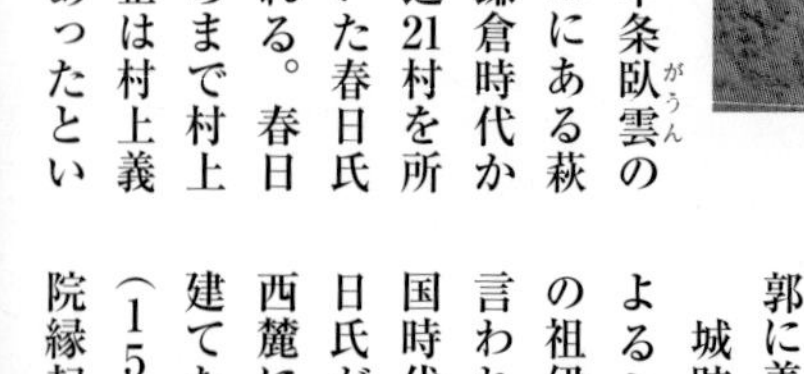

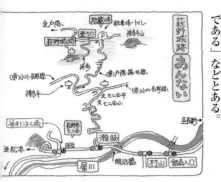

萩野城跡

はぎの

農民たちが自衛のために築いた山城

地蔵峠コース

長野市七二会《なにあい》

城跡標高 1,184M

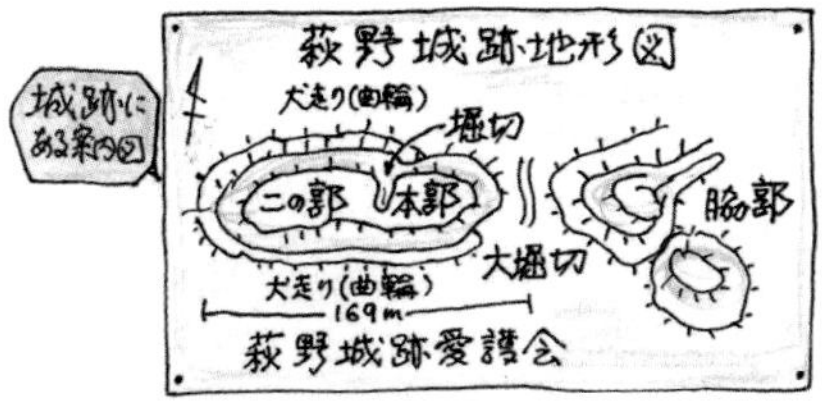

市史跡 萩野(之)城跡

萩野城跡は長野市七二会知足院の北の山頂一一八四mにあり、城跡は中条村臥雲院との境にまたがっている。伝承によると城主は飯縄子良矢の祖伊藤豊前守忠縄だったといわれる。また中条一帯は戦国時代まで春日郷といわれ春日氏が領主だった。この城の西の麓にある臥雲院も春日氏が建てたものである。元禄二年(一五五九)に書かれた「臥雲院縁起」によると寺領の東境は「萩野城櫓峰(やぐらみね)」と書かれており、萩野城に櫓が建てられていたことがわかる。

城跡は二つの山嶺に分かれており、西嶺の方が広く、本郭と二の郭があり、それをめぐって腰郭が設けられている。東嶺にも郭があり、その南に最も大きな堀切がある。

この城は千mを越える高地にあり、攻撃のための城ではなく農民たちが自衛のために築いた城だと推測される。長野市の山城のうち、最も高い所にある城で規模が大きく戦国時代の史料に名前の出てくる城として貴重な史跡である。

(抜すい)

長野市教育委員会

※城跡にある案内板の内容を抜すい

90 佐久の小田切氏が移って本拠に 吉窪城

長野市吉窪本郷

斜面に建つ西明寺

吉窪集落と城跡を望む

よしくぼじょう

◇築城（使用）時期
戦国時代
◇主な城主（勢力）
小田切氏
◇本郭（頂上）まで
20分

標高619m

吉窪城は犀川が善光寺平に流れ込む地点、小田切ダム下流の左岸山上にある。南は犀川に臨む急峻な斜面で、東南が開けて川中島の平が一望できる。

この城は小田切氏が築いたといわれるが、もともと小田切氏は佐久の小田切から当地に移り、小市に本拠を置いた。その後、村上氏に属して吉窪城を構え戦乱に備えたという。弘治3年（１５５７）の武田軍の葛山城攻めで小田切駿河守幸長は葛山城に、子の民部《みんぶ》少輔《しょうふ》は吉窪城に立て籠もったが、駿河守は討死し民部は山中に逃れ、城は武田軍により破壊された。

吉窪城へは、犀川の両郡橋から市道を吉窪集落に向かい、集落入口の最初のT字路を右に入るが、道幅が狭いので車は左方の路肩に止め、民家の間の狭い道を蛇行して上がると、畑のある台上に出る。

畑の脇には1号、2号と番号のついた古墳がある。登り口から斜面を上がると鳥居が二つ、階段上には飯縄稲荷神社などの祠や文政、享和など１８００年代前半の石祠が立ち並ぶ。郭部分には土塁が見られるほか、虎口、空堀跡、抜穴、土居址などの標識が立てられている。

吉窪は山間の小さな集落だが、その歴史は古墳時代までさかのぼる。集落には千手観音菩薩を本尊とする懸崖造りの西明寺もあるので回ってみるのもいいと思う。

飯縄稲荷神社の鳥居

本格跡にある祠

長野市 吉窪《よしくぼ》城跡

川中島平を一望する要害の地にあった小田切氏の山城

三等三角点 619m

コースタイム
吉窪地区から
上り20分
下り15分

吉窪山城址由緒

(一)位置

長野市大字塩生甲松葉沖二六九番イ号地犀川西郡橋の左岸三方切り立った険しい富士山形をした海抜六一九米吉窪城山山頂にあり、南に川中島平を一望する要害の地である。

(二)規模現況

城郭の面積東西四間(約七二米)南北一五間(約二七米)南側と西側に土石を積み上げた長大な土居を築き四方に空堀をめぐらし本郭址は今神社の敷地となっているが北面に大手をとり、他の三面は険しい地形を守りとした山城、昔を偲ぶ巨石抜穴址馬場址等も残っている。

(三)由緒

小田切氏の始祖は佐久郡臼田小田切郷の氏人、鎌倉時代に地頭となり、小市に移駐、小市今里等に居館をかまえ背面に小市城(この吉窪城)を築き戦乱に備えたものと思われる。

戦国時代に小田切駿河守幸長は初め村上義清に属し、更に村上氏とともに上杉方に加わった。弘治三年(一五五七年)葛山城を守った頃は、春日、朝日、長嶺、久保寺、釆林、布施横山等組下七騎衆を率いた武将だったが武田方の火攻めにあい越軍の援軍到着寸前に落城、幸長は戦死した。永禄四年の川中島合戦はこれより四年後の事であるが戦後武田方の治世になってから幸長の一子民部少輔は、一時武田方から四〇〇貫の知行を受けたこともあったが衰微し流転を重ね末裔は高井郡に移ったと伝える。(以下略)

長野市・小田切観光協会

アクセスマップ

91

天照寺から登る小田切氏の要害城

小松原城

別名【城山】

長野市篠ノ井小松原

こまつばらじょう

- 築城（使用）時期　戦国時代
- 主な城主（勢力）　小田切氏
- 本郭（頂上）まで　25〜30分

標高554m

登山口の天照寺の五百羅漢壁画

主郭の様子

途中にある廃屋

土塁に囲まれた横堀

尾根下にある臼池

国道19号小松原トンネル東側入口の左上部に見える天照寺、その裏山に小松原城跡がある。実は私の家から寺まで車で10分ほどなのだが、こんな所に城跡があることも知らなかった。山城歩きを始めなければ永遠に知ることもなかったと思うのだが、そこにあると知れば行かないわけにはいかない。天照寺には下をくぐるという不思議な石灯籠と五百羅漢の壁画を飾った羅漢堂がある。お堂の案内には「羅漢とは、修行によって阿羅漢という再興の位を得た者のことで、信者から供養を受けるに値する「応供」ともいわれる」などとある。堂内正面には16羅漢の尊像、側三面に484人の羅漢像が一枚の板に3人ずつ描かれている。

城跡へは羅漢堂から墓地の間を通って裏山の斜面に取り付き、林中の踏み跡をたどると車道幅の道に出る。この道を右方向に上がると廃屋が数棟あるが、ここに住んでいた人がいたのだろう。周囲は耕作地跡のような平地がある。廃屋の前を通って尾根まで上がると、すぐ下に小さな池（水の手）がある。尾根伝いに左に上がると途中から踏み跡がなくなるが、急斜面を直登すると城跡の土塁が見えてくる。周囲を半円ほどの土塁が二重に囲み、南にも40mほどの土塁が伸びている。主郭は中央に岩場があって平坦ではなく、広さもあまりない。城主は小田切氏の勢力範囲であることから、小田切氏の要害城だと考えられる。小田切氏は佐久の小田切から出た滋野系海野氏の一族で、小市や窪寺の地頭であり、一族は戦国時代に上杉、武田双方に属し、後に徳川の旗本になったという。

長野市篠ノ井

小松原城跡

天照寺から登る小田切氏の要害城

標高554m

天照寺〜城跡　25〜30分

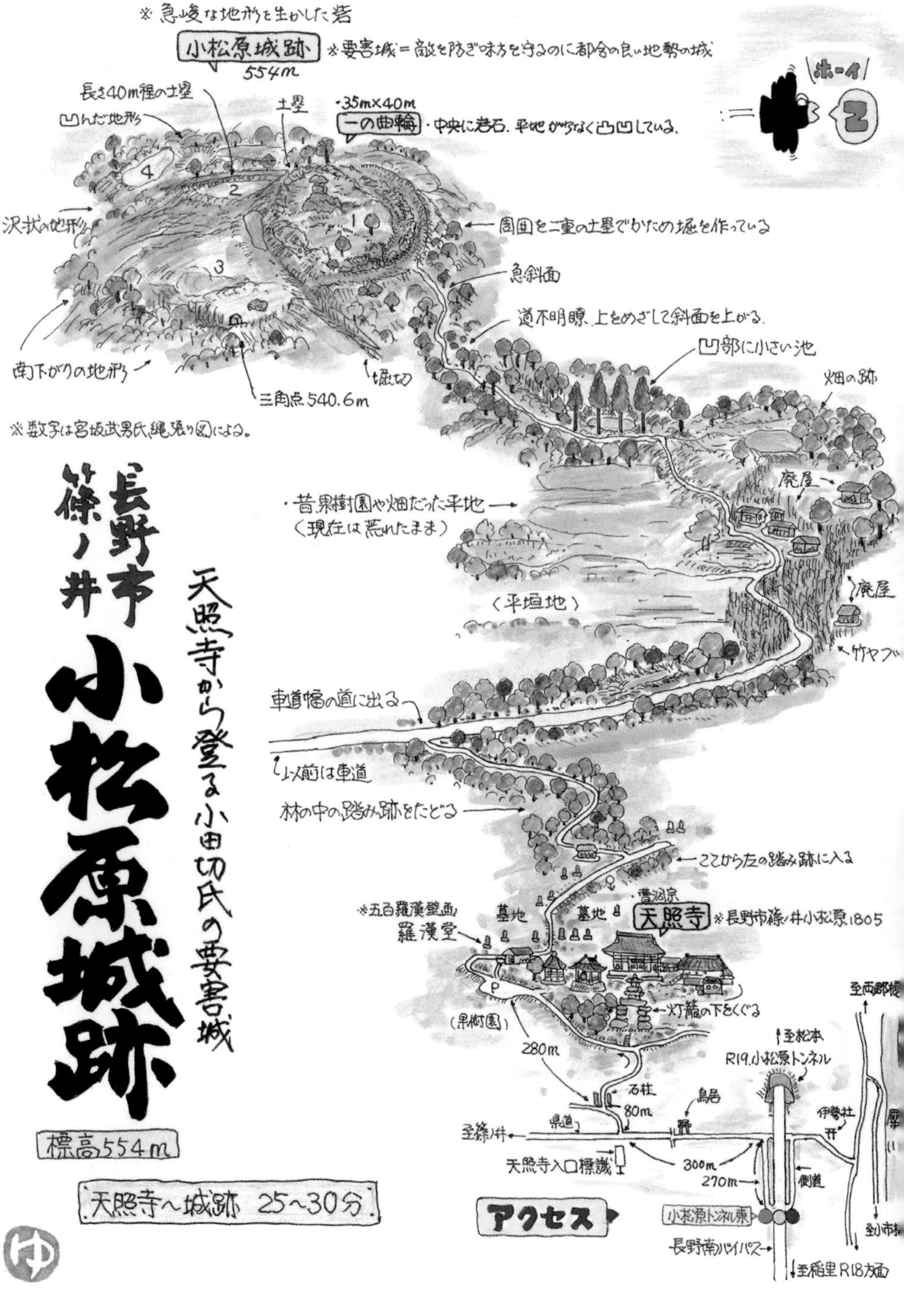

92
大文字一揆の武士たちが謀議
窪寺城
長野市安茂里

くぼでらじょう
◇築城（使用）時期
室町時代
◇主な城主（勢力）
窪寺氏
◇本郭（頂上）まで
10〜20分
標高449m

城跡下から善光寺平を望む

畑の脇の案内板には「中世、この地を支配していた豪族窪寺氏の城がこの城山の上にあった。後、小田切氏に属したが甲越の戦いの時、武田軍に攻められ落城したという。山城としての遺構が見られる」とある。極めて簡潔明瞭な説明だ。

窪寺城は、滋野系の窪寺氏が築いたもので、鎌倉時代の善光寺奉行四人の中に窪寺左衛門入道光阿の名があるという。この城が知られるのは、応永6年（1399）、信濃守護として小笠原長秀が赴任し、室町幕府による中央集権の支配が次第に固まりつつあるころのこと。小笠原氏に反発して東北信の土豪たちが一斉に蜂起して挙兵した。最初に挙兵した村上光信の下には北信濃、小県、佐久の土豪が集まり、篠ノ井大塔の辺りが戦場になった。この戦いは「大塔の戦い」「大文字一揆」などと呼ばれ、結局、小笠原氏は敗北して京に戻ってしまった。この一揆に参加した土豪たちが謀議した場所が窪寺城といわれ、信濃の中世に起こった大事件がこの窪寺城から始まったという。

長野市安茂里地区の北側に位置する山の手への道路は、いずれも車1台がやっとの狭さで駐車もままならないため、正覚院の駐車場を借用した。大きなワラジが飾ってある正覚院の山門をくぐって長い階段を上り、圓通院から先は農道を道なりに進む。途中からは踏み跡をたどり見当をつけて斜面を登ると主郭に出られる。北側に大きな堀切があり、主郭、二の郭、堀切、三の郭と段郭が続いている。もう一つの登り口は城跡の南側にある西蓮寺側からで、沢沿いの山道を上がり、途中から右上に上がれば主郭に出られる。

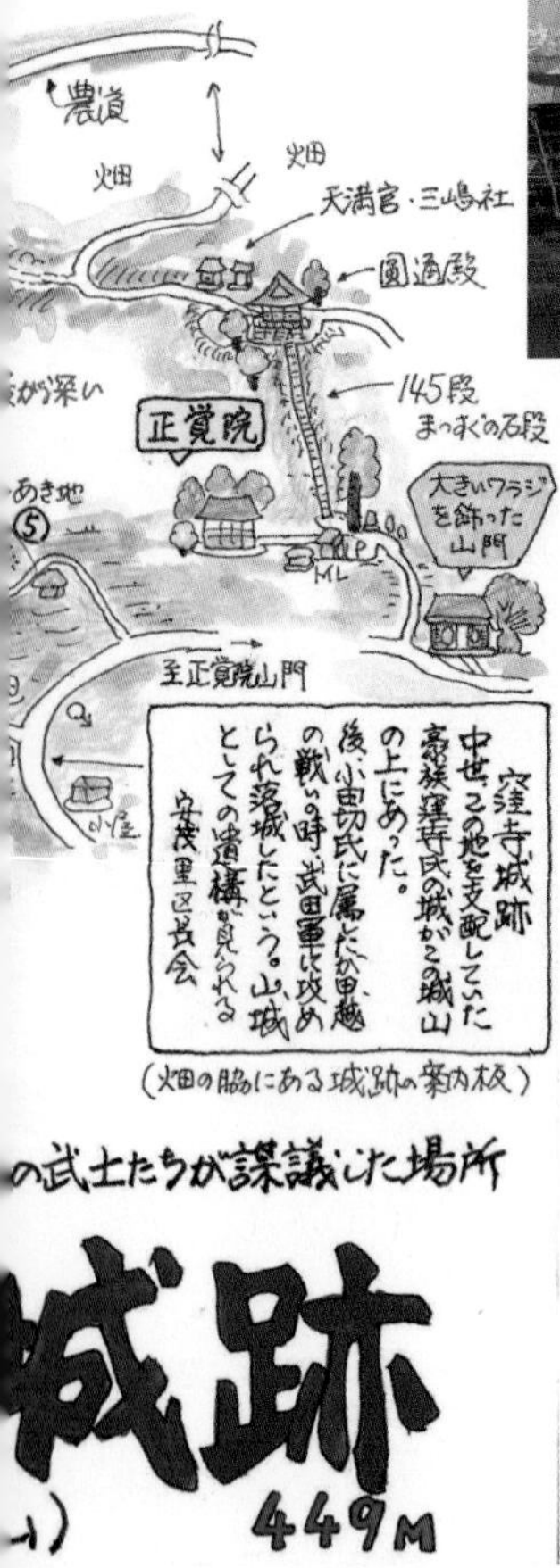

西蓮寺と窪寺城跡

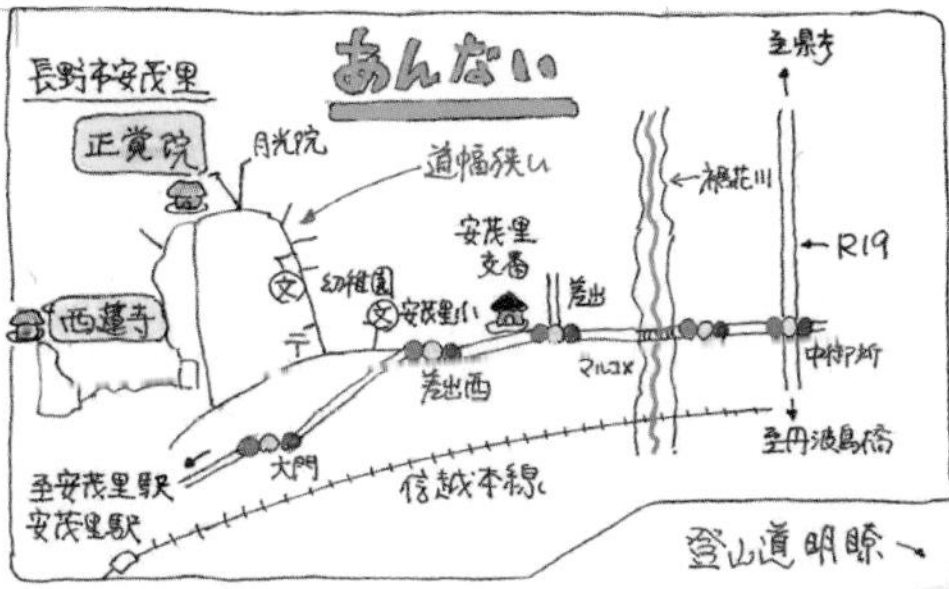

長野市安茂里
あんない
正覚院
月光院
道幅狭い
西蓮寺
幼稚園
安茂里小
安茂里支所
差出
差出西
マルコメ
裾花川
R19
至県庁
中御所
至丹波島橋
大門
信越本線
至安茂里駅
安茂里駅

N
ホーイ
正覚院に至る
分岐あり
藪だが踏
登山道明瞭
広い堀切の地形
平地
小さい廃屋
杉林
主郭
2の郭
堀切
長野市内の展望あり
帯曲輪の地形
踏み跡
道を外れて右へ上がる
沢の地形
沢沿いに歩く
※城郭は大きな広葉樹、杉に覆われ、整備されていないので注意すること。
登り口
民家ここまで
※山裾に建つ赤い屋根の寺
西蓮寺
(注)安茂里地区は、道幅が狭いので運転・通行に要注意。
大文字一揆(大塔の戦い)に
長野市
安茂里久保寺
窪
くぼで

雑木が生えている主郭跡

主郭北側の大堀切

窪寺城跡

城跡案内板

93 小柴見城

尾根の先端部に堀切、曲輪、土塁

長野市安茂里小柴見

こしばみじょう

◇築城（使用）時期
戦国時代
◇主な城主（勢力）
小柴見氏
◇本郭（頂上）まで
1～2分
標高430m

旭山展望台から小柴見城跡を望む

主郭北側の大きな土塁

長野県庁のすぐ西側にある旭山から東南に延びる尾根の先端部で、裾花川の右岸高台にある小柴見城跡。裾花川との比高は50ｍほどだが、東・南・西側の三方を川や勝手沢の急崖によって守備している。城跡までは、夏目ケ原浄水場への道路を上がるとそのまま堀切のあった尾根筋に出られる。カーブの頂点から大きな土塁の間の堀切を越え、本郭に入ると作業小屋と左奥に耕作した畑がある。主郭の大部分は荒れた藪状態で、その南側には左右に1～1.5ｍの土塁の盛り上がりが見られる。主郭の2～3ｍ下方には幅4～5ｍの帯曲輪、さらにその下方にも小曲輪がある。東側下方にも帯曲輪があるが、イバラなどの藪で容易に立ち入れない。西側は勝手沢の急崖で、北側の斜面には曲輪らしき平地が見られる。昭和4年の夏目ケ原浄水場建設では、城跡の地形の一部（堀切や曲輪の）が改変された。

小柴見城のある旭山は善光寺と門前町に近く、善光寺平も一望出来ることから、この平一帯の支配権を制するのに重要な地であった。旭山は、山頂に「旭山城」、中腹に「旭城」、尾根の先端部に「小柴見城」の三つの山城がある。小柴見城は、この地の土豪であった小柴見宮内《くない》が築いたといわれ、小田切氏の属城であったともされる。

戦国時代の甲越の争いでは、旭山城は両軍の拠点となり、小柴見城はその出城であったと考えられている。弘治元年（1555）には、善光寺別当（長官）の栗田氏が武田方について旭山城に入り、信玄は兵3000、弓800、鉄砲300を送り込んだ。200日の対陣の後、旭山城は破却されたが、すぐ後の弘治3年（1557）、向かいにある葛山城を武田軍によって落とされた謙信が旭山城を再興して本陣とした。

『甲陽軍鑑』によると、栗田氏配下の城主小柴見宮内は、第四次川中島の戦いで密かに上杉方に内通していたことが露見し、永禄5年（1562）に信玄に誅《ちゅう》され、その後、小柴見城は廃城になったといわれている。

南にある大きな帯曲輪

善光寺平が一望できる！小土豪小柴見氏の山城

長野市 小柴見城跡

標高430m

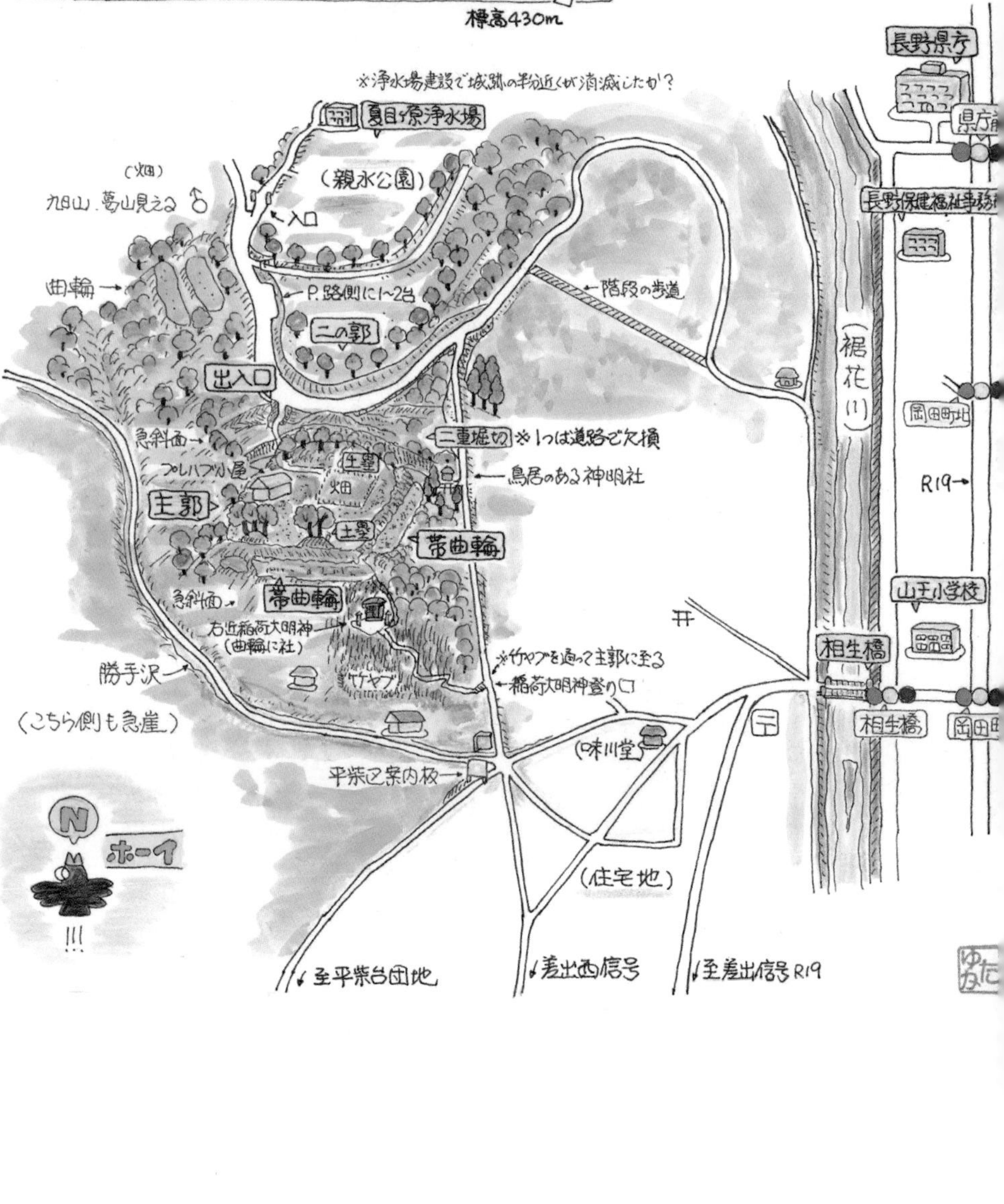

※浄水場建設で城跡の半分近くが消滅したか？
夏目ヶ原浄水場
（親水公園）
入口
（畑）
九日山、葛山見える
曲輪
P.路側に1～2台
階段の歩道
二の郭
出入口
長野県庁
県庁前
長野保健福祉事務所
（裾花川）
岡田町北
急斜面
二重堀切 ※1つは道路で欠損
プレハブ小屋
土塁
畑
鳥居のある神明社
主郭
土塁
帯曲輪
R19→
帯曲輪
急斜面
右近稲荷大明神（曲輪に社）
山王小学校
相生橋
竹ヤブ
※竹ヤブを通って主郭に至る
稲荷大明神登り口
勝手沢
（こちら側も急崖）
（味川堂）
相生橋
岡田町
平柴区案内板
ホーイ
!!!
（住宅地）
至平柴台団地
差出西信号
至差出信号R19
ゆかた

94 武田、上杉双方の軍事拠点に
旭山城

別名【朝日山城】【旭城】

長野市安茂里

あさひやまじょう

◇築城（使用）時期
南北朝時代
◇主な城主（勢力）
栗田氏、武田氏、上杉氏
◇本郭（頂上）まで
30分

標高785m

展望台から長野市街地を望む

土塁が残る広い本郭の様子

長野県庁の西側に形良い三角形の山が見える。長野市のシンボル的な旭山にはその名の通り朝日が真っ先に当たって輝く。南西側中腹には受験の神様として知られる旭山観音堂があり、登山口は観音堂の脇から山側に上がる。登山口までは車の通行が可能で観音堂駐車場を借用する。このほか、平柴にある諏訪神社の手前から観音堂前まで歩道があるので、時間に合わせて歩くと良い。観音堂から果樹園脇を通って旭山の鞍部に出たら、山側の階段を上がる。城跡までは約５００ｍ、ゆっくりでも30分ほど。左に段曲輪を見て深い堀切を越えると、平らな主郭に着く。旭山城の歴史は古く、南北朝時代（14世紀後半）には麓の平柴に守護所が設けられ、詰城として築かれた。旭山城が初めて文献史料に登場するのは弘治元年の川中島合戦で、武田方に降った栗田鶴寿が籠もる旭山に信玄が兵、弓鉄砲を配備し軍事拠点とした。旭山城の武田と葛山城の上杉は裾花川を挟んで約２００日対峙。今川義元の仲介により和解し旭山城は壊されたが、後に上杉により再興された。

旭山（標高７８５ｍ）の山頂に築かれた城の主郭は36ｍ×30ｍほどで、周囲に曲輪や堀切の遺構が見られる。主郭からの展望はないが、木々が無ければ、北側には葛山が望め、善光寺平も一望できる。現在は尾根伝いに10分ほどの所にある展望台から善光寺平を一望できる。

丹波島から望む旭山（後方は飯綱山）

本郭の石垣

長野市 旭山城跡

善光寺平の支配を制する重要拠点
実戦に即した難攻不落の縄張り

標高 785m

旭山城跡 (旭山 785m)
・主郭36m×38m
・北側の腰曲輪はこの曲との連絡通路に使用
土塁(主郭の周囲に土塁がある)
上杉方の葛山が良く見える。
(市街地(善光寺平)を一望)
搦手口
倉ヤシキ
大堀切
物見岩
見晴台
小曲輪がある
天水溜の凹地
大手口・堀切左手に「木曽義仲霊」の石碑
腰曲輪(下方のほか、大手口の敵に対しても矢を放てられる)
井戸跡・土塁
土塁
石垣
大きな竪堀
(物資の運搬に使われたようだ)
※1~7の数字は宮坂武男氏の縄張り図による。
ホーイ
土橋を渡る
土塁のある小曲輪
堀切(竪堀)
至登山口0.2km 平柴2km 至山頂城跡0.3km
至旭山朝日観音 平柴0.7km
朝日山城
旭山(古くは朝日山)は標高785メートル、その昔、戦国時代には武田方の居城であったが上杉方によっていったん破壊される。弘治4年(1558)謙信公によって再興されたといわれる。本丸跡は東西約36メートル、南北約30メートルである。
案内板(左上)旭山のコナラ林。(下)ネズミサシ
平らで広い曲輪
・30m×23m
ハナイカダの案内
水場跡のような岩石のある窪地。
案内はあるが道は不明、注意!
見晴台
5分 5分
旭山城主郭
20分 15分
登り口
10分 5分
朝日山観音堂
登り口
作業道造成
車道ここまで
以前耕作していた畑の跡
作業小屋
りんご畑
りんご畑
朝日山観音堂
トイレ
至富士ノ塔山
・観音堂の横から入る
P 4~5台
下り
旭山城跡
登り口
朝日山観世音堂
駐車場
歩道
諏訪神社
旭城跡(大峰山)
至信州大学
(県庁)
浄水場
県庁前
裾花川
小柴見城跡
長野市安茂里 平柴地区
(山王小)
アクセス
相生橋
岡田町
ゆなた

95 戦国の争乱に巻き込まれた城 旭城

別名【大黒山城】

長野市平柴

見城から旭山と旭城跡（赤矢印）を望む

南西側から見た城跡

主郭北側の大堀切

二の曲輪にある古墳

あさひじょう

◇築城（使用）時期　南北朝時代
◇主な城主（勢力）　小笠原氏
◇本郭（頂上）まで　10分

標高542m

旭山の南斜面の中腹、左近稲荷を祀った大黒山頂上に旭城がある。頂上に旭山城、麓に小柴見城があるが、旭城の存在はあまり知られていないようで、何人かに「旭城は」と尋ねても分からない。かろうじて左近稲荷のある所と聞くと「大黒山か」と分かる程度でしかない。

その旭城の入り口は分かりにくい。そもそも安茂里地区の道路は道幅が狭く曲がりくねっていて通行に苦労するのだが、村はずれの諏訪神社下方、みろくじ集会場手前の左カーブの所を鋭角に右折し200mほど入る。右側の空き地に駐車し、わずか下って果樹園の間の道を山側に真っ直ぐ上がる。急斜面に設けられた階段を上がりきると小曲輪を経て左近稲荷神社を祀る平坦地（主郭）に至る。神社裏手には幅広い堀切、一段下がった東側の平地には桜が植樹され、古い東屋があり、西側はやや急な斜面に武者走り（土塁上面内側に設けた通路）が見られる。堀切を越えた二の曲輪の中央にはこんもりとした古墳（石室）があるが、その中には稲荷社が祀られている。古墳の北側の林中にも平坦な曲輪が続いている。

城歴は南北朝時代に平柴の守護所があったとのことで、これを村上氏、小笠原氏、高梨氏等の国人が攻めたという。また、室町時代の文安3年（1446）には小笠原氏の惣領争いで宗康と持久が大黒塚（旭城）などで戦い（持久が勝利）小笠原氏は分裂することになったが、これが信濃の戦国のきっかけとなったとされる。また、甲越の合戦では山頂の旭山城が両軍の争奪戦の場となり、旭城もその争乱に巻き込まれたようだ。

戦国の争乱に巻き込まれた旭山中腹の城

大黒《だいこく》山《やま》 旭城跡

標高 542M

N
ホーイ
広い平坦地
段々と下っている
中央にある古墳
・中央に古墳がある 20m×22m
二の曲輪
帯曲輪が周回
大堀切
竪堀に続く
正一位大黒山
左近稲荷神社
・祭神＝稲蒼魂命《うかのみたまのかみ》
は、穀物の神様
民家
武者走り通路
主郭
23m×33m
石祠
桜
30m×10m
程の曲輪
菖蒲池
あずま屋
地元では
大黒山(だいこくやま)
と呼ばれている
羊を放牧
至朝日山観音
階段が連続
石垣
登り口
〈注〉城跡まで10分
阿弥陀寺
(畑)
諏訪神社
農道
(以前畑)
りんご畑
(大黒のりんご)
道幅 軽四程度
〈平柴地区〉
(畑)
斜めに入る
至夏目ヶ原浄水場
・市街地展望良い
あき地
(※道幅が狭いので、ここから歩く)
至小柴見地区

主郭にある左近稲荷神

96-1

葛山城

火攻めにより落城した悲劇の城

頼朝山コース

長野市芋井

かつらやまじょう

◇築城（使用）時期
戦国時代
◇主な城主（勢力）
落合氏
◇本郭（頂上）まで
1時間15分

標高812m

弘治元年（1555）、武田方が援助した旭山城に籠る栗田氏と、上杉方が援助した落合氏を宗家とする葛山衆が戦った。戦いは激戦を極めたが、信玄は静松寺を通じて葛山衆の切り崩しに成功し、同3年、葛山城は落城した。そのいきさつは頂上にある次の案内板が詳しい。

葛山城跡：「葛山城主落合備中守は、村上義清に従い上杉謙信に属していた。城は、上杉方の重要な前進基地であった。一方、北信濃を手中に収めようとする武田信玄は、弘治3年（1557）2月越後はまだ雪が深く、上杉軍が出陣できない時期を見はからい、部下の馬場美濃守に命じ一万七千余人の大軍でこの城を攻撃した。城は高い崖の上にあり堅固な防塁を備えており、備中守も勇猛に自ら進んでよく防いでいたので武田勢も攻めあぐむ形であった。しかし城は水が不自由であった。城兵は、敵の目にふれる崖から米を落とし水は十分あるようみせかけた。武田方は葛山の中腹にある静松寺の僧を責めて城を攻める方法を問い、水利の不便を知ると水を絶ち、火攻めにした。春先の風にあおられた火の勢いは、山を包み、防塁は炎の中に崩れ落ちた。城兵必死の抗戦もむなしく備中守は奮戦して討死し、2月15日ついに落城した。逃げ場を失った多くの女たちは峰の上から身を投げて死んだ。姫谷と呼ばれる谷底からは、のちの世まで女の哀しい泣き声が聞かれたと里人は語り伝えている。本丸跡には、城址の嘆きを語る祠が安置され、今でも周囲から焼米が掘り出されるという。春、山頂の城跡に立てば、里に遅れて散る山桜の一片に、戦国の世のならいとはいえ滅びるものの哀れさが迫ってくる」

葛山への登山道は、長野市新諏訪の茂菅大橋手前から頼朝山を経由するコースと、茂菅の静松寺入口から林道を歩いて頼朝山コースに合流するコース、さらには北側の荒安からの北尾根コースがある。

葛山から南に旭山城跡を望む

長野県庁から見た葛山（中央）左頼朝山

広い主郭（本丸）の様子

主郭南側の堀切と土塁

火攻めにより落城した悲劇の城
葛山《かつらやま》城跡
ホーイ
飯綱山
大峰山
葛山頂上(標高812m)
葛山城本郭
東屋、石祠、案内板など
堀切
荒安からの道(段郭が見られる)
大ケヤキ
姫谷(落城の折女たちが身を投げた谷)
堀切
稜線に堀切が連続
急斜面
展望
深いクマザサ
城跡周囲の桜がきれい
段郭の地形
右にNHKのアンテナ
カラマツ林
至飯綱高原
分岐
登山口
行止り
郷路山《ごうろやま》
小高いピー
観音
墓地
静松寺《じょうしょうじ》
作業道静松寺線(一般車通行不可)
観音様の石塔
藤村「破戒」の文学碑
墓地
(八幡宮、東屋がある)
頼朝山 葛山城の物見砦
642m
(夕やけこやけで日が暮れて、山のお寺の鐘が鳴る。)
往生寺
コースタイム
上り 1:15
急坂
分岐
静松寺1000m、20分 頼朝山、620m30分
民家のある急坂
至雲上殿
登山口
展望開ける
沢沿いに畑の脇を上がる
至善光寺
会社の白い建物が目印
(住宅地)
(ここは新諏訪町)
至鬼無里
至桜枝町・善光寺
R406
茂菅大橋
裾花川
登山口
至県庁

96-2

甲越の合戦で激戦の舞台に
葛山城
北尾根コース

長野市芋井

北東側から城跡を望む

二の曲輪から主郭方面を望む

北尾根の曲輪を望む（後方は飯縄山）

北尾根から主郭を望む

かつらやまじょう

- 築城（使用）時期
  戦国時代
- 主な城主（勢力）
  落合氏
- 本郭（頂上）まで
  20〜25分

標高812m

武田方に焼き討ちされ、女たちが身を投げた姫谷などの言い伝えが残る葛山城。これまで里山歩きとして南側の頼朝山経由で登っていたが、山城歩きの目的で尋ねてみると、里山歩きを楽しむことに加えて、山城の様子を探る楽しみがあることに気付いた。といっても山城について詳しいことは分からないのだが、堀切や土塁等の様子から、こちらからは攻められやすいとか、500年前の大堀切はどのくらい深かったのだろうかなど、思いを巡らすことは可能になった。しかしいつも思うのは、水の手は、食料は、また寝泊まりはどうしたのだろうかと言うことだ。車も何も無い時代の戦いのあり方に疑問符がいっぱいになる。

葛山は荒安地区側からの北尾根に曲輪や堀切などが多く残っているし、地元でも間伐や草刈りをして保存整備を始めているようで、城跡の地形が素人目にもよく分かるようになった。また、段郭は西尾根に伸びているし、東の稜線には大小7条もの堀切が波打っている。南側には武田軍が陣取っていた旭山城が見えるが、ここからは常に逆光で山体は常に暗くて黒っぽく見える。葛山には白米伝説があったと言うが、旭山城側からだと逆に常に順光であるため、馬の背に流した米粒は良く光って水を流したように見えたに違いない。桜の咲くころ訪ねてみたい山城である。

登山口付近から城跡を望む

甲越の合戦で激戦の舞台となった
長野市
葛《かつら》山《やま》城跡
葛山城跡 主郭 ※南方、旭山方向の展望
812m
①
ケヤキの大木
二重堀の中央の土塁上に石祠
大小8つの堀切
④
至往生寺方面
至頼朝山
8 7 6 5 4 3
笹の原
2 1
東尾根
姫谷
（落城の折、女たちが身を投げた谷間）
堀切
② 二の曲輪
1 2 3
西尾根
・段郭の様子がわかる。
③ 三の曲輪
下方に鉄塔
⑤ 五の曲輪
堀切
※注＝曲輪番号①〜⑥は、宮坂武男氏縄張り図による。
大峰山、市街地の展望
曲輪が整備されている
北尾根コース
段曲輪、堀切の地形が見られる
堀切
⑥ 六の曲輪（山側に土塁）
主郭まで 20〜25分
北尾根コース
階段設置
小沢
笹の斜面
堀切
杉林
ホーイ
N
案内板とベンチ
平地
カラマツの平地
・堀切が連続
登り口
至芋井
登山者駐車場（広い）
葛山城跡
右下に水道施設
桜
空き地、数台駐車可
至荒安
登り口
道幅が軽四車程なので通行には十分注意が必要。
至大峰山
〈りんご畑〉
アクセス
至飯綱
バードライン
至戸隠
芋井
1.1km
登り口
広い駐車場 P
P 1〜2台
20m
七曲り
城跡
トンネル
頼朝山トンネル東信号
裾花川
茂菅
R406

主郭の様子

土塁のある曲輪の様子

97

地附山東側の謎に包まれた山城

桝形城

長野市上松

ますがたじょう

- 築城（使用）時期
  戦国時代
- 主な城主（勢力）
  不明
- 本郭（頂上）まで
  地附山公園から約20分

標高706m

主郭の現地案内板には、「謎に包まれた山城」と題して「桝形城跡については、古文書などの文献史料には一切記述がないので詳しいことは全く分からない。堀切の構造が複雑なことや数多くの曲輪があることなどから、守りを固めた城であると考えられる」。また、「長野盆地は、川中島合戦の主戦場であり、旭山城、葛山城、大峰城、若槻山城などの山城があり、近くには上杉謙信物見の岩などもあるので、川中島合戦に関係する山城かもしれない」旨の説明がある。

城跡へは、地附山公園上部のフェンスを開け、まっすぐ旧バードラインの道路まで上がり、ゲートを越えて３００ｍほど先の登り口から登る。「桝形城址まで１２５ｍ」の標識がある。このほか東側の昌禅寺からの登路があるようだ。

長野市は地附山一帯を公園として整備しており、城跡にも堀切や曲輪などの説明板と順路の標識が整備されている。

桝形城は地附山山頂から北東に延びる尾根の頂部に主郭があり、尾根上を主体的に利用し、馬出し状の曲輪や虎口、横堀、竪堀の多用、横堀の複雑な構成などが特徴的とのことだ。一帯はトレッキングコースが整備され、トレランの愛好家も多い。コースは多様で案内標識も設置されている。四季を通して楽しむことができ、春先の芽吹きやヤマブキの花、秋にはカエデの紅葉などが素晴らしい。前方後円墳などもあるので、併せて訪ねてはいかがだろうか。

土塁の様子

雲上殿後方の稜線に城跡がある

旧バードラインからの入口

長野市・地附山

ますがた

武田・上杉の攻防にかかわった山城 桝形城跡

標高 七〇六m

桝形城跡

地附山の山頂から北東に伸びる尾根の頂部に立地している中世の山城跡である。

尾根の頂部に主郭があり、主郭の南西側に虎口が残っている。斜面には曲輪がなく、尾根上を主体的に利用しているが主郭の西側直下には土塁をともなう横堀とそれにつながる竪堀が複雑に入り組んでいる。主郭背後には大規模な堀切と土塁をともなう横堀で地附山方向へ続く尾根を遮断し堀の間には広大な曲輪が存在する。最南端には馬出し状の曲輪がある。主郭において防御的な施設が希薄な一方で周辺は虎口や横堀・竪堀の多用と横堀の複雑な構成、さらに馬出し状の曲輪の存在など防御機能が極めて発達した山城と考えられる。

古文書などの文献資料には現在までのところ本城跡の名を見ないが遺構の構造などから、戦国時代である十六世紀後半の年代が想定される。周囲の山には、旭山城跡、葛山城跡、大峰城跡、若槻山城跡などがあり、本城跡も武田・上杉両氏の攻防にかかわった城跡の一つと推定される。

平成二十二年十月十一日

長野市教育委員会

（※城跡にある案内板の説明）

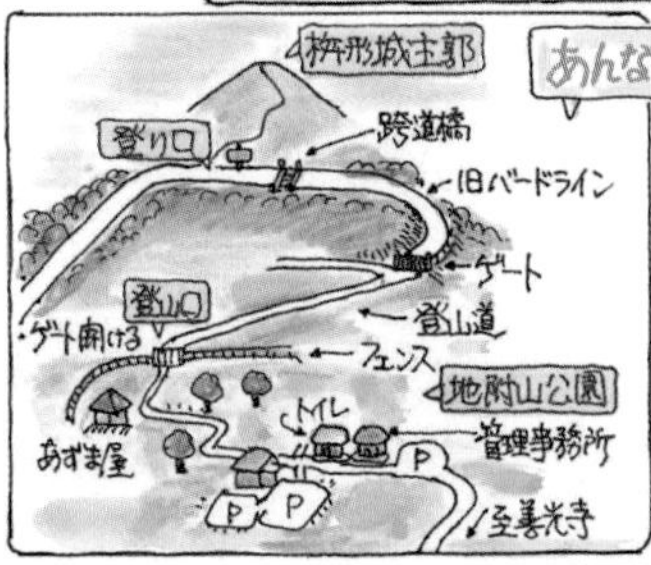

あんない図
桝形城主郭
登り口
跨道橋
旧バードライン
ゲート
登山口
ゲート開ける
登山道
フェンス
地附山公園
トイレ
管理事務所
あずま屋
P
至善光寺

・地附山一帯は、ウォーキングコースが整備されている。

桝形城跡
※主郭は40m×15m程の広さ
ホーイ
（※主郭への重要な出入口）虎口
主郭
遊歩道が整備されている
こちら側急斜面
岩場
主郭西側の斜面
土塁が残る
凹地
曲輪
土手を下る
現在は赤松の木が残る
曲輪
※平地
平地
土塁
（※曲輪の周囲に土塁が残る）
城跡案内板（上記）
左回りにコースがある
平坦な雑木林
使われない跨道橋
（桝形城址125m）
登り口
（※ベンチあり）
スタート
旧バードライン舗装道路
（※車の通行不可）
地附山公園に至る
ハイキングコース
山頂方面に至る
地附山頂上方面に至る

98

旭山城に陣取った武田方の向城

大峰城

長野市

おおみねじょう

◇築城（使用）時期
戦国時代
◇主な城主（勢力）
大峰氏
◇本郭（頂上）まで
50分

標高828m

上杉謙信物見の岩からの展望

西側から見た大峰城

大峰山の頂上にある大峰城跡には、善光寺の裏手にあたる七曲から北側の山へと向かう車道が通じていて、ほとんど歩かずに行くことができる。頂上部には鉄骨造りで三層の城型の建物があって、以前は蝶の博物館として利用されていたが、現在は廃館となっている。

麓から歩く場合は、南側の花岡平にある霊山寺からのコースがあり、片道で50分ほど。寺の境内は見事な桜の名所であり、寺裏の墓地には「川中島合戦勇士の首塚」がある。首塚は「昔、霊山寺の和尚がこの地を整地したところ、首だけの白骨がたくさん発見された。鑑定の結果、上杉方が川中島合戦で討ち取った武田方の武将の首を検分し論功定めを行った処だとわかり、戦士等の勇魂を慰めるために塚を築いた」旨の案内がある。墓地を抜け5分ほど進むと見上げるほどの垂直の岩場（物見の岩）が現れ、左隅には岩井堂観音が祀られている。この岩場は長野県警山岳遭難救助隊の訓練場所として知られている。右方から回り込んで岩場の上部に出ると、南方に長野市内を一望できる「上杉謙信物見の岩」があり、謙信が善光寺平の物見をした場所とされている。大峰城跡はここから30分ほど上がる。石垣に囲まれて建物がある所が主郭、駐車場や東屋、トイレのある所が二の郭、一段下がった三の郭には土塁が見られる。

大峰城は、旭山城に陣取った武田方の向城として上杉家臣の大峰蔵人が築いた山城とされるが、大きな戦跡はなかったようである。別に大峰城へは歌が丘からの急なコースもあるが、ハイカーがたまに下山路に使うくらいで一般的なコースではない。

川中島合戦の首塚

三の曲輪の土塁

善光寺の裏山、物見の岩から登る
大峰城跡

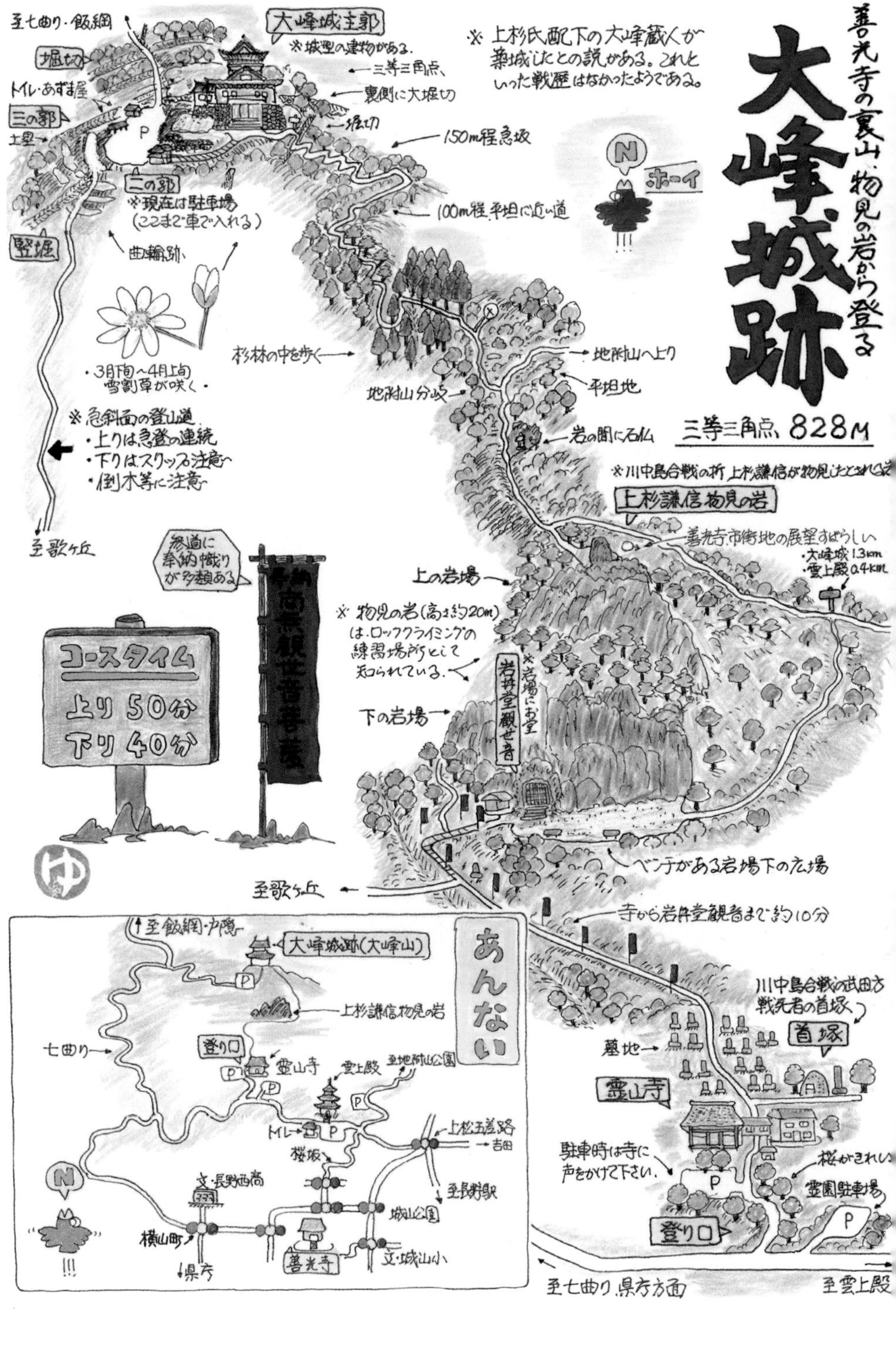

三等三角点 828M
※上杉氏配下の大峰蔵人が築城したとの説がある。これといった戦歴はなかったようである。
至七曲り・飯綱
大峰城主郭
※城型の建物がある。
三等三角点
裏側に大堀切
堀切
150m程急坂
堀切
トイレ・あずま屋
三の郭
土塁
二の郭
※現在は駐車場（ここまで車で入れる）
竪堀
曲輪跡
・3月下旬～4月上旬 雪割草が咲く・
100m程平坦に近い道
ホーイ
杉林の中を歩く
地附山分岐
地附山へ上り
平坦地
岩の間に石仏
※急斜面の登山道
・上りは急登の連続
・下りはスリップ注意
・倒木等に注意
至歌ヶ丘
※川中島合戦の折 上杉謙信が物見したとされる
上杉謙信物見の岩
善光寺市街地の展望すばらしい
・大峰城 1.3km
・雲上殿 0.4km
参道に奉納幟りが多数ある
上の岩場
※物見の岩（高さ約20m）は、ロッククライミングの練習場所として知られている。
岩井堂観世音
※岩場にお堂
下の岩場
コースタイム
上り 50分
下り 40分
ベンチがある岩場下の広場
至歌ヶ丘
寺から岩井堂観音まで約10分
川中島合戦の武田方戦死者の首塚
首塚
墓地
霊山寺
駐車時は寺に声をかけて下さい。
桜がきれい
霊園駐車場
登り口
至七曲り 県庁方面
至雲上殿
あんない
至飯綱・戸隠
大峰城跡（大峰山）
上杉謙信物見の岩
七曲り
登り口
霊山寺
雲上殿
至地附山公園
トイレ
上松五差路
吉田
桜坂
至長野駅
文・長野西高
城山公園
横山町
善光寺
文・城山小
県庁

99

今も残る見事な段郭・土塁・堀切

若槻山城

長野市若槻東条

わかつきやまじょう

◇築城（使用）時期
鎌倉時代初期
◇主な城主（勢力）
若槻氏
◇本郭（頂上）まで
50分

標高676m

南北55mもある本郭の様子

城跡から長野市街地を望む

リコソウで埋め尽くされた
城跡の斜面

主郭に残る戦闘用の河原石

中央部が凹んだ番所跡

若槻山城は善光寺北方の三登山の南斜面にあって、雑木がなければ善光寺平が一望できる。城の歴史は古く、主郭の案内板には「12世紀後半、鎌倉時代初期に若槻頼隆により築城された。頼隆は八幡太郎源義家の孫に当たり清和源氏の直系である。鎌倉御家人として若槻庄の地頭職に就き、若槻氏の祖となった。平時には里城に住み、戦時に山城に籠もった。主郭には、防御のため河原石まで置いて戦闘に備えた。山城は主郭が標高６７６ｍ、南北55ｍ、東西25ｍで周囲を土塁で囲み、北側に三条の堀切がある。戦国時代には甲越合戦に巻き込まれ、上杉氏により整備された」などとある。

若槻山城へは、長野市若槻東条の若槻温泉隣の蚊里田神社から三登山の南斜面を巻く林道三登山山麓線に出る。また、車で県道37号長野信濃線の時丸寺坂中分院上部のカーブから林道に入る（入口から約2.3㎞）こともできる。林道から城跡までは約５００ｍ、草薮の道だが、やがて広い段郭が五の郭から順に続き、上の郭の脇を上がると広い主郭に出る。かなり広い主郭の周囲には土塁がつくられ、北側には三条の堀切があり、さらに４００ｍほど山側（北側）に番所《ばんどこ》と呼ばれる物見場がつくられている。堀切や土塁のほか、戦闘用に用意したという丸い河原石も興味深い。郭には夏場、オドリコソウやチゴユリの群生が見られる。

堀切にチゴユリが群生

若槻山城跡
十二世紀後半、鎌倉時代初期に若槻頼隆により築城された。頼隆は八幡太郎源義家の孫にあたり清和源氏の直系である。鎌倉御家人として相模の国毛利庄から若槻庄の地頭職として、この地にまいり若槻氏の祖となった。平時には里城に住み、戦時に山城にこもった。主郭には防禦のため河原石まで置いて戦闘に備えた。山城の規模構造は、主郭の標高六七六m、南北五五m、東西二五mで周囲を土塁で囲んでいる。北側に三条の堀切がある。総面積は、六千平方m。戦国時代に入ると甲越合戦に巻きこまれ、山城は上杉氏により整備された。
長野市
市指定 史跡
若槻山城跡
標高676M
今も、残る見事な段郭
番所跡
本郭の北方390m、標高785mの地点に番所を造り、土塁で囲み巨石を配して尾根筋に数条の堀切を堀って仕切り、ここに番兵を置いて山側からの敵の来襲に備えた。
坂中口530m
古松
番所跡
急斜面をジグザグに上がる
主郭の石柱
史跡若槻山城跡
倒木
番所跡へ250m
堀切(チゴユリ群生)
深さ10m程の堀切
番所跡まで390mの標識
二の郭、右奥に井戸跡がある
三の郭
1m程土を盛った土塁の地形が見られる
頭大の丸い河原石、戦闘用に河原から運び上げられたものが今も残っている
若槻山城
土塁
河原石
本郭
樹間を通して長野市街地がよく見える
まっすぐ伸びた中国原産のチャンチンという木が多くある
段郭の左側に感じの良い遊歩道あり
四の郭
五の郭
ここから上部、見事な段郭が見られる
城跡まで240mの標識
ややや急坂をジグザグに上がる
踏跡はあるが通行止
平らな地形がある
N
ホーイ
すぐに小尾根に出る
赤松のある雑木林を緩く上がる
ガードレールの橋
至浅川・坂中方面
城跡まで510m
510
標識
髻山へ
城跡入口
林道三登山山麓線
浅川側林道入口から2.3km
堂沢池
分岐 坂中口へ1720m
正覚寺跡
りんご畑
堂沢出城跡
山城跡へ480m
八幡宮260m
草藪あり
杉林
小屋
松林
畑
蚊里田八幡宮
丸太橋
えん堤
車2台
水路と平行して歩く
山城入口
P
サラダパーク
桜
至若槻大通り
至若槻大通り
コースタイム
番所跡
15分
城跡・本郭
20分
林道城跡入口
30分
蚊里田八幡宮
ゆたか

100

川中島合戦の舞台ともなった

長沼城

長野市穂保

ながぬまじょう

◇築城（使用）時期
鎌倉時代
◇主な城主（勢力）
武田氏、森氏、佐久間氏
◇本郭（頂上）まで
1分

標高332m

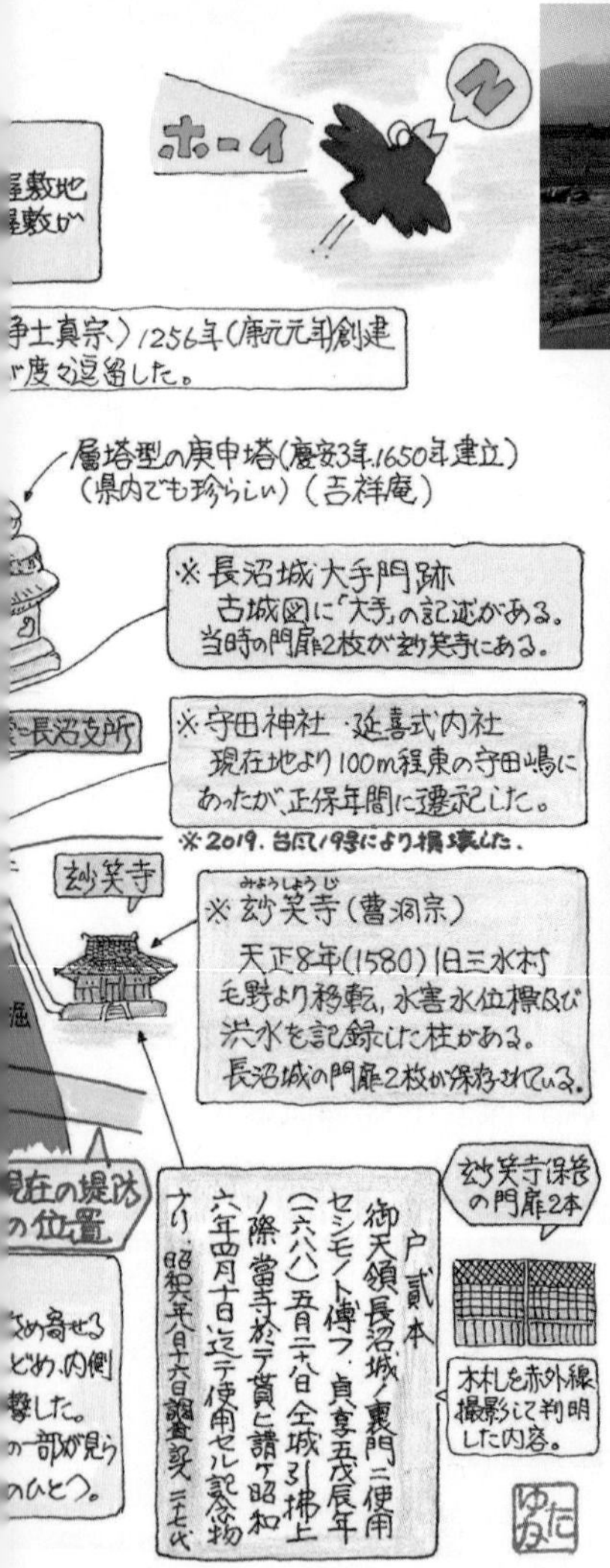
ホーイ
浄土真宗）1256年（康元元年）創建
が度々逗留した。
層塔型の庚申塔（慶安3年1650年建立）
（県内でも珍らしい）（吉祥庵）
※長沼城大手門跡
古城図に「大手」の記述がある。
当時の門扉2枚が妙笑寺にある。
長沼支所
※守田神社・延喜式内社
現在地より100m程東の守田嶋にあったが、正保年間に遷記した。
※2019. 台風19号により損壊した。
妙笑寺
※妙笑寺《みょうしょうじ》（曹洞宗）
天正8年（1580）旧三水村毛野より移転。水害水位標及び洪水を記録した柱がある。
長沼城の門扉2枚が保存されている。
現在の堤防の位置
戸貳本
御天領長沼城ノ裏門ニ使用
セシモノト傳フ。貞享五戊辰年
（一六八八）五月二十八日全城引拂
ノ際當寺於テ貰ヒ請ケ昭和
六年四月十日迄テ使用セル記念物
ナリ。昭和五十八年八月十六日調査記 二七代
妙笑寺保管の門扉2本
木札を赤外線撮影して判明した内容。

城跡は農地に（後方左三登山、右髻山）

被災前の守田神社

妙笑寺で保存してあった長沼城裏門

令和元年10月、全国各地に甚大な被害をもたらした台風19号。長野市穂保《ほやす》地区では千曲川の堤防が決壊し、多くの住宅、工場のほかリンゴ畑などの農地が被災した。その堤防決壊箇所がちょうど長沼城本丸跡脇の守田神社辺りになる。決壊により神社の社殿などは跡形もなく流されてしまった。この年の2月に城跡や妙笑《みょうしょう》寺を訪ねたばかりだった。（写真は被災前のもの）

長沼城は穂保地区に築かれた平城で、「長沼古城の図」によれば千曲川を天然の要害とし、本丸の三方を内・中・外堀の三重の堀で囲んだ梯郭《ていかく》型の城であった。

城は鎌倉時代の地頭の館がその元になったという説がある。弘治3年（1557）、信濃に侵攻した信玄が、長沼の島津氏が撤退した後に築造し、兵力を増強して越後攻撃の前身基地とした。川中島の戦いの頃から武田氏や上杉氏によって幾度もの改造が行われ、激しい戦いの舞台ともなっている。天正10年（1582）の武田氏滅亡後、信長配下の森長可《ながよし》が川中島四郡の領主として海津城に入ると、上杉方の芋川親正や農民らが一揆を起こして長沼城、飯山城を攻めた。長沼城には八千人が押し寄せたが森長可の軍勢に敗れ、千二百余人が討死、大倉城に籠もっていた一揆勢の妻

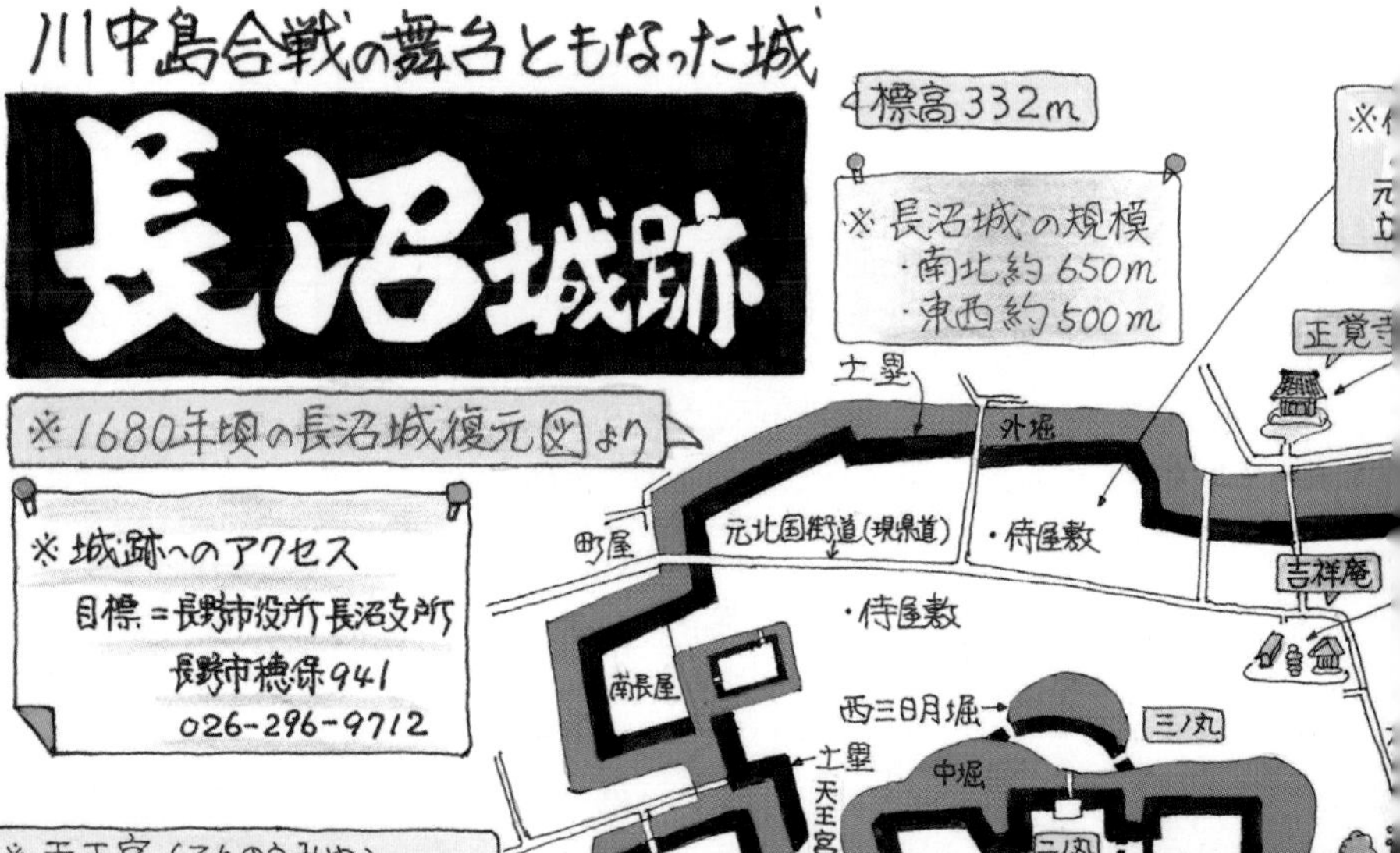
川中島合戦の舞台ともなった城
長沼城跡
標高332m
※長沼城の規模
・南北約650m
・東西約500m
※1680年頃の長沼城復元図より
※城跡へのアクセス
目標＝長野市役所長沼支所
長野市穂保941
026-296-9712
土塁
外堀
町屋
元北国街道(現県道)
・侍屋敷
・侍屋敷
吉祥庵
南長屋
西三日月堀
三ノ丸
土塁
天王宮
中堀
二ノ丸
虎口
櫓台
内堀
本丸
南三日月堀
馬場
ものみ台
※天王宮（てんのうみや）
南三日月堀の土塁の西端に
祭られていたと思われる.
土塁とともに数少ない遺構のひとつ
土塁
ステ堀（堀川）
千曲川河川敷
※土塁の上に石祠や石塔が並んでいる
天王宮の土塁
長沼城跡
＝土塁
※長沼城本丸跡
城の中心部にあって、もっとも
主要な郭。長沼城に天守閣
はなかったと伝えられる。
現在、本丸跡は堤防敷
及び河川敷となっている
※各所の説明は、長沼地区住民自治協議会の案内板による。

1650年建立の庚申塔

長沼城天王宮

子ら千人余が殺されるという悲惨な事案が起きている。その後は上杉景勝、豊臣、松平忠輝などの領地となり、長沼藩として独立したのは元和2年（1616）。初代藩主の佐久間勝之からだが、貞享5年（1688）、四代目勝親の時代に故あって改易廃藩となっている。

101 区民に愛され、整備されている 大倉城

長野市大倉

井戸の場所など案内板が多数ある

一の郭（主郭）

おおくらじょう

◇築城（使用）時期
鎌倉時代
◇主な城主（勢力）
小笠原氏、大倉氏、島津氏
◇本郭（頂上）まで
10分
標高461.3m

長野市の北部、旧豊野町大倉の小高い丘の上に大倉城跡がある。城跡には段郭や堀切、土塁跡が残っているが、案内板には「鎌倉時代の寛元年間に小笠原信濃守長清が築城、九男与市長澄が大倉氏を名乗って居住したと伝えられる。川中島合戦の頃は上杉氏勢力下にあった長沼島津氏が領有し、長沼藩の詰め城として、また武田氏の北信濃侵攻に対する備えとして機能していた。その後は廃城となったが、天正10年に織田信長の家臣森長《なが》可《よし》に反発して、芋川親正を大将とする八千の一揆が蜂起し、激戦の末1250余人が討ち取られ、城内に居た女性や子ども一千余人が犠牲となる悲劇の舞台となった（善光寺一揆）。

城跡へは、長野方面から国道18号の浅野信号を左折し飯綱町方面に進み、大倉信号を右折して130m進んだ左手が入口になる。

大倉城跡を訪ねる前に、大倉地区に住む友人の竹ノ内君に案内を頼むことにしたが、家を訪ねると当地生まれの奥さんが「森長可の支配に反発して一揆が起きて大勢が犠牲になった」経緯を承知していて話してくれた。地元では毎年、大倉城跡で草刈り整備などをしているそうで、雑草が刈られた城跡は郭や堀切の地形がよく現れ、大切に保存されている様子が分かった。廃れゆく多くの城跡がある中で、地元民に愛され整備されている城跡があるのはうれしい。

一の郭にある碑や石仏

登り口の案内板と石祠

一の堀の上り

長野市指定史跡

善光寺一揆の舞台となった悲劇の山城
大倉城跡

※地元大倉区民により草刈りなどが行なわれ、良く整備されている。

上の登り口にある案内板
主郭にある石造物
落城四百年祭
昭和五十七年十月二十七日
紀元二六〇〇年
大倉城址
大倉城跡の案内板

大倉(蔵)城跡

鎌倉時代の寛元年間(一二四三〜四六)に小笠原信濃守長清が築城、九男与市長澄が大倉氏を名乗って居住したと伝えられるが、文献史料によると戦国時代の永正十年(一五一三)頃には築城されていたと考えられる。

川中島合戦の頃は、上杉勢力下にあった長沼島津氏が領有し、長沼館の詰めの城として、また武田氏の北信濃侵攻に対する備えとして機能していた。戦後は、廃城となったが、天正十年(一五八二)に武田氏を滅ぼして川中島四郡を支配した織田信長の家臣、森長可に対して、上杉景勝と手を結んだ芋川荘の芋川親正を大将とする八千の一揆が蜂起し、大倉古城を修築してたてこもった。

「信長公記」によると、四月七日激戦の末に一三五〇余人が城外で討ち取られ、大倉城は攻め落とされ、城内に残っていた女性や子ども一千余人が切り捨てられるという悲劇の舞台となった。

平成十五年　長野市教育委員会

※主郭・井戸郭・二の郭などの呼称は、現地の案内による。

大倉城主郭 標高461.3m.(国道18号との比高差92m)
※主郭
東西36m×南北17m(612m²・184坪)
石造物.祠.案内板あり
急斜面
切り開き、四阿山・須坂市方面の展望
※東西20m×南北8m(160m²・53坪)
井戸郭
堀切 ※尾根上に大小の堀切が見られる
上幅21m
小さな3本の堀
上幅30m程の堀
主郭標高461.3m
段差
上段
※積み石や攻撃用?の岩石が残る
中央に太いケヤキ、根元に石仏
※上幅13m×深さ9m(主郭側).6m(二の郭側)
二の堀
※上段 6m×6m(36m² 11坪)
※下段 16m×10m(160m² 53坪)
二の郭
下段
三の郭
※標柱に記載
東西35m×南北16m(560m²・68坪)
北側、容易に登れない程の急斜面
一の堀
・堀切の地形が見られる(壁の高さ14m)
三の郭へかなりの急登
平地にベンチあり
一の堀の標柱
岩
高さ3m程の土塁
折り返し
林立ちのケヤキが多い
城跡案内板
黒姫山鵜川神社の祠
60m程、まっすぐ
・旧豊田村今井方面に流れる
今井用水
上の登り口
幅広い用水路沿いに歩く
左折、用水路沿いに
竹林
上の登り口まで上がる
民家
・案内板(おねがい)
大倉用水
幅狭い用水沿いに歩く
大きな石垣
至信濃町
国道18号
下の登り口
城跡入口案内板
路肩に数台駐車可
竹林
大倉
信号
信号から約130m
至長野市街地
城跡所在地　長野市豊野町大倉地籍
大倉城跡
蟹沢T/N
立ヶ花橋
大倉
登り口
北信五岳道路
至飯山
R18
大倉中央
大倉東
JR飯山線
浅野
北陸新幹線
R18
千曲川
アップルライン
至長野市街地
みちあんない
ホーイ
2
ゆみた

102 柏鉢城

虫倉山中に築いた武田氏の番城

別名【天神城】

長野市中条

かしわばちじょう

◇築城（使用）時期
戦国時代
◇主な城主（勢力）
武田氏
◇本郭（頂上）まで
40～50分

標高000m

不動滝手前の登山口標識

斜面にみられるウツギ（5月）

主郭から聖山方向の展望

堀切の地形が見られる尾根

柏鉢城は長野県の名峰百選の一つ、虫倉山（1378m）の西方に延びる尾根の途中にあって、天神城とも呼ばれている。登路は山麓の廣福寺から西尾根を上がるコースと、不動滝に通じる林道から、案内板を見て左の斜面を上がるコースがある。

廣福寺からのコースは城跡まで小1時間。ここでは市内とは2週間ほど遅れて桜やスイセン、チューリップが満開を迎える。車を寺下にある駐車場に止め、寺に入る左カーブを右に入り、斜面を緩く上がると左側に「南無馬頭観世音」と書かれた石祠がある。尾根伝いに上がる道は次第に狭くなり、同時に右方向が断崖になる。断崖縁の岩穴に祀られている天神社の石祠を過ぎ、小さな堀切の地形をアップダウンすると大杉のある二の郭に着く。郭の南東のくぼみには石を組んだ井戸跡がある。斜面を20mほど上がり、枡形の窪地を入ると主郭跡に着く。10数m×50mほどの広さがあり、カラマツが成長している。城跡からは南側の展望が開けるはずだが、雑木が視界を妨げている。

この城跡は旧中条村指定史跡で「弘治四年（1558）ころ武田信玄が戸隠方面からの上杉謙信の攻撃に備えて築いた」旨の説明書きがある。城跡の規模が簡単で防御施設が見受けられないことなどから永年使用の城ではなく、非常時の籠城衆を定めておいて防御の備えとした城であったようだ。後には北信国境の平坦な交通路が使われるようになり、柏鉢城の軍事拠点としての存在意義も薄れたようである。

城跡から先にも堀切らしき地形が見られるが、自然の岩場や急斜面を利用した要害堅固な備えとなっている。城跡まで100mの標識、その先の林道不動滝線への分岐の所には250mの標識があるので、右に下れば下山できるが、逆コースをたどった方が楽に登城が可能だ。

カラマツが生えた主郭

長野市

武田氏が北方防衛の番城として構築した山城

柏鉢《かしわばち》城跡

標高1.054m

城跡の案内板（現文のまま）

※中条村は長野市と合併した。

中条村指定史跡 昭和五十五年五月一日指定

名称 柏鉢城跡

所有者 中条村伊折虫倉神社

指定理由

本城は甲斐の武田氏が北方防衛の番城としたもので構築の年代は明らかでないが弘治四年(一五五八)四月、武田氏が水内郡柏鉢城の普城衆の番手を定め室住豊後守・箕輪衆・水上六郎兵衛・坂西氏等を指定しているので、その頃かと推定される要害の城であるが縄張のは極めて簡単であるので、弘治三年武田氏の戸隠侵略に対する越後方の戸隠方面からの逆襲に備えての一時的番手城としたものと考えられ、その年次頃の此地の武田・上杉の攻略を知ることのできる史跡として貴重な城跡である。

中条村教育委員会

規模と構造

本城跡は虫倉山に向う尾根の山頂にあり、本郭は平で東西に約五十米、南北に十五米と東西に長い。東側下に蓑状の一郭があり、その下に三日月形の段郭がある。本郭の西端に枡形式の窪地がある。さらにその西側の斜面の下に幅広い堀切があって、西の尾根とをへだてている。堀切の南東に岩石を掘って溜水としたいわゆる水の手がある。城郭の南と北側は断崖となっており、要害堅固の山城である。

103

築城後わずか50年で廃城に

牧之島城

長野市信州新町

まきのしまじょう

◇築城（使用）時期
永禄9年
◇主な城主（勢力）
馬場氏
◇本郭（頂上）まで
1分

標高468m

三日月堀

本丸の様子

長野市と松本市を結ぶ国道19号を松本方面から進み、信州新町の手前の犀峡高校入口信号を右折する。長野方向からだと、穂刈橋を渡ってすぐの案内板を見て左（南側）の高台に上がると牧之島城跡がある。大手門と思われる場所に広い駐車スペースがある。

特段興味がなければ普通に通り過ぎてしまうような場所にある城跡だが、戦国時代には大きな役割を果たしたようだ。

城跡の案内板によると「牧之島城は永禄9年（1566）、武田信玄が家臣の馬場信房に命じ、越後の上杉に対する備えと、更級、水内の鎮撫のために築城したものだが、元は香坂氏の居城であった牧城を、犀川の大拗曲部を利用して新たに縄張りして改修したものといわれ、虎口、丸馬出し、枡形など諸所に工夫を凝らしている」とある。現在でも、本丸、二ノ丸、水堀、三日月堀、空堀、千人枡形、土塁、御前水井戸など多くの遺構が見られるが、このまま上物を建てさえすれば立派な城ができそうな地形や縄張りとなっている。牧之島は天正3年（1575）、馬場信房が長篠で戦死後、子信春が在城した。武田氏滅亡後は上杉方の芋川親正父子、海津城址田丸直正、森忠正などによって管理された。しかし、元和2年（1616）、海津城主松平忠輝の支配を最後に築城後わずか50年で廃城となっている。

本丸と二の丸（右）間の水堀

城跡入口の空堀の橋

馬場信房之城趾の石碑

信玄が馬場信房に築かせた平城
長野市
信州新町
牧之島《まきのしま》城跡
男爵真田幸世書による大きな石碑
馬場信房之城趾
大正四年十一月
昭和41年3月（1966年）
長野県史跡に指定
標高468m
アクセス
犀峡高校入口
穂刈橋
新州新町
R19
至長野
牧之島城跡
大原橋
至松本
犀川が大きく蛇行している
篠ノ井高校
犀峡校
至国道19号
犀峡高校入口信号
畑地
空堀
畑地
元この大木
空堀
石碑
MI
高い木が11本並ぶ
菅原大神
すぐ下に
犀川
御前水井
※井戸跡
藤棚
（所々に桜）
本丸跡
※形の良い土塁が残る
土塁
水堀
フェンス
二の丸跡
※広い長方形
ホーイ
※本丸跡、桜、藤、ツツジが植栽
木橋
枡形
※千人桝という隠れ枡形
千人桝形
土塁
琵琶古跡神社
土塁の上にある稲荷社
稲荷社
土塁上に石祠がある
ケヤキ大木
穂刈橋（R19）に至る。
案内板
土塁
神社入口、石段を上がる
空堀
空堀
案内板
木橋
丸馬出し
※駐車場
大手口
桜
犀川
土塁
※この辺り屋敷割の区域
（現在は民家が建つ）
城跡にある案内板
（自然の要害）
犀川に下る急斜面
柿の木
三日月堀
※三日月形の堀の地形がきれいに残っている。
赤い消火栓
民家
空堀
庚申塔など
えん堤のある深い沢
（空堀のあった所）
至小花見《こげみ》公園
長野県史跡
牧之島城跡
この城は、永禄九年（一五六六年）武田信玄が馬場信房（美濃守）に築かせ越後に対する警衛と更級・水内山部の鎮撫にあてた城である。元香坂氏の居城牧城の一部で犀川の大拗《よう》曲部を利用して新たに縄張りしたもので虎ノ口の丸馬出し、本丸脇の隠馬出し（千人桝）をはじめ諸所に築城の妙をこらしている。
天正三年（一五七五年）五月二十一日信房が長篠に戦死後、子信春が在城したが、天正十年武田氏滅亡後上杉景勝の属城となり芋川親正父子等が置かれた。
慶長三年（一五九八年）景勝の移封後、海津城主田丸直正、森忠政がここを管し、慶長八年海津城主となった松平忠輝は、はじめ老臣松平信直に在城させたが元和二年（一六一六年）忠輝が罪によって改易（所領没収）されると共に牧之島城も廃城になり、築城以来五十年で城郭としての機能を失った。
長野県教育委員会

104 甲越両軍が争奪戦を繰り広げた 戸屋城

長野市七二会

とやじょう

◇築城（使用）時期
鎌倉時代
◇主な城主（勢力）
春日氏
◇本郭（頂上）まで
数分

標高720m

主郭から南東方向を望む

二の曲輪と三の曲輪の民家

城跡標柱と東屋

七二会支所裏から城跡を望む

陣場平から虫倉山に向かう途中で、偶然「戸屋城本丸跡」という標識を見つけたので、小路を入ってみた。

下調べも何の予備知識もなかったが、右側の大きな古民家の庭先にいた男性に尋ねると、城主は春日氏だということや、善光寺地震のこと、自宅の古民家は地域で最も大きく、昔は蚕を飼っていたが今は建物の基礎が傾いてしまったといった話もしてくれた。民家の前は高さ5～6mの大きな土手で、一段上は広いL字型の畑になっているが、イノシシやサルによる食害が多いため何を植えるか思案中とのことだ。

戸屋城は、鎌倉時代より七二会から中条にかけて領地を得た春日氏（佐久市春日から来た）の居城といわれる。善光寺平から西部山地への入口にあたり、戸屋城下は「市場」と呼ばれ、山間の集落と集落とをつなぐ交通の要衝でもあった。戦国期、この城は甲越両軍の標的となり争奪戦が繰り広げられたという。

後で調べると、民家のある場所は三の曲輪で、上の畑が二の曲輪、土塁といった感じに少し盛り上がり、東屋や祠のある所が主郭ということだ。城跡にある案内によると、弘化4年（1847）の善光寺地震で城跡の地形が大きく変わったという。主郭からは東方の展望が大きく開け、眼下に戸屋城の城下であった市場や、遠方に吉窪城跡、川中島平が望める。堀切などの防護施設が見られない曲輪だけの縄張りだが、かなりの急斜面のため、北側を除いて周囲からは容易には上れない。自然の地形を利用した要害城となっている。

ホーイ
2

※城跡まで数分

甲越両軍の争奪戦があった春日氏の山城跡

長野市七二会

戸屋城跡

戸屋城跡

標高720m ※主郭にある城名碑

現地の案内板による

この場所は、有名な地方豪族、春日氏の城跡である。春日氏は伴野庄春日郷(現佐久市春日)の地頭であった。この七二会の地に移り住んだのは鎌倉時代のことである。初めは、岩草村の春日山城を居城としたが、室町時代初期の延徳元年(一四八九)に橋詰村の険阻なこの場所に戸屋城を築き居城とした。その所領は、東は七二会論地から西は梅木、念仏寺、長井など中条村の一部にまで及び、その一帯を春日郷と総称した。有名な川中島の戦の折には、武田信玄が小川の大日方氏にあてて、春日氏を味方に誘ってほしいという文書を送っており、武田方として奮戦した。武田氏滅亡後、上杉景勝に属し、慶長三年(一五九八)には上杉景勝とともに、会津、米沢と移っていった。その地でも代官として重く登用された有能な武将であった。(上水内郡史、七二会村史)

弘化四年(一八四七)の善光寺大地震により、上下橋詰村の人口七八七人、家一六〇軒のうち、潰れ家六〇軒、焼家一軒、半潰れ六軒、四〇人死失(むしくら日記)とあり、未曾有の被害を被った。そのとき平地であった本丸跡は現在のようにゆがんだ地となり、前の山は崩れ落ちたと伝えられている。築城当時は、もっと広い場所であった。

上橋詰区　平成二十一年二月

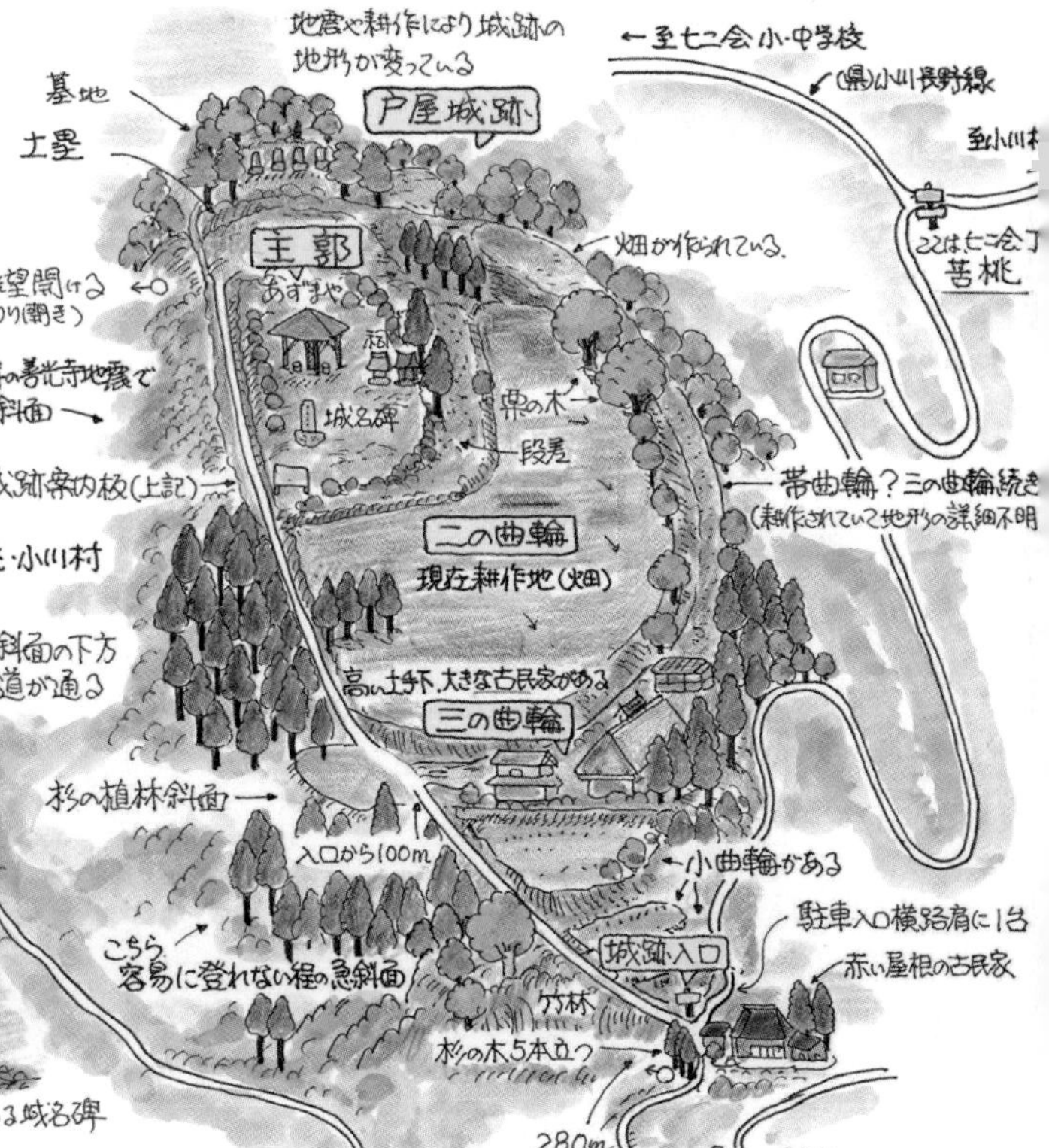
地震や耕作により城跡の地形が変っている
←至七二会小・中学校
(県)小川長野線
至小川村
戸屋城跡
墓地
土塁
主郭
あずまや
南東の展望開ける(切り開き)
弘化4年の善光寺地震で崩れた斜面
城名碑
栗の木
段差
城跡案内板(上記)
畑が作られている。
ここは七二会丁 苦桃
帯曲輪?三の曲輪続き(耕作されていて地形の詳細不明
二の曲輪
現在耕作地(畑)
至苦桃・小川村
急斜面の下方県道が通る
高い土手下、大きな古民家がある
三の曲輪
杉の植林斜面
入口から100m
小曲輪がある

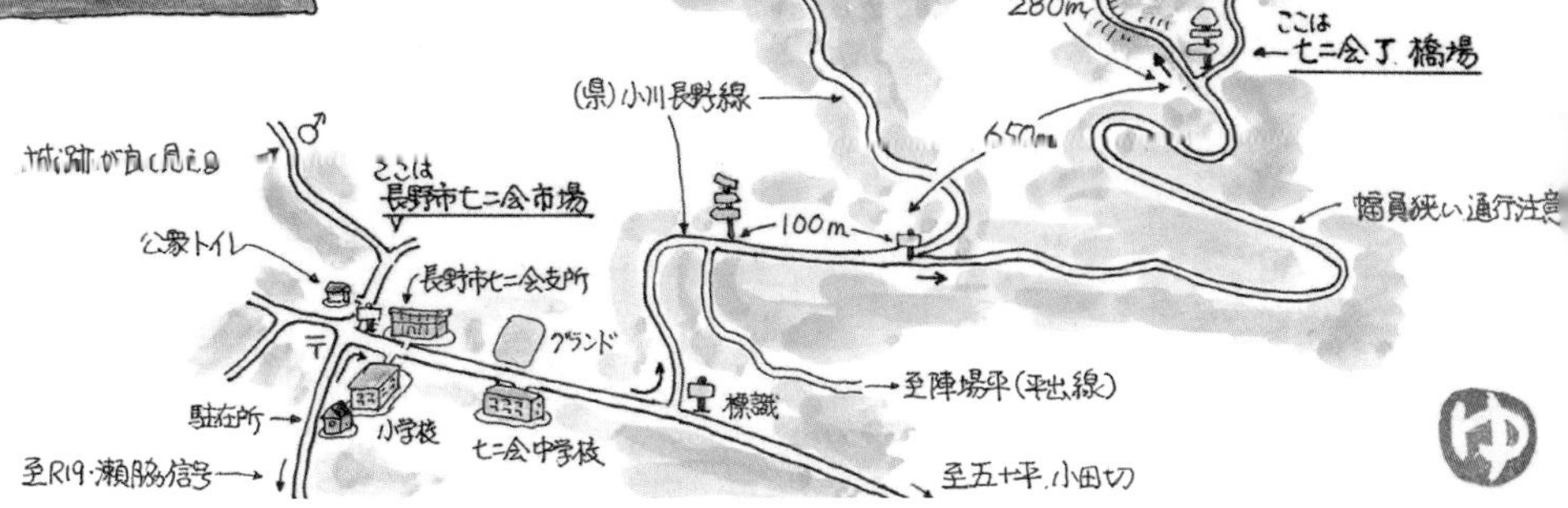
こちら、容易に登れない程の急斜面
城跡入口
駐車入口横路肩に1台
赤い屋根の古民家
竹林
杉の木5本立つ
280m
ここは七二会丁 橋場
(県)小川長野線
650m
城跡が良く見える
ここは長野市七二会市場
公衆トイレ
長野市七二会支所
100m
幅員狭い通行注意
グランド
駐在所
小学校
七二会中学校
標識
至陣場平(平出線)
至R19・瀬脇信号
至五十平、小田切
ゆ

105 戦国をしたたかに生きた大日方氏
古山城

別名【布留山城】【小川城】

小川村

ふるやまじょう

- 築城（使用）時期　室町時代
- 主な城主（勢力）　小川氏、大日方氏
- 本郭（頂上）まで　20分

標高803m

古山神社

城跡から西方を望む

県道から望む城跡（中央）

平成の大合併で、お隣の中条村、信州新町、美麻村が長野市や大町市と合併する中で独立を通した小川村は、「日本で一番美しい村」の一つとして頑張っている。ただ、人口は減少の一途で、国税調査でピークだった昭和25年の9438人／1639戸に対し、平成31年は2491人／1054戸と、過疎化の顕著な村になっている。

そんな村の古山城を訪ねた。村を東西に横切る土尻川からの比高は250m、北側の稜線上にある山城である。室町時代に三河国の小川刈谷城主だった小川左衛門貞綱が、足利義満に追放されてこの地に古山城（当時は布留山城）を築いて三代78年にわたり治めた。しかし、当時信濃で大勢力を誇っていた村上顕国の命に従わなかったため、牧之島城主香坂氏とその養子大日方長政に攻められ、小川氏は三河刈谷に逃げ帰った。替わって長政が戦功により小川郷を与えられ、城主となり小川様と呼ばれた。戦国時代、武田の信濃侵攻が始まると、大日方一族は武田方について戦国を生き延びた。

古山城へ向かうには、古山神社天満宮の境内を抜けるほか、古山東から法蔵寺経由で神社裏の鞍部まで車で上れるのだが、神社登り口からの方が歩き甲斐がある。人口を思えばこの神社の造りは立派で驚く。神社裏から城跡まではほぼ真っ直ぐ。鞍部から杉林の間を進むと大きな帯曲輪があり、切岸を上ると本丸に入る。本丸前からは土尻川沿いの集落が望める。中央には木の祠があり、その後方からは樹間に四阿山をはじめ戸隠、小蓮華岳までが見える。左方には二重堀を隔てて土塁のある二の丸が続いている。

中央の土塁の前後にある二重の空堀

頂上にある祠

小川村 古山《ふるやま》城跡

戦国の世を強かに生きた大日方氏の城

（小川城とも）

•比高、土尻川より 250m

古山城跡

古山城は現在の天神社のある所が最初の城といわれる。地形は北東・南東側が過去の地震で抜け崩れ旧態は見ることができない。

城主は小川左衛門貞綱で、室町時代、三河国小川刈谷城主であったが、足利義満によって南北朝が統一されたとき南朝に属していた貞綱は無実の罪により官位を下げられ信濃の山中に追放された。元中九年（一三九二）古山城（布留山城）を築き、城主となり、三代七八年間この地方を治めた。しかし当時信濃で大勢力を誇っていた村上顕国の命に従わなかったので顕国は、牧之島城主香坂安房守に小川定縄追討を命じ、安房守は猶子大日方小五郎長利（後に長政）とともに古山城を攻めてこれを破った。顕国は戦功を称え小川郷を長政に与えた。小川定縄は、三河刈谷に復帰し、罪を許され姓を水野に改め徳川に従った。

時代は下って、長政の後継者である直忠には五人の子があったが、この頃武田軍の信濃侵攻が始まり、大日方一族も重大な岐路を迎え、上杉・武田いずれに組するかで意見対立となり、武田抗戦を主張する長男を説得できず、ついに謀討をもって亡き者にしたという。後年長男直経の霊を弔うため城跡に金吾様と称する祠が建立されている。（長男は金吾介直経）

※現地案内板の内容を抜すい要約した。

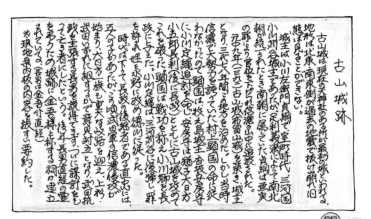

106

峯街道沿いの好展望の山城
立屋城

小川村表立屋

たてやじょう

- 築城（使用）時期
  戦国時代
- 主な城主（勢力）
  吉池氏、立屋氏、武田氏
- 本郭（頂上）まで
  5分

標高806.7m

樹齢360年以上の立屋のエドヒガン桜

主郭東斜面を通る峯街道

堀とも馬場とも言われる平地

平成の大合併において独立の道を選んだ小川村は、日本の里100選や「日本で最も美しい村」連合に加入するなど日本の農山村の景色・文化を守り続けている。いつもは土尻川の沢沿いを通る「オリンピック道路」しか行き来しないのだが、城跡を訪ねて信州新町境の峯街道に上がってみた。古くは塩の道と善光寺を結ぶ峯街道が利用されていた。その街道の立屋地籍にあるのが立屋城だが、春先、初めて県道から小川アルプスラインを上がってみた。驚いたことに、そこにはハナモモやスイセン、菜の花が咲き乱れ、また、江戸時代に立屋口留番所があったという立屋展望広場では満開の桜が迎えてくれた。アルプスを望む好展望の景色は、日本で一番美しい村にふさわしいと感じた。

広場から5分ほど峯街道を歩くと広い平坦地があり、城跡はそのすぐ上にある。平坦地は最近、植林された杉が伐採されて平坦な堀（馬場）があらわになった。赤い屋根の民家の前から杉林を上がると、数分で秋葉社の古い建物がある主郭部に着く。左右の曲輪が一段高くなっている。神社裏側は急斜面で弘化4年の地震で崩壊したという。帯曲輪の地形のほか、北側斜面には大きな堀切（三日月堀）が見られる。つくりや規模は大したことはないが、山奥のこの場所に城（戦国は狼煙場）があること自体が信じられない。▽長野県町村誌等によると、吉池豊後なる者が居住した▽葛山衆に属していた立屋氏が居住した▽武田氏が番城とした▽柏鉢城の支城だった、などの説もあるようだが、甲越合戦時には武田方の狼煙場であったと推測されている。

主郭部にある秋葉社

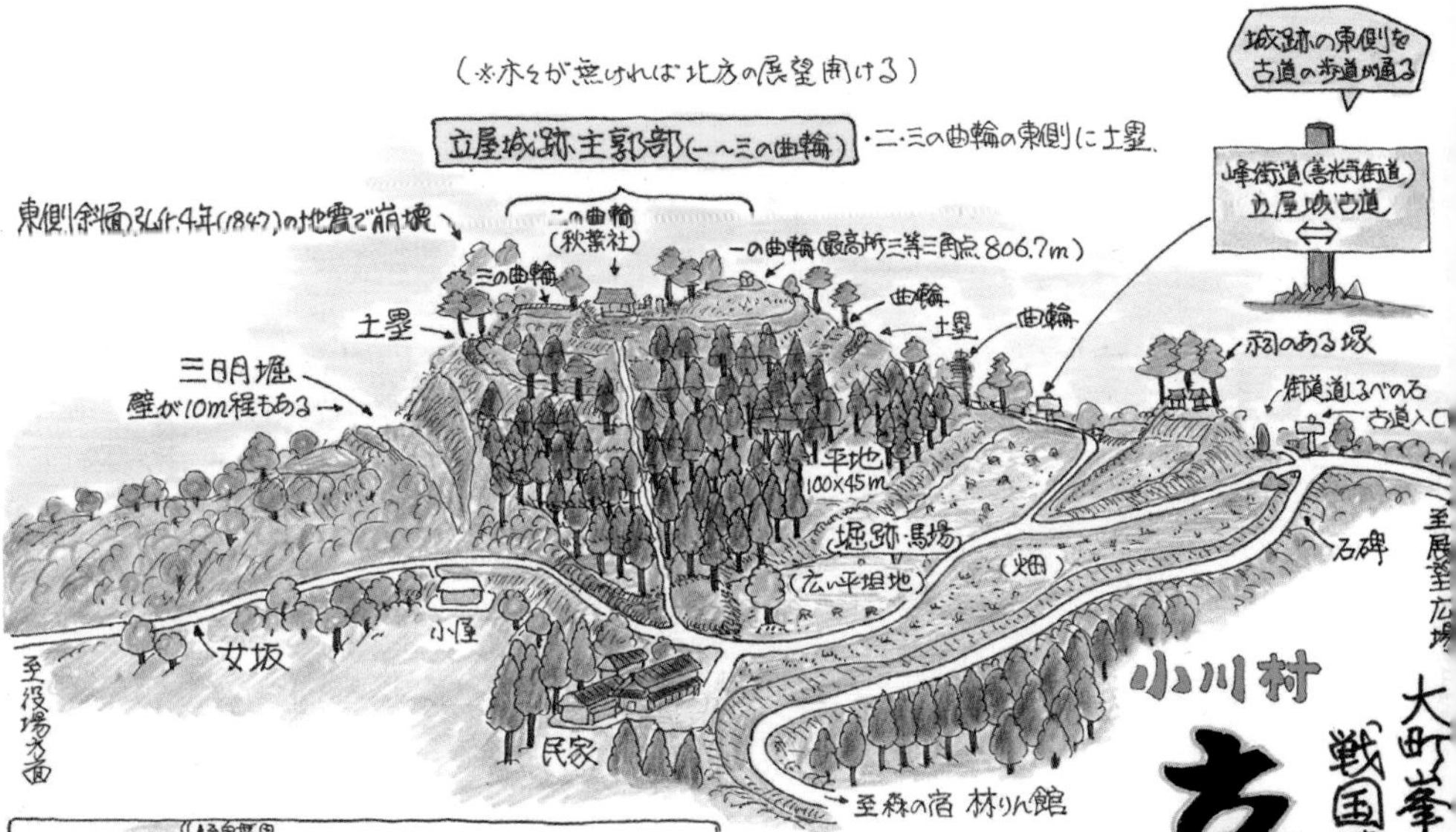
(※木々が無ければ北方の展望開ける)
立屋城跡主郭部(一～三の曲輪)
・二・三の曲輪の東側に土塁、
城跡の東側を古道の歩道が通る
峰街道(善光寺街道)
立屋城古道
東側斜面弘化4年(1847)の地震で崩壊
二の曲輪
(秋葉社)
一の曲輪(最高所三等三角点806.7m)
三の曲輪
土塁
曲輪
土塁
曲輪
祠のある塚
街道道しるべの石
古道入口
三日月堀
壁が10m程もある
平地
100×45m
堀跡・馬場
(広い平坦地)
(畑)
石碑
至展望広場
小屋
女坂
至役場方面
民家
至森の宿 林りん館

小川村

立屋《たてや》城跡 806.7m

大町峯街道沿いの山城 「戦国時代は武田の狼煙台」

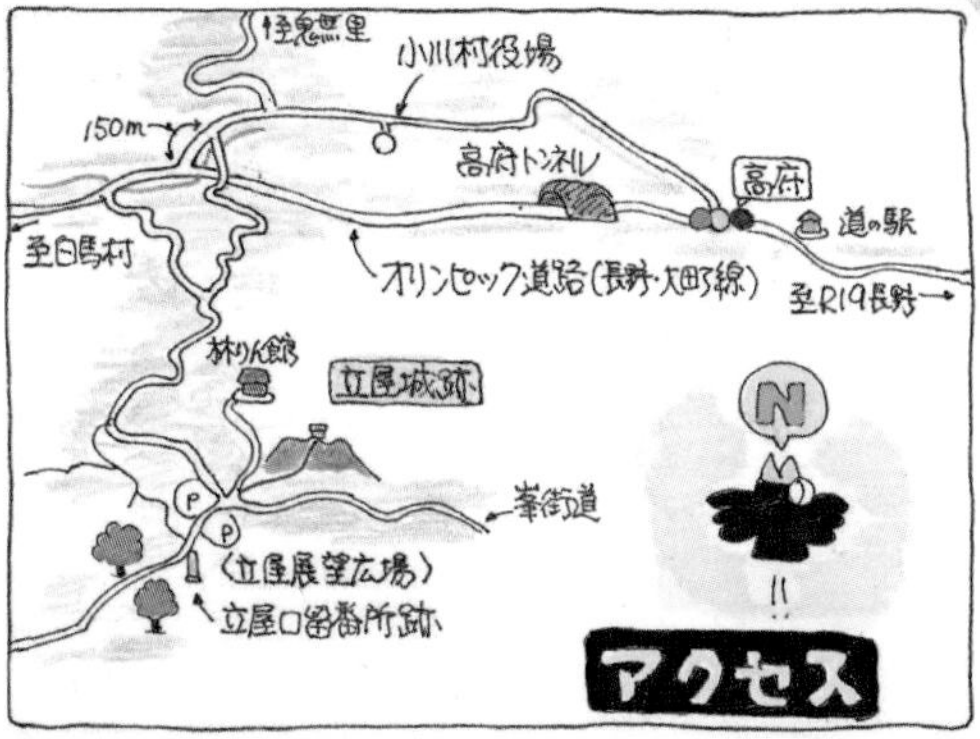
至鬼無里
小川村役場
150m
高府トンネル
高府
道の駅
至白馬村
オリンピック道路(長野・大町線)
至R19長野
林りん館
立屋城跡
峯街道
〈立屋展望広場〉
立屋口留番所跡
N
アクセス

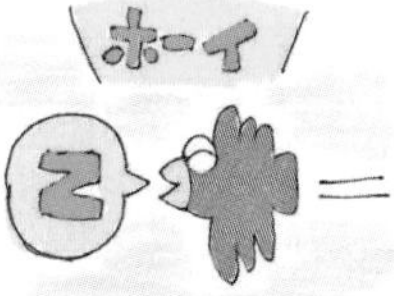
ホーイ
Z

城跡近くの林りん館からの展望

杉や松に覆われた城跡

107

城跡にカタクリの花が美しい 髻山城

長野市、飯綱町

もとどりやまじょう

- 築城（使用）時期　戦国時代
- 主な城主（勢力）　上杉氏、甘粕氏
- 本郭（頂上）まで　20〜30分

標高744m

主郭脇に石垣が残る

城跡から北方の展望

とある年の4月21日、南信州から北上した桜前線が長野に達し満開になった。気温20度。そんな中、髻山にカタクリを見に行った。予想がピタリで、この山城の北や西側の曲輪とその周辺に見事な群生が見られた。

髻山は古代は火山で、案内板には「髻山から産出する安山岩は、墓石や建設用の石材として利用された。安山岩をカリウム―アルゴン法で放射年代を測定したところ18〜22万年前の溶岩だと分かった。また、安山岩が噴出時に取り込まれたエジリン輝石は、長野県では初めての発見で、岩石学的にも有名である」旨の説明がある。

18〜22万年前の火山といってもピンと来ないが、この山が山城だったことは確かで、案内板によると次のような旨の説明がある。『髻山城の東側には北国街道と中世の主要道路（神代坂《かじろざか》）が通り、越後と信濃を結ぶ重要な場所であった。髻山城は、上杉謙信家臣の直江実綱が永禄7年（1564）9月、堀江宗親らに武田軍の状況を通報させたとする古文書に「敵もと々り山江、小旗四・五本にて、毎日武具致すよし候」とあり、川中島の戦いで武田軍による利用が確認される。武田氏滅亡後は上杉の支配となった。山中には「宇佐見沢」「馬かくし」「抜け穴」「観音清水」などの地名が残っている』。しかし、それ以前から上杉軍が利用しており、1561年の川中島の戦い後、上杉軍後備えの将・甘粕近江守が武田軍の追撃を3日間食い止め、上杉軍を収束した地とも言われている。

城跡からは北東から南にかけて北信濃を一望できる展望が開ける。主郭は東西に長く、周囲には土塁や石垣跡が残っているほか、一等三角点や石祠、天測点、観世音の石碑などがあり、東から北側と、西側に段々形の曲輪の地形が残っている。

観音清水

段郭にはカタクリが群生

豊野から髻山を望む

飯綱町 髻《もとどり》山城跡

謙信の川中島への進出拠点

毘沙

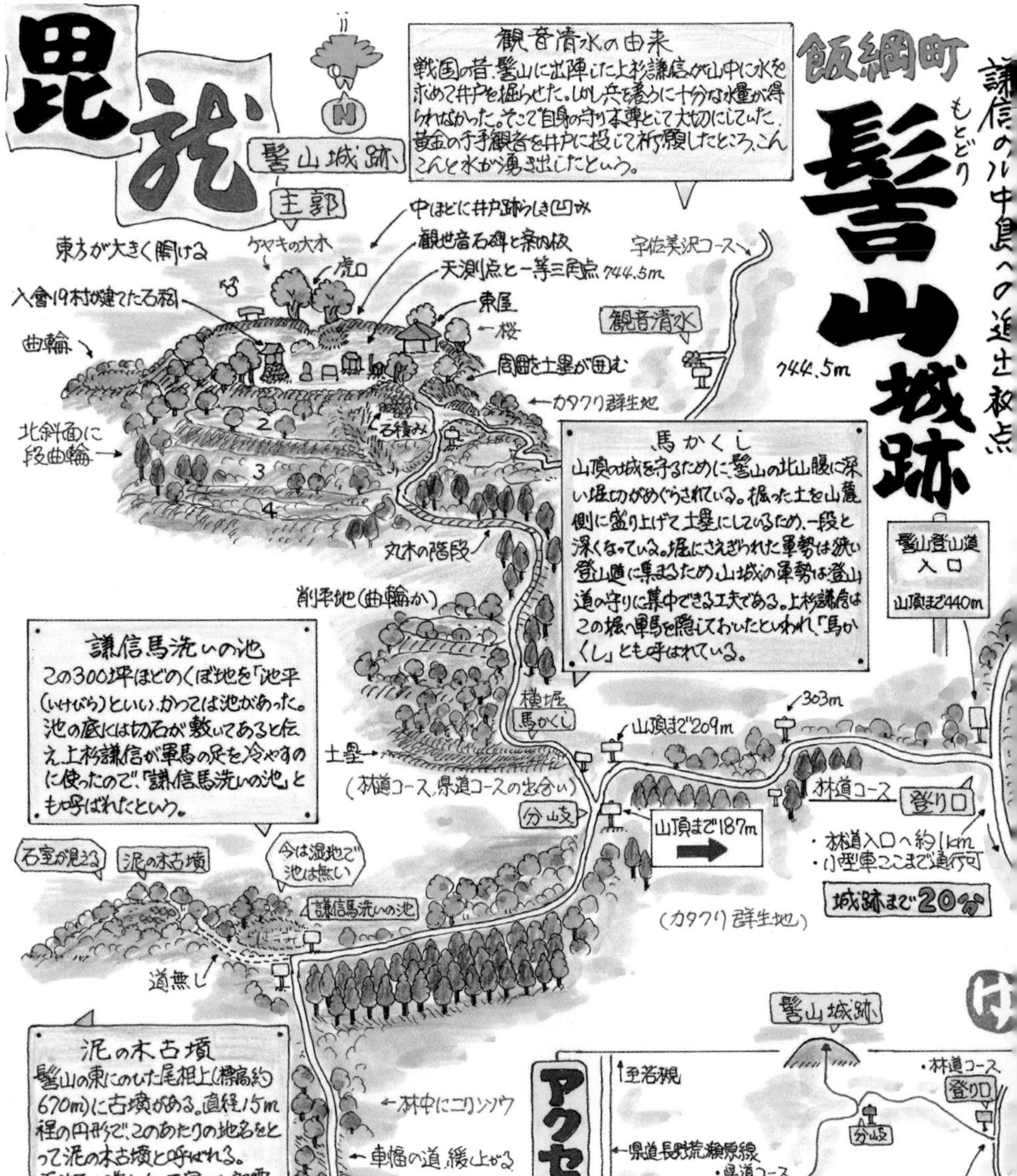

観音清水の由来

戦国の昔、髻山に出陣した上杉謙信が山中に水を求めて井戸を掘らせた。しかし兵を養うに十分な水量が得られなかった。そこで自身の守り本尊として大切にしていた黄金の千手観音を井戸に投じて祈願したところ、こんこんと水が湧き出したという。

馬かくし

山頂の城を守るために、髻山の北山腹に深い堀切がめぐらされている。掘った土を山麓側に盛り上げて土塁にしているため、一段と深くなっている。堀にさえぎられた軍勢は狭い登山道に集まるため、山城の軍勢は登山道の守りに集中できる工夫である。上杉謙信はこの堀へ軍馬を隠しておいたといわれ、「馬かくし」とも呼ばれている。

謙信馬洗いの池

この300坪ほどのくぼ地を「池平（いけびら）」といい、かつては池があった。池の底には切石が敷いてあると伝え、上杉謙信が軍馬の足を冷やすのに使ったので、「謙信馬洗いの池」とも呼ばれたという。

泥の木古墳

髻山の東にのびた尾根上（標高約670m）に古墳がある。直径15m程の円形で、このあたりの地名をとって泥の木古墳と呼ばれる。天井石が失われ、石室が一部露出しており、その構造から、5世紀後半ごろの築造と考えられる。

※髻山の自然と里山を守る会が設置した案内板。

108

山城と館が合体した「平山城」

矢筒城

飯綱町

やづつじょう

◇築城（使用）時期
室町から戦国
◇主な城主（勢力）
島津氏
◇本郭（頂上）まで
10分

標高566.7m

登山道の様子

主郭の平和観音像

矢筒城跡に咲くカタクリ

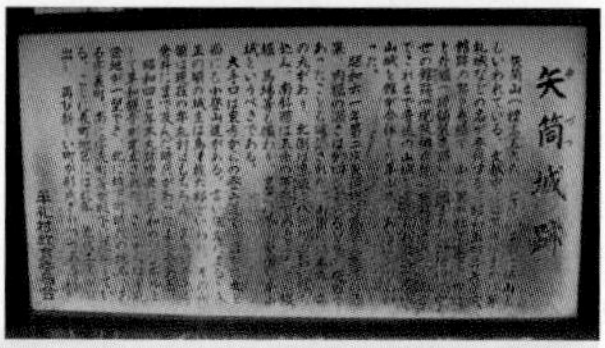

入り口の案内板

飯綱病院の裏山が城跡

髻山（744m）の北側に位置する矢筒山（567m）に矢筒城があった。城跡は飯綱病院の裏山にあり、昭和54年と61年に麓の病院敷地内で「矢筒城館跡緊急発掘調査」が行われ、山城と館が合体した「平山城」であることが分かった。山頂には本郭、二の曲輪のほか、南側には五条の幅広い帯曲輪が巡らされ、竪堀や馬場も備え、さらには北側の急斜面を利用して要害堅固の平山城が築かれていたという。大手口の登山道は病院の裏側にある。病院の第3駐車場から山側に入ると、40mほど先に保全区域の案内板と矢筒城館跡の石碑があり、歩道は北側を巻いて本丸に通じている。

戦国時代の城主は島津権六郎であった。島津氏は上田原の戦いなど武田との合戦では村上義清について戦った。天文22年（1553）に武田軍の攻撃を受け、村上氏の葛尾城に次いで矢筒城も落城。島津氏は村上氏らとともに上杉を頼って越後を目指した。川中島の戦いでは上杉方について参戦しているが、矢筒城に戻ることはできなかった。このほか、島津氏の本拠は元々は長沼城であったが、室町時代後期か戦国期に山城が必要になり矢筒山城を築いたという説もある。

本丸には平和観音像や東屋があるが、訪れる人は少なそうだ。城跡西側の道を下ったが荒れている。麓の畑にいたおばあさんに「カタクリは咲いていたかい」と聞かれ、「見ごろでしたよ」と答えると、「それじゃあみんなに教えてあげよう、可愛い花だよね」と立ち話。仕舞には夫の看病やら長男が独身で困るといった話にまで及んでしまった。

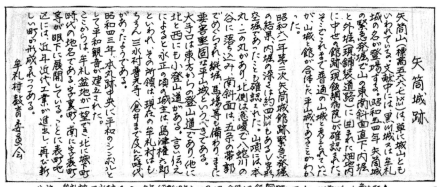

矢筒城跡

矢筒山（標高五六六・七米）は、単に城山ともいわれている。文献中には、黒川城又は牟礼城の名が登場する。昭和五四年矢筒城の緊急発堀で山の東南斜面直下、内堀と外堀（現舗装道路）に囲まれた畑地内に中世の館跡（現飯綱病院）が確認された。そこでこれまで普通の山城と考えられていたが、山城と館が合体した平山城であることがわかった。

昭和六一年第二次矢筒城館跡緊急発堀の結果、内堀の深さは約四米もあるV字形空堀であったことも確認された。山頂には、本丸・二の丸があり、北側は急峻で八蛇川の谷に落ち込み、南斜面は、五条の帯郭でめぐらされ、縦堀、馬場等も備わり、まさに要害堅固な平山城というべきである。

大手口は東方からの登山道であり、他に北と西にも小登山道がある。言い伝えによると永正の頃の城主は、島津権六郎といわれ、その所領は、現在の牟礼村はもちろん三水村普光寺、倉井まで及んだ時代があったようである。

昭和四三年、本丸跡中央に平和のシンボルとして平和観音が建立された。

ここからは、牟礼盆地が一望でき、北に城下町時代の地名である字裏町、南に字表町等が眼下に展開している。ことに表町地区には、近年近代工業が進出し、再び新しい町が形成されつつある。

牟礼村教育委員会

※注、牟礼村、三水村は、2005年（平成17年）10月1日、合併して飯綱町となった、以前にあった案内板↑。

山城と館が合体した平山城

矢筒《やづつ》城跡

矢筒山 566.7M

北側に段郭の地形が見られる
本丸跡
三角点あり
昭和43年に建立された平和のシンボル
ホーイ
平和観音
あずまや
桜
天保七年の文字のある石灯ろう
帯曲輪の地形が見られる
トイレ
段郭とおぼしき地形が見られる
2の曲輪、3の曲輪があった
北側は急な斜面
この辺り、カタクリ群生地（4月中・下旬）
よく整備された幅広い歩道
木柵
案内標識
中世の館跡
現在は、
飯綱病院
山ぎわには、内堀があった
P
石祠
本丸まで
10分
登城口
（大手口）
至牟礼駅
P
飯綱病院駐車場
矢筒城跡
飯綱町立
飯綱病院
登城口
駐車場
至若槻
鳥居川
R18
役場前
普光寺
牟礼駅入口
アクセスマップ
北しなの鉄道
牟礼駅
深沢
福井団地
至長野市

109 鼻見城

若宮氏の支城　芋川氏が支配

飯綱町三水芋川

はなみじょう

◇築城（使用）時期
不明
◇主な城主（勢力）
芋川氏
◇本郭（頂上）まで
10〜30分
標高723m

南方から城跡（中央）を望む（右奥は黒姫山）

旧三水村芋川地区の背後に横たわる鼻見城山。南側に開けるのは豊かな田園風景で、頂上からの景観は「長野県自然百選」に選ばれている。この山頂に鼻見城がある。城は北北東にある芋川氏の本城・若宮城の要害城として、芋川氏により築城された。詰めの城である若宮城に対して、その規模などから支城とされる。

城跡には本丸（主郭）と深い堀切を挟んで二の丸（二の曲輪）、さらに本丸の北側に井戸跡のある腰曲輪、堀切南側に小さな腰曲輪があるだけの割合と単純なつくりである。北側を除く三方向は比較的急峻な斜面だが、北側はなだらかな地形で容易に侵入が可能である。車がだいぶ奥まで入り、駐車場から10分足らずで主郭に至る。

久々の登山は町地区生活改善センターから。駐車場がないので近くの空き地を探して駐車し、幅広い道を上がり芋川用水を渡って斜面に取り付く。道は遊歩道として整備されていて、軽自動車ならそのまま頂上まで上がれそうな幅員がある。折よく本丸南側土手の水仙は満開、桜のつぼみも膨らんでいる。展望は大きく開けるが、自然百選と言うにはあと一歩?とも感じる。西側の大堀切を越えて二の丸を緩く下り、芋川用水を渡れば周回が完了だ。

芋川用水を渡る

本丸からの展望

本丸の様子

大堀切上から本丸、二の丸（井戸跡）を望む

飯綱町
鼻見城跡
鼻見山の山頂を本丸とした芋川氏の山城
本丸にある案内板
鼻見城
鼻見城は標高七三七Mの鼻見山の山頂を本丸とした山城であり、奥信濃で大きな勢力をもっていた芋川氏の初期の構築といわれ、東西南は急坂で北方(からめ手)はなだらかで山城の常法の馬が往来できる要塞堅固な城である。
本丸跡は、東西三五M、南北は広い所で約六〇Mの楕円形をなし、土塁の跡はなく、平坦であり、その北方に東西三〇M、南北一五Mの二の丸跡がある。
現在は、本丸跡に秋葉神社(安永七年)を勧請してあり、山頂からの景観が素晴らしく「長野の自然」一〇〇選(昭和六二年)に選ばれた。
昭和六十二年十月二十四日
飯綱町教育委員会
(※主郭まで10分弱)
登り口
駐車スペース
至古間
※中央に秋葉神社の石祠
鼻見城跡 722.7m
※復元の井戸跡がある。
・尾根上の平坦地
曲輪
二の丸
本丸(主郭)
長い階段
大堀切
切岸
曲輪
帯曲輪
小尾根上も歩ける。
※南側の展望が開ける。
削平地
杉林
小尾根の先端
N
ホーイ
幅広い尾根道
杉林の中を通る
登り口 (※主郭まで30分)
芋川用水
(標高600m程の所を流れる用水(堰)、よく整備されている。)
この先0.7kmの標識
杉林
農道
水田や畑
墓地
リンゴ畑
登り口(遊歩道入口)
(※主郭まで30分)
町地区生活改善センター
※裏手に慶応3年の馬頭観音
鳥居川
しなの鉄道
至信濃町
R18
北信五岳道路
鼻見城跡 遊歩道入口
幅狭い
車ならこちら
※但し、駐車場はない(広い路肩へ)
牟礼駅入口
塩ノ入
40m
約1.2km
約950m
至長野
至若宮
ゆ

110

静かに時が流れる芋川氏の山城
若宮城

別名【芋川城】

飯綱町芋川

わかみやじょう

◇築城（使用）時期　不明
◇主な城主（勢力）　芋川氏
◇本郭（頂上）まで　20分

標高698m

頂上の主郭にある石祠や社

国道18号の牟礼駅前信号から県道長野荒瀬原線を北方に4.7kmほど入った旧三水村芋井若宮の集落に、若宮城の入口がある。途中、左には若宮城の支城であった鼻見城があり、北西2.5kmほどの所には柴津氏の割ヶ嶽城がある。

小路に入り、城跡案内板を見て、100mほど入った民家の間から右の斜面に取り付く。すぐ右に西園寺堀という横堀があり、急階段を上がると広い曲輪（西園寺屋敷跡）がある。階段の下が二の曲輪で土塁、堀切が見られ、30mほど上がると主郭に至る。主郭は楕円形で、中ほどが一段高く、芋川古城の碑や神社遙拝所の石碑、楠木某を祀った祠などがある。若宮城は山全体が砦化しているようで、東、北西、南西、南南西、南東、そして南尾根にそれぞれ小曲輪や堀切が配置されている。いずれも急斜面にあるため、すべてを見分できなかったが、縄張りだけでもすごいことになっている。

県道からの入口（後方は若宮城跡）

城の築城年代は不明だが、芋川氏によって築かれたとされる。芋川氏は鎌倉時代から続く豪族で高梨氏についていた。戦国時代の永禄12年（1569）ころには武田氏に従い、上杉領との境の三水を中心に野尻湖から豊田の一部を支配していた。武田氏が滅亡すると、信長の家臣森長可が北信濃四郡を支配したが、芋川氏はこれに従わず上杉景勝を頼り、慶長3年、上杉の会津移封に従ってこの地を離れている。

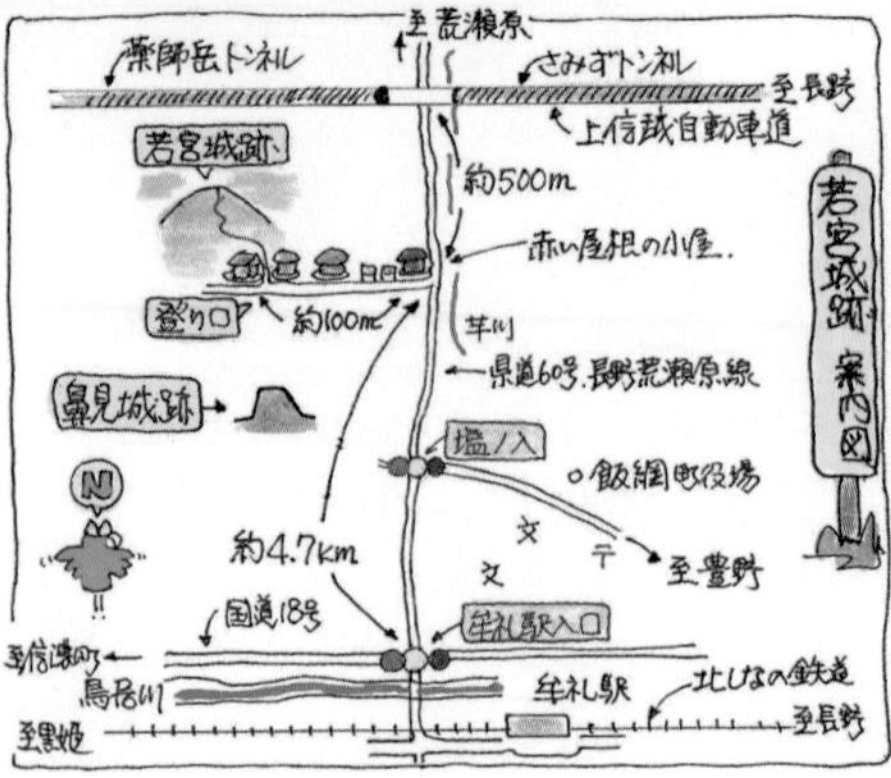

◆三水村教育委員会の村指定史跡の案内板

若宮城跡は標高698mの山頂を本丸とし、これに続く尾根全体と南麓と北麓に空壕をめぐらした、この地方ではまれにみる大規模な山城であり、奥信濃で大きな勢力を持っていた芋川氏の居城である。本丸跡は東南に面した断崖上にあって、東西23.5m、南北16mの長方形を呈しており、北小屋、南小屋等の地字が残っており、当時の規模の大きさが偲ばれる。

静かに時が流れる芋川氏の山城跡
若宮城跡
698M
・16m×23m
若宮城跡
※主郭＝2段で上段 12m×9m、北・北西側に土塁
地元では芋川城とも呼ばれている
湊川神社遥拝所の碑
東尾根
堀切3条、横堀、曲輪多数
北西尾根に大堀切二条
土塁
ベンチ
芋川古城の碑
（明治9年建立）
全山が曲輪や堀で埋め尽され横堀や居住区の広さが特長的
主郭から南西尾根
堀切1、曲輪多数
30m近い階段
二の曲輪
土塁と堀切が見られる
二・三の曲輪から南東尾根
小曲輪 多数
二の曲輪から
南南西尾根
堀切、小曲輪
多数
三の曲輪
南尾根
所在地、旧三水村芋川若宮
比高 110m
杉林
堀切
この先150m
2段になっている
西園寺屋敷跡
・最も広い四の郭
羽黒権現社の石祠
羽黒権現社
ホーイ
階段60m程急登する
墓地
平地
西園寺堀
行き止まり
分岐
下る
杉林
水道施設
羽入田姓が多い
竹林
（民家）
若宮城
案内板
至荒瀬原、（主）長野荒瀬原線
斑尾川
史跡若宮城址（入口）標識
約100m
入口
遊歩道入口（家と家間を通る）
至R18号

南西から望む割ヶ嶽城（左奥は妙高山）

隣に見える薬師山

111 北信濃に残る柴津氏の山城跡
割ヶ嶽城

別名【城山】

信濃町大字柴津

わりがたけじょう

◇築城（使用）時期
戦国時代
◇主な城主（勢力）
柴津氏
◇本郭（頂上）まで
20分

標高768m

二の郭にある割ヶ嶽柴津守を祀る石祠

分かりにくい登り口、民家の庭先を通る

　野尻湖（信濃町）に近い柴津という集落の主要地方道飯山妙高高原線沿いに割ヶ岳城跡（通称城山）がある。この方面の土地勘が全く無いせいか、どうしてここに城が？と首をかしげたくなるような山間なのだが、この辺は信越国境に近い交通の要所で、戦国時代には軍事的にも重要視されたとのこと。川中島合戦のころには幾度となく、武田・上杉の争奪の場となっている。城主は集落名と同じ柴津氏である。

　本郭に設置されている宮坂武雄氏の山城図と以下の解説が分かりやすい。要約すると「割ヶ岳は標高767.8m、麓の集落からの比高は120mほどで輝石安山岩でできている。北に野尻湖から信越国境を望み、東は豊田から飯山へ、西は柏原へ、南は三水、牟礼へとつながる交通の要所にある。頂上には七つの曲輪と堀があり、城へ登る大手道もかなり残されている。もとは在地城主の柴津為信の城といわれ、戦国時代には重要な軍事拠点であったが、永禄4年（1561）5月に武田軍に攻め落とされたとの記録がある。城跡は典型的な中世の山城で、上杉・武田両軍の戦いの跡を残す重要な史跡である」とある。

　県道脇にある割ヶ岳城跡入口の標識を見て、民家の間を失礼して通り抜け山に入る。右手の民家の脇に水の手だという小さな池がある。途中、新たに作業用のブルドーザー道ができているが、急斜面につくられた歩道を7回ほど折れると、柴津氏を祀る石祠などがある頂上に着く。以前は主郭周辺しか見ていなかったが再訪してよく観察すると、曲輪や堀切、土塁、虎口、天水溜などを確認することができた。興味を持っていろいろ見てみると城跡歩きの楽しさが倍増するものだとつくづく感じた。落葉期には、三角形の薬師山や野尻湖の湖面が見える。

信濃町
北信濃に残る柴津氏の山城跡
割ヶ嶽城跡
かりがたけ
城山と呼ばれている
城山標高 768M
城山頂上
(西に薬師岳、北西に野尻湖を望む)
割ヶ嶽柴津守を祀る祠
モミジの木、古株、案内板
小曲輪
二の曲輪
主郭
大小の堀切と土塁が連続
周囲は急峻な斜面
桝形
腰曲輪
天水溜
腰曲輪
20m
60m程左へ
急斜面は杉林
作業道ここまで(ブル道)
杉林の中を60m
がけ
岩石
80~100mごと ジグザグ 上がる
右に折れる
150m程斜面を横切る
本郭跡にあった城跡の説明
割ヶ岳 城跡
割ヶ岳は柴津の城山ともいわれ、標高767.8m、麓の集落からは120mほど登る険しい山です。斑尾火山の寄生火山で、輝石安山岩でできています。北には野尻湖から信越国境を望み、東に豊田から飯山、西に柏原、南には三水・牟礼へとつながる交通の要所にあたります。頂上には、本丸などがあった7つの曲輪と堀があります。城へ登る大手道もかなり残されていて、信濃町では最も良く残された城跡です。
もとは柴津為信という在地領主の城であったといわれていますが、戦国時代には、信越の前線にあって、重要な軍事拠点となっていたようです。永禄4年(1561)5月には武田軍に攻め落とされたという記録があり、9月には、川中島の戦いがおこっています。同7年には野尻城の取り合いがありました。
このように割ヶ岳城跡は、典型的な中世の山城であり上杉、武田両軍の戦いのあとを残す、重要な史跡です。
雑草で道不明瞭
横切って左上へ
石塔
作業道跡(ブル道)
墓地
割ヶ岳城跡
入口に大きい石
頂上へ 20分
登城口は民家の庭先
城山神社
家の裏に小さい池(水の手)
道路から30m程入る
ここは柴津西地区
入口に陸軍兵長の碑
主要地方道、飯山妙高高原線
省略
登山口
割ヶ岳城跡入口標識
ナビ、信濃町富濃3057-2
N
ホーイ
ゆ

112

甲越が争奪戦　湖に面した城

野尻新城

別名【野尻城】

信濃町野尻

のじりあらじょう

◇築城（使用）時期
南北朝時代
◇主な城主（勢力）
信濃守護、高梨氏、上杉氏
◇本郭（頂上）まで
10〜15分

標高706m

右端に土塁の形跡

横堀の様子

野尻湖に浮かぶ琵琶島の北、湖畔の野尻湖周遊道路のすぐ上に野尻新城《のじりあらじょう》がある。宮坂氏によると、この城と琵琶島にある野尻城と合わせて「野尻城」と言うそうだ。野尻湖は信越国境に近く善光寺と越後の春日山を結ぶ重要な交通路があって、甲越両軍が争奪戦を繰り返した時期（永禄年間）があったという。

城の成り立ちは、琵琶島の野尻城がはじめで南北朝時代から存在した。当初は信濃守護の支配下にあり、戦国期に高梨氏へと移った。甲越軍が野尻城の争奪戦を繰り広げる中、新城《あらじょう》が上杉氏により築城されたらしい。城は一時武田軍に占領されたがすぐに取り返し、以後は琵琶島の城に代わって新城が中心になったという。甲越合戦後も上杉方の重要な前線拠点として機能し、武田家の滅亡後も中継基地に使われたようである。しかし実際のところ、湖に浮かぶ島の城がどのように使われたのか不思議でもある。

登り口は、尾根の先端にあるレストラン甲比丹《かぴたん》の裏から。店のご婦人は「立派な城跡があるのにオーストラリア人に土地を売ってしまって残念だ」と話していた。城跡は比高50mというから大したことはないが、手つかずで荒れ放題の林で踏み跡も無い。藪漕ぎしながら尾根上を目指すと、真横に掘られた横堀が出現する。こちらが大手のようだが、さらにその上部にも横堀がある。緩い傾斜の尾根は馬場で、二の曲輪手前に3条目の堀切があり、右側に虎口の凹みが見られる。土塁を越えると主郭で、その奥には上幅13mほどの大きな堀切がある。いつもそう思うのだが、1500年代の堀切や虎口、土塁の地形が、500年余の時を超えて存在すること自体がすごいと感じる。下りは来た道でも良いが、南側下方に野尻湖が見えたので、大堀切を強引に下ってみると5分もかからずに周遊道路に出てしまった。

北側湖畔から琵琶島を望む

レストラン裏の尾根に取り付く

雑木に覆われた主郭の様子

野尻新城
上方杉林
電柱の標示
381
もみ崎幹10
杉林の境目を歩く
大堀切（上幅13m）
〈注〉図中の数字、上幅等は、宮坂武男氏資料による。
33×28m
主郭
虎口
堀切（上幅7m）
（この電柱の左を上がる）
腰曲輪
7×11m
二の曲輪
3
高さ6〜7mの堀切
（上幅8m）
虎口
登り口
（※道は無い）
野尻湖レイクサイドホテル
平坦に近い広い尾根
馬場跡
4
※尾根全体が笹ヤブで雑木林ヤブ漕ぎして進むこと。
信濃町
野尻湖周遊道路
廃れゆく北信濃の山城
甲越両軍が争奪戦を繰り返した
野尻新城跡
のじりあらじょう
前後に土塁のある横堀
（上幅5m）
5
緩い傾斜の尾根
6
凹みのある土塁
土塁
大手口
横堀
（上幅4m）
※道がないので適当に尾根上をめざす。
武者走り
※登り口間約250m
琵琶島城（野尻城）
野尻湖に浮かぶ
野尻湖
駐車は、レストラン甲比丹（カピタン）にお願いする。
登り口
レストラン甲比丹
P
野尻新城と琵琶島の野尻城を合わせて「野尻城」と言っているヨ。
標高706m
比高50m
（県）三水中野線
至国道18号

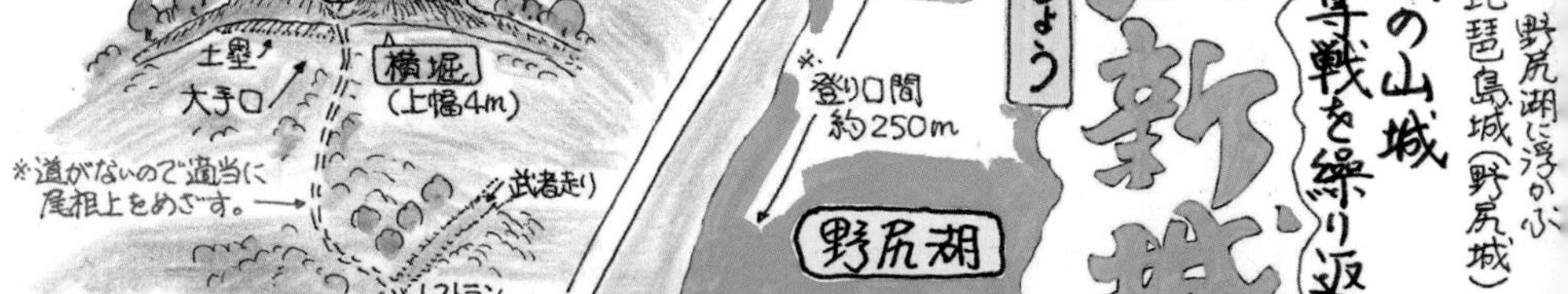
南側から琵琶島（中央）と野尻新城（中央後部）を望む

113 善光寺平を見渡す大城、小城 井上城

須坂市井上

いのうえじょう

築城（使用）時期
鎌倉・室町時代
主な城主（勢力）
井上氏
本郭（頂上）まで
30～35分

大城523m
小城507m

若穂太郎山から大城-小城を望む（後方は高社山）

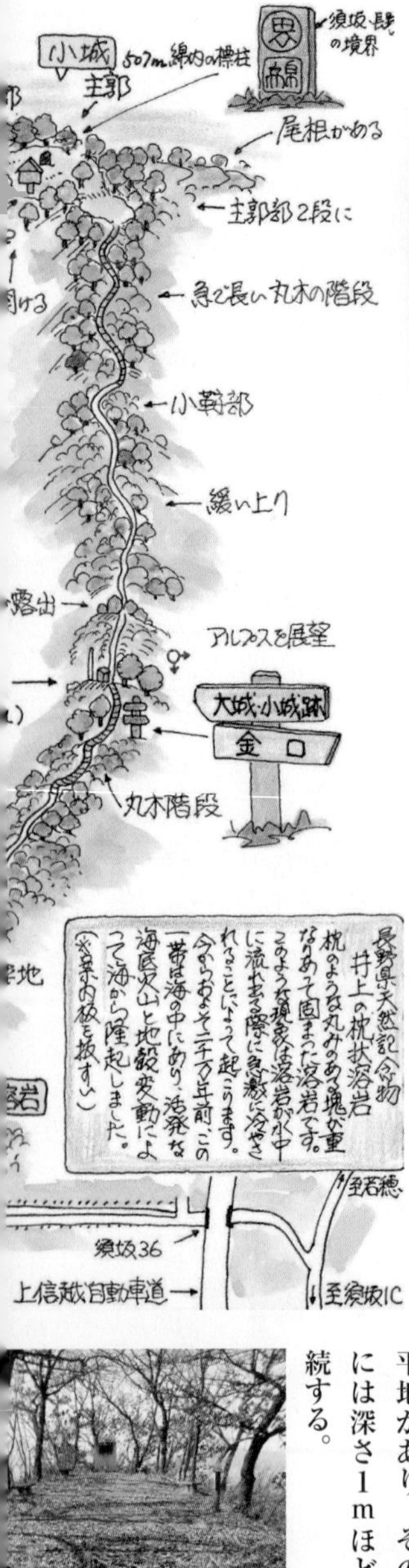

井上城跡は井上山（標高771m）の頂上から北側に延びる尾根の中腹にあって、小城と大城の二つの城で構成されている。井上山の頂上には一等三角点があるが、須坂基線といって測量の重要なポイントになっている。

城跡への登り口は、須坂市井上の金口地籍からの金口コースと、東側の浄運寺からのコースがある。金口コースは井上山から北側に派生する尾根の末端で、登山口の駐車場脇には枕状溶岩の説明板と、井上城址登山口の立て札がある。コンクリート擁壁脇の階段から尾根に取り付き、背の低いカシワやクヌギの雑木林の斜面を上がって尾根上に出ると、脇に三等三角点があり、北側の善光寺平の展望が大きく開ける。さらに緩く上がると小城の平地に着く。主郭部は小さな段差が2段ある。5mほど下ると二の郭の小さな平地があり、その先の尾根上には深さ1mほどの堀切が連続する。

大城本郭の様子

◆大城・小城と空堀（須坂市）

山地や丘陵に築かれた城を山城といい、中世（鎌倉・室町時代中心）においては武家の城はほとんどが山城でした。しかし、ふだんは山麓の居館に住み、戦になると山城を本拠にしたのです。井上氏はこの山の麓に居館を持ち、大城・小城と呼ばれている所に山城を築き、また、竹ノ城などの枝山城も築きました。空堀は水のない堀で、土塁とともに山城の重要な防御施設です。尾根の要所要所に造られ、鉄砲が使われるようになるまでの戦には特に効果があったようです。

（鞍部手前にある説明板の内容）

東側登山口の浄運寺

小城からの善光寺平の展

魅力の山城、井上氏の大城・小城をめぐる
須坂市 長野市
井上城跡

大城
523m 主郭
城跡
一段下がって
二の郭
小さい 三の郭
大きい案内板
城郭を
井上山に至る
大城案内
ベンチ
堀切
分岐
(浄運寺から25分程)
堀切の地形
深さ1m程の小堀切連
トラロープのある急斜面
(下りはスリップに注意)
川
N
井上城跡
この史跡は信濃源氏井上氏が中世を通じ、同族村山、高梨、須田、楡井氏等とともにこの地方を中心に活動し、鎌倉の京都方面にも進出し、多くの武将、名僧を出した根拠地である。(中略)ひとたびこの要害に立てば本城に属する数多の城砦に臨み、かつ川中島平を一望に指呼することができる(略)
※ 大城にある案内板説明を抜すい。
ベンチ
大城へ
上り 35分
下り 30分
大きく曲がっている
1m程の岩
急斜面、木段が連続
所々に枕状溶岩が露
浄運寺コース
浄運寺 屋根に葵の紋
クヌギ、カシワの木が多い尾根
金口コース
大ケヤキのある井上神社
大城へ
上り 30分
下り 20分
登り口
桜
コンクリートよう壁
P
墓地
寺の駐車場
尾根先端、十九ヶ鼻地籍
登り口
ゆたか

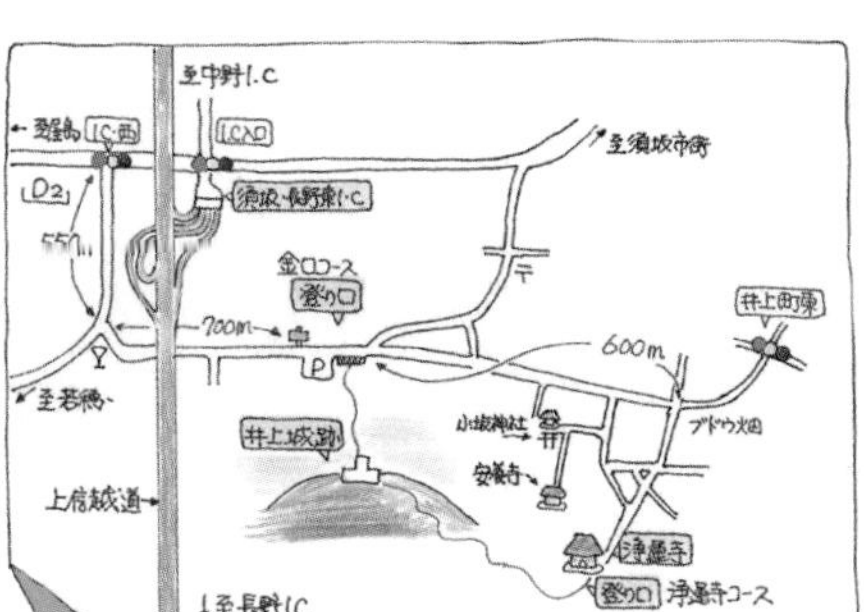

至中野I.C
至須坂市街
須坂・長野東I.C
金口コース 登り口
700m
600m
P
井上町東
井上城跡
小坂神社
ブドウ畑
安養寺
浄運寺
登り口 浄運寺コース
上信越道
至若穂
至長野I.C

先に進んで大きな堀切を右から上がると大城跡に着く。主郭には案内板やベンチがあって、小さな公園のように整備されている。北側の切り開きからは展望が開ける。一段下ると二の郭で、堀切を越えると三の郭、その先の堀切には左からの道が上がって来ている。浄運寺からのコースは、尾根に出る手前が急傾斜なので、下りはスリップに注意が必要た。

114 井上城塞群 三城の一つ 竹の城

別名【枝山城】

須坂市藤山

たけのじょう

◇築城（使用）時期
不明

◇主な城主（勢力）
井上氏

◇本郭（頂上）まで
30分　乗越峠周回約50分

標高543m

登り口の藤山の鼻

三の曲輪下の堀切

岩場を削った主郭下の大堀切

東側から見た城跡

案内板などの立つ主郭の様子

11世紀後半、この地（今で言う須坂市南部周辺）に定住した井上氏は、高井源氏あるいは信濃源氏の本家筋として勢力を伸ばした。その支族には米持氏、村山氏、高梨氏、須田氏などがある。高井郡は古くから名馬の産地で、強力な軍団を持ち治承4年（1180）に源氏の旗揚げに参加、寿永元年（1182）の横田河原の合戦では、井上光盛が平家城氏の大軍を打ち破ったという。戦国期に入り武田氏が侵入してくると、井上氏も分裂して武田方につく者も出たが、武田氏滅亡後は上杉氏に属し、最後の城主井上隼人正も米沢へ去っている。

竹の城は大城、小城とともに井上氏の居館を東、南、西の三方から防護する城砦群の一城である。東、南側を防御するため、鮎川左岸に伸びる急斜面の尾根上（藤山）に築かれた。東側から見ると、台形をした形の良い山が目に付く。

登り口は尾根の北側先端の藤山の鼻にあり、尾根伝いに30分ほどで主郭に至る。主郭手前の岩稜には、大岩を削り左右の急斜面に落ち込む三条の堀を設けている。主郭は25×13mの楕円形で、周囲の展望が大きく開ける。東西の斜面は容易に登れないほど急峻だ。南の乗越峠に続く搦手《からめて》側の尾根筋も、二の曲輪、三の曲輪への切り岸が急な岩場となっていて、その下方も大きな四条の堀切と土塁で守りを固めている。

城跡に登ったのは13年ぶり。東側から見た台形の山容が余りに見事だったので思わず登山口に足が向いた。下山時初物の山菜（タラの芽）にありついたのは幸運だった。

須坂市
井上氏城塞群の三城の一つ
竹の城跡
ホーイ
2
（藤山の300mにわたる城跡）
竹の城跡 543m
現在、松の木は枯れて無い
※25×13mのだ円
主郭
険しい急斜面
虎口
※8×20m
二の曲輪
※8×30m
三の曲輪
虎口
主郭と二の曲輪の切岸
岩が露出していて険しい
急な大堀切を土橋で渡る
岩場を削った堀切
土塁のある岩場の堀切
堀切
丸い尾根上 小鞍部から100m緩く上がる
約60m急登すると平坦60m
赤松の林
石が露出
木の階段を上がる。
丸い尾根を緩く上がる
右の岩上に50cm程の石仏あり
長野市北部の展望あり
平らな尾根
二十三夜塔
ブドウ畑
（ビニールハウス）
小坂神社へ
登り口 大手口
藤山の鼻
竹ノ城跡
大手口コース
本郭まで30分
鞍部にある標識
竹ノ城
大日堂
薬師庵
至薬師庵
八ヌ口 頂上まで20分
乗越峠
山桜
※大日堂への下り道、案内なくルート不明。鉄塔巡視路を利用すること。
N018 鉄塔
木の下に古い石仏
巡視路の分岐右へ
鉄塔巡視路
登り口
林道
土塁のある堀切3条
杉林
城跡入口に至る
史跡竹ノ城跡
この城跡は信濃源氏と称する井上氏の館を守る主城護護の枝城の跡で、三段の断壁と数条の空堀を構え、要害堅固しかも、百々川扇状地以北の善光寺平を睥睨することの出来る代表的な遠見の山城跡である。
（館跡と大城は県史跡）
ゆ
アクセスマップ
至須坂市街地
幸高町
（県）長野須坂インター線
井上保育園
200m
R403
井上町東
160m
井上公会堂
狭い
230m
井上町
至須坂長野東IC
大きい案内板
井上地区
城跡
登城入口
小坂神社

115
市民憩いの場　臥竜公園の出城跡

須田城

須坂市

すだじょう
- 築城（使用）時期　鎌倉～戦国時代
- 主な城主（勢力）　須田氏
- 本郭（頂上）まで　15分

標高471m

臥竜公園竜ヶ池と城跡

城跡の様子

百々《どど》川の北側にある臥竜山一帯は臥竜公園として、竜ヶ池を中心に須坂市動物園やテニスコート、運動場などが整備され、須坂市民の憩いの場所として親しまれている。特に春先は県下有数の桜の名所として多くの見物客で賑わう。この臥竜公園の中央部の小高い山上に須田城跡があるが、麓との比高は70mほどしかなく平山城といってもいい。

鎌倉時代、この地に勢力があった井上城主の子が分家して須田郷に居を構えて須田氏を称し、室町時代に至って須田城を築城した。南北朝の頃は南朝として功績を挙げたが、後に須田氏は本家と大岩須田氏の二派に分かれ、甲越合戦のころは、村上方に属していた須田城主は武田に降り、大岩須田氏は上杉を頼って越後に逃れた。武田氏が滅亡し、織田信長が死去すると、この地は上杉の支配下となった。結果的には大岩須田氏が残り、須田満親は上杉景勝の命により海津城将となり13年に渡って北信四郡を支配した。後に満親の子は上杉氏の会津国替えに従い、信濃侍最高の知行を得て東北に移ったため、須田城は廃城となった。

城跡への登り口は、動物園の正面入口の左から北西尾根を上がる大手筋と、臥竜橋の東詰や東側の松尾口から観音堂や廟のある東尾根を上がる搦手筋がある。大手筋の展望台が建つ曲輪は馬場跡とも思われ、その先では腰曲輪が主郭に通じている。主郭は、35×13mほどの台形で土塁はない。搦手側は観音橋下の堀切や長い曲輪によって北側からの敵の侵入に備えている。また、北側斜面には竜ヶ池に向かって二条の竪堀も見られるが、比高がわずかなため難攻不落とは思えず、敵の攻撃に弱そうで、早々に村上方から武田方に降った理由も分るような気がする。

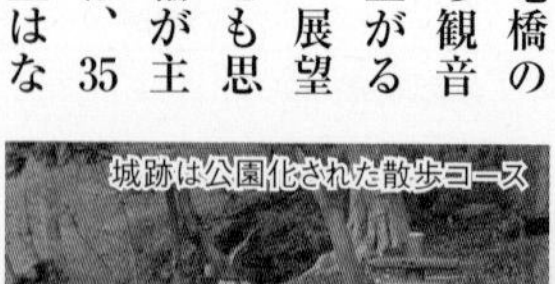

城跡は公園化された散歩コース

城跡下には須坂動物園がある

長野市から臥竜山を望む

須坂市指定史跡

市民の憩いの場、臥竜山とセットで歩く戦国の山城跡

須田城跡

臥竜山《がりゅうざん》 471m

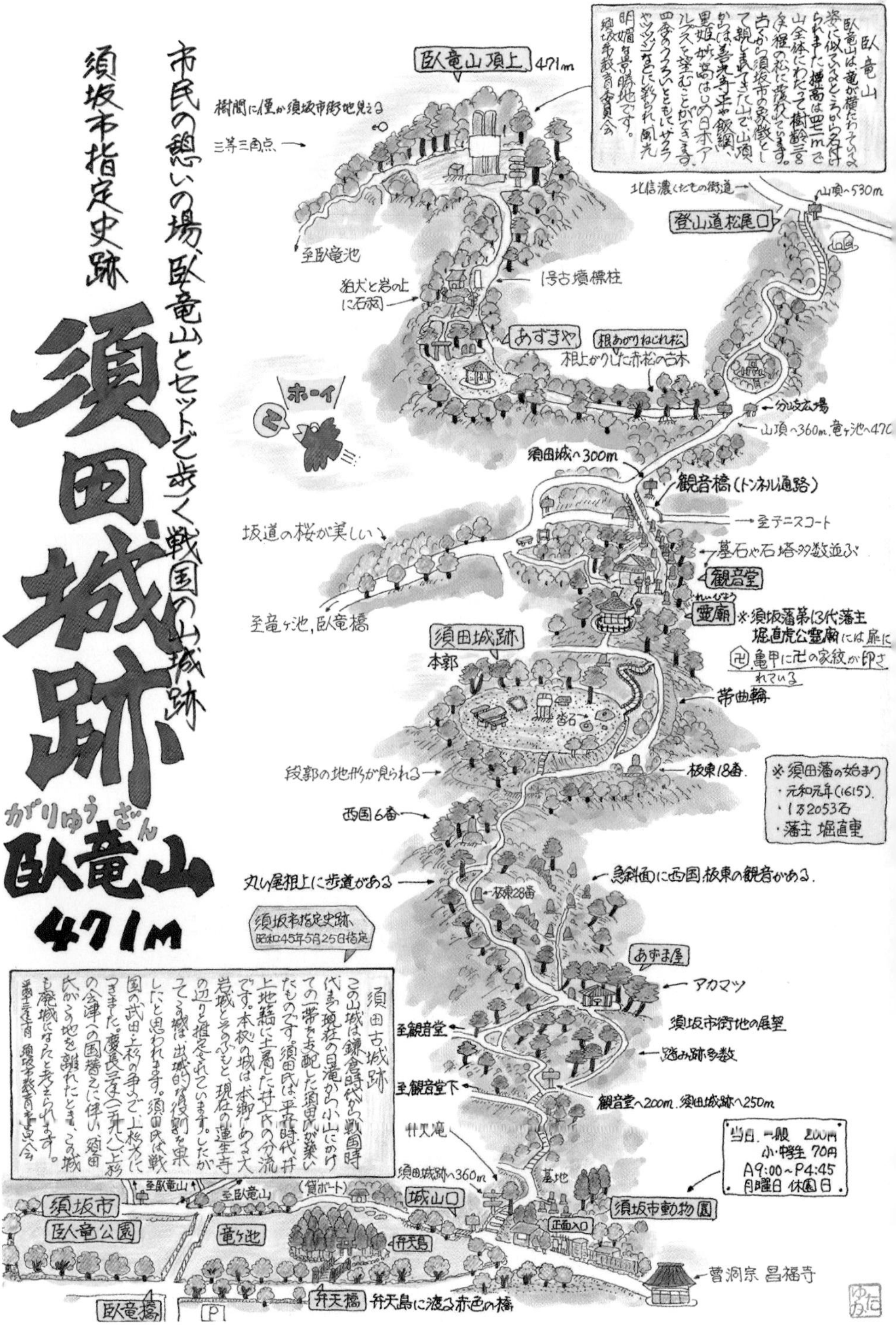

臥竜山

臥竜山は、竜が横たわっているような姿に似ているところから名付けられました。標高は四七一mで山全体にわたって樹齢三百年程の松に覆われています。古くから須坂市の象徴として親しまれてきた山で、山頂からは、善光寺平や飯綱、黒姫、妙高はじめ日本アルプスを望むことができます。四季のうつろいとともにサクラやツツジなどに彩られ風光明媚な景勝地です。

須坂市教育委員会

須田古城跡

この山城は鎌倉時代から戦国時代まで現在の日滝から小山にかけての一帯を支配した須田氏が築いたものです。須田氏は、平安時代井上地籍に土着した井上氏の分流です。本校の城は、本郷にある大岩城とそのふもと、現在の蓮生寺の辺りと推定されています。したがってこの城は、出城的な役割を果したと思われます。須田氏は戦国の武田・上杉の争いで、上杉方につきました。慶長三年（一五九八）上杉の会津への国替えに伴い、須田氏がこの地を離れたとき、この城も廃城になったと考えられます。

平成十三年三月 須坂市教育委員会

116-1

灰野峠から登る明覚山山頂の城

雨引城

灰野峠コース

須坂市豊丘・高山村水中

あまびきじょう

◇築城（使用）時期
戦国時代
◇主な城主（勢力）
須田氏
◇本郭（頂上）まで
灰野峠から25分

標高970m

城山城から望む明覚山（雨引城）

城跡への急な上り

雨引城のある明覚山は、西側の天徳寺か鎌田山から登ることが多いが、東側の須坂市豊丘と高山村水中を結ぶ道路の市村境にある灰野峠（水中峠）からだと25分ほどで登頂できる。灰野峠までは豊岡小学校からでも3.5㎞、1時間ほどなので大したことはない。

登り口から100mほどは踏み跡はあるが深い笹ヤブが続く。その先は笹が無くなり踏み跡がはっきりする。少し登ると尾根の左側に広い平坦地50×5mほどの曲輪があるが、兵士溜りだったようだ。急な岩稜を過ぎると堀切のある小曲輪、さらに尾根を上がって小堀切を越え急登を上がる。二重の堀切を越えると御岳社のある曲輪に着く。雨引城跡は主郭が御岳社のある場所か、それとも堀切を隔てて西側の平地部分（二の曲輪）になるのか説が分かれるようだが、御岳社の曲輪は狭くて土塁等もあることから二の曲輪の所が主郭かもしれない。ここでも宮坂氏の縄張り図を持参したが、現状通りに見事に作成されていた。

三等三角点のある、いわゆる明覚山頂上とされている尾根にも曲輪があったようである。城主は須田氏とされているが、須田氏は戦国時代に二派に分かれ、信頼とその子信正の系統は臥竜山の須田城に居住し、分派の満国と子・満親らは大岩城に拠ったという。武田の侵入時には、須田城の須田氏は武田に下り、大岩城の須田氏は上杉を頼った。武田家滅亡後、武田家に仕えていた須田城の信正は失脚、大岩須田氏の満親は上杉景勝の命により海津城将として北信四郡を治めている。その際もこの城は支城として使われたようである。

竹の城から雨引城跡を望む

主郭と二の郭の間の堀切

頂上の土塁（奥は御岳社）

高山村 須坂市

灰野峠から訪ねる明覚山山頂の城

雨引《あまびき》城跡

970M

ホーイ
2
この峯で城域終り
至坂田山
下り
明覚山 三等三角点 957.8m
岩稜20m程
小曲輪（大岩城の頭）
※こちらが主郭かもしれない。
堡塁（砦）
50m上り
杉林
市.村境の尾根
〈須坂市〉
〈高山村〉
二の曲輪
御岳社の祠
主郭
30m×7m
大岩城へ続く（道は無い。）
堀切
（※大岩あり）
土塁.穴状地形.竪堀が見られる
土塁
二重堀
浅い堀切
平坦な細長い曲輪38×3m.
岩場
小曲輪と堀切（土塁付）
20m程下り.又20m程上る
急な岩稜
岩
ここに兵を配備したか？
本城最大の曲輪
50m×25m
高山村の展望
土塁の上を歩く
ここで笹が無くなる
笹をかきわけて歩く
至高山村水中
謙信道
登り口
峠の頂上.路肩に2～3台駐車可
〈灰野峠・水中峠とも〉
至豊丘
御岳社

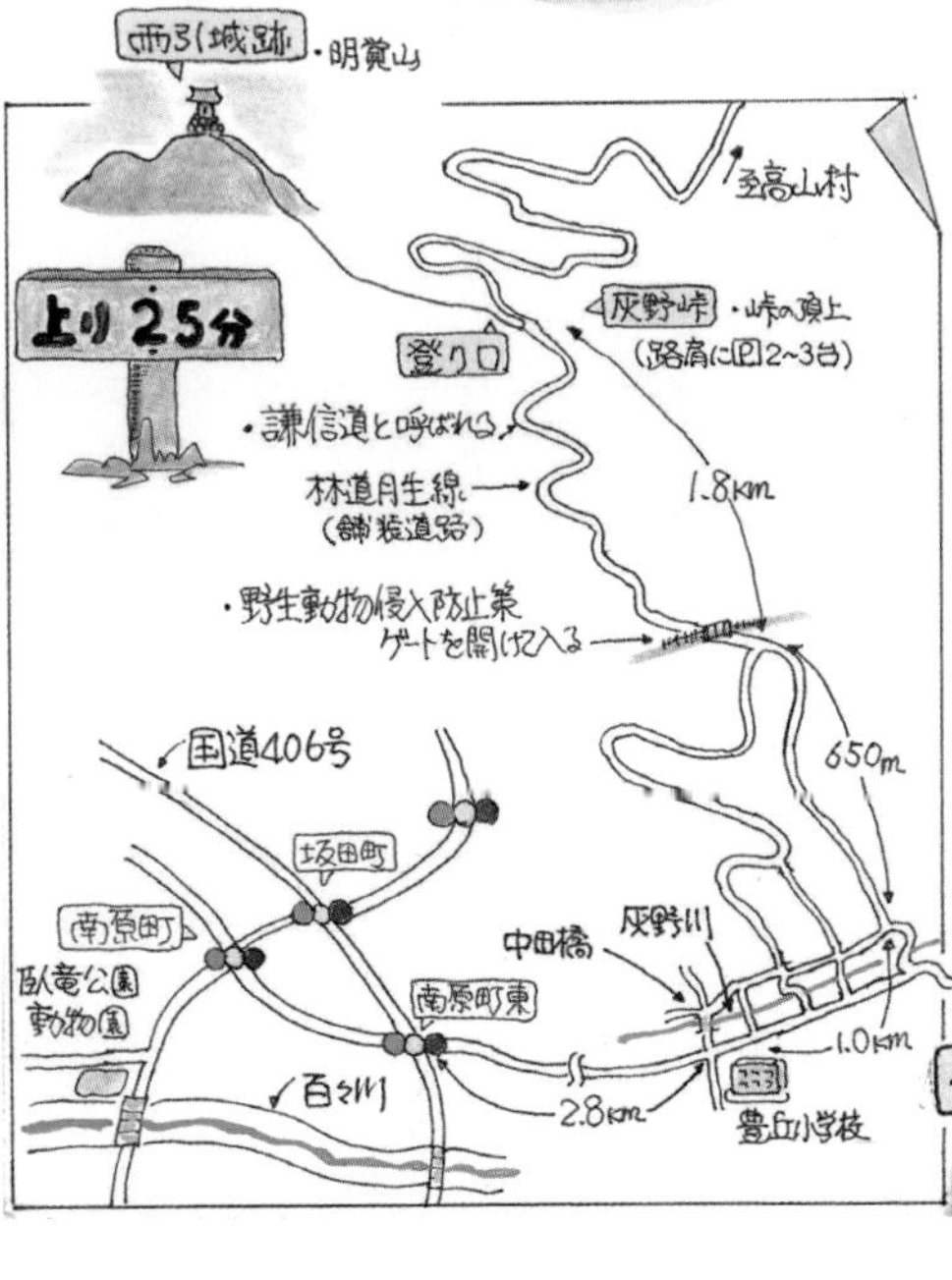

雨引城跡・明覚山
上り25分
至高山村
灰野峠・峠の頂上
（路肩に回2～3台）
登り口
・謙信道と呼ばれる
林道月生線
（舗装道路）
1.8km
・野生動物侵入防止策
ゲートを開けて入る
650m
国道406号
坂田町
南原町
臥竜公園
動物園
南原町東
中田橋
灰野川
1.0km
2.8km
百々川
豊丘小学校

116-2

天徳寺・鎌田山から訪ねる
雨引城・古城

須坂市豊丘・高山村水中

あまびきじょう・ふるじょう

◇築城（使用）時期
戦国時代
◇主な城主（勢力）
須田氏
◇本郭（頂上）まで
1時間20分

標高970m

主郭とされる峰にある御岳社

中腹にある古城跡

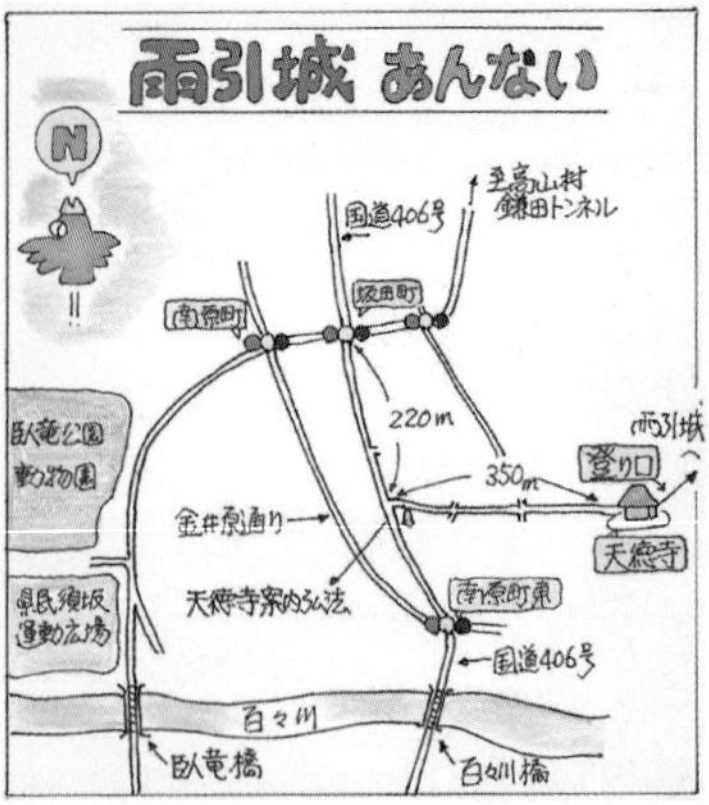

鎌田山から須坂市街地と北信五岳を望む

雨引城跡は、西麓にある天徳寺から三峯神社を祀る坂田山まで1時間20分ほど登り、さらに40分ほどの明覚山頂上に城跡がある。城域は坂田山から急斜面を上がった先の堀切辺りから始まり、三等三角点のある平地から下って上り返して堡塁、二の曲輪、大堀切を過ぎると御岳社のある主郭に着く。（堡塁が主郭との説もある）

古城跡は、西側の市営駐車場から一旦鎌田山に上ってから和合峠に下る。春先、峠一帯は桜が満開になる。東屋の中を通り、斜面に取り付いて急斜面を上がり、大星の峰からひと上りすると古城跡に着く。城跡は曲輪と堀切が尾根上に並ぶだけの単純構造だが、前後三条の堀切と土塁に囲まれた主郭（15×8m）の地形ははっきりと残っている。城は大岩城の支城の一つで大岩系須田氏によって築かれた砦と言われる。古城からは尾根伝いに岩稜を上がると坂田山で天徳寺コースと合わさる。

中世、この一帯を支配していた須田氏は、須田郷を本拠に臥竜山に城を構えた本来の惣領家と、大岩郷を本拠に大岩城に拠った二家があった。戦国期には大岩系須田氏が勢力を伸ばしていたが、武田氏の侵攻を受けて越後に逃れた。武田氏滅亡後は、上杉景勝から大岩系の須田満親が北信四郡の統治権を与えられ、海津城将となっている。

明覚山の山域には、雨引城、大岩城、古城、月生城など、須田氏系の山城が存在しているが、武田の侵攻の際に、甲越両軍に分かれた須田氏も戦国の争いに振り回された一族といえる。

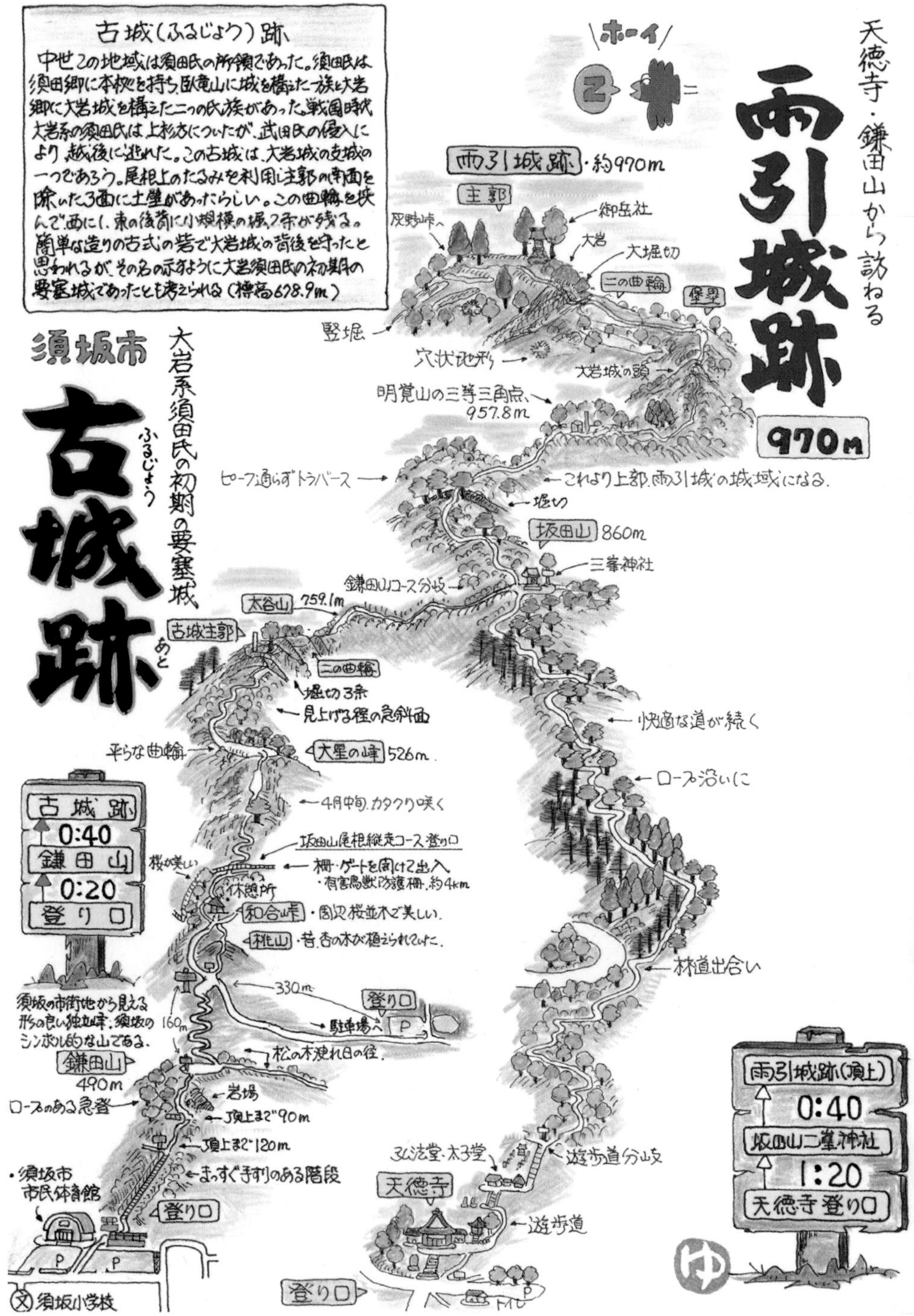
古城(ふるじょう)跡
中世この地域は須田氏の所領であった。須田氏は須田郷に本拠を持ち臥竜山に城を構えた一族と大岩郷に大岩城を構えた二つの氏族があった。戦国時代大岩系の須田氏は上杉方についたが、武田氏の侵入により、越後に逃れた。この古城は、大岩城の支城の一つであろう。尾根上のたるみを利用し主郭の南面を除いた3面に土塁があったらしい。この曲輪を挟んで西に1、東の後背に小規模の堀2条が残る。簡単な造りの古式の砦で大岩城の背後を守ったと思われるが、その名の示すように大岩須田氏の初期の要塞城であったとも考えられる(標高678.9m)
須坂市
大岩系須田氏の初期の要塞城
古城《ふるじょう》跡《あと》
天徳寺・鎌田山から訪ねる
雨引城跡
970m
ホーイ
雨引城跡・約970m
主郭
御岳社
仙野峠へ
大岩
大堀切
二の曲輪
堡塁
竪堀
穴状地形
大岩城の頭
明覚山の三等三角点、957.8m
ピークを通らずトラバース
これより上部、雨引城の城域になる。
堀切
坂田山 860m
三峯神社
鎌田山コース分岐
太谷山 759.1m
古城主郭
二の曲輪
堀切3条
見上げる程の急斜面
快適な道が続く
平らな曲輪
大星の峰 526m
ロープ沿いに
4月中旬、カタクリ咲く
坂田山尾根縦走コース登り口
柵・ゲートを開けて出入
・有害鳥獣防護柵、約4km
桜が美しい
休憩所
和合峠・周辺桜並木で美しい。
桃山・昔、杏の木が植えられていた。
林道出合い
古城跡
0:40
鎌田山
0:20
登り口
330m
登り口
駐車場へ
須坂の市街地から見える形の良い独立峰。須坂のシンボル的な山である。
160m
松の木洩れ日の径
鎌田山
490m
岩場
ロープのある急登
頂上まで90m
頂上まで120m
まっすぐ手すりのある階段
・須坂市市民体育館
登り口
弘法堂・太子堂
遊歩道分岐
天徳寺
遊歩道
雨引城跡(頂上)
0:40
坂田山三峯神社
1:20
天徳寺登り口
登り口
トイレ
文 須坂小学校

117 蓮生寺裏山に築かれた須田氏居城 大岩城

須坂市

おおいわじょう

◇築城（使用）時期
1193年ころ
◇主な城主（勢力）
須田氏
◇本郭（頂上）まで
周回約2時間

標高679m

狭い稜線にある大岩城本郭跡

登山口の満龍寺後方が大岩山

登り口は、須田満国の墓がある満龍寺の北側からで、中腹の薬師堂を経由して急斜面に取り付く。薬師堂の天井絵は葛飾北斎や高井鴻山等の寄進によるものと説明がある。

薬師堂から急斜面を上がると大岩が出現するが、県の予防治山事業により落石防止のワイヤーが巻かれている。その上の大岩には金比羅社の石祠がはめ込まれ、石祠の横からは北信五岳や北アルプスが望める。幅狭い岩稜を進むと堀切と段郭が現れ、深い堀切を越えて本郭跡に至る。案内板には「大岩城は、須田氏の拠城で建久四年（１１９３）頃の築城といわれ、慶長３年（１５９８）上杉氏の会津移封までこの地の中心であった。明覚山を背に東西１５０ｍ、南北２００ｍ、多数の空堀を配した要害堅固な構えである」とある。

本郭から山の神方向に下る急斜面は、道が不明瞭なのでテープと踏み跡を確認する。林道に出て十王堂高札場から山側に入ると須田氏の居館跡とされる蓮生寺がある。寺には、川中島合戦で武田信玄の侵攻により一帯が焼き払われた際に炭化した米や粟、石臼などが出土する旨の説明がある。案内板には「蓮生寺境内は須田氏の居館跡と伝えられ裏の大岩山一帯が大岩城跡である。頂上に本郭、二の丸、尾根筋に堀切、居館との連絡通路の竪堀などの遺構が見られる。川中島合戦の城は武田方に攻略され城主須田満親は越後に逃れた」などの説明がある。

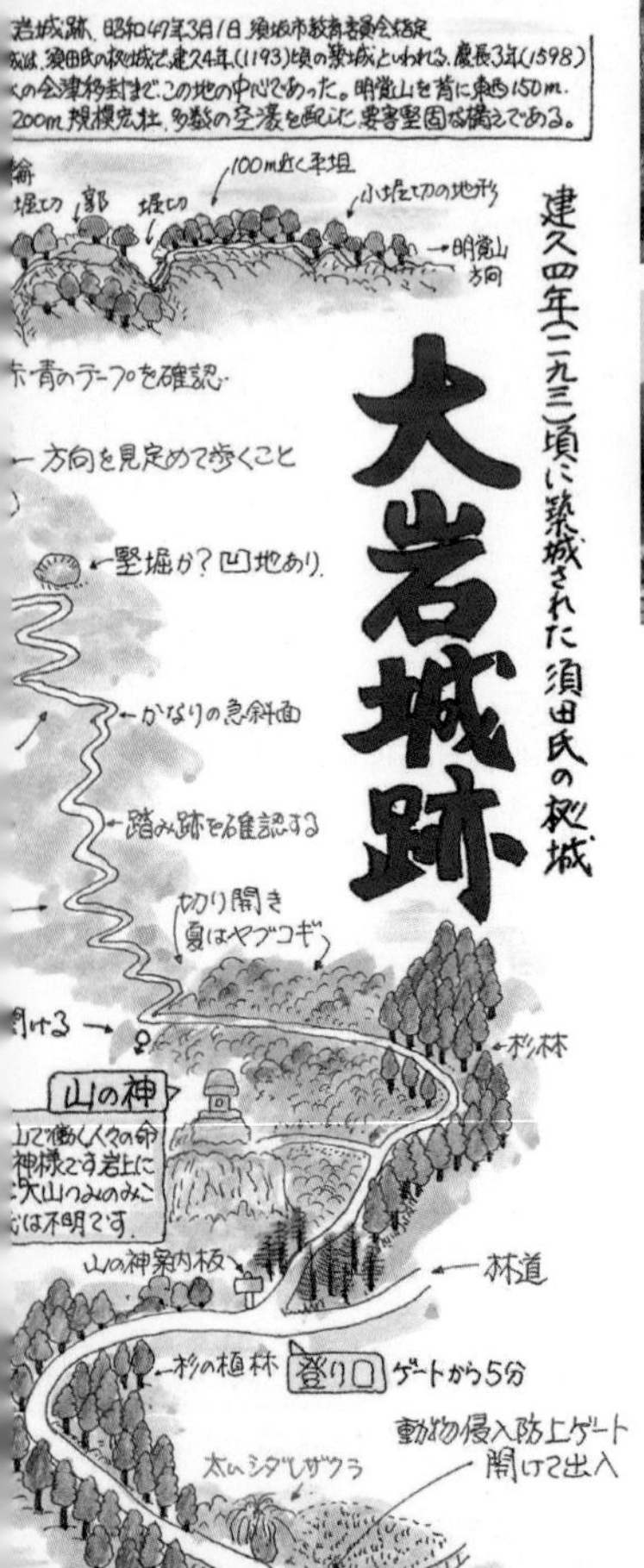

中腹の金比羅社から北信五岳を望む

須田氏の居館跡の蓮生寺山門

こーすたいむ

満龍寺 →1:00→ 大岩城跡 →0:30→ 山の神登り口 →0:15→ 蓮生寺 →0:10→ 満龍寺

満龍寺 ←0:50← 大岩城跡 ←0:50← 山の神登り口 ←0:15← 蓮生寺 ←0:10← 満龍寺

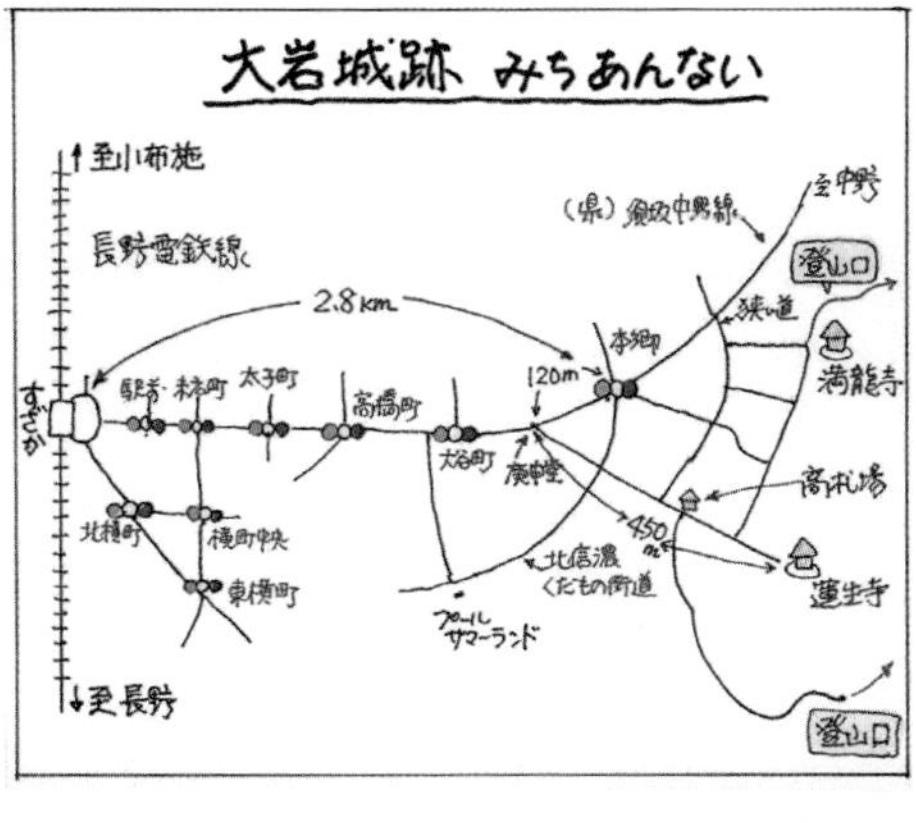

118

城山城

戦国期に地侍集団仁礼衆が守備

別名【瀬之脇城】

須坂市仁礼大狭

じょうやまじょう

◇築城（使用）時期
戦国時代
◇主な城主（勢力）
大峡兵部少輔
◇本郭（頂上）まで
15〜20分

標高690m

土塁と竪堀に続く堀切

藪状態の曲輪

高顕寺前から城跡の尾根を望む

須坂市仁礼地区の谷に張り出した小尾根上に、隣の高山村の城山城と同名の城があり、その南方1.4㎞ほどの場所にも仁礼城がある。この地はもともと井上氏の勢力下にあったが、武田氏の支配となってから力を持った井上系の仁礼衆と呼ばれる地侍が関係した城とされる。武田氏滅亡後は、上杉氏の家臣直江兼続が織田方の森長可に服従しない須坂周辺の地侍集団に持城を構えることを許した。一方で、織田氏滅亡後は上杉景勝が須田氏らにこの地を安堵していて、その中に大峡兵部少輔がおり、この者の持城だったとも考えられるようである。

城跡は高顕寺の裏山（南側）にあたるが、登り口は特に無く、踏み跡もないので、山に向かって右側の斜面に取り付いて尾根を目指すか、または左側山下に広がる墓地の3段目の左端から尾根に取り付いて急な尾根を這い上がるかである。急登だが左の尾根の方が近道かもしれない。

向かって右の高顕寺の観音堂から上るコースは。途中まで踏み跡があるがその先は笹が茂っているので、尾根を目がけて直登し、左に下ると城跡に着く。城跡は尾根の頂上でなく東側にやや下がった所に削平地（曲輪）とその間に三条の深い堀切があり、曲輪の山側には土塁も残っている。最も広い主郭と思われる削平地の広さは、20×10mほどなので小規模の城だったようだ。尾根の頂上部にも笹に覆われた広い平地があるが、山側に防御施設が見当たらないため城域には入らないらしい。さらに尾根の上部には石祠などが祀ってあり、その先には野生動物の侵入防止柵が張り巡らされている。

登山口にある高顕寺は4月中旬から、市の指定天然記念物、樹齢約500年のエドヒガンザクラや樹齢約300年の枝垂れ桜、さらには緑色の新品種である高顕寺桜などが見られる。

戦国期地侍集団仁礼衆の守備した城
須坂市の
城山城跡
瀬之脇城とも
標高約690m
ホーイ
N
野生動物侵入防止柵
祠がある
平坦な丸い尾根
土塁
13×16m
四の曲輪
城山城跡
25×5m
三の曲輪
二の曲輪
・20×10m
・5×7m
主郭
・土塁あり
※曲輪広さは、宮坂武男氏による。
林は笹。
大堀切
大堀切
杉林
歩き易い所を選んで登る
こちら雑木の急斜面
所々に削平地あり
境界見出標
〈注〉観音堂から右斜面に取りつくも途中から踏み跡も無いので、赤い「境界見出標」を見つけながら尾根上に上がる。
急な尾根 ※下る際は注意!
主郭まで15~20分
登り口
この辺りが最も近い
三段目の墓地、藤沢家の墓石
登り口
観音堂
墓地
墓地
墓地
高顕寺
ナビ検索
•須坂市仁礼869-2
駐車は寺に一声かける
P
至菅平高原
大門橋
桜並木
鮎川
国道406号
至須坂市

麓の高顕寺

南尾根の登り口の様子

119 鎌倉から戦国時代までの山城 桝形城

別名【山田城】

高山村中山馬場

ますがたじょう

◇築城（使用）時期
応永年間

◇主な城主（勢力）
山田氏、高梨氏

◇本郭（頂上）まで
25〜30分

標高711m

東尾根二の曲輪下部の岩場

主郭の様子

高山村の北西、ポコポコポコと三つの似たような丸い山が並ぶ中で最も東寄り、北西尾根に鉄塔が建っている山に桝形城跡がある。麓の民家のお年寄りに登り口を尋ねると、尾根の先端だと指さして教えてくれた。

登り口には、「鎌倉時代から戦国時代までの山城　桝形城址入口」の古い標柱がある。上ってすぐフェンスがあるのでゲートを開けて入る。ほぼ真っ直ぐに尾根上の踏み跡をたどるが、林床は落ち葉で埋もれて滑りやすい。中腹から岩石が露出し始め、斜面の所々に狭い削平地が見られる。急斜面の先で薄緑色の矢竹の群生地となり、その中を上がると二の曲輪に出る。北東側に土塁らしき盛り上がりがあり、左手の斜面には岩石が露出している。どうやら主郭を取り囲んでいた石垣が崩れたようだ。一段上がった主郭はかなり広く、土塁のほか南側と真ん中辺りに凹んだ天水溜のような地形が見られる。主郭からは北西、北東に尾根が伸び、堀切や小曲輪があるようだが、傾斜が急なので見られなかった。下りは矢竹をかき分けて東尾根を下ったが、小さな削平地がいくつもつくられていた。途中で尾根が二つに分かれ、南に下る尾根をたどると桝形八幡社（山田神社）に出た。

長野県町村誌によれば、応永年間、城には山田小四郎国政、子能登守が居住したとある。後に城は高梨氏の所有となったが、高梨氏は武田氏の侵攻によって越後に追われた。武田氏や織田氏滅亡後のことは分かっていない。

東尾根登り口の若宮八幡社（山田神社）

矢竹に覆われた二の曲輪

南側から桝形城跡を望む

桝形城跡 711m
主郭 32×14m、土塁が囲む、天水溜
急斜面で北東尾根へ
鉄塔のある北西尾根へ
杉林
二の曲輪 15×24m
土塁
矢竹のヤブの中をかき分けて通る
急斜面
矢竹のヤブ
大岩のある急斜面 上りは厳しい。
N
ホーイ
!!
高山村
桝形城跡
山田城とも
度々戦乱に巻き込まれた戦略上の重要拠点
笹ヤブの間を通る
小堀切
容易に上がれない急斜面
傾斜緩め
尾根が分かれ
東尾根
急斜面に削平地多数
削平地続く
20m程、ロープのある急登
岩場
削平地
※東尾根の防備厚く、大手口か
この辺りから岩石露出
南尾根
八幡社
墓地
柵を開けて出入
登り口
この間約250m
桝形八幡広場
尾根上を緩く上がる
野生動物侵入防止柵
徳正寺
登り口
・カーブミラー
・城址標柱
・消火栓
・電柱
ナビ検索
・高山村中山2140
主郭まで 25~30分
小布施町内
雁田山採石場
松川団地入口
雁田
桝形城
八幡社
登り口
徳正寺
高山大橋
村役場
高山中
高山小
須坂
至須坂
至山田温泉
アクセス

登り口から城山を望む（右奥が主郭）

120 在地土豪の要害城跡が展望公園に
城山城

別名【荒井原城】【馬陰山《ばいんざん》城】

高山村高井荒井原

じょうやまじょう

◇築城（使用）時期
不明
◇主な城主（勢力）
在地土豪、須田氏
◇本郭（頂上）まで
約20〜30分

標高655m

郭の展望櫓上からの展望（遠く北アルプスを望む）

村が設置した主郭にある展望台

主郭先の堀切

頂上まで階段が整備されている

村を見下ろす養蚕神社（上部から）

高山村の真ん中辺りに突き出た尾根上（城山）に展望櫓の立つ城山城跡がある。左から読んでも右から読んでも城山城、実はお隣の須坂市仁礼大狭にも同じ城山城（瀬之脇城）があって紛らわしい。お城があったから「城山」というのだろうか。どこにもある平凡で分かりやすい名だ。

さて、高山村の城山城だが、登り口には駐車場やトイレが完備され、桜のほか、北と西側斜面を中心にオーナー木制度によって木々にネームプレートがついたツツジが植栽されている。開花時期はさぞかし見事だろう。展望櫓のある主郭まではゆっくりでも30分ほど。途中に二つの東屋があってここからの展望も素晴らしい。また、登山道には階段が設けられていて歩きやすい。頂上にはしっかりした展望櫓が立ち、周囲の展望が…広がる。城跡の遺構は、中腹に曲輪らしき平坦地があり、三条の堀切を越えると主郭で、すぐ山側には大きな堀切が竪堀となって斜面を下っている。その先の広い尾根上にある二の曲輪、三の曲輪と進むと林道に出る。

高山村一帯は大岩系須田氏の領地で、享禄、長享（１４５７～88）の頃には須田信濃守満信がいたが、後に須田氏は須田郷を本拠にした惣領と大岩郷を本拠とした大岩系須田氏に分かれた。武田氏、織田氏が滅びると一帯は上杉氏の支配となり、一時須田郷須田氏の支配となったが同氏が失脚後は大岩郷の須田満親が北信四郡の仕置きをしている。こうした中、この城がどのように使われたのかははっきりしないが、川中島と越後を結ぶ謙信道の交通路の確保と情報の伝達に役立ったようである。その後、上杉の会津移封の頃には廃城になったという。

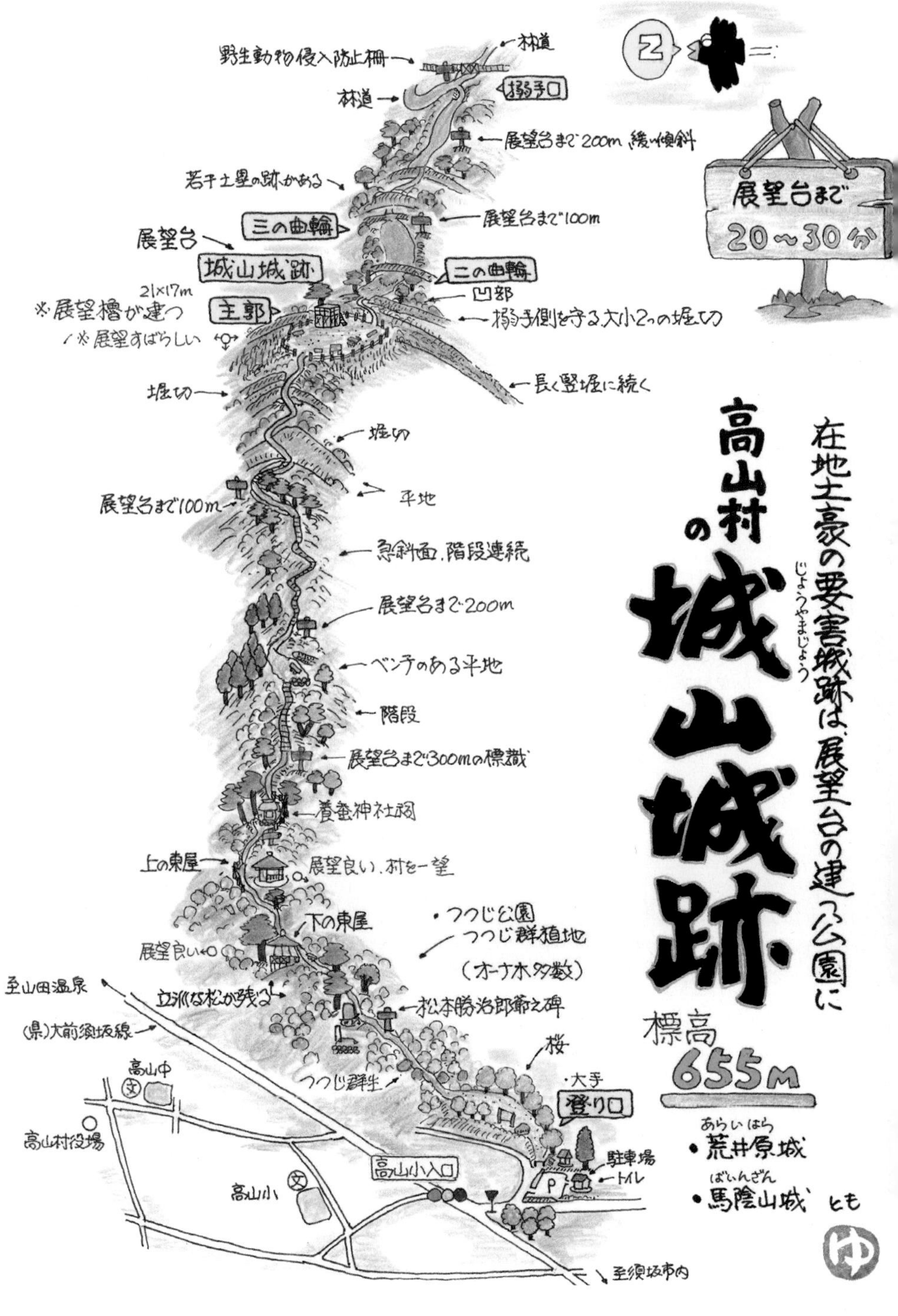

在地土豪の要害城跡は、展望台の建つ公園に
高山村の
城山城《じょうやまじょう》跡
標高
655M
・荒井原《あらいはら》城
・馬陰山《ばいんざん》城 とも
ゆ
2
展望台まで
20〜30分
林道
野生動物侵入防止柵
搦手口
林道
展望台まで200m 緩い傾斜
若干土塁の跡がある
展望台まで100m
三の曲輪
展望台
城山城跡
二の曲輪
21×17m
※展望櫓が建つ
主郭
凹部
搦手側を守る大小2つの堀切
※展望すばらしい
長く竪堀に続く
堀切
堀切
展望台まで100m
平地
急斜面、階段連続
展望台まで200m
ベンチのある平地
階段
展望台まで300mの標識
養蚕神社祠
上の東屋
展望良い、村を一望
・つつじ公園
つつじ群植地
(オーナー木多数)
下の東屋
展望良い
至山田温泉
立派な松が残る
松本勝治郎翁之碑
(県)大前須坂線
桜
高山中
つつじ群生
・大手
登り口
高山村役場
駐車場
P
トイレ
高山小入口
高山小
至須坂市内

121 波打つ竪堀と土塁が見もの 月生城

高山村水中

つきおいじょう

- 築城（使用）時期 戦国時代
- 主な城主（勢力） 須田氏
- 本郭（頂上）まで 約30分

標高718m

明覚山から北に延びる尾根上に作られた月生城。これで「つきおい」と読ませるのだから難読？かもしれない。この地域を支配した須田氏の城だが、川中島合戦の際、上杉軍がこの城の山下に３０００頭の軍馬を隠しておいて、ここから出陣したと言われている。また、武田氏の家臣安間氏が支配したという伝承もあり、城の支配が上杉から武田に推移したことが伺えるとのことだ。

登路は北側の浄教寺側にあるらしいが、水中《みずなか》の集落から東尾根を上がることにした。登り口の近くには村の天然記念物「水中の枝垂れ桜」（目通り周囲4m、樹高約22m、推定樹齢２５０年、４月中旬開花）がある。裾野には野生動物の侵入防止柵が張り巡らされているので、柵のゲートを開けて斜面に取り付く。東斜面は杉の植林地帯で、登山道は踏み跡も無いので注意が必要だ。上りは斜面が緩そうな所を選んで上部へ、下りは目安として杉林と雑木林の境目辺りを下ると良い。植林内は急斜面だが深いブッシュ（藪）が無いので容易に歩ける。

城跡に近づくと幅５〜６mの削平地が階段状に続き、主郭の一段下はコの字型に東、南、北を囲む幅７mほどの腰曲輪となっている。主郭の南、西側部分に土塁が残り、段下の二の曲輪にまで続いている。二の曲輪は南東角に虎口、さらに土塁に囲まれたすり鉢状の小曲輪がある。主郭と二の曲輪を挟み北と南側には大堀切がある。この城跡の最大の見どころは、西側に残る竪堀で、土に埋まって凹凸はわずかであるものの、北寄りに三条、南の大堀切横に二条が並んでいる。きれいに波打っていて見応えのある堀切なのに残念ながら写真に撮ってもうまく見えないのは残念だ。

水中のしだれ桜

東麓から城山を望む

岩石が露出した堀切（手前）と二の曲輪

主郭の南から西側を囲む土塁

主郭と二の郭の様子

波打つ三条の竪堀

西側斜面の様子
西尾根
2
主郭
3
大堀切
畝状竪堀
※堀の凹凸は小さいが見応えは十分!
尾根を詰めると雨引城（道なし）
堡塁
南尾根
堀切
三の曲輪
大堀切
主郭
(土塁が見られる)
二の曲輪
段差がある
西尾根が派生
すり鉢状の曲輪
腰曲輪
東・北・西を取り巻く
岩石が露出した尾根
虎口
(大手口)
北尾根
南東尾根
高さ7〜8mの切岸
主郭の下方にある
4条の堀切
堀と削平地多数
至浄教寺
階段状に削平地がある
小さい北東尾根
小さい削平地がいくつもある
急な尾根をたどる
東尾根

高山村

月生《つきおい》城跡

波打つ竪堀と土塁が見どころ
東尾根から登る

標高 718m

道案内

※ 登り口は、大手にあたる北側の浄教寺から北尾根を上がるようだが、水中集落から東尾根を上がった。
道は無いが、Y字路にある「月生城址」の白い標柱から山側に入り、野生動物侵入防止柵のゲートのある所から杉林の斜面に取りつき緩い斜面を選んで右方向に斜めに上がると、所々に削平地が見られるので(そのまま)尾根を上がると、城跡に至る。

下りでは、杉の植林の境目を目途に下ると、下方に集落が見える。登り口より少し北側のゲートを出ると、馬頭観音があり、その下で用水を渡ると集落に出る。

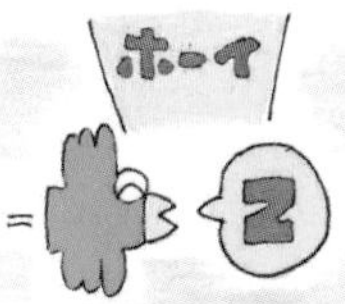

ホーイ
=

コースタイム
30分

杉林の境目を歩く
(下り、下に集落が見える)
やや右斜め上へ
登り口
4月中旬
水中のしだれ桜
水がしみ出た平地
湿地
高土手の水田
馬頭観音
ゲート
P
ゲート フェンス
水田
200m
用水
用水を渡る
大きな茶色のトタン屋根
220m
浄教寺へ180m
Y字路に「月生城址」の白い標柱

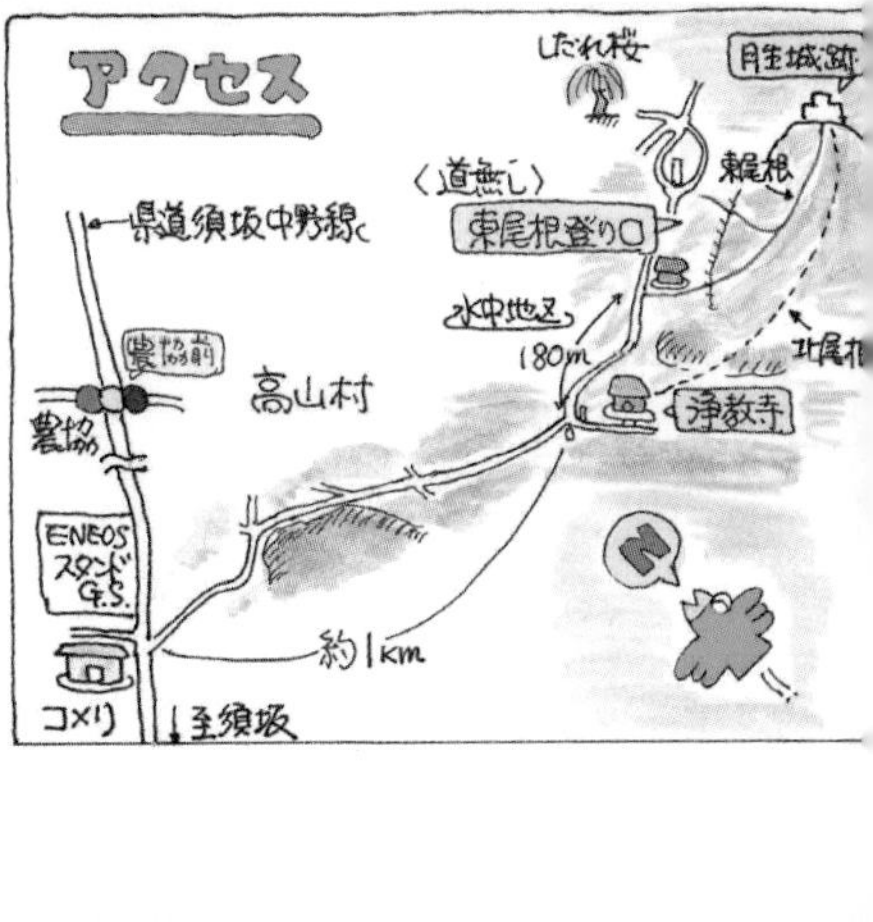

アクセス
しだれ桜
月生城跡
〈道無し〉
東尾根
東尾根登り口
県道須坂中野線
水中地区
180m
農協前
高山村
農協
浄教寺
北尾根
ENEOS スタンド G.S.
約1km
コメリ
至須坂

東屋等がある大城跡

岩松院裏の墓地にある福島正則廟

122 岩松院を見下ろし石積みが見事
雁田城

別名【苅田城】

小布施町

かりたじょう

◇築城（使用）時期
不明
◇主な城主（勢力）
苅田氏、荻野氏、高梨氏
◇本郭（頂上）まで
30分

標高533m

春、仁王門から岩松院を見る

岩松院境内から（後方は大城）

小布施町や北信五岳を一望する雁田山。雁が大きく羽を広げたように見えることから名が付いたらしいが、その麓にある岩松院《がんしょういん》の裏山が大城、小城を擁する雁田城跡である。

登り口にある岩松院は文明4年（1472）、雁田城主荻野備後守常倫公の開基。本堂天井には江戸時代の浮世絵師葛飾北斎の、現存する作品としては最大で晩年の作品である『八方睨み鳳凰図』が描かれている。また、戦国武将福島正則の菩提寺として遺品や霊廟が保管されており、さらには俳人小林一茶が本堂裏庭の『蛙合戦の池』のほとりで詠んだ『やせ蛙 負けるな一茶是にあり』の句碑があって、小布施町の観光スポットにもなっている。春先、岩松院の門前は桜が満開となり多くの観光客が訪れる。

上り口は岩松院左側の弁天池の先から。下の小城からたどる場合は、弁天池先で左に入り尾根に取り付いて急斜面を上がる。上の大城からの場合は、弁天池から真っ直ぐ進み、雁田山から下ってくる尾根の鞍部に出て左の大城への道を上がる。

東屋や石祠のある大城跡には、「小城（物見城）と一体で苅田城と呼ばれる、東西55m、南北27mの空堀や用水を引いた樋路が見られる。築城年代は不明だが高梨氏支配の南部における防衛戦であった」との説明がある。城主などは不明のようだが、戦国期以前は苅田氏、荻野氏が城主であったらしい。戦国期には中野の高梨氏の支配が長く続き、やがて武田氏によって山城が改修されて今日の様子になったようである。

大城から小城への下りはとにかく急峻で、この斜面を攻め上がるのは難しい。訪ねた晩秋にはカシワやミズナラなどの枯れ葉で道が埋まっていた。滑りやすいので注意が必要だ。尻もちをつきながら下った先の小城、圧巻は郭の斜面に残る石積みで、うずたかく積まれた様子は見事なもので一見に値する。

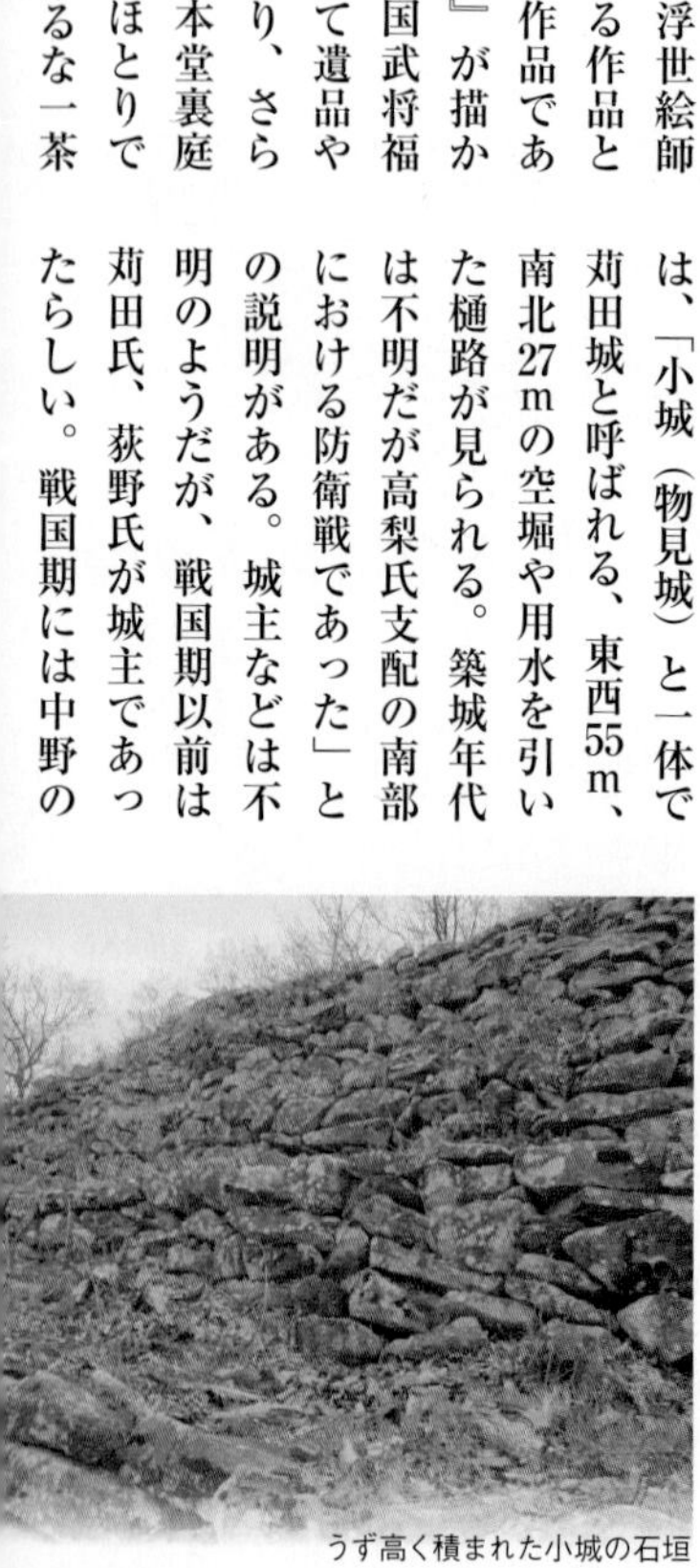

うず高く積まれた小城の石垣

小布施町
岩松院を見おろす大城・小城の見事な城跡
雁《がり》田《た》城跡
苅田とも
533m
ホーイ
Z
頂上部にある石祠
※ 大城(古城)
小城(物見城)と一体で苅田城と呼ばれる東西55m南北27m.空堀や用水を引いた樋路が見られる。築城年代は不明だが高梨氏支配の南部における防衛線であった。
カン、カーン
熊ベル
熊出没注意
大城
533m
岩松院0.6km 千僧坊1.05km
大城からの下りは急坂、枯れ葉が滑るので転倒に注意!
あずまや
鐘
堀切
小さい堀切がある
鞍部
至千僧坊
カシワの木が多い
ロープあり
両側急斜面
岩が多くある
4mの板橋
板状節理の見事な岩場
岩場
道不明瞭、踏み跡確認
急斜面
ロープあり
急斜面スリップ注意!
これより上部 下りはスリップ注意!
※物見城と呼ばれる築城年代不明
石塁
小城
尾根の上まで急斜面続く
見事な石積みが見られる
杉林の脇に大岩が出現
急斜面十《プラス》枯れ葉が堆積している
下りはスリップに注意!
緩く上がる
カシワの木が多い
・広島50万石より、信濃4万5千石に流されて6年。寛永元年(1624)64才で没した悲運の武将
福島正則霊廟
こちら
※上りに使うとかなりきついコース
ケヤキ
墓地
一茶(やせ蛙負けるな一茶これにあり)
蛙合戦の池(中庭の池)
カシワもちを包む葉
あずまや
岩松院
尾根に取りつく
※本堂大広間には、葛飾北斎の天井絵「八方にらみ鳳凰図」がある
トイレ
弁天池
P
仁王門
上り=30分
下り=25分
飲めば胃腸に良いという湧水
登城口
4月、参道の桜がすばらしい
至小布施町内
P
※カーナビは岩松院でクリック

123

築城は鎌倉時代、残る郭や堀切跡
真山城

中野市大字間山

まやまじょう

◇築城（使用）時期
鎌倉時代
◇主な城主（勢力）
高梨氏、真山氏、伊藤氏
◇本郭（頂上）まで
50分
標高698m

麓から城跡を望む

真山城は、鎌倉時代から800年余の城歴を持つ古い山城の一つである。鎌倉から室町の時代、須坂や小布施方面から中野に向かう交通路は、雁田山の北山麓の街道と、松川上流で渡し場を通って大熊峠・間山峠を越える峠道の二つだった。真山城は峠道を監視するには格好であったという。日野城主高梨盛光が築城し、配下の真山氏が居城した。戦国時代、武田軍により高梨氏が当地を追われ、代わって武田方の伊藤氏が城主となった。武田氏滅亡後は上杉氏が支配し、伊藤氏はこの地で帰農したという。

城ノ山とも呼ばれる城跡は、中野市の温泉施設「ぽんぽこの湯」の駐車場から西方の丸い山の頂上にある。頂上からは東と西に小尾根、北側に大きな尾根が派生している。登山口は不明だが、西尾根の北側から動物除けの電気柵をまたいで入り、急斜面を直登して北尾根に出て、右方向に上がると、50分ほどで本郭に着いた。

本郭は30×10mほどの広さで、真山集落からの比高は250mほど。四方を急峻な斜面で囲まれた天然の要塞になっている。四方の尾根筋には多数の郭跡や堀切が残り、北尾根が大手、南が搦手《からめ》と推定され、東尾根には二条の大堀切や郭がある。ただ、東尾根に段郭、西側に曲輪跡が見られたが、城跡への登山道は消えかけ、埋もれ行く運命にあるような山城に思われた。

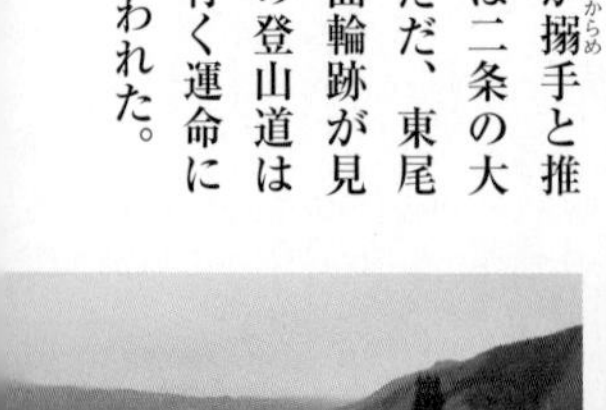
麓から中野市を望む

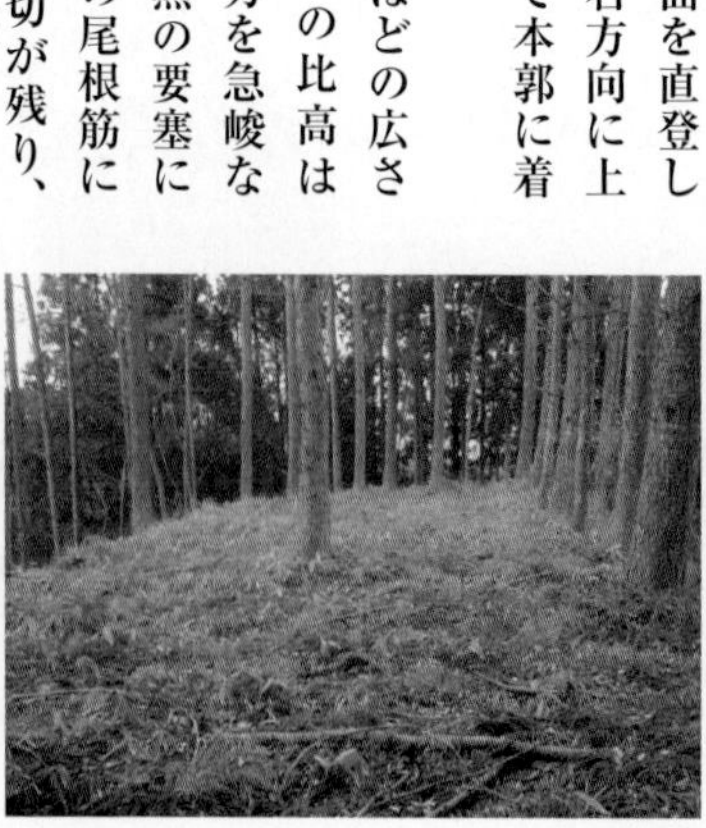
本郭跡

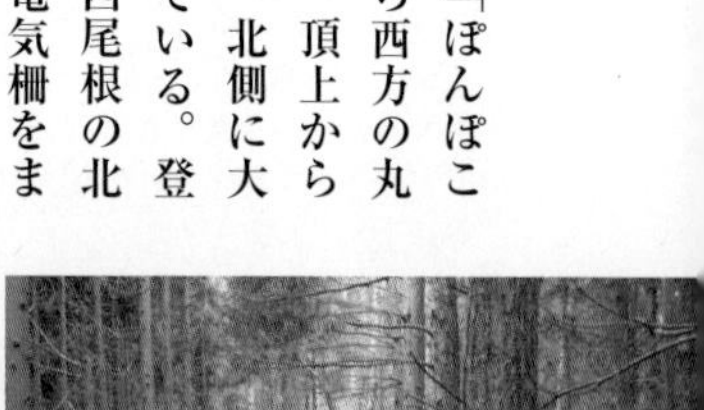
本郭に通じる尾根道

真山《まやま》城跡

北尾根コース

馬曲山

別名 城ノ山

築城は鎌倉時代、今に残る郭跡や堀切

所在地 中野市間山字馬曲

標高698m

※別コース、ぽんぽこの湯の駐車場から東尾根に取りつくコースがある。
※集落からの比高は250m
真山城跡(馬曲山) 698m
東尾根、堀切や段郭の地形が見られる
頂上部カラマツ
平地30m×10m
尾根は杉の植林
帯曲輪も
急斜面
杉の植林
わずか急斜あり
※この辺りから赤や青色のテープがあって目印になる
※尾根を外れないこと
平坦地と小鞍部
ホーイ
北尾根コース
城跡構造の一部か平坦な地形がある
適当に尾根をめがけて上がる
急斜面、杉の植林と雑木林
尾根上に踏み跡程度の道
〈注〉尾根のピークを外れないこと
雑木林
道無し、尾根をめざして獣道を上がる
(※春・秋は見通せるが、夏場はヤブ漕ぎ)
〈注〉このコースは当初登り口が不明だったために応急的に上ったコースです。
逆のハート型の石祠
尾根伝いの急斜面
幅30cm程の用水路
平地に石祠が2つ
電気柵を外して登ぐ
電気柵(動物用)
畑
空き地(畑跡)
P
ぽんぽこの湯
0269.23.2686
大杉一本が自立つ
※踏み跡もないヤブ漕ぎ
柿の木
※畑の終りから左斜面にとりつく
畑
水田
畑
山極に上がる農道
石垣のある民家
中野市街
盛隆寺
間山地区
北尾根コース入口
沢
•コースタイム 上り1:00、下り0:40
真山城跡
ぽんぽこの湯
北尾根
コース入口
盛隆寺
ぽんぽこの湯案内板
火の見やぐら
間山地区
日野小
至中野市街
みちあんない

124 深い堀切や土塁、曲輪が残る 鴨ヶ嶽城・鎌ヶ嶽城

中野市中野

かもがたけじょう
かまがたけじょう

◇築城（使用）時期
戦国時代
◇主な城主（勢力）
高梨氏
◇本郭（頂上）まで
40〜60分
標高688m

西側から箱山（左）鴨ヶ嶽(右)を望む
（後方は南志賀高原の山並み）

鴨ヶ嶽から中野市街地を望む

堀切にある歩道

如法寺観音堂（右）と弘法堂

本郭の様子

中野市街地の東側には、箱山と鴨ヶ嶽が壁のように連なる。ここには鴨ヶ嶽城を中心に、その支城として北側に箱山城、南側に鎌ヶ嶽城があったが、三城はいずれもこの地方を支配していた豪族高梨氏の持ち城であった。戦国時代の城主は高梨盛光で、村上義清とともに武田信玄の信濃侵攻に対抗し上田原で戦った。参戦したのは高梨氏の娘が村上義清に嫁いでいるという姻戚の間柄にあったからという。その後、高梨氏は武田氏の侵攻により飯山、越後へと退き、武田氏滅亡後も上杉景勝の会津移封に伴ってこの地を去ったため、鴨ヶ嶽城も廃城となった。

鴨ヶ嶽は麓からの比高が約300m、東西は急峻な斜面で、箱山から続く南北に長くて狭い稜線には防御用の土塁や堀切が設けてあり、難攻不落の山城とされていた。尾根伝いに南下した鎌ヶ嶽城跡にも堀切などが見られる。現在、鴨ヶ嶽一帯は東山公園として歩道やベンチ、東屋などが整備され格好のウオーキングコースになっている。稜線上には現在も深い堀切や土塁、曲輪の地形が多く残っているので、戦国時代の戦いの様子をあれこれ想像しながら歩いてみるのも面白いと思う。

登山コースは、日本土人形資料館の北側から七面山経由の大手道コースと、如法寺観音堂の境内を上がるコースが一般的だが、両登山口の間が100mほどなので周回できる。山麓の如法寺観音堂には観音様の天井絵が見られるし、日本土人形資料館に立ち寄ってもいいと思う。

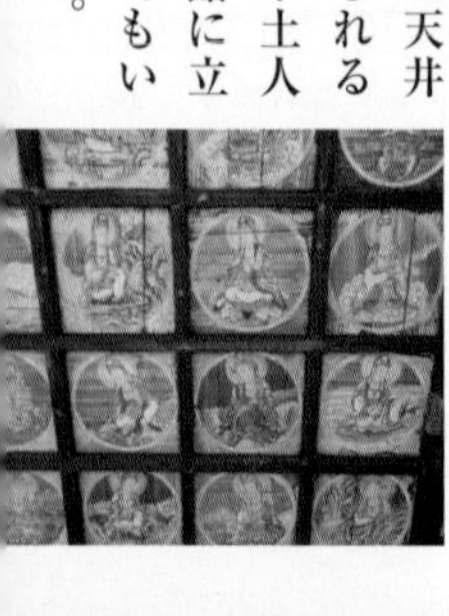
如法寺観音堂の天井絵

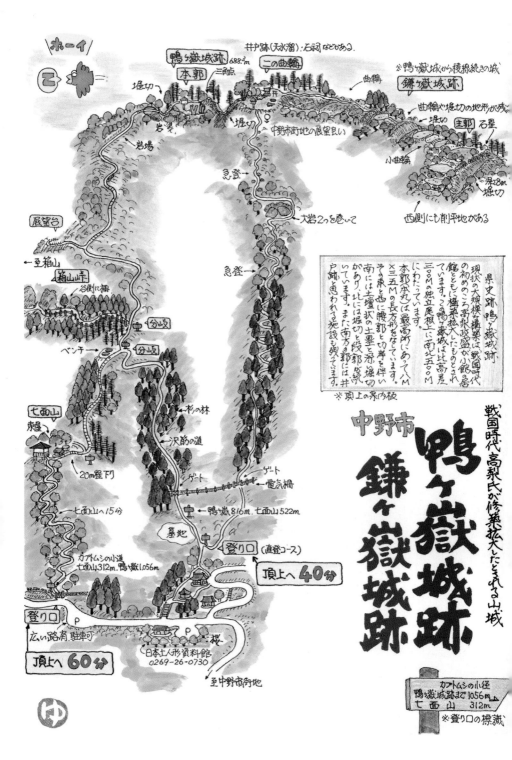

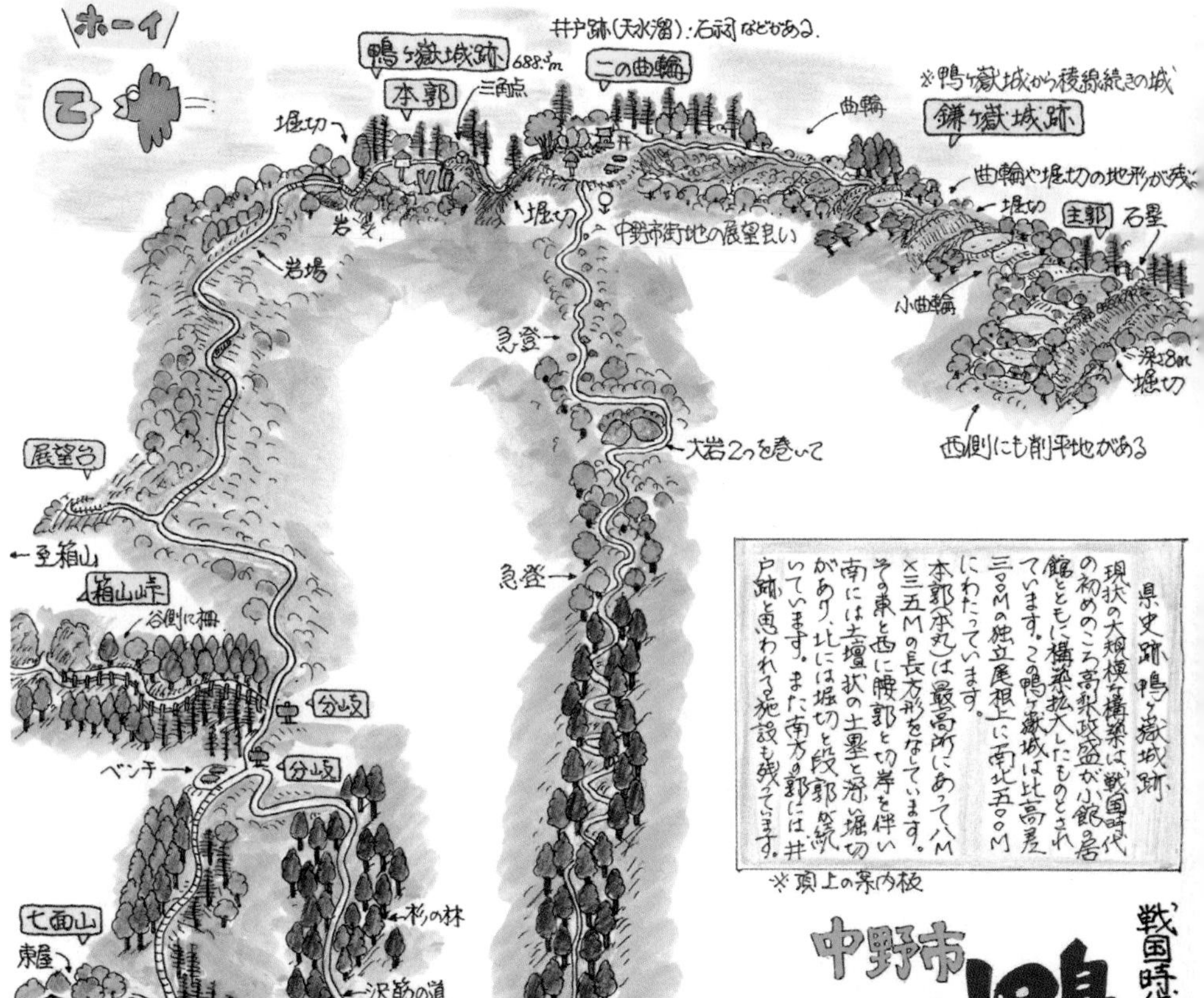

県史跡鴨ヶ嶽城跡

現状の大規模な構築は、戦国時代の初めのころ高梨政盛が小館居館とともに構築拡大したものとされています。この鴨ヶ嶽城は比高差三〇〇Mの独立尾根上に南北五〇〇Mにわたっています。

本郭(本丸)は最高所にあって八M×三五Mの長方形をなしています。その東と西に腰郭と切岸を伴い南には土壇状の土塁と深い堀切があり、北には堀切と段郭が続いています。また南方の郭には井戸跡と思われる施設も残っています。

※頂上の案内板

中野市 鴨ヶ嶽城跡 鎌ヶ嶽城跡

戦国時代高梨氏が修築拡大したとされる山城

※登り口の標識

125 箱山城

鴨ヶ嶽城の支城 北信五岳を一望

中野市栗和田

南西尾根の堀切

頂上の主郭に並ぶ石碑

北側栗和田から箱山を望む

東尾根の岩稜

はこやまじょう

- 築城（使用）時期　戦国時代
- 主な城主（勢力）　高梨氏
- 本郭（頂上）まで　栗和田から40分

標高695m

高梨氏城砦群の一つで、鴨ヶ嶽城の支城とされる箱山（浅間山とも）の頂上にある箱山城跡への登城コースは、箱山峠からと、北側からの栗和田コースがある。箱山峠から南西尾根を登る方が一般的だが、リンゴの花が咲く春先に栗和田から北尾根を上がって訪ねてみた。実は箱山の三角点標高は鴨ヶ嶽よりも6.8m高く、登り口からの比高は300mほどある。

登り口付近はブドウ畑が多く駐車場がないので北側の中野市営テニスコートの第8駐車場を借り、駐車場からは長野電鉄の線路を渡ってアクセスマップの通りに歩く。農道からわずか入った所に簡単な絵地図もある。民家の横から緩く上がって行くと、小尾根の上に立派な茶色い鳥居が立っている。電気柵を開けて進むと、道の両脇にはニリンソウが群生し、チゴユリやイカリソウ、山桜も開花していた。春先だとカタクリも見られる。

30分ほどで浅間社、さらにロープのある急登を上がると頂上手前に曲輪と堀切がある。頂上には土塁跡のほか、立ち並ぶ御嶽信仰の霊神碑の裏側に天水溜らしき凹んだ地形が見られる。頂上から続く南西と東側への尾根には岩をくりぬいた堀切が作られている。南西尾根は箱山峠に、東尾根は堡塁、見張場に使われたらしい曲輪に通じている。城歴などは鴨ヶ嶽城に同じである。

主郭から西方の北信五岳を望む

中野市
箱山城跡
鴨ヶ嶽城の支城として高梨氏が整備した山城
標高
695.1m
東尾根
・堡塁・見張場とも
天水溜のある曲輪
山ノ内町、鴨ヶ嶽の展望
大岩のある岩稜
堀切
削平地
曲輪
両側とも急崖の斜面
霊神碑などが並ぶ
天水溜の凹地
大堀切（幅11m、深さ5m）
箱山城跡
・四等三角点 695.1m
主郭 20×13m
岩のある大堀切（幅13m、深さ6m）
土塁
（箱山峠からのコース
南西尾根
曲輪
曲輪
中野市街地・北信五岳の展望良い。
至箱山峠
大岩に黒色の石碑
ロープのある急な尾根道
浅間社 浅間大明神
木々が成長し展望わずか
20m
分岐
石塔
・ヒトリシズカ・チゴユリ
・イカリソウ・カタクリ
北尾根
（栗和田コース）
ホーイ
・岩石が露出した斜面
ゴーロ
炭焼き窯跡
斜めに緩く
山頂と登山口を示す標識
丸木の階段
5月初〜中旬、道脇にニリンソウが群生。
栗和田コース
上り 40分
岩
電気柵
高社山の展望
ブドウ畑
浅間神社鳥居
案内板
標識
民家
登り口
80m
35m
県道
ブドウ畑
至飯山
一本木
国道292号
至湯田中
ケイヨーD2
500m入る
テニスコート 北8駐車場
一本木栗和田
体育館
野球場
グランド
P
テニスコート
線路を渡る
50m
中野市栗和田
標識
35m
15m
長野電鉄
80m
民家
案内板
登り口
箱山
アクセス
（県）須坂中野線
至中野市街地
ゆ

126

壁田城

武田方の北信濃侵攻の前線基地

中野市壁田

主郭に建つ長丘神社

北側に続く段郭と堀切

へきたじょう

◇築城（使用）時期
戦国時代
◇主な城主（勢力）
高梨氏、小幡氏
◇本郭（頂上）まで
10〜20分

標高489m

中野市から飯山市に向かう国道292号の西側の尾根に壁田城跡がある。壁田城は飯山、越後に通じる交通の要衝にあって、奈良時代には烽火台があり、中世には高梨氏の重要な拠点であった。戦国時代の城主は高梨政盛、政頼で、北信の豪族をまとめて武田氏に抵抗したが、武田の侵攻により上杉氏を頼りこの地を去った。その後は武田氏家臣の小幡信真が城代となり、隣の替佐城とともに武田軍の最前線基地として使われた。

城跡へは、合同庁舎入口信号を西側に入った国昌寺前からと、壁田信号から西に入り林道を大手口の籠池側に上がるコースがあり、北側の搦手口へは小牧信号から車道を上がる。登城口にあたる籠池脇には弁天池休憩所があり、案内板には「籠池が城中で唯一の水源として飲用した。未だ一度も水が絶えたことがなく、弁財天を祀り、五穀豊穣や家内安全を祈願してきた」旨の説明がある。城の水の手として利用されたと思われる。

城跡の公園には堀切や段郭、帯曲輪の地形が残り、多くの桜が植栽され草刈りもされている。東屋から石段を上がり赤い鳥居をくぐると、左に驚くほど大きな忠魂碑が建ち、その上の主郭部には長丘神社の社がある。また、北側の林道終点からは10分足らずで主郭に達するが、途中には段郭や堀切があり、石祠も見られる。ここは桜の時期と紅葉の時期に散歩がてらに出掛けるのがおすすめだ。

弁天池休憩所

国昌寺前から高社山を望む

古くは狼煙台、戦国時代は武田方の北信濃侵攻の前線基地
中野市
壁田城跡
へきた
城山
と呼ばれる
標高489m
ホーイ
城山頂上
立派な建物の
長丘神社
裏にトイレ
桜が美しい
壁田城址公園
主郭
こちら側千曲川の断崖
段郭の地形が見られる
桜
車道に至る
こちらが搦手道
行き止まり、車はここまで
五つの曲輪が続く
文政4年(1821年)の記銘がある
寛政8年(1796年)7月26日の記銘がある
帯曲輪
驚くほど大きい自然石の上にある
忠魂碑
陸軍大将井上幾太郎書
長丘神社
鳥居の額
石段を上がる
あずまや
壁田城跡
往古は火置田と書いて奈良朝のエゾ経略時代の狼火台のあった所と言われる。
中世には高梨氏の山城として重要な拠点となってた。
壁田神社のある所が本郭でその前後にいくつかの掘割も残っている
中野市教育委員会
桜が植えられて美しい
二の曲輪
高さ1m程の大きい石祠
惣村中と記名がある
惣村中
笹の斜面
岩
堀切
龍池
壁田城は飯山越後方面に通ずる交通の要所にあり、高梨時代の城を武田方が拡張修復したもので中野地方で最も形の整った面影を残している。
この城の麓に龍池があり城中で唯一の水源として飲用などに供したとされている。湧水池ともいわれ未だ一度も水が絶えたという記録がない。背後に千曲川や五岳、高社山、志賀、高原を望み風光を極めている。近隣の村人は古くから弁財天を祀り、五穀豊穣や家内安全を祈願してきた。(標識を要約)
桜の大木が並ぶ
尾根筋を緩く上がる
近道
登城口
弁天広場の標識
尾根伝いの大手道
石碑
至国昌寺
車道
車道
登城口
大手口
・水の手
龍池(弁天池)
壁田城山公園
弁天池休憩所
城山頂上へ15～20分
アクセスマップ
城山頂上
登城口
龍池
国昌寺
北陸新幹線
壁田公民館
至中野市内
合同庁舎入口
壁田
北信合同庁舎
至飯山

127

戦国時代の面影を残す城郭跡

替佐城

中野市替佐

かえさじょう

- 築城（使用）時期 永禄7年ころ
- 主な城主（勢力） 成田氏、小幡氏
- 本郭（頂上）まで 10分

標高450m

二の丸から高社山を望む

本丸から大堀切、二の丸、三の丸を望む

東屋のある本丸

腰曲輪と本丸の切岸

千曲川の左岸、長野市から飯山市に向かう国道117号から西に少し上がった所にある替佐城跡。すぐ東側には上信越自動車道が走っている。登り口は、上信越道をくぐって右方向に上がった道路の突き当たりで、4〜5台分の駐車場がある。城跡は中野市の文化財に指定され、桜の咲く公園に整備されている。階段の設置された遊歩道を上がると、本丸と二の丸の間の大堀切に出る。左上の本丸に上がると広い縄張りが見え、千曲川や対岸の壁田城まで見通せる。案内板には「この城は永禄7年（1564）ころ築かれたと推定される。川中島合戦当時の武田方の前進基地として川向こうの壁田城と共に飯山に通じる谷街道を押さえ、さらに上杉方の国境野尻城にも備える重要な役割を果たした。城は本丸、二の丸、三の丸の三つの曲輪と、それを取り巻く帯曲輪や堀切からなり、戦国時代の面影をよく残している。その整然とした曲輪配や規模の大きさなど北信濃でも有数の城跡である」旨の説明がある。春先、見事に咲く桜を見ながら城跡をめぐるのも良いと思う。

永禄十一年、武田信玄は替佐城、壁田城を前線基地として上杉方の飯山城を攻め、陥落まであと一歩のところまで追い詰めるが、上杉の抵抗に遭い戦いを断念している。両者によるその後の飯山口の攻防は一進一退であったが、武田氏の滅亡や信長の死によって、この地方は上杉氏の支配下となった。替佐城はその後廃城となったが、詳細は明らかでない。

登り口の様子

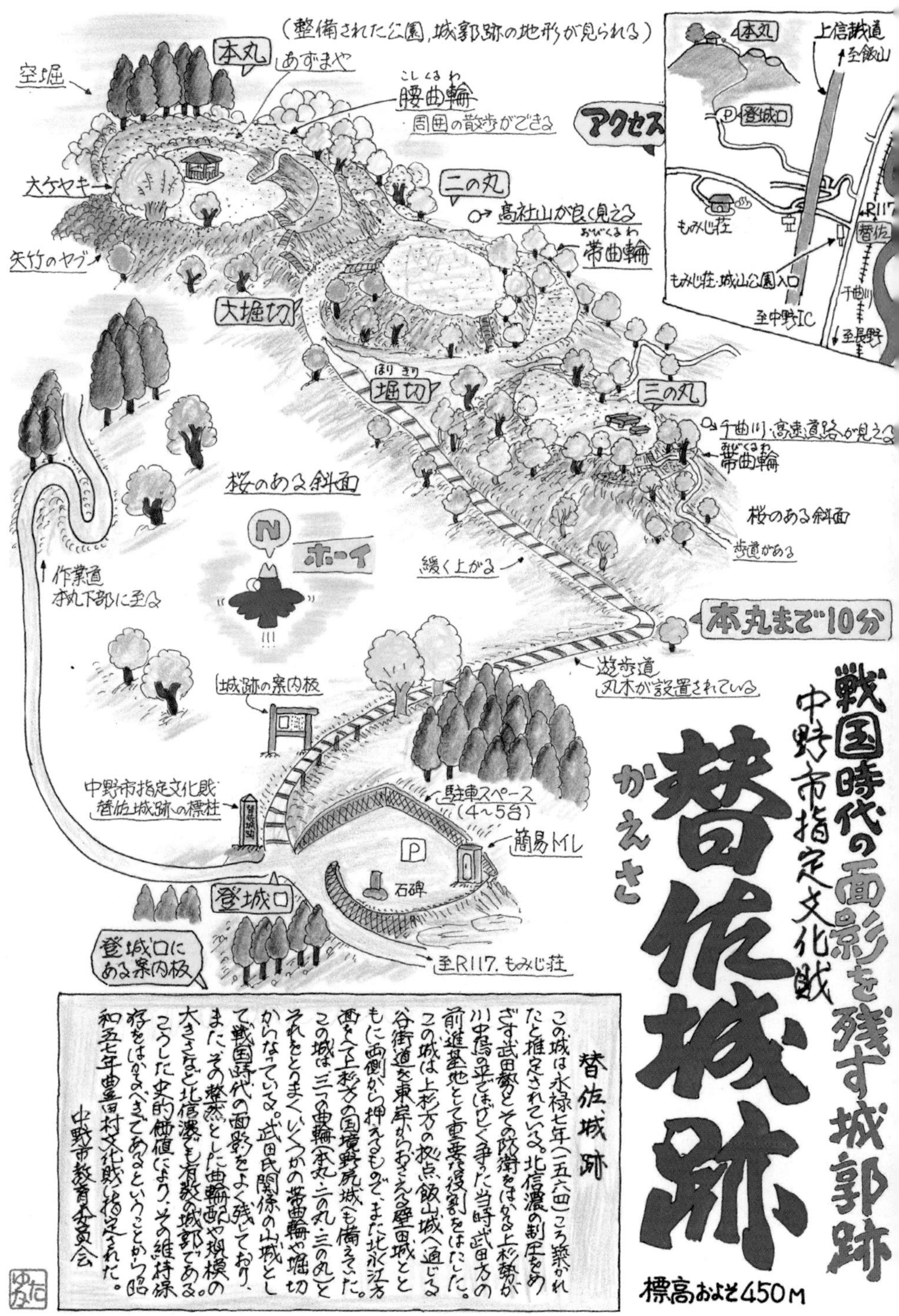
（整備された公園、城郭跡の地形が見られる）
本丸
あずまや
空堀
腰曲輪《こしくるわ》
周囲の散歩ができる
アクセス
大ケヤキ
二の丸
高社山が良く見える
帯曲輪《おびくるわ》
矢竹のヤブ
大堀切
堀切《ほりきり》
三の丸
千曲川・高速道路が見える
帯曲輪《おびくるわ》
桜のある斜面
桜のある斜面
歩道がある
緩く上がる
ホーイ
作業道
本丸下部に至る
本丸まで10分
遊歩道
丸木が設置されている
城跡の案内板
中野市指定文化財
替佐城跡の標柱
駐車スペース
（4〜5台）
簡易トイレ
石碑
登城口
登城口にある案内板
至R117．もみじ荘
本丸
上信越道
至飯山
登城口
R117
もみじ荘
替佐
もみじ荘・城山公園入口
千曲川
至中野IC
至長野

戦国時代の面影を残す城郭跡
中野市指定文化財
替佐《かえさ》城跡

標高およそ450M

替佐城跡

この城は永禄七年（一五六四）ころ築かれたと推定されている。北信濃の制圧をめざす武田勢とその防衛をはかる上杉勢が川中島の平ではげしく争った当時、武田方の前進基地として重要な役割をはたした。この城は上杉方の拠点飯山城へ通じる谷街道を東岸からおさえる壁田城とともに西側から押えるもので、また北永江方面をへて上杉方の国境野尻城へも備えていた。この城は三つの曲輪（本丸・二の丸・三の丸）とそれをとりまくいくつかの帯曲輪や堀切からなっている。武田氏関係の山城として戦国時代の面影をよく残しており、また、その整然とした曲輪配や規模の大きさなど北信濃でも有数の城郭である。こうした史的価値により、その維持保存をはかるべきであるということから昭和五七年豊田村文化財に指定された。

中野市教育委員会

128 廃れゆく北信濃の山城 岩井城

別名【吉の城】

飯山市

いわいじょう

- 築城（使用）時期
  室町時代
- 主な城主（勢力）
  泉氏、岩井氏
- 本郭（頂上）まで
  約10～15分

標高550m

飯綱宮の造営は戦国時代

木島神社上部から千曲川、関田山脈を望む

城跡にある案内板

永禄4年（1561）、八幡原の激戦後、上杉謙信は落武者狩りの野武士に狙われながら、千曲川の安田の渡しまでたどりついた。迫る野武士らの行く手を断つため、渡し場の水面に張った大綱を切り落とし、船の往来ができぬようにして春日山城へと向かった。以来、安田の渡し場は「綱切りの渡し」と称されたという。

現在は「綱切橋」が架かっている。この橋の東詰に張り出す高社山からの尾根の中腹に岩井城跡がある。

尾根の先端部に木島神社と飯綱宮が祀ってあり、そこから墓地の間を通って尾根伝いに上がった先に城跡があるのだが、城跡直下の道は藪で不明瞭である。代わりに北側の其綿地区から林道を経由して上がる。ただ、登城口からすぐの鞍部からは、やはり踏み跡程度の道で城跡までは藪漕ぎ状態。城跡手前で空堀2カ所を越えると、ここも藪状態の主郭跡の平地に着く。朽ちかけた城跡の説明板には「この城趾は室町時代、尾崎の泉政重の末弟重直が岩井に館を持ち、ここに山城として造ったものです。（約500年前）城といってもけわしい山に空堀をめぐらした簡単なもので、見晴らしが良いのでのろし台として使用されました。戦国時代、泉氏は越後の上杉謙信に従い川中島合戦などに参加し飯山地方を守り抜きました。天文年間に横吹の断崖中腹に道路が通るまでは、この城山から塔ノ原を越える道が赤岩、中の方面に通ずる重要な道でした」とある。

城跡はこのまま草藪に覆われ、いずれは廃れゆく運命にありそうだ。

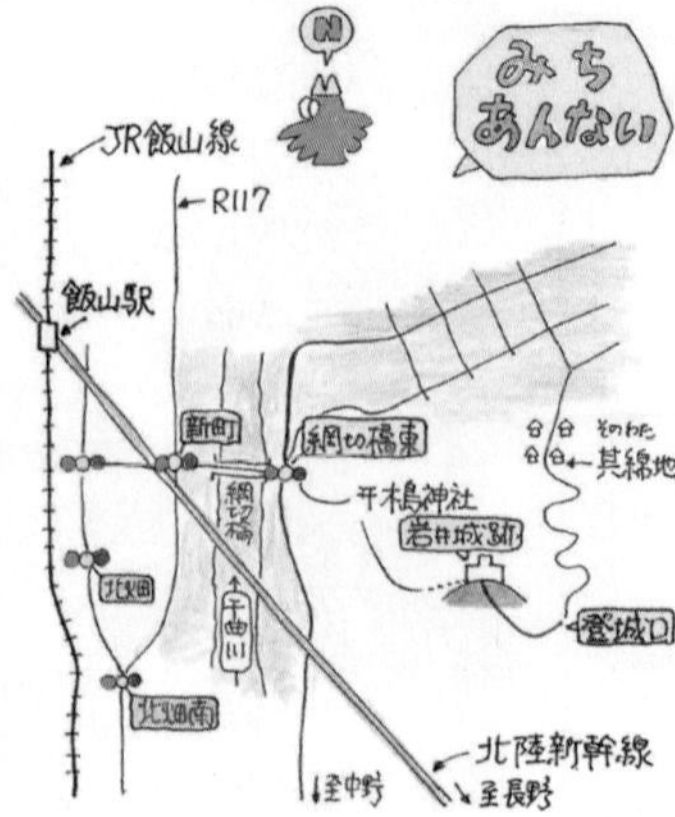
みちあんない
JR飯山線
R117
飯山駅
新町
綱切橋東
綱切橋
千曲川
北畑
北畑南
岩井城跡
そのわた
其綿地区
登城口
北陸新幹線
至中野
至長野

廃れゆく北信濃の山城跡
其綿《そのわた》から登る岩井氏の山城
岩井城跡
別名 吉の城
標高 550M
ホーイ
至其綿地区
行き止まり
岩井城跡 550m
道路分岐（カーブの先 最初の作業道を右に入る）
道路分岐から200m程歩く
作業道終点、広場
登城口
堀切地形
車道幅
吉の城の案内板のある主郭部は草木に覆われている 展望はない。
踏み跡はあるがほぼヤブこぎ状態
鞍部
段部の地形が見られるがほぼヤブの状態
急斜面
（吉地区）
尾根コースはほぼ通行不可
尾根筋に道はないので歩くならヤブこぎを覚悟する、単独では歩かない
踏み跡は右へ下る
NO48鉄塔
NO49鉄塔
尾根上の緩い上り
赤白の鉄塔
吉の城（別名岩井城）
この城址は室町時代、尾崎の泉政重の末裔重直が岩井に館を持ち、ここに山城として造ったものです。（約五百年前）城といってもけわしい山にから堀をめぐらした簡単なもので見はらしが良いのでのろし台として使用されました。
戦国時代泉氏は越後の上杉謙信に従い川中島合戦などに参加し飯山地方を守りぬきました。天文年間に横吹の断崖中腹に道路が通じるまではこの城山から塔ノ原を越える道が赤岩、中野方面に通ずる重要な道でした。
※城跡の頂上にあった案内板
北側展望開ける
墓地
飯綱宮
（きれいに整備されている。）
木島神社
墓地の間に道がある
（中にお札などが残る）
修禊殿
まっすぐの石畳の参道
杉林
安田地区
綱切橋東
長野電鉄トンネル
綱切橋
木島神社入口
千曲川
R117号
関田山脈の展望が開ける
綱切橋：川中島合戦のとき、上杉謙信が危く難を逃れ越後に帰還した道で千曲川を渡ったところで、渡しの綱を切って流し敵の追撃を防いだという場所。雪囲いがつけられる橋として知られる。

中嶋　豊（なかじまゆたか）

長野県南佐久郡佐久穂町出身
元長野県警山岳遭難救助隊長
中条山岳会員
太郎山山系を楽しくつくる会会員
信州大学山岳友の会会員
風越山を愛する会協力会員
長野市篠ノ井在住

◆著書
「信州山歩き地図」I～IV（信濃毎日新聞社）
「長野県の名峰百選」（上・下）（信濃毎日新聞社）

題字　驥山館館長　川村龍洲氏

ブックデザイン　NOEL
編集　菊池正則

いざ！登る **信濃の山城**
戦国の舞台 イラスト案内図

2020年11月30日　初版発行
2021年 4月 3日　第 2 刷

／著　者　中嶋 豊
／発　行　信濃毎日新聞社
〒380-8546　長野市南県町657
電話　026-236-3377
ホームページ https://shinmai-books.com/
／印刷所　信毎書籍印刷株式会社
／製本所　株式会社渋谷文泉閣

ISBN　978-4-7840-7372-6　C0026